一代枭雄曹操

田孟礼　著

文物出版社

图书在版编目（CIP）数据

一代枭雄曹操 / 田孟礼著. — 北京：文物出版社，2022.10

ISBN 978－7－5010－7461－7

Ⅰ.①一…　Ⅱ.①田…　Ⅲ.①曹操（155－220）－传记　Ⅳ.①K827＝342

中国版本图书馆 CIP 数据核字（2022）第 041286 号

一代枭雄曹操

著　　者：田孟礼
责任编辑：李　睿
封面设计：王文娴
责任印制：苏　林

出版发行：文物出版社
社　　址：北京市东城区东直门内北小街 2 号楼
邮　　编：100007
网　　址：http：//www.wenwu.com
经　　销：新华书店
印　　刷：宝蕾元仁浩（天津）印刷有限公司
开　　本：710mm×1000mm　1/16
印　　张：29.25
版　　次：2022 年 10 月第 1 版
印　　次：2022 年 10 月第 1 次印刷
书　　号：ISBN 978－7－5010－7461－7
定　　价：128.00 元

从读书·梦想看曹操、刘备和孙权

（代序）

纵观曹操的一生："御军三十余年，手不舍书，昼则讲武策，夜则思经传，登高必赋，及造新诗，被之管弦，皆成乐章。"[①] 这是非常之人，行非常之事的非常之精神营养。若没有这些非常之精神营养之源，断不可造就曹操这位"非常之人，超世之杰。"[②]

手不舍书。在那时，不外乎以《诗》《书》《礼》《易》《春秋》，以儒学，还有司马穰苴、孙子的兵法，一言而总，曹操"能明古学"。[③] 明者，通达，阐扬也。古人讲究琴棋书画，以修身养性。曹操与"妙操音律，善鼓琴"的大学者蔡邕，[④] 与善围棋的冯翊、山子道、五九真、郭凯"皆与埒能"。[⑤] 埒者，等同也。曹操可谓琴棋皆善。至于书呢？毛笔书写是古代读书之人必须具备的，而书法与写字则判若乾坤。曹操与当时弘农郡章草大家张芝、张昶兄弟俩相比，而"亚之"。[⑥] 曹操还常与钟繇、邯郸淳、韦诞等书法名家论书说道。尤其曹

① 《三国志·武帝纪》裴注引《魏书》第34页。
② 《三国志·武帝纪》第35页。
③ 《三国志·武帝纪》裴注引《魏书》第2页。
④ 《后汉书·蔡邕列传》第1338页。
⑤ 《三国志·武帝纪》裴注引张华《博物志》第34页。
⑥ 同上。

操得善八分书闻名于时的梁鹄，喜之不尽，他将梁鹄的八分书，尝仰悬帐中细细品玩，魏国宫殿题署，皆梁鹄所书。① 由是观之，汉中褒谷口那“衮雪”二字，难道还疑魏王曹操所书吗？正如中国文物交流中心总策划，深圳市南山博物馆戚鑫主编的《三国志文化展》所指出的：“衮雪”石刻隶书横排，堪称隶书之典范。……且为曹操唯一存世事迹。清代罗秀书在《褒谷古迹辑略》中对“衮雪”评价为：“昔人比魏武（曹操）为狮子，言其性之好动也。今见其书如此，如见其人矣。”原石刻于1971年因修建石门水库迁至汉中市博物馆。② 这些都是中国古代传统文化的营养，是营养非常之人的胸怀、胆识和智慧的精神之源。

曹操“外定武功，内兴文学”。③ 他一边拼搏于沙场，平定割据，化乱为安，兴师办学，实现统一；一边竭力收揽四方名士，文学人才，一时彬彬大盛。曹操和他的两个儿子曹丕、曹植号称“三曹”，与建安“七子”及蔡琰，表现了新的时代精神，具有“慷慨悲凉”，风格独特，形成“建安风骨”，创造了一个很辉煌的建安文学时代。曹操留下二十二首诗，他的《薤露行》《蒿里行》以挽歌直面当时社会割据战乱现实的黑暗可怕，何进误国，董卓殃民，百姓苦难，“铠甲生虮虱，万姓以死亡。白骨露于野，千里无鸡鸣。生民百遗一，念之断人肠。”后世称为“汉末实录，真诗史也”。④《龟虽寿》《短行歌》最为历代传诵。晋朝王敦常在酒后吟咏“老骥伏枥”四句，用如意敲壶

① 《三国志·武帝纪》裴注引卫恒《四体书势序》第19页。

② 《三国志文化展》第111页。文物出版社2020.10.版。

③ 《三国志·荀彧传》裴注引《彧别传》第205－206页。

④ 余冠英《三曹诗选》第7页。

打拍子，壶口都敲缺了。[1] 这些诗都是能歌能舞的，是曹操随征战，登高而赋。他东临碣石山，北上太行山，晨上散关山，游君山到王母台。眼光、胸怀、诗情何其非常。从登山的情怀，到那"对酒当歌，人生几何"脱身出"人的觉醒"，深藏着对人生、生命、命运、生活的强烈欲求和留恋，老骥长嘶"烈士暮年，壮心不已"的建安风骨是人生哀伤与建功立业的慷慨悲歌，但蕴藏着一种向上的、激励人心的思绪情感。曹操在文学上开创了一个"人的觉醒"的非常时期——魏晋风度。[2] 这正是曹操"外定武功，内兴文学"的情驰神纵的非常之处。

曹操御军三十余年，亲手挥毫书下 154 道令文，三分之一篇皆有典故，还整理、汇纂成《兵法接要》，其序仅 153 个字，引用《论语》《尚书》《易》《诗》《司马法》，涉及黄帝、商汤、周武、夫差、偃王等九个古人。这不正是传统文化的非常之营养，营养了曹操的非常之处。

还可以举出曹操的非常之处，他对妻妾、子女、律令严要，曹操妻卞王后，"菜食粟饭，无鱼肉"。[3] 为约束妻儿遵守礼度以及生活还下了《内诫令》。[4] 曹操对自己的儿女"吾非有二言也，不但不私臣吏，儿子亦不欲有所私。"[5] 赵温因提拔曹丕，遭罢免。曹操他自己非常节俭，衣被皆用十年，都是岁岁"解浣补纳"，[6] 继续穿戴。面对东汉厚葬之风，曹操以薄葬取替厚葬，在其《曹操集·遗令》里彻底映

---

① 《世说新语·豪爽篇》。
② 李泽厚《美的历程》第 88－90 页。
③ 《三国志·后妃传》裴注引《魏书》第 102 页。
④ 《曹操集》第 51 页。
⑤ 《曹操集·诸儿令》第 47 页。
⑥ 《曹操集》第 52 页。

射出他对数百年厚葬之风的唾弃，流出一股新清先进的非常之生死观，当然，这也与董卓、袁绍盗墓有所启发。面对死亡，他从国家大局出发，一反东汉繁浩的丧葬制度，一切从俭，只准哭十五声，那平静、淡定、家常的遗言，留下了非常之人的非常之家国情怀。

不得不说的是，曹操的人才观。从初平三年（192），曹操就向汉灵帝上《陈损益表》提出“用贤任能”，[①] 到建安十五年（210）的《求贤令》，冲破两汉经学笼罩下的迂腐、沉闷、无进取的人才观，喊出“唯才是举”的石破天惊的非常之人才观。他似乎抛弃了道德底线，只求“吾得而用之。”[②] 他数次提到陈平虽有盗嫂不齿之德，却能帮刘邦夺取天下。与“唯才是举”的人才观，还有《举贤勿拘品行令》，更是一语道破。这是一种打破藩篱，冲破沉闷的矫枉过直的非常之举。他的《求言令》更显其非常之非凡，要求他身边的诸掾属治中、别驾，每月“各言其失”。[③] 言其失，就是说真话，说不足，说失误，不准说好听的，不准颂扬，不许吹捧。曹操他将亲览所言其失，以应对割据的复杂局面，以及内部反曹势力，制定相应的对策。这难道不是非常之人的非常胸怀，非常胆识和非常智慧吗？

如此非常之说，意在言曹操“少机警，有权数，而任侠放荡，不治行业”。[④] 或“好飞鹰走狗，游荡无度”。[⑤] 后者是前者的补充，都未言其读书、习武之事，不仅不事生产，而且好飞鹰走狗，任侠放荡。在这里放荡是任侠的同义重复。司马迁称“游侠”是“其言必信，其

---

① 《曹操集》第 15 页。
② 《曹操集》第 40 页。
③ 《曹操集·求言令》第 35 – 36 页。
④ 《三国志·武帝纪》第 1 页。
⑤ 《三国志·武帝纪》裴注引《曹瞒传》第 2 页。

行必果，已诺必诚，不爱其躯，赴士之阨困。”① 这是言曹操任使意气，好行豪侠之事。但对少年时的曹操说“权数”，难解其疑，无权何数；然而，少时的曹操由叔父曹德管教，他的贪玩，无节制，叔父多次言于他父曹嵩。一次，曹嵩将回来，曹操闻知，假装中风，以此威胁叔父，给父亲看。后来，曹操谈起这件事，说：“初不中风，但失爱于叔父，故见罔耳。”② 这是曹操失爱于叔父，为蒙蔽父亲，逃避惩罚，是少时曹操的恶作剧，是童心未泯，与心机有关，与权数无缘。曹操在人微贱时，曾潜入中常侍张让室内，张让发现后，曹操“乃舞手戟于庭，逾垣而出”。以此展示他的“才武绝人”。张让见曹操逾墙后，说曹操“博览群书，特好兵法”。③ 综合三处记载看，曹操少年时机警，好玩，却没有脱离博览群书与习武，这可能才是真实的少年时的曹操。不过，这时的曹操与汝南人王俊很好，曹操“特爱（王）俊；（王）俊亦称公（曹操）有治世之具。”④ 当曹操微贱时，桥玄看见他惊异地说：“今天下将乱，安生民者其在君乎！”⑤ 曹操常感其知己。长乐少府李膺也在曹操“微时，异其才。”他在临终时，对儿子说：“时将乱矣，天下英雄无过曹操。”还嘱咐儿子说，张邈与我友好，袁绍是你的外亲，即使这样也不要依附他们，一定要归附曹操。⑥ 后诸子从之，免于世乱。司空府何颙，初见曹操，叹曰：“汉家将亡，安天下者必此人也。”⑦ 后桥玄曾指路曹操说：“君未有名，可交许子

① 司马迁：《史记·游侠列传》第2399页。
② 《三国志·武帝纪》裴注引《曹瞒传》第2页。
③ 《三国志·武帝纪》裴注引《异同杂语》第2页。
④ 《三国治·武帝纪》裴注引皇甫谧《逸士传》第19页。
⑤ 《后汉书·桥玄列传》第1146页。
⑥ 《后汉书·党锢列传》第1485页。
⑦ 同上，第1498页。

将。”[1] 许子将是当时著名的“月旦评”，且显赫与世，当时选拔士人，要得到他的赞许。曹操曾用“卑辞厚礼”求个好评。许子将看不起曹操，不愿回答他。于是，曹操寻得机会，胁迫许子将，不得已对曹操说：“君清平之奸贼，乱世之英雄。”[2] 道出了曹操的才略和不同寻常的非常之处。

如此非常之说，意在看曹操与刘备、孙权之非常之不同处。刘备也是“非常人也”，[3] 即不是平常的人。他虽是汉景帝中山靖王刘胜的后裔，但从汉景帝之死到刘备已有三百年之久，要攀上血缘关系也可能是鬼话。目的只有一个，揭起汉室后代的虎皮大旗，引人注目，凝聚号召力。当然啰，刘备的父亲官至范县令，其父早亡，家道破落，却不得不与母亲以织席为生业。刘备少年时，虽未好好读书，但其心志很高，憧憬称王，过皇帝瘾。说他家房屋东南篱笆外，有一棵橤树，枝繁叶茂，四散铺张，如同小车盖，往来人怪异而称此树“非凡”。后来刘备与同宗小伙伴在树下游戏，说：我要乘一辆有篷盖的天子车。他叔父听到后说，不要胡说，要遭灭族的。年到十五，刘备上学，同叔父的儿子、公孙瓒在卢植门下读书，资费由叔父资助。但刘备却是：

不甚乐读书，喜狗马，音乐，美衣服。[4]

刘备少时对读书没有兴趣，热衷养狗喂马，还爱穿戴漂亮好看的服饰。且不说他家境不好，是叔父资助上的学，这样一来，刘备在文化底蕴、精神营养层面上，就远不及曹操。所以，陈寿一语中

---

① 《三国志 ·武帝纪》裴注引《世语》第 2 页。
② 《后汉书·许劭列传》第 1509 页。
③ 《三国志·先主传》第 542 页。
④ 《三国志·先主传》第 542 页。

的，说刘备“机权干略，不逮魏武。”[1] 刘备只好半生东附西依，先归公孙瓒，后附曹操，再投袁绍，袁绍官渡大败，又奔刘表，二十多年来，寄人篱下，没有自己的根据地。好的是，刘备“好交结豪侠”，[2] 以关羽、张飞为主的核心团队没有分裂，百折不挠，直到建安二十年（215），在张松、法正的私谋之下，不顾同宗同族夺了刘璋的地盘，拥有益州。刘备虽有“知人待士”、“英雄之器”，[3] 却达不到曹操的“不念旧恶”，“运筹演谋、鞭挞宇内”的非常之人的英雄器宇，即胸怀、胆识和智慧，这就是缺少非常之精神营养的差别。

建安十八年（213）正月，曹操攻濡须口，出兵攻占水中沙州失利。孙权数次挑战，曹操坚守不出。孙权乃乘船观曹营。曹操令弓箭手放箭，“箭著其船，船偏重将覆，权因回船，复以一面受箭，箭均船平，乃还。”孙权为诱使曹军出战，又乘轻船，从濡须口入曹军水寨。曹军诸将请战，曹操不许，令军中森严戒备，弓弩不得妄发。孙权船行五、六里，回还时奏起军乐鼓吹。曹操见孙权舟船器仗军伍整肃，喟然叹曰：“生子当如孙仲谋！”[4] 孙仲谋者，孙权也。他十五岁时，被吴郡太守朱治察为孝廉，扬州刺史严象又举为秀才，出任阳羡长，代行奉义校尉，即随兄孙策征战。建安五年（200）孙策遇害，年仅十八岁的孙权袭位，在张昭的辅佐，周瑜、程普、吕范的拥戴下，稳住了宝座。后来，孙权劝吕蒙读书时说：

---

① 《三国志·先主传》第555页。
② 《三国志·先主传》第542页。
③ 《三国志·先主传》第555页。
④ 《三国志·吴主传》裴注引《吴历》第684页。

孤少时历《诗》《书》《礼记》《左传》《国语》，惟不读《易》。至统事以来，省三史 、诸兵家书，自以为大有所益。[①]

从这里，可知孙权也是酷爱读书，惟不读《易》。易者，变易、简易、不易也。这也就不难理解孙权稳居江东，不图天下的深层原因，当然，还有他哥哥临终前，让孙权佩戴自己的印绶，说："举贤任能，各尽其心，以保江东，我不如卿。"[②] 孙权牢记哥哥的遗嘱，竭诚站稳江东，鼎足生存。孙权"惟不读《易》"，这是与曹操在接受传统文化上的最大差别，也正如孙策临终前还说出了他们弟兄之间的差别，"举江东之众，决机于两陈之间，与天下争衡，卿不如我。"[③] 这也符合孙权"惟不读《易》"的读书之缺。孙氏五兄弟，唯孙权状貌奇伟，方颐大口，目光炯炯有神，时人认为"形貌奇伟，骨体不恒，有大贵之表。"[④] 建安十五年（210）十二月，刘备到京口初见孙权，大为感叹，觉得"孙车骑长上短下，其难为下"。[⑤] 古人以骨相论贵贱，虽为迷信之说，但一个人的非凡气度，通过读书的内在气质，访谈举止可以活脱出来，以察其人的修养和人生经历。陈寿说孙权是"英人之杰"，[⑥] 即人中英杰。他胸襟豁达，好侠养士，处事果断，赤壁之战前夕，刘备兵败长坂，走投无路，此时曹操亲率八十万大军南下，想一举踏平孙权。在这个关键时刻，孙权决意联刘抗曹，赢得了赤壁之战的大捷。然后，他又不顾周瑜、吕范等亲臣的反对，借荆州与刘备。这是让刘备为挡箭牌，以保全江东。这时孙权年仅二十九岁，展示出

---

① 《三国志·吕蒙传》裴注引《江表传》第 778 页。
② 《三国志·孙策传》第 679 页。
③ 同上。
④ 《三国志·吴主传》第 682 页。
⑤ 《三国志·先主传》裴注引《山阳公载记》第 548 页。
⑥ 《三国志·吴主传》第 704 页。

他的豁达气度和智慧。到建安十九年（214），孙权索要荆州，双方剑拔弩张，恰逢曹操平张鲁，得汉中，刘备怕益州有失，遣使求和，孙权又于谅解，遂中分荆州，也为保全江东。直到建安二十四年（219），关羽败亡，孙权全据荆州，达到据江东，实现鼎足而立。这是孙权借荆州“以保江东”的一着妙棋。曹丕称帝，孙权不急于立国，依然上表臣服。刘备称帝后，孙权最后称帝。他后发制人，大智若愚，藏有不变的鼎立江东的密码：“惟不读《易》”所缺失的图变进取的宏伟英雄气。

如此非常之说，是为看清曹操、刘备、孙权对读书和理想的非常之不同处：

曹操：博览群书，能明古学，御军三十年，手不舍书。

刘备：不甚乐读书。

孙权：惟不读《易》。

这就是曹操为什么有别于刘备、孙权，成为“非常之人，超世之杰”的精神文化的非常之处。孙权在劝吕蒙读书时，曾言曹操说他“老而好学”。[①] 从中可看出，用一生来博览群书与不甚乐读书和惟不读《易》的非常之不同处。曹操目光远大，有前瞻性，举关东义兵，讨伐董卓，虽败赢得声誉；刘备目光短浅，东投西靠，半生没有着落；孙权立足江东，不求图变，这就是三个人最大的非常之不同。

三个人年轻时都有梦想追求：

曹操：欲为一郡守，好作政教，以建立名誉，使世士明知之。[②]

---

① 《三国志·吕蒙传》裴注引《江表传》第778页。
② 《三国志·武帝纪》裴注引《魏武故事》第20页。

刘备：想成王，乘羽葆盖车。①

孙权：十八岁袭哥哥之位，铭记“以保江东”。②

曹操实际，想在仕途上官达郡太守，建立美名而已。刘备梦想大于天，一步想当皇帝，结果半生落荒，没有立足之地。孙权现实，牢记哥哥的遗嘱，立足江东，保土安民。结果呢，曹操三十岁陈留起兵，讨伐董卓，奋斗拼搏三十余年，使其三分天下有其二，依然效法周文王；刘备虽最终称帝，是与人私谋同宗同族，赶走刘璋，占夺益州，地盘狭小；孙权相对保守，却守住了江东。看来，读书和理想可成比例。但不读书，或不甚爱读书，只会是“心有天高，命如纸薄”。刘备称帝仅二年，便病逝永安宫。这就是三个人非常不同之处。

如此说不同，不是说刘备、孙权的人生不成功，他们三个人的人生都是成功的。只是三个人读书和青少年立志的志向，由于家境、生活各不相同，不同的生活经历，形成了各自的不同性格。曹操可谓官二代，刘备出身于破落的贵族家庭，孙权是少年得志，十八岁顺利接班。曹操要摆脱“阉宦”之后的耻辱，洗白自己，独自走上一条奋斗拼搏之路，练就“超世之杰”的雄才大略；刘备虽不甚爱读书，这是他的选择，他的自由，却历经半生磨难，最终还是实现了他当王称帝的梦想；孙权是顺利接班，牢记哥哥传位时的遗嘱，保住了江东，他的选择也是成功的。

这里还有一个问题，曹操、孙权都是举孝廉出身，曹操二十岁任北部尉，后迁顿丘县令，又任济南国国相（等同郡太守）；孙权十五岁任阳羡县长，十八岁接班；刘备虽在卢植门下读书，学完未得到卢植的

---

① 《三国志·先主传》第542页。

② 《三国志·孙策传》第679页。

品评推荐，应看作学得不好。刘备二十岁在“中山大商张世平、苏双”等人的资助下，“由是得用合徒众。”[1] 刘备是用商人的钱，聚合了一伙徒众，起点低，没有好平台，一开始就和商人搞在一起，商人唯利是图，见钱眼开，刘备半生没着落，左依右附，颇有商人习气。

他们三个人，曹操最大，刘备小曹操六岁，孙权小曹操二十六岁，小刘备二十岁，都在同一时代经历着各自的人生。他们三个人三种不同人生经历的成功，都是有意义的。相对地说，曹操所呈现出的家国情怀、运筹演谋，人文诗情等等，超出了同时代的所有人。他最后十年虽逼宫，但依然征战不停，依然治理国家，依然信守他建安十五年（210）的“承诺”，即“若天命在吾，吾为周文王矣”。[2] 曹操到死没有践踏自己的诺言，超越这条底线。刘备，是同宗同族的叔父资助上学，但最后没法了，只得夺了同宗同族刘璋的宝座，自己成了王称了帝，圆了少年时的梦。看来，在权力面前，同宗同族也是靠不住的。孙权顺利接班，虽年少，但他没有伤害原有老臣旧将的利益，没有胡折腾，宝座就完全保住了，他以不变应万变，保土安民，鼎足江东，最后称帝，孙权的人生也是成功的。至于他的晚年乱杀功臣，则另当别论。

三个人的成功，大小不同，意义非凡，最后都应了董卓的一句话：“刘氏种不足复遗。”[3] 实质上，董卓这句话，就是东汉末年，历史是怎样将刘氏种一步步演出历史舞台的。当然，刘备就算是刘胜十八代孙，但已不能号令天下，虽形成三国，半个世纪后便归晋，刘氏种从

---

① 《三国志·先主传》第 542 页。
② 《三国志·武帝纪》裴注引《魏氏春秋》第 33 页。
③ 《三国志·董卓传》第 122 页。

此彻底退出了历史，没有再遗传下去。

这样非常之说，非褒曹而抑刘、孙。曹操“性忌”。[①] 造成滥杀无辜，令人发指，诛孔融，斩杨修，杀崔琰，都以言论罪，或腹诽心谤之罪，实属冷血和妄明古学；曹操杀董承，董承女为贵人，且有身孕，也惨遭诛杀，杀伏后实属残无人性。曹操在其征伐生涯中，屠城记载，史不绝书，如两度屠彭城，屠柳城、兴国、抱罕、河池等，官渡大捷之后，坑杀袁军降卒七、八万；他曾颁布“围而后降者不赦”的反人性反人道的法令。他逼死荀彧，令人不齿，于理曹操每每在最危急关头，荀彧出谋划策，忠心耿耿帮他渡过难关，化解危机；于情他俩还是儿女亲家，为达私欲，曹操不顾念其理其情。曹操曾下令说，出军行径麦田，“士卒无败麦，犯者死”。然而，他的马腾入麦中，却这样说：“制法而自犯，何以帅下？然孤为军帅，不可自杀，请自刑。”[②] 曹操的“自刑”，就是割发代刑。还有他枕姬以睡，姬见他睡得正酣，到时未叫，曹操醒后就棒杀其姬，草菅人命，残忍不齿。尤其是，在征战中粮食不足，曹操对管粮的说，可以用小斛。后军中将士吃不饱，说他欺众，就对管粮的说：“借你的人头，以平息事态。”[③] 于是，斩了粮官。这种酷虐变诈，丧失人性的恶事，令人愤怒而咋舌。曹操在对待名医华佗，实属“性忌”，最令国人遗恨的是，华佗连他的宝贵医书也没有遗传下来。如此等等，不再赘述。

曹操性格复杂多变的“性忌”，这和当时的社会现实一样复杂多变，往往难以通透其深，也就各持所见了。殊不知“历史从来不是在

---

① 《三国志·崔琰传》第240页。
② 《三国志·武帝纪》裴注引《曹瞒传》第35页。
③ 同上。

温情脉脉的人道牧歌声中进展，相反，它经常要无情地踏着千万具尸体而前行”。[1] 当时社会必须通过无数血与火的凶残来开辟曹操他自己的道路而向前跨进，必然留下无数令人冷齿的事来。这样一来，又往往表现出曹操性格中的二重性，或复杂性来。曹操自西迁汉献帝都许，所展现出的精神风貌，不是一般的、世俗的、表面的、外在的，而更多的则是那个乱世中的某种需要内在的、本质的、特殊的、超脱的精神风貌。他挟天子都许，却不守在汉献帝身边，而是通过荀彧守尚书令达到以令诸侯，或“奉辞伐罪”；他挟天子却不篡夺其皇位，犯那个时代最大的谋反篡位之罪，相反，他把三个女儿都嫁给了汉献帝；他借人头以平军乱，敢于直面对要人头的人讲；他割发代刑，虽做样子，却做了，有的连样子都不做，又能怎样？他敢于破坏东汉以来重节操伦常的价值取向，用才性胜过节操；达到“唯才是举”，勿拘品行，从而取代一本正经而更加虚伪的观念伦常。这样一来，曹操必然成为后世人们所欣赏、所评价、所议论的一个非常之历史人物。后世人都承认曹操是杰出的政治家、军事家、文学家。孰不知，政治家需要信仰的定力，曹操是一位坚定的让国家统一的信仰者和具体实践者。所以，他就能一往直前，稳操胜券。他又是文学家，文学家允许自己风流，多了几个女人而已。他是军事家，一生打了五十多场仗，还手不舍书，登高必赋。他信仰坚定而兼风流，且取得北方的统一，三分天下有其二，成为难以分清面目的非常之人，超世之杰。也正因为他有这样的坚定信仰和身临其境的战争实践，做过头的事肯定是有的，也肯定令后世读书人不齿，当属正常。后世读史人，没入当时的

① 李泽厚：《美的历程》第 39 页。

虎穴之境，怎么知道其境其人的险恶呢？曹操可能做了他该做的事。如棒杀枕姬，若其姬真误了曹操的军国大事，陷入生死危机，曹操该不该棒杀呢？后世读史人，不知当时其境之何况，只看他棒杀弱女子，便是一桶愤愤和不齿，更不能用《三国演义》为扬刘抑曹，将一切丑恶和无知无慧的龌龊事猬集曹操一身，去混说历史上真实复杂的曹操。若是这样，岂不反慧为童了吗？若是这样，又怎能看清那种混乱现象的后面，存在着一种伟大深刻的东西，那就是曹操要防止分裂，实现统一。

建安七年（202），曹操回到故乡谯县，也是他的精神故乡。他漫步在故乡的大街上，由于战乱割据，见不到当年的旧人，为生民百遗一的悲惨状貌，感到凄怆伤怀，无限悲痛地下令说："吾起义兵，为天下除暴乱。旧土人民，死丧略尽，国中终日行，不见所识，使吾凄怆伤怀。其举义兵以来，将士绝无后者，求其亲戚以后之，授上田，官给耕牛，置学师以教之。为存者立庙，使祀其先人，魂而有灵，吾百年之后何恨哉！"[①] 岂止百年，近乎千年来，一直评说不绝，曹操其魂早已有灵了吧！灵的显出原形：

曹操，小名阿瞒，字孟德，还有一名叫吉利。[②] 沛国谯县（今安徽亳县）人。生于公元155年。他的家世，用袁绍的话说，父亲曹嵩是"乞丐携养"。[③] 指曹嵩原为弃儿，被一乞丐拣收，后让宦官曹腾收养。"操赘阉遗丑"，[④] 说曹操就是大宦官曹腾之后代。曹腾以宦官历安帝、顺帝、质帝、桓帝四帝，官至中常侍大长秋，封费亭侯。曹嵩

① 《三国志·武帝纪》第14页。
② 《三国志·武帝纪》裴注纪《曹瞒传》第1页。
③ 《三国志·袁绍传》裴注引《魏氏春秋》第128页。
④ 同上。

是曹腾的养子，他凭借养父的庇荫入仕途，自司隶校尉而大司农，又大鸿胪，最后花“钱一亿万”，买官至太尉。[①] 但“莫能审其生出本末”。[②] 曹操的家世也便成了一个谜，不知为何家之子，有人说来自曹腾本家，有人说过继自夏侯氏家。所以袁绍没有给曹操留一点脸面，在世人眼里曹操依然是地位微贱，与朝廷高官要员的豪门不能等同，只能列入寒门素族。东汉是经学昌盛的时代，士族控制了选举，士族多谋士，寒门出武将。祖宗没法选择，造化全靠自己。少时的曹操前面已说过，那就从二十岁说起，看他是如何手不舍书，知常达变，修齐治平，奋身出命，虽一生三起三落，却一步步成为一个坚定的让国家统一的信仰者和具体的实践者，练就为“非常之人，超世之杰”。

① 《后汉书·曹腾列传》第 1701 页。

② 《三国志·武帝纪》第 1 页。

目 录

说明：本文所引的《三国志》为浙江古籍出版社 2000 年 1 月版；《史记》为上海古籍出版社 1977 年 8 月版；《后汉书》为中华书局 2005 年 3 月版；《资治通鉴》为中州古籍出版社 1996 年 10 月版；范文澜《中国通史》为 1978 年 6 月人民出版社版。

第一章

熹平三年（174）

◆ 举为孝廉　任北部尉

公元174年，是东汉灵帝熹平三年。这一年，曹操二十岁，迎来了他人生进身的第一个台阶：被举为孝廉。举孝廉，是汉武帝接受董仲舒的建议，规定郡国每年察举孝者、廉者各一人，通称为举孝廉。从此成为汉王朝选人用人的常制。到了东汉末年，举孝廉已严重掺假走样，主要考察“孝”，而不是“廉”。就连考察“孝”也流于形式，当时童谣无不讽刺地说：“举孝廉，父别居。”曹操的父亲曹嵩，在其祖父曹腾去世后，养子曹嵩成为继承人。因为“桓帝得立，腾与长乐太仆州辅等七人，以定策功”。[①] 这时，曹嵩在朝廷，曹操在沛国谯县，父子别居。一个在庙堂，一个在乡野，何以察举？然而曹操受州郡推荐被举为孝廉。由此，他进入东汉统治集团体制内。

曹操“举孝廉为郎”。[②] 东汉规定：“郡国口二十万，岁举孝廉一

① 《后汉书·曹腾列传》第1701页。
② 《三国志·武帝纪》第2页。

人为郎。"[①] 曹操不仅被举为孝廉，而且任命为郎官。东汉被举为孝廉后，或是内任郎官或延聘为公府掾属，或是外放为县令长。如臧洪"举孝廉为郎。时选三署郎以补县长"。当时挑选三署的郎官补为县长，其中臧洪被选中，外放为郎丘县长。[②] 不满万户称县长，万户以上称县令。[③]

不久，曹操被尚书"梁鹄以公为北部尉"。[④] 还有一说，"为尚书右丞司马建公所举。"[⑤] 司马建，即京兆伊司马防，司马懿之父。不过，到建安二十一年（216），曹操已封为魏王，召司马防到邺城，二人欢饮。曹操幽默地问司马防说："孤今日可复作尉否?"司马防机智地回答说："昔举大王时，适可作尉耳。"曹操大笑。[⑥] 而裴松之按引司马彪《序传》说，司马防不为右丞，疑此不然，而王隐《晋书》说："赵王篡位，欲尊祖为帝，博士马平议称，京兆府君昔举魏武为北部尉，贼不犯界。"[⑦] 由是可知，京兆尹司马防推荐了曹操担任京师洛阳的北部尉。按东汉设置：郡设都尉，县设尉，主管缉捕盗贼，维持社会治安。京都洛阳城内分东南西北四部，每部相当于一个县的建制，各设尉官一名，俸，四百石。据《续汉书·舆服志》云："车前伍伯，公八人，中二千石、二千石、六百石皆四人，自四百石以下至二百石皆二人。"曹操此时出行时的步兵前导有二人。伍伯，即开道

---

① 《曹操集》第172页。
② 《三国志·臧洪传》第150页。
③ 范文澜：《中国通史》第2册第5页。
④ 《三国志·武帝纪》裴注引《四体书势序》第31页。
⑤ 《三国志·武帝纪》裴注引《曹瞒传》第31页。
⑥ 同上。
⑦ 同上。

的人。“伍，当也。伯，道也。使之导引当道陌中以驱除也。”[1] 曹操正式成为东汉王朝的一名县级官吏。

曹操任北部尉不管是司马防或梁鹄推荐，花钱了没有呢？因为“茂才孝廉迁除，皆责助军修宫钱，大郡至二三千万，余各有差。”[2] 这就是说：被州郡举为茂才、孝廉的升迁职务都要到西园去论价，以令出钱资助军队和修缮宫殿的名义，价谈好了，钱交了才能上任。曹操尽管有京兆尹司马防推荐，但根据汉灵帝嗜钱如命的脾性看，恐怕不会不收钱，当然啰，是曹操他父亲曹嵩出面去办理。从曹嵩升太尉要到西园去输“一亿万”钱看，[3] 曹操升迁北部尉不会不出钱。

不管怎么说，曹操受命京城洛阳北部尉，来到官署办公的官署廨门，准备整治当时社会治安。他首先“造五色棒，县门左右各十余杖。”这是立威；接着又发布告：“有犯禁者，不避豪强，皆棒杀之”。[4] 这是禁告。天子脚下，首善之地，是权力和金钱的交易所，也是诡诈的都会，欲望的战场。皇亲国戚，达官贵人，纨绔子弟，豪强富贾，泼皮无赖，不立威，不禁告，就难治理。不久，汉灵帝宠爱的宦官蹇硕的叔父犯令“夜行，即杀之”。[5] 曹操有眼有识，不管他蹇硕之叔不叔的，依法行事，用五色棒乱棒棒死。此事轰动京师洛阳，豪门权贵受到震摄。从此，“京师敛迹，莫敢犯者”。[6] 曹操走马上任，不管三七二十一，棒杀蹇硕之叔，豪门权贵顿时蔫了，不敢撒野，不

---

① 《后汉书·曹节列传》李贤注引韦昭《辩释名》第 1705 页。
② 《后汉书·宦者列传》第 1712 页。
③ 《后汉书·宦者列传·曹腾》第 1701 页。
④ 《三国志·武帝纪》裴注引《曹瞒传》第 2 页。
⑤ 同上。
⑥ 同上。

敢扰乱一方，强梁也好，泼皮也罢，只好收敛，京都社会风气和治安得到丕变。按常理说，曹操祖父曹腾同为宦官出身，应网开一面，或不应该乱棒棒死宦官头目蹇硕之叔，但曹操没有，依法行事，不留情面。二十岁的曹操，敢干敢当，敢于治乱的非凡胆魄，使京城洛阳从此没有人再敢犯乱。

到建安二十四年五月，曹操从汉中退军，驻跸洛阳，特令“起建始殿”，[①] 就是曹操任北部尉开始办公的廨门。时光永不回头。曹操重修他任北部尉的办公地点，也是想留住青春的记忆，也是他人生起步留下的无悔的青春。

熹平六年（177）——光和二年（179）

◆ 迁顿丘令　株连免官

曹操在北部尉一待就是三年，这三年中，他最难忘的可能是认识蔡邕。蔡邕是当时著名的大学者，“好辞章、数术、天文，妙操音律”，“善鼓琴”。[②] 认识一个时代的大学问家是每个时代青年学人梦寐以求的夙愿。曹操任上的第二年，即喜平四年（175），蔡邕等人鉴于当时儒家经籍文字谬讹丛生，奏请汉灵帝正定《六经》文字，得到御批。蔡邕“乃自书丹于碑，使工镌刻立于太学门外”。碑文共四十六枚，[③] 立于洛阳城南开阳门外，作为范本，后称“熹平石经”。其汉隶之美之精妙，乃书法史上空前之作。汉灵帝虽卖官爵以大小、肥瘦论

---

① 《三国志·武帝纪》裴注引《世语》第 34 页。
② 《后汉书·蔡邕列传》第 1338 页。
③ 同上第 1345 页。

价，令后世不齿，但他御批镌刻熹平石经确为后世称道。

曹操任北部尉三年中，让京城的权贵豪强实在难以忍受，也就是常说的敢怒而不好言，因为，他父亲任司隶校尉，曹操初入仕途，没有任何不干净的事或把柄落在他们手中。加上父亲曹嵩的背景，他们只好捧杀。这是官场惯用的伎俩，或明升暗降，或逐出京城，外放任职。为了共同的利益，赶走这个官场的刺头，那些亲近汉灵帝的宠臣“于是共称荐之，故迁为顿丘令”。[①] 就这样，曹操被“逐出”京城洛阳。

熹平六年（177），二十三岁的曹操出任顿丘县令。顿丘县属兖州东郡，是个万余人口的县。曹操在顿丘县具体干了些什么，虽没有详载，但在曹植二十三岁时，曹操在《戒子植》书里说：“吾昔为顿丘令，年二十三。思此时所行，无悔于今。今汝年亦二十三矣，可不勉欤！”[②] 从“无悔于今”可读出曹操当年在顿丘县也是尽职尽责的。这让他感知到这个社会的体制，了解到底层民情，这个经历和历练对他人生大有裨益。

孰料，曹操在顿丘任上，干得好好的，皇帝一道圣旨，征拜曹操为议郎，他只好回京。到光和元年（178）的十月间，汉灵帝借宋皇后事件罢免了曹操。年方二十四岁的曹操觉得莫名其妙，接到罢免之诏，方知皇权之下，臣为君命。

宋皇后事件与曹操有什么牵连而连坐被免呢？

事情是这样的，汉灵帝宋皇后事件，是中常侍王甫蓄意制造的一起报复性冤案。宋皇后，名讳不详，仅知是扶风郡平陵县人，还是汉

---

① 《三国志·武帝纪》裴注引《曹瞒传》第2页。

② 《曹操集》第64页。

章帝宋贵人的从曾孙女。建宁三年（172），选入宫中，立为贵人。第二年立为皇后。这宋皇后虽身居皇后正位，却无宠幸，相反，后宫受宠的姬妾众多，大都进谗言诋毁宋皇后，都为了宠幸，而使出各种手段。当初，中常侍王甫“枉诛渤海王悝及妃宋氏，妃即后之姑也”。[①] 就是说，渤海王刘悝的宋妃，是宋皇后的姑姑。王甫害怕宋皇后忌恨而报复，于是，王甫就先下手，跟太中大夫程阿共同造谣诬陷宋皇后，说宋皇后派人用巫蛊邪术诅咒灵帝。汉灵帝就相信了王甫等人的诬告。光和六年（183），下诏收缴宋皇后的印绶，打入“暴室，以忧死”。[②] 其父亲和兄弟都被诛杀。这里面宋皇后父亲的兄长是滬强侯宋奇，是曹操的堂妹夫，于是，曹操也被受株连而免官。

曹操只好无奈地回到故乡谯县。居庙堂之高和处江湖之远，是中国古代官场一个完整的进退体系。曹操回到故乡，成为一介平民，但祖父曹腾和父亲曹嵩给他留有一个丰厚殷实的家庭。当时，曹操已娶丁夫人和刘夫人，刘夫人生子修和清河长公主。刘夫人早亡，子修曹昂由丁夫人抚养。曹操有家室，可能无欢颜。尤其他无故受株连免官，免官的负累总是缠绕心头，孤寂笼罩。恰在这时，曹操意外得到一位美貌而有才华的卞氏，她“本倡家，年二十，太祖于谯纳后为妾”。[③] 卞氏生于延熹三年（160）十二月，据说出生那天“有黄气满室移日”，[④] 说是吉祥。卞氏芳龄二十，出身倡优之家，想来能善歌长舞，风情万种。曹操和卞氏喜结良缘，给他带来了心灵的慰藉，放下免官

① 《后汉书·皇后纪下》第297－298页。
② 同上第298页。
③ 《三国志·后妃传》第101页。
④ 《三国志·后妃传》裴注引《魏书》第101页。

负累的阴影，珍惜当下佳人的陪伴，闺房之趣，放飞心灵，间或红袖添香，阅读家藏的典籍善本。

不过，曹操这时的命运和前途，仿佛处在一个历史的夹缝中悬空。瞻望前途，虽一片茫然，但从夹缝中望去，还有一线天。这一线天，何时才能拓展为朗朗晴空？处江湖之远的曹操，在卞氏的陪伴下，受株连免官的阴影，早已抛到一线天外。

光和三年（180）

◆ 能明古学　复拜议郎

就在曹操与卞氏成婚的第二年，汉灵帝光和三年（180），“六月，诏公卿举能通〔古文〕《尚书》《毛诗》《左氏》《穀梁春秋》各一人，悉除议郎”。[①] 这是诏那些有学问的名士，谁能料知，曹操却很幸运的“以能明古学，复征拜议郎”。[②] 议郎属于言官，其责顾问应对，可参与朝政议事。言官是要有学问的，还不能出差错。一个“明”字，可窥出曹操还真是下功夫读书了。

那么，又是谁举荐了曹操呢？史书没具体的记载，但仍可寻出蛛丝马迹。曹操家族背景不可忽略，祖父曹腾在宫中三十余年，侍奉过四个皇帝，尤其他与他人策立桓帝即位，其功封费亭侯。曹腾还善于推举有名望的士人。当曹腾逝后，其养子曹嵩继费亭侯，任司隶校尉，主管监察行政，只对皇帝一人负责。当种暠任司徒，对前来贺祝的宾

① 《后汉书·孝灵帝纪》第227页。
② 《三国志·武帝纪》裴注引《魏书》第2页。

客说：“今为身公，乃曹常侍力焉。”[①] 是说曹腾力荐种暠官至司徒。后种暠又推荐而被任用的名臣有桥玄、皇甫规等。当初，曹操地位微贱时，去拜访桥玄，桥玄初见，感到惊异，他说：“今天下将乱，安生民者其在君乎！”[②] 光和元年（178）桥玄担任太尉，当时曹操受株连，因古代凡株连之人，不能舍免，只好回到故乡谯县。此后不久，桥玄称病求罢，灵帝仍任命他为太中大夫，允许在家就医。从曹腾助力种暠，种暠举荐桥玄，这是一条完整的利益链条。东汉末年，士风重名节，对恩主报恩的观念深入士大夫阶层，桥玄推举曹操很有可能。再从曹操在桥玄逝世，每过墓地都要祭奠，生前还有“发誓约定”，这是生死之交。建安七年（202），曹操曾亲自撰祭文，说：

原太尉桥玄，德行懿美，节操高尚，博爱而广容众人，国家念及他的英明教诲，士人思念他的美妙计谋。他的灵魂隐而不见，遥远啊遥远！我曹操在幼年时，乃至升堂入室，独以本性顽冥，被君子桥玄赏识。我增加荣誉和声明，都是因为桥玄奖勉扶助。这好像孔仲尼称自己不如颜渊，李生盛赞贾复。士为知己者而死，怀此不忘。又承蒙他从容发誓约定：“我去世之后，你路经此地时，如果不用十升酒、一只鸡来祭奠的话，车子过去三步后，肚子痛而不要埋怨。”虽然是一时玩笑话，不是非常好的至亲关系，怎么肯说出这样的话呢？怀念往事，想到他就悲伤。今奉命东征，驻扎乡里，北望贵地，我的心在他的陵墓之上。献上一点绵薄的

---

① 《后汉书 · 曹腾列传》第 1701 页。
② 《后汉书 · 桥玄列传》第 1146 页。

祭品，请公享用。[1]

从祭文曹操用他和桥玄“从容约誓之言”看，“非至亲之笃好，胡肯为此辞乎?”这也就不难理解桥玄为什么要给曹操指路：“君未有名，可交许子将。”[2] 因为汉末盛行清议，哪怕是外戚、宦官，而对舆论清议，却尚有虑忌，汉末重名节，“盖当时荐举、征辟，必采名誉”。[3] 曹操这才去拜见许子将，才有“治世之能臣，乱世之奸雄”之说。[4] 曹操是光和三年（180）六月复出的，桥玄是光和六年（183）病逝的。因此，有理由认为，曹操这次重新复出，拜为议郎，很可能是桥玄举荐的。同时，曹嵩已任大鸿胪，权高位重，也不排除二人商谋，桥玄出面。曹操从受株连免官，到再度出山，以能明古学的学问家面目拜为议郎，出现在朝廷，成为一名言官。

光和四年（181）

◆ 不可匡正　遂不复言

曹操复拜议郎的第二年，也就是光和四年（181），曹操上书陈蕃、窦武等“正直而见陷害，奸邪盈朝，善人壅塞，其言甚切”。[5] 曹操所言上书之事，是大将军窦武、太傅陈蕃谋诛阉宦，结果反被阉宦之人的中常侍曹节、王甫宦官集团先发制人，劫持了窦太后和即位不

① 《三国志·武帝纪》裴注引《祀故太尉桥玄文》第 14 页，即：褒赏令载公祀文。
② 《三国志·武帝纪》裴注引《世语》第 2 页。
③ 《甘二史札记》卷五《东汉尚名节》条。
④ 《三国志·武帝纪》裴注引孙盛《异同杂语》第 2 页。
⑤ 《三国志·武帝纪》裴注引《魏书》第 2 页。

久的汉灵帝，矫诏捕杀了陈蕃。窦武率军抵抗失败，旋被灭族，窦太后遭幽禁。宦官集团一时控制了朝政，“大兴党狱，杀李膺、范滂等一百余人，禁锢六七百人，太学生被捕一千余人。党人五服内亲属及门生故吏凡有官职的人全部免官禁锢”。① 在这场外戚官僚集团或称“母后之党”与宦官集团的斗争，是争夺国家权力，控制皇帝的大搏杀，最后，宦官集团取得了绝对的胜利。

二十七岁的曹操想以陈蕃、窦武之事解除党锢，匡正朝廷，其上书言辞激切。然而，二十六岁的“灵帝不纳”,② 反而任命阉宦之人曹节为尚书令，总领内朝。因为，只有宦官掌权，才不会干涉灵帝他的一切荒淫和无耻。这时，汉灵帝用卖官所得，将西园万金堂打造好后，正忙着筹建后宫商业街。

汉桓帝延熹四年（161）名正言顺的拿官帽作价出售。桓帝口“占卖关内侯、虎贲、羽林、缇骑营士、五大夫钱各有差”。③ 灵帝继承了他的衣钵，还变本加厉，规定：“为优待主顾，扩充营业起见，允许先挂赊欠帐，到任后加倍还欠。”④ 在这种情状下，灵帝根本不会理识你曹操的匡正良言。还是这一年，灵帝将后宫商业街建好，令宫女们经营，还让不断发生盗窃互斗，更荒唐的是：汉灵帝在西园给狗戴上“进贤冠”，身束绣花带，牵着“狗官”在商肆上四处游玩。这恐怕是我国“狗官”一词的正源。不过，汉灵帝这样戏弄狗，阐释了一个本质，皇权专制之下，所有的官员都是皇帝把玩的一条狗。

---

① 范文澜:《中国通史》第二册第 190 页。
② 《曹操集》第 175 页。
③ 《后汉书·孝桓帝纪》第 204 页。
④ 范文澜:《中国通史》第 2 册第 192 页。

但有二重性，对皇帝是哈巴狗、看门狗，对百姓则是饿狗、疯狗、狼狗。然后，灵帝又亲自操辔，驾四驴，驱驰周族，“京师转相仿效，驴价遂与马齐。”① 等等，朝政荒秽不治，中常侍吕强上疏谏奏，灵帝“不省”。②

灵帝的不省不察，导致朝政愈加腐败。这时民间歌谣指名道姓唾骂贪官污吏，还颂扬清正廉吏。这些民谣，就是民心。民心不可违，众人不可拒。当灵帝耳闻如波涛般的民谣，四处传播，产生惧怕。于是，光和五年（182）正月，诏命太尉许彧、司徒张济等人，以歌谣为据，审查“政理无效”，③“为民蠹害”④ 的官吏，重点是“以谣言举刺史、二千石”的官员。⑤ 这时，曹操等人，明察暗访，掌握了大批官员贪赃枉法的证据，曹操很是痛恨，很快汇报给许彧和张济。然而，曹操发现许彧、张济仰承宦官鼻息，收受贿赂，包庇皇亲国戚和宦官亲属的子弟、宾客，虽贪污秽浊，皆不敢问，反而“虚纠边远小郡清修有惠化者二十六人”。⑥ 结果许彧、张济二人反将边远小郡二十六名公允廉明，为政称道的官吏查处了。

到光和五年（182）二月，大疫四虐，汉灵帝以灾异博问得失，曹操上书“言三公所举奏，专回避贵戚。”⑦ 详陈许彧、张济颠倒黑白，混淆是非所为。汉灵帝“感寤，以示三府，责让之，诸以谣言征

---

① 《资治通鉴》第 538 页。
② 同上。
③ 《三国志·武帝纪》裴注引《魏书》第 2 页。
④ 《曹操集》第 175 页。
⑤ 《资治通鉴》第 538 页。
⑥ 《通鉴》第 538 页。
⑦ 《曹操集》第 175 页。

者皆拜议郎”。[1] 于是又征召在民谣中受颂扬的二十六名小官吏为议郎，重新查处了一批公卿及宦官子弟、宾客，平息了民怨。但令曹操没有想到的是，没过多久，被查处的贪官污吏又纷纷官复原职。“是后政教日乱，豪猾益炽，多所摧毁”。曹操由是“知不可匡正，遂不复献言”。[2]

一个“知”字，揭示出曹操的清醒：这个王朝被外戚，或宦官这两类人控制，虽身份不同，而本质无异，对权力、地位、金钱、财富具有疯狂的贪婪，都是国家机器上的两大毒瘤。曹操从汉灵帝前前后后的做法，已看出这个王朝“不可匡正”，只有选择沉默。沉默不是金子，是等待、是护身符。皇权专制之下，讲真话，不仅是这个民族稀缺的品质，而且是要付出生命的代价。专制，就是戕杀真话的绞肉机。曹操的聪明正是在这里，他不再复言，选择沉默。沉默，是对现实的失望和思考，使思想经过筛滤之后会更稳健。

中平元年（184）

◆ 镇压黄巾　拜骑都尉

东汉后期，用汉安帝自己的话说：“百姓饥荒，更相啖食。”[3] 全国各地涌动起武装起义：永初元年（107）先零种羌族人反叛，“断陇

---

① 《三国志·武帝纪》裴注引《魏书》第2页。
② 同上。
③ 《后汉书·孝安帝纪》第143页。

道，大为寇掠”。[①] 永初二年（108）先零羌又“南入益州，杀汉中太守董炳”。[②] 从汉安帝到黄巾起义之前，各地发生民变多达六十七次。[③] 让汉灵帝震惊和害怕的不是外戚集团和宦官集团的斗争而是黄巾军起义。

巨鹿人张角领导的道教叫太平道。他本是民间医生，自称“大贤良师”，手执九节杖画符诵咒，叫病人叩头忏悔自己的罪过，给病人符水喝，好了算是信道，死了也算是信道。张角派遣弟子到各地治疗传教，十余年间，“众徒数十万，连结郡国，自青、徐、幽、冀、扬、兖、豫八州之人，莫不毕应。遂置三十六方。方犹将军号也”。[④]，大方万余人，小方六七千人，各设将帅统领。同时，张角又收买了一些宦官做内应，皇宫卫士也有人响应。张角预定甲子岁（中平六年，184 年）三月五日（甲子日）京城内外同时起义，口号为“苍天已死，黄天当立，岁在甲子，天下大吉”。[⑤] 简称“黄天泰平”。夕阳在天，人影在地。不料张角弟子济南人唐周反叛，向汉灵帝上书告密。汉灵帝逮捕张元义，在京都洛阳车裂分尸，又捕杀卫士及京城太平道信徒千余人。这个离起义尚差月余的突发事变，打乱了张角的部署。张角派人飞告各方，立即起义，向东汉王朝发起进攻。起义人都标配黄巾做标识，后被称为“黄巾军”。张角三兄弟起义后，烧官府、杀官吏，州郡官吏，纷纷逃走。各地黄巾军像狂风暴雨袭来，张角三兄弟指挥着冀州黄巾军，重创北中郎将卢植和东中郎将董卓率领的中央

---

① 同上，第 140 页。
② 《后汉书·孝安帝纪》第 143 页。
③ 范文澜：《中国通史》第二册第 255 页。
④ 《后汉书·皇甫列传》第 1553 页。
⑤ 同上。

政府军。张曼成指挥着南阳黄巾军，一举攻入郡治地宛县，全歼守城军，杀死太守。波才指挥着颍川黄巾军与右中郎将朱儁率领的四万大军激战，进逼洛阳。

京城洛阳危在旦夕。汉灵帝只好召集群臣商议对策。

皇甫嵩要求灵帝解除党锢之禁，拿出中藏府的钱和西园的良马，以班军士。面临江山存亡，灵帝不仅同意，还调集各地精兵，广派良将，任命皇甫嵩为左中郎将，执持符节，速与右中郎将朱儁合讨颍川黄巾军，以解京城之危。

黄巾军进逼洛阳，社稷危亡之际，也是汉灵帝用人之际，于是，三十岁的曹操“自议郎拜为骑都尉”,[①] 率领皇家羽林骑兵走向战场。这也是曹操第一次领兵走向沙场，与黄巾军作战。

中平六年（184）四月，曹操奉命率领羽林骑兵火速赶赴颍川前线。

不久前，右中郎将朱儁被黄巾军将领打败。皇甫嵩进军长社，又被波才的黄巾军包围。皇甫嵩兵少，军中皆恐，于是召集军中将领说：黄巾军依草结营，易为风火。若趁夜纵火，必大乱。[②] 当晚刮起大风，皇甫嵩下令官兵都拿苇秆扎成的火把登城，暗中派尖兵到包围圈外，放起大火，大呼疾奔，与城上的士兵举火把以互应，擂鼓直奔黄巾军阵营，顿时“惊乱奔走”。就在这时，“帝遣骑都尉曹操将兵适至”。[③] 于是，皇甫嵩、曹操与朱儁合兵大战，大破黄巾军，斩首数万。至于曹操在这次战役中的具体作战详情，没有具体史料，难以详述。

① 《曹操集》第 176 页。

② 《后汉书・皇甫嵩列传》第 1554 页。

③ 同上。

也就是这一年，二十四岁的刘备，得到中山大商张世平、苏双的资助，与关羽、张飞起兵击讨黄巾军，“有功，除安喜尉”。[①]

◆ 任济南相　一郡清平

正当曹操投笔从戎，刚刚走向战场，为国清剿黄巾军，颍川战役使他尝试到战争的残酷和战术指挥的重要。他本想继续驰骋沙场，建功立业，报效祖国，谁知命运又一次发生了改变。这年冬，曹操突然被汉灵帝任命为济南国相。

济南国，治地东平陵，故城在今山东省历城县东。国相制是汉景帝制定的。自汉高帝消灭割据的异性王，代之分封同姓王，属半割据状态。因为这些同姓王国官制与汉朝廷并无不异，朝廷只派遣太傅，丞相两个大官，其余官吏由国王自己任用。当时国王多是幼童，国内军政大权掌握在丞相手中。“汉文帝时，国王都长大了，开始驱逐汉官，图谋叛变”。[②] 到汉景帝刘启消灭了吴楚七国的反叛，改革王国制度，国王权力全部被削去，王侯只享受食邑内的赋税收入，行政权力则属丁朝廷委派的国相。国相只对皇帝负责，有监视王侯言行的特殊使命。从汉景帝开始，这个制度沿袭至东汉。

曹操任济南国相，是一次升迁。在汉朝，郡太守同王国国相同级，但国相有选人用人，上报消除的权力。这对曹操来说，是一次地方政权综合治理的实际锻炼。

---

① 《三国志·先主传》第 543 页。

② 范文澜《中国通史》第二册第 56 页。

济南国，“国有十余县，长吏多阿附贵戚，赃污狼籍”。[①] 济南国是刘康王的食邑，下辖十县，各县长吏，即县长、县令、县丞、县尉的统称。当时各县长吏大多依附王公贵族，“受取贪饕，依倚贵势”。贪污索贿，乌烟瘴气，乱七八糟。“历前相不见闻举”，就是说，以前历届国相，不闻不报，或伙同为虎作伥，或力不从心，或同流合污，鱼肉百姓。如今，曹操“至，咸皆举免，小大震怖，奸宄遁逃，窜入他郡”。[②] 听说曹操要到济南国，任国相，大小长吏震惊畏惧，都知道曹操当年在北部尉，五色棒棒死蹇硕叔父，和顿丘任上铁面无私，铁腕治理，这些长吏们惧怕革职问罪，连夜收拾贪腐的金银财宝，带着家眷纷纷逃离到附近的州郡县躲避。经过逐一核查，罪证确凿，曹操上报朝廷，“奏免其八”，[③] 提拔了一批廉洁奉公的官吏。

济南国呈现出：政教大行，一郡清平。[④]

曹操整饬官吏，首战告捷。但济南国的祀典和祭祀已泛滥成灾，尤其地方上的富豪借主持祀典和祭祀，巧立名目，逐户摊派，搜刮民脂民膏，中饱私囊。有的富商豪贾，租借二千石官员的服饰、仪仗、车马等，据《续汉书·舆服志》载：“公以下至二千石，骑吏四人，……皆带剑，执棨戟为前列”的导从仪仗。有的导从车前有贼曹车、督盗车、功曹车，后从有主簿车，主记车。有的在前加有斧车，有的还有杂耍车，百戏车等等，在神祠前大摆排场，大抖威风，鼓乐

① 《三国志·武帝纪》第 3 页。
② 《三国志·武帝纪》裴注引《魏书》第 3 页。
③ 同上。
④ 《三国志·武帝纪》裴注引《魏书》第 3 页。

喧天，狂欢竟日，老百姓因此贫困。《魏书》说：

> 初，城阳景王刘章以有功于汉，故其国为立祠，青州诸郡转相仿效，济南尤盛，至六百余祠。贾人或假二千石舆服导从作倡乐，奢侈日甚，民坐贫穷，历世长吏无敢禁绝者。①

这个记载厘清了济南国泛滥成灾的祭祀现象的来历：西汉初年，吕雉擅权，依靠兄弟侄子控制朝廷，屠戮刘氏子孙。吕雉死后，朱虚侯刘章联络老臣周勃、陈平，发动了军事政变，一举剪灭诸吕，还政刘氏。刘章建功，汉文帝刘恒二年（前180）封他为城阳景王。刘章死后，子孙在封国内立祠奉祀。此后，青州郡国仿效，立祠之风大兴，豪族士绅也纷纷为祖宗立祠。济南国尤为兴盛，神祠多达六百余座。富贾豪商租用二千石官员的服饰、仪仗、车马，在神祠面前，以倡乐狂欢，铺排奢侈，百姓因此贫穷，历来的长吏不敢禁止。曹操了然于胸之后，果断出手，“皆毁坏祠屋，止绝官吏民不得祠祀”。② 然后上报朝廷，除批准的神祠，其一律拆毁，禁止祭神活动。凡借祭神敛财者，无论官商，严惩不贷。

曹操为彻底禁绝这一危害百姓，“民坐贫穷”的祭祀活动，带人到各县巡察，方法得当、措施强硬、态度坚决。如同毒马蜂遍地的神祠，迅速消失了，富商豪贾的疯狂祭祀根绝了，民众称快，“奸宄逃窜，郡界肃然”。济南国社会秩序明显好转。

对济南国祭祀的整治，曹操才感觉到富商豪贾利用祭祀，实为盘

① 《三国志·武帝纪》裴注引《魏书》第3页。
② 同上。

剥百姓，进行敛财。后来，曹操领兵征讨四方，无不禁毁非法神祠，以减轻民众负担，用曹操自己的话说："在济南，始除残去秽，平心选举，违逆诸常侍。""为强豪所忿"。[①] 在济南曹操任国相，实现了"好作政教，以建立名誉，使世士明知之"的抱负。[②] 三十岁的曹操，一身正气，治理一方，建立名誉，让世人铭佩不忘。

① 《曹操集·让县自明本令》第40页。
② 同上。

第二章

中平四年（187）

◆ 辞官回家　读书习武

曹操在济南任国相三年，惩创“阿附贵戚，脏污狼藉”的八县长吏，并且“禁断淫祀，奸宄逃窜”。三年下来，济南国“郡界肃然。”曹操的铁腕治理，引起地方豪强及专权于朝政的宦官的忌恨。按汉朝的规定：三年任满，曹操上书灵帝，要求调回京城，“乞留宿卫”，[①]做一名郎官，担任宫中警卫，别无他求。

这一年，也就是中平四年（187）十一月，曹操的父亲曹嵩时任大司农，出钱一万亿买得太尉。面对曹操的请求，擅权的宦官怕曹操回京后，父子沆瀣一起，难以对付。于是，汉灵帝征诏曹操为东郡太守。东汉时期，郡太守和王国国相是平级的，但由国相改任郡太守却不大一样，郡太守可独立主政一方，权力很大，地位很高，秩二千石，与九卿地位相等。郡太守可独自选任属官，不受中央管制，低级官吏，限用本郡人，高级职员不受籍贯限制，可笼络天下人才。然而，曹操

① 《三国志·武帝纪》裴注引《魏书》第3页。

或许考虑的是自己尚年轻，回家读读书，习习武，机会有的是。

曹操接到诏令，便托词“称疾”，不就，还上书灵帝，恳请收回成命。朝廷坚持不变，并敦促前往赴任。三十三岁的曹操已完全看清“权臣专朝，贵戚横恣”。他又“不能违道取容，数数干忤，恐为家祸”。[①] 曹操不愿违心的苟活，更不愿招来家庭的不幸。同时他觉得“去官之后，年纪尚少，顾视同岁中，年有五十，未名有老，内自图之，从此却去二十年，待天下清，乃与同岁中始举者等耳。”[②] 曹操清楚地看到与他同年举孝廉的已有五十多岁，为功名仕途，依然苦熬死盼，自己从此隐退二十年，等到天下清平，也不过与他们年龄相仿，这样也不至于招来“强豪所忿，恐致家祸”。[③] 于是，曹操“称疾归乡里”。[④] 就这样，曹操第二次告别官场，回到故乡涡水河畔的谯县。

曹操回到故乡谯县，“筑室城外，春夏习读书传，秋冬弋猎，以自娱乐”。[⑤] 用曹操自己的话说：“于谯东五十里筑精舍，欲秋夏读书，冬春射猎，求底下之地，欲以泥水自蔽，绝宾客往来之望。”[⑥] 原来曹家宅第位于谯县城东五里，后面是城郭与闹市，旁有城壕和涡水。他本想回到故乡悄悄来去图个清静，秋夏读书传，冬春习射猎，但祖业曹宅距城仅咫尺之遥，无法安静，于是又在距城五十里建造了一处精舍，俗称书房。但精舍是比较讲究的。汉时殷实家的读书人，往往是住在精舍里的。远离喧嚣的城市，收敛自己的锋芒：任北部尉，棒死

---

① 《三国志·武帝纪》裴注引《魏书》第 3 页。
② 《三国志·武帝纪》裴注引《魏武故事》第 20 页。
③ 《三国志·武帝纪》裴注引《魏武故事》第 20 页。
④ 《三国志·武帝纪》第 3 页。
⑤ 《三国志·武帝纪》裴注引《魏书》第 3 页。
⑥ 《曹操集·让县自明本志令》第 41 页。

蹇硕叔父；任济南国相，十余县，免去贪赃枉法者八；当言官又为陈蕃之事翻案等等，这些锋芒是权贵们恨之入骨的，他只能选择辞官，回家读书习武。在故乡的涡水畔的乡野，那里煦相接，绿相偕，紫气盈舍，春来花开，安静读书，名也身外，利也身外，“以自娱乐”。是的，人在百无聊赖之际，选择读书是一种最好的选择。面对皇权和官位，曹操没有勉强自己，委屈自己，没有违心的选择遵从皇命，而是坚定地选择了辞官回家，读书习武，以达到文武兼修，可见曹操是个有志之士。曹操花费资财建造的精舍是不是真的读书了，又读了那些书呢？这里根据《曹操集》就可窥一斑而知其貌。《曹操集》收录“文”共154篇，不算阮禹代笔的两篇，和路粹代笔的一篇，在154篇文中，有53篇134处用典和引用古人话语，如：

> 《举贤勿拘品行令》中云：“昔伊挚，傅说出于贱人，管仲，桓公贼也，皆用之以兴。萧何、曹参，县吏也，韩信、陈平负污辱之名，有见笑之耻，卒能成就王业，著声千载。吴起贪将，杀妻自信，散金求官，母死不归，然在魏，秦人不敢东向，在楚则三晋不敢南谋。今天下得无有至德之人放在民间，及果敢不顾，临敌力战；若文俗之吏，高才异质，或堪为将守；负污辱之名，见笑之行，或不仁不孝而有治国用兵之术；其各举所知，勿有所遗。①

在这个令中，涉及伊挚，傅说，管仲、桓公、萧何、曹参、陈平、吴起等八名古代名人名将，阐明了举贤为什么勿拘品行的问题。

① 《三国志·武帝纪》裴注引《魏书》第31页。

《与王修书》中说：故与君教曰："昔遏父陶正，民赖其器用，及子妫满，建侯于陈；近桑弘羊，位至三公，此君元龟之兆先告者也。"……[1]

在《与王修书》中，曹操用遏父、妫满、桑弘羊把事理书得明明白白。曹操用典、用古人之言行，可以说是妙到天成，没有斧凿硬痕，读后没故作卖弄之嫌。尤其在作《孙子序》中，仅有154个字，引用《论语》《尚书》《易》《诗（经）》《司马法》《兵法》，涉及黄帝、汤、武、夫差、偃王、孙武、孙子、吴王阖闾、孙膑等。尽管引用如此之多，却自然天成，妙趣横生，把孙子兵法的来龙去脉，以及传承阐述得明明白白，还发出"吾观兵书战策多矣，孙武所著深矣"。曹操回到谯县，在所建的精舍里是认认真真，全神贯注地读书，当他读到乐毅给赵王，蒙恬给秦二世的书说："孤每读此二人书，未尝不怆然流悌也。"在读到介子推避晋封，申胥之逃楚，说"未尝不舍书而叹，有以自省也。"[2] 故乡的精舍，曹操安静地读书，读真书、真读书，使他的文化底蕴和精神层面有一次实实在在的充实。这才有日后以他为核心的形成了中国文学史上的"建安风骨"，他的《龟虽寿》等诗作至今传诵不衰，才成就了曹操成为"非常之人"。在那个群雄割据，占山为王，纷繁乱扰的时代，他远离尘嚣，读书越多，他的眼界就越宽，世界也就越大。他最终脱颖而出，掌握住时代航船的行进，剪灭了比他强大的袁绍、袁术、张邈、吕布等等，随同汉王朝一起走向天界，为三国的确立立下了界石。

---

① 《三国志·王修传》裴注引《魏略》第225页。
② 《曹操集·让县自明本志令》第42页。

曹操吞下了委屈，回家读经典，读那些能够改变生命轨迹的经典，那些书不仅是字、是生命、是智慧，是对读书人生命的一次洗礼、引领和导航。曹操的非常之处，也就在于他“绝宾客往来之望”，专心读书强志，习武强身。人生需要读经传以充实和储备自己，有了这个储备就能经受住打击，耐得住寂寞，扛得起责任，肩负起使命。后来，他再度出山之后，处处事事，审时度势，“奉国威灵，仗钺征伐，推弱以克强，处小而擒大，意之所图，动无违事，心之所虑，何向不济，遂荡平天下”。[①] 这岂不是一个“非常之人”？人到了这个份上，也就成了一个人言言殊的人物了。

这一年，曹操又喜添贵子，即卞氏所生的曹丕。

中平五年（188）

◆ 拒绝谋反　不与合污

曹操辞官回乡的第二年，也就是中平五年（188），遇到两件事。

春夏之交的四月，天气明媚，正是潜心读书的好时光。一天，忽闻父亲太尉被罢免。曹操没有大惊失色，安静如常。在他看来，皇帝集权，朝野腐败，民怨鼎沸，士风日下，正义消磨殆尽。父亲是去年十一月，花了一亿万钱买得太尉，正好半年，又被皇帝卖了，父亲只好回家赋闲。不过，父亲曾任大司农，掌管国家粮草储备、物资供应；还掌管盐铁生产和专卖，是天字第一号肥缺，才有这个富豪之家。回家怡养，也够享天年。

---

① 《三国志·武帝纪》裴注引《魏武故事》第20页，或《曹操集·让县自明本志令》第40页。

到了六月，同乡周旌是沛国国相，带着冀州刺史王芬给曹操的修书前来造访。当曹操看完了王芬的信，心里暗自一怔，交谈询问之后，曹操拒绝了老乡周旌的游说，但却给冀州刺史王芬回信一封，劝他切不可轻率，盲目行动，还提出了他自己的见解。

那么，冀州刺史王芬在给曹操的信中说了些什么呢？

原来，陈蕃之子陈逸想替父报仇，与术士襄楷合谋。一次，适逢在王芬处相遇，术士襄楷说："天文不利宦者、黄门、常侍（贵）［真］族灭矣。"陈逸听了很高兴。王芬一听术士说，上天显象，不利宦官，宦官都将遭灭族，就说："若然者，芬愿驱除。"[①] 就这样策动了王芬反叛。然后，王芬又与南阳太守许攸、沛国国相周旌等人结谋，想在灵帝北巡故地河涧之机发动政变，废黜灵帝，诛灭宦官，拥立合肥侯为帝。结谋策划之后，四下物色同党，认为曹操官场失意，父亲被罢，必然会参加谋反。孰料，曹操"拒之"，[②] 并给王芬修书一封，说：

夫废立之事，天下之至不详也。古人有权成败，计轻重而行之者，伊尹、霍光是也。伊尹怀至忠之诚，据宰臣之势，处官司之上，故进退废置，计从事立。及至霍光受托国之任，籍宗臣之位，内因太后秉政之重，外有群卿同欲之势，昌邑即位日浅，未有贵宠，朝乏谠臣，议出密近，故计行如转圜，事成如摧朽。今诸君徒见曩者之易，未睹当今之难。诸君自度，结众连党，何若

① 《三国志·武帝纪》裴注引司马彪《九州春秋》第 3 页。
② 《三国志·武帝纪》第 3 页。

七国？合肥之贵，孰若吴、楚？而造作非常，欲望必克，不亦危乎！[①]

信中，可窥见曹操读书不仅给了他智慧，而且通过读书借古鉴今，具有超凡的政治远见，没有盲目陷入政治沼泽泥潭而不能自拔。是的，曹操在第一次任议郎，曾为陈蕃、窦武冤案鸣不平，但此次陈蕃子陈逸替父报仇，企图谋反兵变，废黜汉灵帝，则是不可取的。曹操本想制止王芬等人的兵变，但自己此时一介平民，无力制止他们鲁莽而无知的行动。他采取了既不告发，也不参与，并用西周伊尹和西汉霍光两位顾命大臣行废立之事的成功，言明废立之事不是那么简单：伊尹是“至忠之诚”于国家，又“据宰臣之势”；霍光则“受托国之任，籍宗臣之位，内因太后秉政之重，外有群卿同欲之势，事成如摧朽。”曹操并对当下的客观形势作了分析；集结军事力量比不上吴楚七国，合肥侯的声望比不上吴王刘濞和楚王刘戊。并告诫王芬，这是非常危险的事。意在终止他们的兵变谋反，废黜汉灵帝的危险行动。

王芬不仅派周旌说服曹操遭拒，而且还派人去秘密召唤平原郡高唐人华歆、陶丘洪共同定计谋废灵帝。陶丘洪正要去，被华歆阻止说：“夫废立大事，伊、霍之所难。芬性疏而不武，此必无成。而祸将及族。子其无往！”[②] 陶丘洪听了华歆的话，也就没去。曹操和华歆都举出伊尹、霍光的废立之事之难，而且王芬是一位性情疏忽，不明武事的人，料定不会成功。

---

① 《三国志·武帝纪》裴注引《魏书》第 3 页。

② 《三国志·华歆传》第 259 页。

可惜王芬等人不听曹操的劝告，以黑山军劫掠冀州郡界为由，上书汉灵帝，请求扩充兖州郡的兵力，而灵帝也诏令他扩军。然而，正当灵帝准备北巡，王芬等人认为时机到来，准备兵变。可是，就在这时天象出现了异象："北有赤气，东西竟天。"[①] 于是，太史对汉灵帝说："当有阴谋，不宜北行。"[②] 灵帝取消了北巡计划，而且诏令王芬停止扩军，调任京官。王芬心虚，误为兵变阴谋败露，抛官弃印，仓皇逃亡，其实，灵帝什么也不知道。当王芬进入平原国之后，才发现严令通缉，最终在绝望中自杀。

曹操拒绝王芬等人的兵变谋反，废黜灵帝，正是他回家认真读书，颖悟绝伦，超然出其非凡的政治远见，不与合污，避过了人生一大劫难。读经传，使曹操充满了人生的智慧；读经传，使曹操具有非凡的政治洞察力，成为东汉末期叱咤风云的非常之人。

◆ 再度出山　典军校尉

曹操睿智地拒绝了王芬等人的谋反兵变的结约，依然在精舍安静读书。但这时黄巾军和黑山军经过短暂的沉寂，又发起了声势浩大的进攻，黄巾军以西河郡白波谷为根据地，对太原、河东二郡发起进攻。黑山军聚众百万，在黄河以北暴动频繁，群起杀官。也就在这时，凉州豪强金城边章、韩遂拥兵十万，"杀刺史郡守以叛"。[③] 占据陇西，与马腾连手进攻三辅，尸积成山，血流如河。东汉王朝风雨飘摇，于是扩充禁军，准备征讨剿灭。

---

① 《三国志·武帝纪》裴注引司马彪《九州春秋》第 3 页。
② 同上。
③ 《三国志·武帝纪》第 3 页。

东汉王朝的主力军是北军五校，即长骑、越骑、步兵、长水、射声五校统领。汉灵帝面对黄巾军和黑山军的暴动，诏令扩充禁军，在原来卖官的西园交易所，建立西园新军，也就是新军总部，即汉灵帝的“万金堂”所在地。新军驻守京师洛阳，“以御四方”，协助州郡军队镇压暴动。新军共设上军校尉、中军校尉、下军校尉、典军校尉、左校尉和右校尉。新军校尉将官由汉灵帝亲自选定任命，小黄门蹇硕为上军校尉，统领其他校尉，侍御史袁绍为中军校尉，曹操为典军校尉等。

汉灵帝不知怎么突然想起启用拒任东郡太守，称疾归乡里的曹操。但这次汉灵依然信任宦官集团，任命宦官蹇硕为新军统帅。起用曹操是否考虑到曹腾、曹嵩这层关系很难说清。当然，曹操在颍川之战和济南国相任上的作为，朝廷也是有口皆碑的，况曹操年轻，敢作敢为，铁面无私。国家在困难危急之时，必然要起用年轻有为，英勇卫国之人。

圣旨还在路上，曹操浑然不知。

曹操回家已近两年，“秋夏习读书传，春冬弋猎，以自娱乐”。[①]两耳不闻窗外事，一心专读圣贤书。至于朝廷方面，未曾有任何与曹操有关的事。一日，曹操正在精舍，忽传灵帝的诏书到，任命他为新军典军校尉。他手捧圣旨，谢主隆恩。此时，年轻的曹操誓以报效国家为己任，讨平金城边章、韩遂据郡反叛的逆贼，因为此时“金城边章、韩遂杀刺史郡守以叛，众十余万，天下骚动。征太祖为典军校尉”。[②] 曹操想建功立业，封侯拜征西将军，死后在墓碑上镌刻“汉故

① 《三国志·武帝纪》裴注引《魏书》第3页。

② 《三国志·武帝纪》第3页。

征西将军曹侯之墓”，以实现自己的梦想。[①]

中平五年（188）八月，三十四岁的曹操，带上《孙子兵法》和必要的书籍善本，车载卞氏，直奔西园新军处赴任。

① 《三国志·武帝纪》裴注引《魏武故事》第30页。

第三章

中平六年（189）

◆ 参决诛宦　只说不干

曹操到西园任典军校尉的第二年，也就是中平六年（189），这年的四月，汉灵帝刘宏命归西天。瞬间，便引发了何皇后的生子刘辩与王美人的生子刘协谁继承皇位的问题。何皇后在汉灵帝归天之后，利用兄长何进以大将军的身份抢先拥立年方十七的外甥刘辩即位登基，而王美人所生的刘协，在汉灵帝弥留之际，认为刘协酷似自己，遗诏立刘协为皇太子，以宦官蹇硕为顾命大臣。这样一来，以何进为首的外戚集团和以蹇硕为首的宦官集团之间，展开了一场血肉拼搏的权力角逐和杀戮。

在这场以消灭对方为主的权力角逐中，蹇硕统领西园新军，又手持灵帝遗诏，与“十常侍”的赵忠、宋典等人密谋、诛杀何进，废黜刘辩，拥立刘协登基。世上没有不透风的墙，何进得到密报，以先下手为强，捕杀了蹇硕，夺了西园新军统帅之印。然而，何进胸无点墨，不谙政事，凭借妹妹何皇后平步青云，难以服重。在这个关键时刻，何进与袁绍结谋。袁绍让何进吸取窦武被宦官所杀的教训，胁迫何进说："今交构已成，形势已露，将军何为不早决之？事留变生，后机祸至。"① 何进没有听从袁绍的建议，他要去请求何太后，结果"大将军何进与袁绍谋诛宦官，太后不听"。② 何进于是秘密征调董卓进京胁迫何太后，当大将军府主簿陈琳闻听后，劝谏何进说："今将军总皇威，握要兵，龙骧虎步，高下在心；以此行事，无异于鼓洪炉以燎毛发。但当速发雷霆，行权立断，违经合道，天人顺之；而反释其利器，更征于他。大兵合聚，强者为雄，所谓倒持干戈，授人以柄；功必不成，只为乱阶。"③ 怎料，大将军何进不纳陈琳之言。然后又召集群僚商议对策：曹操是西园典军校尉，也参加了这次商议。曹氏宗亲虽是大豪强，却属于宦官集团，是寒门素族。曹操心理非常清楚，要想在政治上以显身手，必须侧身于世族名士行列。他想赢得世族、豪强集团的认可和信任，于是，在何进主持的议诛宦官的会议上，曹操"闻而笑之曰：'阉宦之官，古今宜有，但世主不当假之权宠，使至于此。既治其罪，当诛元恶，一狱吏足矣，何必纷纷召外将乎？欲尽诛之，事必宣露，吾见其败也。'"④ 曹操表明了自己的态度和看法，应是诛首恶，方法是将首恶收狱，令一狱吏除之，易如反掌，想全部诛灭阉宦，恐怕事情外泄，反遭其败。与此同时，尚书卢植"知（董）卓凶悍难制，必生后患，固止之。（何）进不从。"⑤ 结果事从陈琳、曹操所言，事情败露；最后，也应了卢植所料。

宦官头头张让、段珪等十常侍，又一次上演了诛窦武一样的伎俩，

---

① 《三国志·袁绍传》裴注引《九州春秋》第 122 页。
② 《三国志·武帝纪》第 3 页。
③ 《三国志·陈琳传》第 377 页。
④ 《三国志·武帝纪》裴注引《魏书》第 4 页。
⑤ 《后汉书·卢植列传》第 1433 页。

矫诏何太后懿旨，传何进入宫，设伏兵将其杀死。消息传出，虎贲中郎将袁术率军包围了皇城，并与袁绍所率的西园新军会合，杀戮宦官二千余人。这座散发着浓重的脂粉和墨香气味的京都洛阳，顿时淹没在人血的血腥之中，呻吟和绝望的哀号弥彻宫殿。当时皇宫里的男人为证明自己不是阉人，就将裤子脱下来，才能免杀。皇宫变成了名副其实的宦官屠宰场，尸横遍野，血流成河，腐恶的血腥弥漫京城。袁术放火烧了南宫，张让、段珪将少帝与陈留王挟持，趁夜逃出皇宫，逃往小平津。尚书卢植领兵追至，迫张让、段珪投河而死。至此，东汉宦官彻底清除，外戚也因何进而死被消灭，这为董卓进京铺平了道路。

曹操虽参决诛灭宦官的机要，却没有史料显示他的实际行动。这很正常，他已看透尽诛宦官不会有好结果，自然要回避。曹操有自己的独立思考，不随波逐流，以见其个性和智慧。

◆ 董卓进京　曹操出逃

一波未平，一波又起。同年（189 年），穷凶极恶的董卓带兵进入洛阳，见何进和蹇硕早已人头落地，宦官几乎诛杀殆尽。董卓“初入洛阳，步骑不过三千，自嫌兵少不为远近所服，率四五日，辄夜遣兵出四城门，明日陈旌鼓而入，宣言云：‘西兵复入至。’”[①] 董卓这一手很高明，也很有效果。他觉察到只有三千兵马，势单力薄，就采用瞒天过海的骗术，每隔四五天，将部众在夜里悄悄拉出城外，天明再旌旗招展，锣鼓喧天，威武雄壮地入京。京师洛阳人没有发觉，

① 《三国志·董卓传》裴注《九州春秋》第 111 页。

反而说“卓兵不可胜数。”[①] 董卓的这一招竟镇住了一时人杰袁绍、袁术、曹操等人，他们搞不清董卓到底调来多少兵马。很快禁军及何进部曲统归于董卓，“卓又使吕布杀执金吾丁原，并其众，故京都兵权唯在卓。”[②]

董卓很快控制了局面，自任太尉，假节钺虎贲，掌握了生杀和兵权，控制皇权。在朝堂谋废少帝刘辩，尚书卢植与董卓发生争执，“卓怒，罢坐，欲诛植。”[③] 后经侍中蔡邕劝言，卢植方得幸免。袁绍与董卓几乎拔刀向相。这时的董卓一意孤行，“遂废帝为弘农王。寻又杀王及何后。立灵帝少子陈留王，是为献帝。”[④] 然后董卓自任相国，封郿侯，“赞拜不名，剑履上殿”。[⑤] 这样一来，袁“绍畏卓”，出奔冀州；袁术出往南国，各自拥兵自重，割据一方。董卓挟天子以令诸侯，要通缉袁氏兄弟，被仪郎何颙等劝阻。董卓也不乏政治手腕，顺水推舟任命袁绍为幽州渤海郡太守，封郡乡侯；袁术为后将军，驻守南阳，唯独曹操好像悬空。

这时曹操看到“卓性残忍不仁，遂以严刑胁众，睚眦之隙必报，人不自保。”[⑥] 董卓下令派遣军队到阳城去，正好碰上二月的大社集，民众集聚在这里。董卓又下令军队把男子全部砍杀，夺走其车辆和牛群，掠夺其妇女和财货，把砍下来的人头挂在车前的横木上，浩浩荡荡回到京都洛阳，在京城炫耀后，把人头烧毁，把掳来的妇女分赐给

① 《三国志·董卓传》裴注《九州春秋》第 111 页。
② 《三国志·董卓传》第 110 页。
③ 《三国志·董卓传》裴注《献帝纪》第 112 页。
④ 《三国志·董卓传》第 111 页。
⑤ 同前。
⑥ 《三国志·董卓传》第 112 页。

下属。董卓则“奸乱宫人公主”,[1] 无恶不作，罄竹难书，致使“京都大乱。”[2] 袁氏兄弟的离京出奔，对他震动很大。正在这忧虑不决之间，董卓也想笼络曹操，增强自己的势力，上表曹操为骁骑校尉，掌管部分禁军，“欲与计事”。[3] 但曹操认为董卓“终必覆败，遂不就拜”。[4] 拒绝了任命，不想与董卓同流而终亡。曹操把董卓给他的官帽又扔了回去，独自走向一条冒险的逃生之路。曹操的政治眼光，识人之深，已见出这个年轻人的非凡远见。不久，董卓派兵抓他，情况危急，曹操丢下卞氏，“变易姓名，间行东归”。[5] 逃出京都洛阳。

三十五岁的曹操拒绝了董卓高官厚禄的拉拢，再次脱离了董卓擅权专制的汉王朝，独自走向一条逃亡之路。曹操跌到了人生的最低谷，此时，路在何方，事又怎样？整个局势发生了变化，曹操只能以变应变，顺势而变，出逃只为不与董卓同流合污。

◆ 逃亡路上　三说不一

董卓进京，祸国窃国，乱了朝纲，苦了百姓，时称人杰的袁绍、袁术和曹操，都同现任的朝臣王允等从内心深处酝酿着一种怒发冲冠悲愤交织的情愫，这种愤怒到极点的情愫，在各自的胸中翻滚和盘算，又迅速铸成要么除掉董卓，要么远离京都，再图其变。当曹操看到袁绍在何进被诛之后，拥有西园八校尉禁军指挥权，袁术控制了何进部曲，面对董卓残忍霸道纷纷逃离京都洛阳，自己仅仅是一典军校尉，

---

① 《三国志・董卓传》第 112 页。
② 《三国志・武帝纪》第 3 页。
③ 《三国志・武帝纪》第 3 页。
④ 《三国志・武帝纪》裴注《魏书》第 4 页。
⑤ 《三国志・武帝纪》第 3 页。

但又不愿与董卓同流合污，踏入“终必覆败”的悲惨下场。曹操已经看清了，也想明白了，他不愿为这个下场断送自己的前程，去做董卓的殉葬品，于是，曹操果断地拒绝了董卓表他为骁骑校尉，“欲与计事”的拉拢。这样一来，曹操在京都洛阳是待不下去了，故乡也是不能回去的，那么，剩下的只有逃亡一条路了。这是曹操与命运的一次较量，更是一次残酷的自我挑战。

曹操不与董卓共谋计事，已恼怒董卓，又闻曹操“间行东归”，于是下令四处张贴捉拿曹操的画影图形榜。曹操无奈改姓换名，潜出京城，走上一条逃亡之路。逃亡路上，不知道会遇上什么，或发生什么，他放弃了董卓的高官厚禄，坚持逃亡，也是曹操人生寻找新的机遇和突破口的开始，他要靠自己读书所给的智慧，去打开人生的前途。逃亡路上，多有风云不测，多有反常的应对，如此一来，也就留下不少的迭事传闻。《魏书》《世语》和孙盛《杂记》各有其说，如：

①《魏书》曰：太祖以卓终必覆败，遂不就拜，逃归乡里。从数骑过故人成皋吕伯奢。伯奢不在，其子与宾客共劫太祖，取马及物。太祖手刃击杀数人。①

②《世语》曰：太祖过伯奢。伯奢出行，五子皆在，备宾主礼。太祖自以为背卓命，疑其图已，手剑夜杀八人而去。②

③孙盛《杂记》曰：太祖闻其食器声，以为图已，遂夜杀之。既而凄怆曰：“宁我负人，毋人负我！”遂行。③

---

① 《三国志·武帝纪》裴注引《魏书》第4页。
② 《三国志·武帝纪》裴注引《世语》第4页。
③ 《三国志·武帝纪》裴注引孙盛《杂记》第4页。

以上三个记载，是裴松之为《三国志·武帝纪》所引的注。从中可看出，曹操潜出京都洛阳，在成皋投宿吕伯奢家发生了血淋淋的惨案。《魏书》《世语》《杂记》说法各异：《魏书》说：伯奢不在家，“其子与宾客共劫太祖，取马及物。”曹操才手刃数人；《世语》则言五子在家，曹操“以为背卓命，疑其图己”。剑刃八人而去；《杂记》言说曹操“闻其食器声，以为图己。”遂杀之，还悲痛地说：“宁我负人，毋人负我!”从曹操杀人的出发点看，从①“共劫太祖，取马及物”。到②“以为背卓命，疑其图己”。再到③“闻其食器声，以为图己”。①可能发生了搏斗，②③均为从“疑”“闻”没有搏斗；再从杀人数看，《魏书》是“数人”，《世语》为“八人”，《杂记》无人数，且不管这些记载的互异，但有一点是共同的，也是最重要的，曹操杀人了，而且是无辜的，但没有记载说曹操杀了吕伯奢。曹操在逃亡路上，为了生存听从了他自己内心的绝对命令，杀死对方。此刻，他没有任何心理障阻，没有犹豫，没有徘徊，用尽他所有的胆量和勇力，杀人后，尽管曹操“凄怆”地说“宁我负人，毋人负我!”这泄露了他全部的心机，人心的险恶昭然若揭。至于曹操说没说这句流传千载的话，现在不可而知，也无法实证。曹操为了活命，为了自己生存开了杀戒，人的“不忍之心”，此刻荡然无存。逃亡路上，曹操在吕伯奢家杀害无辜之人，是他人格的一次分裂，人格破碎的开始，为他后来的行事做派奠定了另一块基石：“性忌”。[1]

这之后，曹操过中牟县境，一亭长见他神色可疑，形迹仓皇，与榜文上的画影图形相似，经盘问，姓名不付，但依然将他抓起来解往

① 《三国志·崔琰传》第240页。

县衙。船漏偏逢连阴雨。曹操只有听天由命，也许他不该成为董卓的刀下鬼，中牟县功曹一见“心知是太祖（曹操）”，[①] 也曾耳闻曹操用五色棒棒杀蹇硕叔父，任济南国相惩治贪官污吏，禁绝淫祀，是一位清正廉吏，更佩服他不与董卓同流合污，祸国殃民，敢于出逃的才智胆略，私下向中牟县令求情说：“天下将乱，不宜拘捕雄俊。”[②] 县令也是个明白人，知道董卓祸国乱朝，不知如何下去，于是就释放了曹操。

此时，曹操孤怀独往，不知路在何方？

◆ 己吾起兵　张邈相佐

中平六年（189）九月，曹操变易姓名，“微服东出避难”。[③] 经过三个月的逃亡，十二月来到陈留郡。陈留这地方，对曹操此后垂三十年都非常重要。在陈留郡曹操遇见两个人，都是当时赫赫有名的，一位是陈留郡太守张邈，一位是陈留郡襄邑县的孝廉卫兹。

张邈，是山东寿张县（今山东平西南）人。“少以侠闻，振穷救急，倾家无爱，士多归之”。曹操、袁绍“皆与邈友”。[④] 这三人年轻时，行侠仗义，成为好友。后来，朝廷征辟张邈，作了骑尉都，又迁陈留郡太守。此时此刻，曹操是一位逃亡落魄之人，是董卓通缉的要犯。当张邈见到曹操，一没有嫌弃他，二没有不礼遇他。曹操见到张邈，二人相见恨晚。

这时各地讨诛董卓之声不断。“东郡太守桥瑁诈作京师三公移书

① 《三国志·武帝纪》裴注引《世语》第 4 页。
② 同上。
③ 《三国志·后妃传》第 101 页。
④ 《三国志·张邈传》第 143 页。

与州郡，陈（董）卓罪恶，云见逼迫，无以自救，企望义兵，解国患难。”[①] 桥瑁矫作三公移书与州郡，率先号召诸侯起义兵讨董卓。然而，只听雷声，不见雨点。接着张邈的弟弟广陵郡太守张超请辟的功曹臧洪对张超说：你家几代蒙受国恩，兄弟二人都掌管大郡，今王室危难，贼臣（指董卓）未灭，这正是忠臣义士报恩效命之时。广陵郡吏民殷富，如果招兵，可得二万，“以此诛除国贼，为天下倡先，义之大者也。”[②] 张超甚从其言。他就和臧洪西去陈留，与他哥哥张邈会谋于酸枣。然后，又联络兖州刺史刘岱、豫州刺史孔伷、东郡太守桥瑁，加上张邈、张超兄弟二人，共五人，由臧洪主持结盟盟誓，共诛董卓。谁料，虽结盟明誓，却没有领头前进的人，不久“食尽众散”。[③] 就在这个时候，曹操到来，同张邈交谈之后，二人定下：“首举义兵”，[④] 讨伐董卓，这是石破天惊的大事。在这里，张邈看中曹操敢作敢为，又是董卓捉拿的逃犯，他不领兵起义，是无法立足生存的，他也是最合适的领兵带头之人。鉴于此前的教训，张邈让曹操去拜访卫兹，好得到他的支持。

卫兹，“有大节，不应三公之辟”。曹操早年到陈留郡，卫兹就说：“平天下者，必此人也。”[⑤] 曹操知道后，很是欣赏卫兹。这次到陈留郡，曹操“数诣（卫）兹议”大事。[⑥] 这大事，即曹操“始与兹相见，遂同盟，计留武事”。[⑦] 大事，即武事，就是曹操与张邈定下的

---

① 《三国志·武帝纪》裴注引《英雄记》第 4 页。
② 《三国志·臧洪传》第 150 页。
③ 同上。
④ 《三国志·张邈传》第 143 页。
⑤ 《三国志·卫臻传》第 407 页。
⑥ 同上。
⑦ 《三国志·卫臻传》裴注引《先贤行状》第 408 页。

"首举义兵"讨伐董卓。曹操与卫兹相见后，遂结为同盟，专注谋划兴义兵讨董卓之事。卫兹对曹操说："乱生久矣，非兵无以整之。"还说："兵之兴者，自今始矣。"[①] 卫兹的这两句话，对曹操可以说是如醍醐灌顶，如拨开曹操心头上的雾罩，豁然开朗。没有自己的军队，怎么救国治乱？怎么讨伐董卓？曹操拜访卫兹，是他第一次认识到要建立自己的军队，要拥有自己的地盘，乱世中才能使自己变得自立而强大。这直接影响了曹操此后近三十多年的人生生涯。从此，他披甲跨马，走向沙场，以武力、智慧、胆量同董卓、袁术、袁绍、吕布，展开了生死搏杀，曹操的英雄本色在那个英雄时代渐渐显露。

于是，曹操在陈留变卖家产，招兵买马，纠结宗族。谯县的曹氏、夏侯氏子弟纷纷投奔己吾从军，曹操的堂弟夏侯惇、夏侯渊最先到达，后有曹仁、曹洪各领千余兵马抵达，曹休也从吴郡跋涉千里之遥，赶到己吾。卫兹是一位"不为激诡之行，不徇流俗之事；明虑渊深，规略宏达"。[②] 有大节的人，也献出全部家财助曹操，遂招募得五千人。[③] 也有说三千人。[④]

十二月，曹操在陈留郡太守张邈的相佐之下，卫兹舍家舍财的鼎力支持下宣布：首起义兵，讨伐逆贼董卓。张邈"遣卫兹将兵随太祖"。[⑤] 曹操在己吾正式打响了向董卓讨伐的第一枪。

曹操己吾举义兵讨董卓，仿佛是从逃亡的僵尸中蛹化而出，也仿佛是经受了一次涅槃后的更生。此前，曹操改易姓名，潜出京城洛阳，

---

① 《三国志·卫臻传》裴注引《先贤行状》第 408 页。
② 同上。
③ 《三国志·武帝纪》裴注引《世语》第 4 页。
④ 《三国志·卫臻传》裴注引《先贤行状》第 408 页。
⑤ 《三国志·张邈传》第 143 页。

袁术还传出了曹操“凶问”遇难的谣言。[①] 当时跟随曹操到洛阳的人听到这个谣传，都打算回家乡去，卞氏劝阻他们说：“曹君吉凶未可知，今日还家，明日若在，何面目相见也？正使祸至共死，何苦！”[②]不久，这些跟随曹操的人，闻听他起义兵于己吾，又前往追随曹操。当时秦邵与曹操友善，为曹操所亲信，是一位“忠笃有才智”的人。跟随曹操兴义兵，秦邵“募徒众，从太祖周旋。”后来豫州刺史黄琬“欲害太祖，太祖避之而（秦）邵独遇害”。[③] 而另一说，秦邵，或云秦伯南。兴平末，袁术部党与曹操“攻劫”，曹操出逃，被袁术部党追杀。曹操逃入秦伯南家，追兵赶到，秦伯南开门接受追兵的询问，说曹操在吗？秦伯南说：“我是也。”遂杀害。后曹操将秦伯南之子收养，“变其姓”。名，曹真。曹操对他与诸子同待同视。[④]

曹操在己吾率先起义兵，讨伐董卓，如春雷霹雳天地，在函谷关以东的州郡迅速响应，很快凝聚成一股强大的讨董联盟。初平元年（190）春正月，渤海郡太守袁绍、冀州牧韩馥、兖州刺史刘岱、河内郡太守王匡、陈留郡太守张邈、广陵郡太守张超、东郡太守桥瑁、山阳太守袁遗、济北国国相鲍信、豫州刺史孔伷，在南阳的后将军袁术、各自拥兵数万人马，很快结盟成关东联军，讨伐董卓，众推袁绍为盟主。袁绍自称为车骑将军，兼司隶校尉。曹操为奋武将军。这时的刘备位卑人微，“会灵帝崩，天下大乱，（刘）备亦起军从讨董卓”。[⑤] 但此时刘备不知名联军。

---

① 《三国志·后妃传》第101页。
② 同上，第101页。
③ 《三国志·曹真传》裴注引《略书》182页。
④ 《三国志·曹真传》裴注引《魏略》182页。
⑤ 《三国志·先主传》引《英雄记》第543页。

适逢曹操起兵讨伐董卓，进入中牟县境，“众不知所从，（任）峻独与同郡张奋议，举郡以归太祖（曹操）。（任）峻又别收宗族及宾客家兵数百人。”随从曹操。[①] 曹操己吾起兵，不仅得到张邈、卫兹的相佐，还得到任峻的支持相随。

曹操怀着“吾起义兵，为天下除暴乱”。[②] 的抱负，在张邈、卫兹、任峻的相佐鼎助下，纠合宗族部曲，以夏侯惇与夏侯渊、曹洪为裨将。曹操行奋武将军，夏侯惇为司马，率兵征伐，打响了讨伐董卓的战斗。一天，袁绍问曹操说：“若事不辑（成功义），则方面何所可据?”曹操说：“足下以为何如?”袁绍说：“吾南据河，北阻燕、代，兼戎狄之众，南向以争天下，庶可以济乎?”曹操说：“吾任天下之智力，以道御之，无所不可。”[③] 又说：“汤、武之王，岂同土哉? 若以险固为资，则不能应机而变化也。”[④] 袁绍看重的是地利和兵力，曹操看重的是人才的智力。袁曹二人高下自见。这也正是曹操的非常不同之处。不过，曹操此时没有名分、没地盘，仅有几千人马，与联军共同讨伐董卓。他勇敢冒险地迈出了第一步，这也是他人生的分水岭。

初平元年（190）

◆ 讨伐董卓　兵败汴水

初平元年（190）正月，十三路人马结盟，组成讨伐董卓的关东

---

① 《三国志·任峻传》第 313 页。
② 《曹操集·军谯令》第 32 页。
③ 《三国志·武帝纪》第 16 页。
④ 同上裴注《傅子》第 16 页。

联军，公推袁绍为盟主。这时的曹操以代理奋武将军身份受陈留郡太守张邈节制，驻屯酸枣县（故城在今河南延津县东南）。几十万关东联军形成以夹攻京都洛阳为战略态势，梦想一举消灭董卓。就在这个时刻，白波谷黄巾军十几万人马，也以杀向长安为中心，东进三辅大地。

董卓也是雄韬武略冠绝一时，“卓有才武，膂力少比，双带两鞬，左右驰射。”① 当董卓看到关东联军夹击洛阳的态势和后路将被黄巾军截断的危局险势，果断挟持汉献帝西迁长安。临行前，董卓下令挖掘文帝寝陵，掠其珍宝②，还把洛阳及其附近二百里内居民几百万人口驱迁入关中，最后将洛阳宫宇房舍烧光，鸡犬杀尽。被驱迁的百姓，沿途饿尸满路，史称“旧京空虚，数百里中无烟火”。③ 东汉近两百年来政治、经济、文化中心的宏伟帝京洛阳，瞬间化为一片焦土瓦砾场。

当时关东联军夹击董卓的形势十分有利，袁绍兵屯河内，刘岱、张邈、桥瑁、袁遗兵屯酸枣；袁术兵屯南阳；孔伷屯兵颍川；韩馥屯兵在邺城。但因“卓兵强，绍等莫敢先进”。④ 关东联军几十万人马，却出现了令人意想不到的尴尬局面，先前讨伐董卓的雄心胆气，突然在联军将领会议上，谁也不肯去打头阵，都只想保存实力，等待分享胜利果实。面对这种各怀鬼胎的尴尬局面，三十六岁的曹操挺身而出，慷慨陈词：

举义兵以诛暴乱，大众已合，诸君何疑？向使董卓闻山东兵

① 《三国志·董卓传》第110页。
② 《后汉书·董卓列传》第1571页。
③ 《三国志·孙坚传》裴注《江袁传》第672页。
④ 《三国志·武帝纪》第5页。

起，倚王室之重，据二周之险，东向以临天下。虽以无道行之，犹足为患；今焚烧宫室，劫迁天子，海内震动，不知所归，此天亡之时也。一战而天下定矣，不可失也。[1]

曹操这番战略思维明晰，有理有据的陈词，居然没有打动在座的各路将领，他们面面相觑，无动于衷，不肯进军讨伐，"英雄豪杰各拥众营私"。[2] 不得已，曹操独自率领数千人马西进，想占据成皋，以振联军士气。就在曹操引兵西进，得到兖州兵马的支持，陈留郡太守部将卫兹所率数千人马归曹操指挥，鲍信、鲍韬兄弟俩也率领属下约二万步骑参战。

其实，关东联军盟主袁绍一直畏惧董卓，早在董卓未进京到洛阳，何进派骑都尉鲍信在他的所在地附近招兵买马。鲍信一到京师，就去见袁绍说："卓拥强兵，有异志，今不早图，将为所制；及其初至疲劳，袭之可擒也。"然而，袁绍"畏卓，不敢发"。[3] 由于袁绍不听鲍信的建言，造就了董卓顺利进京，和一连串祸国殃民的罪恶。这也就不难理解联军盟主袁绍为何不派将遣兵和董卓进行交锋，也就不难理解鲍信兄弟俩率兵同曹操去汴水同董卓部将交战。曹操出发前，"遣人要（周）喁，喁即收合兵众，得二千人，从公征伐，以为军师。"[4] 周喁会稽人，是这次曹操征伐董卓的军师。

三十六岁的曹操，在十三路联军不愿派兵进击董卓军的无奈局面下，他以非凡的勇气和胆识独自扛起了讨伐董卓的大旗，同夏侯惇、

① 《三国志·武帝纪》第5页。
② 《三国志·孙策传》裴注引《吴历》第674页。
③ 《三国志·董卓传》第111页。
④ 《三国志·孙策传》裴注引《会稽典录》第672页。

曹洪、卫兹、鲍信、鲍韬率领部众，“引兵西，将据成皋，到荥阳汴水”。[1] 与固守荥阳的董卓大将徐荣遭遇。徐荣勇猛强悍，又以凉州骑兵占据绝对优势，迎战曹操部众。曹操指挥的部众，与徐荣的凉州骑兵鏖战一整天，终因众寡悬殊所败。卫兹、鲍韬阵亡，鲍信身负重伤，曹操被流矢射中，坐骑因失血过多而倒毙，徐荣的凉州骑兵穷追不舍，危急时刻，曹操的堂弟曹洪发现，立即下马让出坐骑，曹操辞让不受。曹洪大声说道：“天下可无洪，不可无君。”曹操被堂弟曹洪扶上马，指挥部众撤退。曹洪紧追曹操步行到汴水，汴水水深无法渡过，曹洪循河流找到一条船，和曹操一起乘黑夜流过汴水，奔回到谯地。[2] 然后，曹操返回大本营酸枣。徐荣见曹操“所将兵少，力战尽日，谓酸枣未易攻也，亦引兵还。”[3]

这是曹操人生第一次独立率军走向战场，同敌对的一方展开了殊死的拼杀，他打了败仗，身负重创，战马倒毙，死里逃生，经受了一次战争的洗礼，亲身感受到战争的残酷和无情。但他的勇气、胆识和气概给联军以极大的鼓舞，在后来的联军会议上，曹操虽不是体制内的一方“诸侯”，却取得了发言权，丨三路联军的首领，刮目相看曹操，甚至投以颙然仰慕的目光。汴水之败，败出了曹操的知名度，败的让以袁绍为盟主的东关联军不敢小觑曹操，败出了一个敢说敢干，不怕牺牲的青年一代新人，敢于同董卓明火执仗的较量，为铲除董卓树起了一面旗帜。

曹操汴水之败后，对讨伐董卓的态度变了吗？

---

① 《后汉书·袁绍列传》引《魏志》第1618页。

② 《三国志·曹洪传》第180页。

③ 《三国志·武帝纪》第5页。

◆ 败而不馁 酸枣对策

曹操汴水兵败，回到酸枣，看到的一幕，令他非常失望，“诸军兵十余万，日置酒高会，不图进取”。[①] 关东联军十几万人马聚集，每天饮酒集会，没有丝毫的图谋进取；没有讨伐董卓，拯救老百姓和汉王朝的深谋远虑。在联军的会议上，曹操“责让之”[②]，并为联军出谋划策，他说：

> 各位，听我的计策，现在我们应该由渤海太守袁绍，引河内之兵，到达孟津；酸枣有张邈太守、刺史刘岱、太守桥瑁、太守袁遗等诸军据守成皋，攻占敖仓，封锁轩辕、太谷二关，控制险要之地。由袁术将军率领南阳之师，攻入丹水（今河南淅川县南）、析县进入武关，威震三辅。但各军都应高筑垒，暂不出战，多设疑兵以迷惑董卓军，造势成威，形成各地豪杰联军合围进攻董卓的有利之势，以顺应天下之人心，诛讨董卓逆贼。这样行动，成功的大势可以立时而定。目前各军都举义起兵，但持犹豫不前的态度，使天下人为之失望！我私下暗暗为各位感到汗颜羞耻！[③]

曹操在酸枣的联军会议上，从天时、地理、人和三方面分析当时的天下形势，联军是“以顺诛逆，可立足也。”因为董卓“焚烧宫室，

① 《三国志·武帝纪》第5页。
② 同上。
③ 《三国志·武帝纪》第5页。

劫迁天子，海内震动，不知所归，此天亡之时也。”[1] 董卓早已失劫人心，且内部矛盾重重，迟早会生变起乱。对于当时京都洛阳周围山川的地理形势，曹操认为：成皋、荥阳一线是古今重要战场，当年刘邦就被项羽围困于荥阳；敖仓位于荥阳西北山上，是有名的粮仓，占据它可拥有足够的军队供养；轩辕关在今河南偃师市东南轩辕山上，太谷关坐落在洛阳东南大谷口，此为由东进西必经之地；武关位于丹水、析县以西，是从南阳西上关中的重要通道。军事上应采取：“皆高垒深壁，勿与战，益为疑兵，示天下形势。”曹操通过汴水之战，结合当时的联军和董卓双方的具体情况所做的分析不仅清晰透彻，而且不失为一个操作性很强的方略，充分展现了曹操军事才能和战略眼光。

然而，这样一个堪称完美的联军讨伐董卓的“酸枣对策”，却没有人响应，就连曾支持曹操首举义兵的张“邈等不能用”。[2] 这五个字，暗含了许多机言微妙之处，当时联军盟主是袁绍，没有表态，实力远超张邈的袁术、刘岱、桥瑁也没表态，让张邈表态，是他和曹操首举义兵，讨伐董卓；他派去的卫兹，已牺牲，军队伤亡惨重；用一个“邈等不能用”，实际上就是代表联军表态，否定了曹操的“酸枣对策”。曹操当时没有军事实力，也没有自己的地盘，汴水之战，曹操所募的几千兵，所剩无几，战争要靠军事实力说话，没有人愿意听纸上谈兵。更重要的是，用“邈等不能用”，暗含了张邈与曹操之间产生了隔阂，裂出了缝隙，也预示了联军内部出现了矛盾和它的解体。

---

① 《三国志·武帝传》第 5 页。
② 《三国志·武帝纪》第 5 页。

关东联军会议可以说不欢而散，从此退出历史舞台，各自为守，演变成东汉末年的割据局面。

曹操经过汴水兵败，人马损失严重，于是与曹洪、夏侯惇到扬州招募新兵。扬州刺史陈温与曹洪是故交，赠送精兵两千人，丹阳郡太守周昕也送精兵两千人马。孰料，在亢龙县（今安徽怀远县西）集中训练编伍之时，“兵谋叛，夜烧太祖帐，太祖手剑杀数十人，馀皆披靡，乃得出营；其不叛者五百余人。”[①] 新兵发生哗变，夜烧曹操营帐，烈火浓烟中曹操镇定自若，手持胆剑一连击杀数十人，打退了围攻。大多数新兵早已逃之夭夭，只有五百余人没有参与叛乱哗变，不得已，曹操又到铚县[②]、建平县[③]招募了千余人马。这时山阳郡钜野人李乾合宾客数千家，率众追随曹操。[④]

酸枣是陈留郡张邈的辖地。曹操决定离开酸枣，认为依附张邈并非长久之计，于是率领千余人马“进屯河内”。[⑤] 河内，是王匡的地盘，当时联军盟主袁绍和王匡驻河内。王匡为人“轻财施，以任侠闻”。[⑥] 当时他“屯兵阳津，将以图卓”。[⑦] 于是曹操进驻河内，想建立自己的军队，成为一支独立的军事力量。尽管袁绍也在河内，没有把曹操放在眼里，曹操的千余人马，岂能与袁绍强大的实力相比？这样一来，曹操与袁绍在很长一段时间内和平相处，这也是曹操后来走向强大的关键一步。

---

① 《三国志·武帝纪》裴注引《魏书》第5页。
② 今安徽宿州市西南。
③ 今河南永城市西南。
④ 《三国志·李典传》第337页。
⑤ 《三国志·武帝纪》第5页。
⑥ 《后汉书·董卓列传》裴注引《英雄记》第1573页。
⑦ 同上，第1573页。

初平二年（191）

◆ 诸君北面　我自西向

果不其然，联军发生内斗。其实，早在关东联军初期，盟主袁绍“有骄矜色”，[①] 遭到张邈的责备。袁绍就此要曹操杀张邈，曹操不从。后来，河内太守王匡想和张邈联合。袁绍又让王匡杀执金吾胡毋班、将作大匠吴循、越骑校尉的王环等。[②] 孰料，胡毋班“亲属不胜愤怒，与太祖并势杀王匡”。[③] 随后联军内斗不断，兖州刺史刘岱与东郡太守桥瑁相恶，刘岱杀死桥瑁，以王肱为东郡太守。袁绍与韩馥密谋，欲立刘虞为帝，局面变得更为鬼异。

早在中平六年（189）八月，袁绍与董卓在废弘农王刘辩，立少帝刘协发生冲突，不惜拔刀相向，后袁绍离京东奔冀州。董卓自为太尉，酖杀何太后，引起朝野震惊。到第二年，即初平元年（190）正月，关东各州郡皆起兵讨伐董卓，袁绍为盟主。“董卓闻绍起山东，乃诛绍叔父隗，及宗族在京师者，尽灭之。”[④] 董卓将袁绍叔父太傅袁隗和太仆袁基两家老小五十余人全部下令杀尽，连襁褓中的婴儿也不放过。[⑤] 董卓的惨无人性引起“人思为报，莫不以袁氏为名”的愤怒。

袁绍感其家祸，立誓报此血海深仇。不久，他与冀州牧韩馥合谋，

---

① 《三国志·张邈传》第 143 页。

② 《后汉书·袁绍列传》第 1605 页。

③ 《三国志·武帝纪》裴注引谢承《后汉书》第 4 –5 页。

④ 《后汉书·袁绍列传》第 1605 页。

⑤ 《后汉书·袁绍列传》裴注引《献帝春秋》第 1605 页。

以为“少帝制于奸臣（指董卓），天下无所归心。虞，宗室知名，民之望也。”① 袁绍为报血海深仇和韩馥企图另立幽州牧刘虞为帝，由他自己掌握这个新的东汉政权，与董卓抗衡，直到铲除。

袁绍企图另立刘虞为帝，想得到曹操的支持。曹操不但拒绝，而且答袁绍说：“董卓之罪，暴于四海，吾等合大众，兴义兵而远近莫不响应，此以义动故也。今幼主微弱、制于奸臣，未有昌邑亡国之衅，而一旦改易，天下其孰安之？诸君北面，我自西向。”② 曹操这里说的“昌邑亡国”，是指西汉废帝刘贺，公元前74年，汉昭帝驾崩，因无后，刘贺征召入朝，立为皇太子。即位十余日，霍光与张安世谋划废之，第二十七天，因荒淫无度、不保社稷废为庶人，回故地昌邑。曹操借刘贺之废，易引起天下之乱不安，诸君可以北面为所立新君称臣，我独自西进。袁绍得知之后，想进一步拉拢，便宴请曹操。袁绍拿出一枚玉玺，举到曹操的胳膊肘前，暗示他立刘虞为帝，业已就绪，企望得到他的响应和支持，孰料，曹操“笑而恶焉”。曹操大笑说：“吾不听也。”③ 一笑一恶，见曹操鄙视袁绍的荒唐可笑。

其实，早在袁绍与袁术弟丧母，归葬汝南，往者三万余人。曹操也曾前往吊丧，见到名士王俊，二人在外密语，曹操对王俊说：“天下将乱，为乱魁者必此二人也。欲济天下，为百姓请命，不先诛此二子，乱今作矣。”王俊说：“如卿之言，济天下者，舍卿复谁？”二人相对而笑。④

---

① 《三国志·公孙瓒传》第155页。
② 《三国志·武帝纪》裴注引《魏书》第5页。
③ 《三国志·武帝纪》第6页。
④ 《三国志·武帝纪》裴注引皇甫谧《逸士传》第19页。

之后，当袁绍又派遣人去说服曹操，说："今袁公势盛兵强，二子已长大，天下群英，孰逾于此?"[①] 当时，袁绍是"一时雄杰。"[②] 他的高祖父袁安，为汉司徒。从袁安以下四代都位居朝廷三公要职，"势倾天下"。二子袁谭、袁尚已长大成人，天下的英雄谁能相比？曹操不应。"由是益不直绍，图诛灭之"。[③] 曹操从此认为袁绍不是一位正直的人，不值得依靠联合，企图诛灭袁绍。

面对说客的这番说辞，三十六岁的曹操，镇定自若，放声嘲笑其无知，坚决地告诉说客："末将不听!"曹操早已失去朝廷的官俸，还是董卓通缉的要犯，进驻河内仅有三、五千人马，势单兵弱，但面对势盛兵强的袁绍要再立新君，分裂国家，曹操果断拒绝，以维护天下安危为己任。他自身还没有发展起来，没有自己的地盘，却有胆识、胆量和气概，胸怀坦荡地拒绝了势盛兵强的袁绍。曹操的拒绝，给袁绍"东立圣君"的梦想泼了一头冷水。尽管曹操处于弱势，却不畏袁绍的势盛兵强，他有自己独立的见解和思考，不受强势的左右，不随波逐流，置之不理，正是曹操的非常之处。

袁绍再立新君，是一件大事，失去了曹操的支持，又想得到弟弟袁术的支持。孰料，袁术早就"观汉室衰陵，阴怀异志"。[④] 即袁术想自己建立仲家王朝称帝。他将袁绍蒙在鼓里，浑然不知。袁绍依然修书与袁术说："前与韩文节（即韩馥）共建永世之道，欲海内见再兴之主。今西名有幼君，无血脉之属，公卿以下皆媚事卓，安可复信！但

---

① 《三国志·武帝纪》裴注引《魏书》第6页。
② 《三国志·袁绍传》第123页。
③ 《三国志·武帝纪》裴注引《魏书》第6页。
④ 《三国志·袁术传》裴注引《吴书》第135页。

当使兵往屯关要，皆自蹙于西。东立圣君，太平可冀，如何有疑！又室家见戮，不念子胥，可复北面乎？违天不详，愿详思之。”袁术以“外托名义”之名，回复袁绍说：“圣主聪睿，有周成之质。贼卓因危乱之际，威服百僚，此乃汉家小厄之会。乱尚未厌，复欲兴之。乃云今主‘无血脉之属’，岂不诬乎？先人以来，奕世相承，忠义为先。太傅公仁慈恻隐，虽知贼卓必为祸害，以信徇义，不忍去也。门户灭绝，死亡流漫，幸蒙远近来相赴助，不因此时上讨国贼，下刷家耻，而图于此，非所闻也。又曰‘室家见戮，可复北面。’此卓所为，岂国家哉？君命，天也，天不可仇，况非君命乎！偻偻赤心，志在灭卓，不识其他。”① 袁术的这封回书，可以说是将哥哥袁绍欲“东立圣君”进行了一番挖苦和羞辱，袁绍读罢，恐怕汗颜难收。

曹操的拒绝，袁术的挖苦，依然没有让袁绍放弃立刘虞为帝的决心，因为袁绍已与曹操书云：“可都鄄城”，同时已“擅铸金银印，孝廉计吏皆往诣绍。”② 袁绍已没有退路，只好在初平二年（191），一切准备就绪。就在这时，出现了让袁绍意想不到的是刘“虞终不敢当。”③ 刘虞始终不接受当皇帝，袁绍这就尴尬难看了。

袁绍并非无珠之目，人称“一时之杰。”初平二年（191），渤海太守袁绍，冀州刺史韩馥与山东诸将商议，认为皇帝年幼，被董卓逼迫，专断朝政，又因关塞阻隔，不知道汉献帝是死是活，因此决定重立新君。刘虞是刘氏汉王朝宗室中的长者，举孝廉后，迁升幽州刺史，民众和夷族受他德行的感化，鲜卑、乌桓、夫馀、秽貊等部族都按时

---

① 《三国志·袁术传》裴注引《吴书》第135－136页。
② 《三国志·武帝纪》裴注引《献帝起居》第14页。
③ 《三国志·武帝纪》第6页。

朝贡，边境没有侵扰，深受百姓敬爱。董卓当政，任命刘虞为大司马，进封襄贲侯。初平元年（190），又征召他担任太傅。因道路阻塞，朝廷的任命未能到达。刘虞在幽州力求政令宽厚、劝勉农民种植，允许与胡人通商，开发盐铁业，百姓喜悦，年登丰收，每石谷价仅三十。青、徐两州士人和百姓为躲黄巾之乱，归顺刘虞的人多达一百多万，刘虞接纳他们，让他们安居乐业，流民皆忘其是迁徙之人，而刘虞虽为上公，天性节俭，敝衣草履，食无兼肉，远近的富豪，没有不改变操行而归心刘虞。①

袁绍选刘虞“东立圣君”还是颇具眼力的。便派遣原乐浪太守张岐等人带着大家的建议，给刘虞呈上帝号。刘虞对张岐等人厉色叱之，说：“现在天下崩溃混乱，皇帝流亡受辱，我受朝廷重恩，却不能清雪国耻。诸位各据州郡，应共同勠力，尽心王室，你们却反而谋逆，牵我入污泥吗？”② 刘虞坚决拒绝了袁绍等人的建议。

这样一来，袁绍、韩馥欲立刘虞为“东境圣主”的梦想破灭，这场再立新君的闹剧只好愤愤作罢。后来到初平二年（191）七月，袁绍迫胁韩馥交出冀州牧大权，韩馥不得已投往张邈，袁绍依然不放过，最后逼其自杀于粪坑。

曹操在当时那种联军解体后的混乱局面中，保持着清醒的头脑，不与袁绍合流，再立新君，曹操不抑制袁绍，将会造成更大更糟的混乱局面。这是他“手不舍书”，虽弱，但不畏强淫，“诸君北面，我自西向”的非常之人的胆识，展露的非常出色。

不过，此刻曹操也感到眼前一片迷茫，不知路在何方？

---

① 《后汉书·刘虞列传》第 1589 页。

② 同上，第 1590 页。

◆ 路在何方 忽得“子房”

正当曹操徘徊无定址的时刻，饱信对他说：“今绍为盟主，因权专利，将自生乱，是复有一卓也。若抑之，则力不能制，祗以遘难，又何能济？且可规大河之南，以待其变。”[①] 曹操听了以后觉得茅塞顿开。这里说的“大河之南”，即黄河之南。黄河之南，无论从山川、沃野、物产、人口远比黄河之北要富庶，有更大的迂回空间，有广阔的发展前途。

当曹操接受鲍信的建议，准备渡过黄河向南发展之时，黄巾军和黑山军的活动，陡然高涨起来，尤其是河北黑山军首领于毒、白骁和眭固集结了十万人马，向冀州魏郡发起进攻，并联合南匈奴于夫罗进攻兖州东郡，青州黄巾军也兵分两路向河北移动。

袁绍自从夺了韩馥的冀州牧，就自任冀州牧。在面对黄巾军、黑山军和南匈奴的进攻，深感难以独自抵御，于是约请曹操协助太守王肱据守东郡，围剿黄巾军和黑山军。此刻，曹操正想寻机扩大自己的力量，也就乐于听从袁绍的请约，亲自率军前往东郡。曹操在濮阳城外设立阵地，一举歼灭了白骁指挥的一支黑山军。打出了军威，解了东郡之危，而且被袁绍举荐为东郡太守，曹操从此有了一块立足之地。曹操赴任之后，郡治东武阳[②]，他又上表举荐鲍信为济北国国相。

曹操抓住了这次机遇，结束了徘徊无定居的局面。这一年，是初平二年（191），曹操三十七岁。也正是这一年，曹操得到了东汉末年第一流的政治家和谋略家荀彧。

---

① 《三国志·鲍勋传》裴注引《魏书》第250页。

② 今山东省朝城县东南。

荀彧，字文若，颍川郡颍阴县人，是郎陵县令荀淑的孙子。父亲荀绲，曾任济南国国相。荀彧“少有才名。”[①] 南阳人何颙是有名的识人之人，见到荀彧感到他与众不同，说：“王佐才也。”[②] 中平六年（189）荀彧被举为孝廉，迁亢父县令。董卓乱政，他弃官归乡里。后来，他看到局势不对，乡邻不愿走，就带领全族人离开，恰逢冀州牧韩馥派遣骑兵来接走他们，而留下的人多被董卓部将李傕杀掳。当袁绍威迫走韩馥，把他奉为上宾。但荀彧经过一段时间观察，看出袁绍虽出身豪门，不过只是一介布衣之雄，“终不能成大事”，毅然离开了袁绍，投奔在东郡太守曹操名下。此时，曹操见到荀彧大悦不止地说：“吾之子房也。”[③] 任命为司马，当时荀彧只有二十九岁。曹操慧眼识人，这正是他的非常之处。此后，荀彧成为他二十多年的首席军师，参决机要，成为曹操智囊团的领袖。

曹操得到了他的“张良”——荀彧，能不能在中原大地站稳立定，发展壮大呢？

① 《后汉书·荀彧列传》第 1541 页。
② 《三国志·荀彧传》第 199 页。
③ 《三国志·荀彧传》第 199 页。

第四章

初平三年（192）

◆ 董卓之死　曹领兖州

初平三年（192），是曹操一生中最为关键的一年，也就是这一年，发生了许多令他意想不到的事。

这一年的春天，曹操军屯顿丘。十五年前，他曾任顿丘令，当时年仅二十三岁，风华正茂，如今三十八岁，已近不惑之年，岁月沧桑，时过境变，感慨无限。正当曹操刚驻顿丘，黑山军首领于毒进攻东武阳。东武阳是曹操任东郡太守时新设的郡治要地。诸将皆认为曹操要当还自救，殊不知，曹操熟读兵书，他说："孙膑救赵而攻魏，耿弇欲走西安攻临菑。使贼闻我西而还，武阳自解也；不还，我能败其本屯，虏不能拔武阳必矣。"[①] 于是，曹操率军没有直接去救东武阳，而是引兵西行入山，攻取于毒的根据地。于毒闻报之后，惊慌不已，怕大本营失守，家人被害，"弃武阳还"。[②] 曹操，又设伏兵击溃眭固一部，又在内黄一地大败匈奴于夫罗。

---

① 《三国志·武帝纪》裴注引《魏书》第6页。
② 《三国志·武帝纪》第6页。

到了这一年的夏四月，司徒王允与吕布共谋诛杀了穷凶极恶的祸国大盗董卓。

其实，诛杀董卓之事，朝中有志之臣，谋划已久。时任司空的荀爽，见董卓残忍暴越滋甚，谋划剪除。先是荀爽“与司徒王允及卓长史何颙为内谋。”① 还有司隶校尉黄琬、光禄大夫杨彪。接下来议郎郑太也“乃与何颙、荀攸共谋杀卓。事泄，颙等被执，郑太脱身自武关走，东归袁术。”② 最终还是王“允见卓祸毒方深，篡逆已兆，密与司隶校尉黄琬、尚书郑公业等共诛之。”③ 最后执行是王允与尚书仆射士孙瑞密谋，“因以告（吕）布，使为内应。”④ 这才有诛杀董卓成功。消息传出，“长安士庶咸相庆贺，诸阿附卓者皆下狱死。”⑤ 长安士人百姓，沽酒相庆。董卓迁献帝于长安，坏事干尽，“坏五铢钱，更铸小钱，悉取洛阳及长安铜人、钟虡、飞廉、铜马之属，以充铸焉。”⑥ 秦始皇一统天下，将天下所有兵器收集于咸阳，熔铸成十二座金人，每座“重约二十四万公斤，置于宫廷中。……后汉董卓熔其十座以铸钱。”⑦ 由于董卓的破坏，长安“货贱物贵，谷石数万。”⑧ 当时蔡邕闻董卓死，坐在王允旁边，“有叹惜声”，⑨ 遂被王允诛杀。董卓被诛，暴尸于市。董卓向来肥硕，膏油流浸满地，守尸吏夜晚将火炬放置在

---

① 《后汉书 · 荀爽列传》第 1390 页。
② 《后汉书 · 郑太列传》第 1527 页。
③ 《后汉书 · 王允列传》第 1469 页。
④ 《后汉书 · 吕布列传》第 1652 页。
⑤ 《三国志 · 董卓传》第 115 页。
⑥ 《后汉书 · 董卓列传》第 1571 页。
⑦ 李定一：《中华史纲》第 137 页，重庆出版社 . 2019. 6。
⑧ 同《后汉书 · 董卓列传》。
⑨ 《三国志 · 董卓传》裴注引谢承《汉书》第 116 页。

董卓的肚脐上，当作油灯，“光明达旦，如是积日。”[①] 数日后，董卓化为灰烬。这时，王允和吕布“共秉朝政。”[②] 二人大权在握，不讲策略，董卓女婿牛辅被部下胡赤儿所杀，到长安报功。李傕、郭汜遣人到长安要求赦免，王允以一年之内不能大赦两次而拒之。吕布“自杀卓后，畏恶凉州人，凉州人皆怨。”[③] 李傕、郭汜等“既无赦书，而闻长安中欲尽诛凉州人。”[④] 于是，在贾诩的策划下，李傕、郭汜收拢了溃散西逃的凉州兵十万人马，孤注一掷，围攻长安。吕布和郭汜在城北进行了一场单身对决战。当时，郭汜在长安城北。吕布开城门，将兵直赴郭汜，吕布说：“却兵，但身决胜负。”[⑤] 二人单身独斗，对决胜负，吕布跨赤兔马以矛刺中郭汜，郭汜的后骑遂前去救郭汜，最后郭汜、吕布各罢兵。十天之后，李傕等攻破长安城。到六月，杀王允弃市，收黄琬下狱而死，吕布败走，东出武关。王允和吕布秉朝政不到六十天而夭折。李傕、郭汜、樊稠等人便控制了汉献帝，专擅朝政。就在朝政进一步大乱之时，青州的黄巾军集百万之众，浩浩荡荡攻入兖州，杀死任城相郑遂。兖州刺史刘岱要率军与黄巾军决战。鲍信建言说：

目前贼兵（指黄巾军）有百万之众，声势浩大，兖州百姓震怖恐惧，士兵没有斗志，贼人的势强气盛，不可抵挡。我观察敌兵，前后相随，乌合之众，军无辎重粮草，唯以掠夺为军中之用，

---

① 《三国志·董卓传》裴注引谢承《汉书》，裴注引《英雄纪》第115页。
② 《三国志·吕布传》第142页。
③ 同上。
④ 《三国志·李傕传》第116页。
⑤ 《三国志·吕布传》裴注引《英雄记》第142页。

今日之计，不如畜养军队之力，先固守城池不出。黄巾军对我，要战不得战，要攻而攻不破，敌势必然有离散之心，然后选精兵，据其要害，加以攻击，必能大破。①

兖州刺史刘岱不听鲍信的谏劝，竟率兵出战，果然被黄巾军击败所杀。兖州治地昌邑顿时陷入一片惊恐，一时州中无主，人心惶惶，面对恐慌混乱局面，陈宫说："如今，天下分裂，兖州无主，曹东郡②乃命世之才，迎为州牧，必定能使百姓安宁。"③ 于是，陈宫、鲍信及州吏万潜到东郡，迎请曹操到兖州主事。陈宫对曹操说："如今兖州无主，与朝廷又失去联系，下官业已说服州内官员，邀请君你去担任州牧。以兖州作为根本，以进取天下，此霸王之业！"④

曹操听陈宫之言，虽谦让，但心里想到，陈宫所言，与良友鲍信所说到大河之南，以观其变是不谋而合。兖州当时下领五郡四国，即陈留、山阳、济阴、泰山、东郡，还有城阳、济北、任城、东平四国，是一个地域广阔，人口众多的大州。自己所属的东郡，也归兖州所辖，故友鲍信为济北国国相，曹操欣然同意代理兖州州牧，亲自率军开赴昌邑。

到达兖州治地昌邑后，曹操着手防务，留下部分军队守防昌邑城，亲自率领兖州兵主力到昌邑北面的寿张县设立大本营，阻击从东方杀来的青州黄巾军。黄巾军率领的人马，如潮水般扑向曹营，杀声惊天。顷刻，曹营被百万之众的黄巾军围困，双方混战厮杀，胶着难分，鲍

---

① 《三国志·武帝纪》第6页。
② 即曹操因任东郡太守故称之。
③ 《三国志·武帝纪》裴注引《世语》第6页。
④ 同上。

信为了掩护曹操，“殊死战以救太祖，太祖仅得溃围出，信遂没。”[①] 曹操用尽兵力奇计，才险击破黄巾军。于是曹操悬赏寻找鲍信遗体，但始终未能找到，就刻一木人如鲍信形象，曹操和将帅士兵“祭而哭焉”。[②] 曹操从陈留已吾起兵，鲍信兄弟二人都先后为他战死，曹操汴水兵败，不知路在何方，鲍信指明了方向，力荐和迎他代理兖州牧，今又力战而亡，寻不到遗体，用刻木如鲍信形象进行祭奠，表示了曹操对鲍信最崇敬的礼仪，更是对故友生命的礼赞和发自内心的尊敬。

不久，曹操亲率千余步骑到城外“行视战地，刚刚抵近黄巾军大营，又一次受到围攻，死伤数百人，战不利，只好引军回城。”黄巾军“兵皆精悍”，企图寻找机会进行进攻。曹操“旧兵少，新兵不习练”，都怯战惧战，于是曹操“披甲婴胄，亲巡将士，明劝赏罚，众乃复奋。”[③] 曹操采取积极防御，黄巾军求战不得，戒备逐渐松懈。双方战事处于相持阶段，曹操一方面筹措足够的粮草，一面陆续增加援兵。黄巾军此时粮草有限，求战不能、士气减弱，不得已发檄书以动摇曹操代理兖州的军民，檄书说：

昔在济南，毁坏神坛，其道乃与中黄太一同，似若知道，今更迷惑。汉行已尽，黄家当立。天之大运，非君才力所能存也。[④]

曹操看完檄书，高声大骂，黄巾军认为曹操当年在济南国任国相时，毁坏神坛，铲除诸神，禁绝淫祀与黄巾军首领张角称之为“黄天

---

① 《三国志·鲍勋传》裴注引《魏书》第250页。
② 《三国志·武帝纪》第6页。
③ 《三国志·武帝纪》裴注引《魏书》第7页。
④ 《三国志·武帝纪》裴注引《魏书》第7页。

当立”是相同的，可以共同推翻汉王朝。这完全是不理解曹操的风马牛不相及之言，济南国民间祀神活动，是豪强用来敛财苦民的一种手段，曹操才以霹雳手段，“禁绝淫祀”。所以，曹操看完檄书，才“呵［骂］之（罪）。”[①] 这时曹操已觉察出黄巾军处于极度涣散穷困的状态，没有了士气，迅速从战略防御转为战略进攻，“遂设奇兵，昼夜会战，战辄擒获。”黄巾军大败退走，曹操又“数开示降路”，凡归顺投降的一律优待。到初平三年（192）冬季，黄巾军冻馁交迫，连战连败，曹操率军“追黄巾至济北”，[②] 便集体败降，得降卒三十万，家属男女一百万口。曹操挑选其精锐者，编为一支精锐部队，号为“青州兵”。这是曹操生平做大事之始，正如胡省三所说：“魏武之强自此始。”[③]

青州黄巾军是贫苦穷困的农民组成，为了生存，不得已参加，只为求得一条活命路，有一块田地，有饭吃，能温饱。恰在这时，陈留平丘人毛玠被曹操辟为治中从事。他向曹操建议，说：“今天下分崩，国主迁移，生民废业饥馑流亡，公家无经岁之储，百姓无安固之志，难以持久。今袁绍、刘表，虽士民众强，皆无经远之虑，未有树基建本者也。夫兵义者胜，守位以财，宜奉天子以令不臣，修耕植，畜军资，如此则霸王之业可成也。”[④] 曹操“敬纳其言”。[⑤]

毛玠的话点醒了曹操，要想“奉天子以令不臣”，就必须要和汉

---

① 《三国志·武帝纪》裴注引《魏书》第 7 页。
② 《三国志·武帝纪》第 6 页。
③ 《曹操集》引《通鉴》胡省三注第 83 页。
④ 《三国志·毛玠传》第 243 页。
⑤ 同上。

献帝取得联系，于是“遣使从事王必致命天子”。[①] 王必走后，朝廷委派的兖州刺史金尚前来就任，强迫曹操交权。曹操此时毫不客气，派兵迎击，金尚只好奔南阳，求救于袁术，而袁术联合公孙瓒，正向袁绍进攻。当曹操逆拒金尚后，刘备从北方杀来，陶谦从东方向西进兵，袁术从西南扑来，都气势汹汹，虽是针对袁绍，而实际上是妄图将曹操扼杀在兖州这个摇篮里。曹操清醒地看到这一点，因为自己毕竟不是朝廷任命的，只是在陈宫、鲍信等人请来代理兖州牧，而且逆拒朝廷任命的金尚。当时袁术与袁绍有隙，袁术求援于公孙瓒，攻袁绍，使刘备屯高唐，单经屯平原，陶谦屯兵发干，威逼袁绍。公孙瓒遂还幽州，不敢再出兵。于是曹操与袁绍联合，攻战诸军，“皆破之”。[②]

这样一来，曹操在兖州拥有三十万“青州兵”，逆拒金尚，选择与袁绍联合，度过了最为艰难困惑的时期，曹操心里依然遥寄王必此行能否有正果？

初平四年（193）

◆ 曹击袁术　阙宣起义

曹操在兖州还没有彻底站稳，朝廷委派金尚到兖州就任刺史。曹操早已看清乱世混局，毫不客气，派兵迎击金尚。金尚直奔南阳，求救于袁术。这时“袁绍和袁术有隙”，[③] 袁术为前司空袁逢正妻所生，袁绍为小妾所生。袁逢死时，袁绍年幼，过继给伯父袁成为子。二袁

---

① 《三国志·钟繇传》裴注引《世语》第 253 页。
② 《三国志·武帝纪》第 6 页。
③ 《三国志·武帝纪》第 6 页。

同父异母，过又过继给叔伯名下，因自身利益相向不和。袁绍恼恨袁术不鼎力他拥戴刘虞为帝而流产，袁术恨袁绍不懂他的心思，“阴怀异志”，[1] 即自己想称帝。再加上，袁绍胁迫韩馥夺了冀州，此时兵强势盛，袁氏两兄弟反目。当金尚求救于袁术，袁术与荆州刘表“不平”，[2] 而同割据幽州的公孙瓒联合。公孙瓒使“刘备屯高唐，单经据屯平原，陶谦屯发干，以逼绍。”[3] 袁绍与曹操联合，击溃了单经和刘备。陶谦见势不妙，攻入泰山、任城之后，按兵不动，以观局势。

到了初平四年（193）春天，曹操军屯鄄城，准备随时进攻袁术。因为，此时袁术引军入陈留，屯封丘，又有黄巾军、黑山余部及于夫罗等相助战，志在夺取被袁绍占据的冀州，他就必然从南阳北上夺占兖州。为保住兖州，曹操只有兵屯鄄城，才可扼制袁术。鄄城，是当时黄河南岸一个军事重镇，易守难攻。曹操这时也想得到袁绍的兵援，但此时袁绍与公孙瓒在广宗大战正酣，抽不出兵力，只好给“北与袁绍相结”的刘表修书一封，让刘表袭扰袁术的后方，“断其粮道”，[4] 袁术派部将刘详屯匡亭。曹操领兵围攻匡亭，想引出袁术。果不其然，袁术出兵救援，正中曹操的围点打援。曹操命令夏侯惇领偏师阻击袁术，自己亲率主力强攻匡亭，全歼刘详人马。攻破匡亭刘详后，曹操随与夏侯惇会合，同袁术决战，结果袁术被曹操“大破之”。[5] 袁术只好退保封丘，曹操挥师包围。袁术也是精明之人，在曹操还未合围之际就已遁逃，先奔襄邑，再奔太寿县，曹操率军直追到太寿县。

---

① 《三国志·袁术传》裴注引《吴书》第135页。

② 同上《袁术传》第135页。

③ 《三国志·武帝纪》第6页。

④ 《三国志·武帝纪》第7页。

⑤ 同上。

太寿城坚固，曹军久攻不下，于是“决渠水灌城”。[①] 袁术只好冒险突围，逃到宁陵，尚未喘息，曹军又追至宁陵。这时的袁术，人困马乏，兵力不支，只好败逃九江。到九江后，袁术“杀扬州刺史陈温，领其州。”[②]

然裴松之说“陈温先扬州刺史，自病死。袁绍又遣袁遗领其州，败散，奔沛国，为兵所杀。袁术更用陈瑀为扬州，袁术败……（陈）瑀拒术不纳。术退保阴陵，更合军攻（陈）瑀，瑀惧走归下邳。”[③] 就是说，当时在扬州的是陈瑀，而非陈温。无独有偶，《曹操·年表》云：“袁术遂引兵南下，逐扬州刺史陈瑀而据扬州，兼称徐州伯。”[④]

到了夏天，曹操还军定陶。

这一年的下半年，下邳人阙宣“聚众数千人，自称天子。”[⑤] 在这个乱世混局之下，下邳人阙宣利用东汉谶纬流行，且深入人心，当时流行的谶语说：“代汉者，当涂高也”来蛊惑而率众起事。认为，“涂”通“途”，“当涂高”即“阙”。阙是古代宫殿门外大道上左右相对的门形高大建筑物，二阙间有空缺，“阙”象征君权。自己名“阙宣”，便想入非非，自称天子，聚众数千人，想夺占下邳城。

不过，阙宣是徐州牧陶谦的部属。陶谦没有出兵镇压，而是“陶谦初与合众寇抄”，[⑥] 采取“与共举兵”。[⑦] 这样一来，很快攻占了泰山郡的华县和费国，一直攻占了任城，这伙聚众之徒，沿途劫掠。最

---

① 《三国志·武帝纪》第 7 页。
② 《三国志·袁术传》第 135 页。
③ 《三国志·袁术》裴注引《英雄记》第 136 页。
④ 《曹操集》第 183 页。
⑤ 《三国志·武帝纪》第 7 页。
⑥ 《三国志·陶谦传》第 160 页。
⑦ 《三国志·武帝纪》第 7 页。

后，陶谦“遂杀之而并其众”,[1] 陶谦杀了阙宣，收编了阙宣的徒众，阙宣自称天子的闹剧就此结束。但也给陶谦带来祸患，遭到曹操的追杀，但这里面还有其他原因。

◆ 追杀陶谦　刘备救援

曹操还军定陶，得知父亲曹嵩同小儿子曹德等人迁往琅琊国，琅琊国在徐州，但需将父亲等人送到鄄城。中平五年，曹嵩的太尉被免，举家迁回谯县。因曹操已吾起兵，曹嵩担心遭受家祸，不肯与曹操相随，便迁往琅琊国。曹操为避免不测，派人到琅琊国，让其父等家眷迁往鄄城，与兖州相邻相近，自己也好照应，于是曹操特令泰山郡太守应邵亲自接送。

曹嵩接到儿子曹操的修书，带着全家老小准备离开琅琊国。谁知天有不测风云，应邵的兵还没有到。“陶谦密遣数千骑掩捕”,[2] 曹嵩以为应邵派人来迎接前往，没有防备。陶“谦兵至，杀太祖弟德于门中。嵩惧，穿后垣，先出其妾，妾肥，不时得出；嵩逃于厕，与妾俱被害，阖门皆死。”[3] 然裴松之引韦曜《吴书》则说：“陶谦都尉张闿将骑二百卫送，闿于泰山华、费间杀嵩，取财物，因奔淮南。”[4] 两处记载，所不同的是杀害曹操父亲全家的地点不同。曹操“归咎于陶谦，故伐之。”[5]

杀父之仇，不可不报。这是无可厚非的面子上的话，曹操借此想

---

① 《后汉书·陶谦列传》第 1598 页。
② 《三国志·武帝纪》裴注引《世语》第 7 页。
③ 《后汉书·武帝纪》裴注引《世语》第 7 页。
④ 同上裴注引《吴书》第 7 页。
⑤ 同上。

占据徐州怕是不宣之密。曹操誓言要生擒陶谦和张闿，雪耻报仇。但曹操“欲伐谦而畏其强”，[①]于是“乃表令州郡一时罢兵”，[②]就是让州郡裁减军队。当时汉献帝被胁持到长安，曹操尚未秉政，令各州郡减裁兵员，实为曹操用计——矫诏而已。矫诏说：“诏书到，其各罢遣甲士，还亲农桑，惟留常员吏以供官署，慰示远近，咸使闻知。”[③]陶谦在官场风雨几十年，并非等闲之辈，且“性刚直，有大节。”[④]陶谦接诏书后，又上书汉献帝，说：“今日兵罢，明日难必至……臣虽愚蔽，忠恕不昭，抱恩念报，所不忍行。”愿意“调谷百万斛”，派兵从水路押运到长安。陶谦没有上当裁减军队。曹操得知陶谦上表，“知不罢兵”，[⑤]便决心征讨陶谦。

曹操出征也得到袁绍的支持，派朱灵“督三营助太祖”。[⑥]出征前，曹操对家人说：我若不还，前去依归张邈。足见曹操与张邈的关系非同一般，生死相托。

到了秋天，曹操出征陶谦，“志在复仇”。[⑦]曹军兵锋直指华县、费国两地。两地早已准备，城防坚固，粮草充足，曹军急攻不下。曹操先放弃不攻，绕道进攻徐州腹地，连克十余县，曹军兵临彭城国[⑧]，与陶谦主力展开大战，又称“彭城大战”。在曹军的凌厉攻势下，“（陶）谦兵败走，死者万数，泗水为之不流。”[⑨]陶谦只好败退郯城。

---

① 《三国志·陶谦传》裴注引《吴书》第161页。
② 同上。
③ 同上，第162页。
④ 同上，第162页。
⑤ 同上。
⑥ 《三国志·朱灵传》第336页。
⑦ 《三国志·武帝纪》第7页。
⑧ 今江苏徐州市。
⑨ 《三国志·陶谦传》第161页。

这已是初平四年（193）底，到了兴平元年（194）二月，曹操因军食不足，自彭城还军。曹操还军途中，“过拔取虑、睢陵、夏丘、皆屠之。凡杀男女数十万人，鸡犬无余，泗水为之不流，自是五县保城，无复行迹。”①

也就在陶谦退守郯城，陶谦向青州刺史田楷告急，请求救援。田楷为公孙瓒所署。当时刘备依附公孙瓒，被任命为平原相，隶属田楷。田楷同刘备领兵前往救援陶谦，但刘备自有兵千余人，以及幽州乌丸杂胡骑兵，还略得饥民数千人。刘备到了，陶谦一看这怎么行，就把丹杨兵四千给了刘备，刘备“遂去（田）楷归谦”。② 刘备归顺陶谦后，陶谦就上表刘备为豫州刺史，让他屯驻在小沛。

曹操兴平元年（194）二月，自彭城还军，袁绍命令援曹的诸将返回，朱灵说：“我朱灵观人多矣，没有人能与曹公相比，此乃真明主，何比离去？”③ 朱灵遂留曹操麾下，没有归回袁绍。朱灵所率领的将士，皆随朱灵而留下。

到了四月，曹操补足军食，留荀彧、程昱防守鄄城，第二次出征徐州，追杀陶谦。曹军再次兵临郯城。刘备与陶谦部将曹豹在郯城城东企图阻击曹军，却被曹操打败，退守郯城。曹操率军略定琅琊国、东海诸县后，又迅速围定郯城。陶谦恐城破身亡，欲率众逃往丹阳。就在眼看彻底荡平陶谦之时，荀彧传来告急，说“张邈、陈宫以兖州反，潜迎吕布。”④ 兖州是曹操的立足之本，岂能舍弃，于是，立即回

① 《后汉书·陶谦列传》第1598页。
② 《三国志·先主传》第543页。
③ 《三国志·朱灵传》第336页。
④ 《三国志·荀彧传》第199页。

师平叛，收复兖州。

这年冬，陶谦死，时年六十三。当陶谦病笃，对别驾麋竺说："非刘备不能安此州也。"[①] 陶谦死后，麋竺率徐州官吏前迎刘备为徐州牧。刘备不敢领受，他忧惧割据淮南的袁术，认为袁术"四世五公，海内所归"。又"近在寿春"，[②] 怕遭打击。下邳人陈登劝刘备说："今汉室陵迟，海内倾覆，立功之事，在于今日。"又说，袁术骄豪，"非治乱之主"，徐州可集合步骑十万，"上可以匡主济民，成五霸之业，下可以割地守境，书功于竹帛"。接着，北海相孔融也劝刘备且不要失去这个机会，称袁术是"冢中枯骨，何足介意"。[③] 刘备这才领了徐州牧，并得到袁绍和曹操的认可。曹操还表刘备为镇东将军，宜城亭侯。

陶谦死，曹操"欲遂取徐州，还乃定布。"[④] 曹操想趁机扩大地盘，这时荀彧敏锐看到先取徐州，后平吕布决策的失误和遗患，对曹操说：汉高祖保关中和光武帝据河内，"皆深根固本以制天下，进足以胜敌，退足以坚持，故虽有困败而终济大业。"[⑤] 当时吕布、张邈、陈宫等人尚占据零星城邑，异己力量如芒刺在曹背，一旦"布乘虚寇暴，民心益危，唯鄄城，范（县）、卫（县）可全，其余非已之有，是无兖州也。"[⑥] 这样一来，就危险了。徐州虽说陶谦死，未必易取。因为曹操为报杀父之仇，大肆屠城，百姓岂能不记忆犹新。操军到

---

① 《三国志·先主传》第 543 页。
② 同上。
③ 以上《三国志·先生传》第 543 页。
④ 《三国志·荀彧传》第 200 页。
⑤ 同上。
⑥ 同上。

徐州，“必坚壁清野以待将军，将军攻之不拔，略之无获，不出十日，则十万之众未战而自困耳。”[①] 即就攻下徐州，“其子弟念父兄之耻，必人自为守，无降心。”[②] 也难守住。于是荀彧建议：乘麦收季节，多收粮以军储，然后分兵出击陈宫、吕布，收复整个兖州，唯此进退自如。

曹操接受了荀彧的“深根固本”建策，否定了自己的决策，这正是曹操的非常之处。返回前，曹操遣李乾返回他的住地乘氏[③]，“慰劳诸县”，[④] 以免引起更大的反乱。当李乾返回，吕布别驾薛兰，治中李封想联合他一起反叛，被李乾除掉。曹操返回，能否败退吕布，收复兖州？

兴平元年（194）

◆ 张邈叛曹　陈宫使阴

曹操进入不惑之年的四十岁，也就是兴平元（194）。这年的二月，因军食不足，自彭城引兵退还，进入四月，曹操使荀彧、程昱守鄄城，自己又率军第二次东征讨伐陶谦。第一次东征陶谦，曹操临行前对家人说：“我若不还，往依孟卓。”[⑤] 孟卓，即陈留郡太守张邈，字孟卓。曹操对家人说这话，是上一年的九月，曹操东征陶谦，恐有不测，将家人性命托付给张邈，非生死之交，人间难有这样之托。

---

① 《三国志·荀彧传》第 200 页。
② 同上。
③ 今山东巨野县西南。
④ 《三国志·李典传》第 337 页。
⑤ 《三国志·张邈传》第 143 页。

事情就是这样，曹操在中平六年（189），逃亡到陈留，得到张邈的支持，己吾起义兵，树起讨伐董卓的大旗。当关东联军驻屯酸枣时，张邈曾指责联军盟主袁绍“有骄矜色”,[①] 使袁绍恼怒。“骄矜”一词，是战国时苏秦说齐宣王，秦国要攻打齐国，背靠韩魏，怕从背后暗算，“是故恫疑虚猲，骄矜而不敢进。”[②] 明显指责袁绍骄横矜持，不敢出兵讨伐董卓。袁绍恼怒之余，命令曹操杀掉张邈。曹操拒而不听，用询问的口气对袁绍说：“孟卓，亲友也，是非当容之。今天下未定，不宜自危也。”[③] 曹操说得很得体，袁绍怒消气散。当张邈知道后，益发感激曹操。当曹操因“粮少”引兵从彭城回来后，“见邈，垂泪相对。其亲如此。”[④] 二人的交情，至深至重。

张邈又是怎样与曹操反目成仇的呢?

事情需要从吕布说起。吕布自诛杀董卓，觉得是为袁术报仇雪恨了，因为袁术是被董卓逼迫逃出京师洛阳的，于是吕布自认为可以和袁术同流。不料，袁术厌恶吕布反复无常，没有人格，拒不收容。无奈之下，吕布去见袁绍，一见即合，并联合攻打张燕，遂破张燕军。这时，吕布要求袁绍给他增兵众，以壮大队伍，袁绍却发现吕布军“将士抄掠，绍患忌之。”[⑤] 吕布也是个聪明人，发觉袁绍之意，就向袁绍告辞。袁绍也是心机很重之人，吕布“膂力过人，号为飞将。”跨良马赤兔。[⑥] 时人都说：“人中有吕布，马中有赤兔。”[⑦] 袁绍恐吕布

---

① 《三国志 · 张邈传》第 143 页。
② 《史记 · 苏秦列传》第 1741 页。
③ 《三国志 · 张邈传》第 143 页。
④ 同上。
⑤ 《三国志 · 吕布传》第 142 页。
⑥ 同上。
⑦ 《三国志 · 吕布传》裴注引《曹瞒传》第 143 页。

害己，险遣壮士，趁夜袭杀吕布，没有得成，反而败露。吕布趁此逃往河内，依附张扬。吕布经过陈留郡，“太守张邈遣使迎之，相待甚厚，临别把臂言誓。”① 袁绍闻听后，“大恨”。② 因二人手挽手的亲密无间，怕侵害和威胁到自己。这时曹操与袁绍联合，张邈怕曹操被袁绍左右而害自己，“心不自安”，③ 加之，前九江太守陈留人边让讥议曹操，曹操“闻而杀之，并其妻子。”④ 边让素有才名，因此兖州士大夫皆恐惧。曹操部将陈宫“性刚直壮烈，内亦自疑，乃与从事中郎许汜、王楷及邈弟（张）超共谋反操。”⑤ 陈宫也自疑曹操会害自己，就与张邈弟张超及从事中郎许汜、王楷共谋反叛曹操。

到了初平元年（194），曹操第二次讨伐陶谦，以荀彧、夏侯惇、程昱、张邈、许汜、张超、王楷等留守兖州。张邈对曹操代理兖州牧，位居自己之上心中不悦。陈宫此时是曹操命其驻守东郡，于是趁机对张邈说：

> 今雄杰并起，天下分崩，君以千里之众，当四战之地，抚剑顾眄，亦足以为人豪，而反制于人，不以鄙乎？今州军东征，其处空虚，吕布壮士，善战无前，若权迎之，共牧兖州，观天下形势，俟时事之变通，此亦纵横之一时也。⑥

张邈听了陈宫的游说，依从了陈宫的谋划，于是张邈、陈宫、张

---

① 《后汉书·吕布列传》第 1653 页。
② 《三国志·张邈传》第 143 页。
③ 同上。
④ 《通鉴》第 568 页。
⑤ 同上。
⑥ 《三国志·张邈传》第 143 页。

超、许汜、王楷共同谋定，趁曹操不在，兖州空虚，合谋反曹。

先是陈宫从东郡带兵“东迎布为兖州牧，据濮阳。”① 接着张邈遣使刘翊告诉荀彧说：“吕将军来助曹使君击陶谦，亟供其军食。”② 荀彧“知邈为乱”，③ 断然拒绝，立即整饬军队，修筑工事，驰召东郡太守夏侯惇。这时，以张邈、陈宫、吕布公开树起了反叛曹操的大旗，“郡县皆应”，④ 而且一些督将、大吏多与张邈、陈宫通谋反叛。⑤ 当夏侯惇赶到，当夜诛杀了参与叛乱的督将、大吏数十人，方才稳定。

在这存亡关键时刻，豫州刺史郭贡率军数万，兵临鄄城城下，原是应张邈之邀，前来攻打鄄城，都感到忧惧。谁料郭贡邀请荀彧会面，荀彧将往，夏侯惇等人说：“往必危，不可。”⑥ 荀彧不顾安危，与郭贡见面。郭贡见荀彧毫无惧怕，认为鄄城不易攻取，遂引兵而去，郭贡的离去，使荀彧、程昱、夏侯惇如释重负，同时商议说服范县、东阿二县，加上鄄城，尽力保全三城，以待曹操返回。于是，程昱返回东阿，经过范县，对范县令靳允晓明吕布少亲缺仁，刚愎无礼，是匹夫之雄，陈宫是利用他，假合作，必将无成，而说曹操：“智略不出世，殆天所授！君必固范（县），我守东阿，则田单之功可立也。孰与违忠从恶而母子俱亡乎？唯君祥虑之！”⑦ 靳允听程昱用战国田单固守莒、即墨二城，以火牛阵大破燕军，收复全部失地，立下盖世奇功，

---

① 《三国志·张邈传》第 143 页。
② 《三国志·荀彧传》第 199 页。
③ 同上。
④ 同《三国志·张邈传》第 143 页。
⑤ 同三国志·《荀彧传》第 199 页。
⑥ 同上第 200 页。
⑦ 《三国志·程昱传》第 274－275 页。

名垂青史，流泪发誓："不敢有二心！"[1] 当时，张邈派来招降的氾疑，就在范县，靳允设伏兵，召见氾疑，当场杀死，以明"不敢有二心"，固守范县。然后，程昱又派骑兵截断范县与东阿县之间的黄河渡口仓亭津，使陈宫"不得渡"。[2] 程昱又至东阿，东阿县令枣祗已动员率领吏民"拒城坚守。"[3] 然后，程昱又与兖州从事薛悌同心协谋，终于保全三城，以待曹操归来。

张邈和陈宫迎吕布，吕布自称兖州牧，占领了濮阳。濮阳原本是夏侯惇留守，因陈宫迎吕布，荀彧怕伤及曹操家人，召夏侯惇返鄄城保护，正巧在途中和吕布相遇，两军交战。吕布退回，偷袭了夏侯惇的军辎、粮秣等。然后，吕布又派遣将士"伪降"，随同夏侯惇来到鄄城，出其不易地胁持拘执了夏侯惇，以此索取珍宝财货，引起夏侯惇"军中震怒"。部将韩浩闻讯，立即率将士把夏侯惇营帐团团围定。然后，韩浩厉声呵斥道："汝等凶逆，乃敢执劫大将军，复欲望生邪！且吾受命讨贼，宁能以一将军之故，而纵汝乎？"[4] 韩浩下令强攻劫持者。劫贼见无路可逃，谎称实无恶意，只为讨钱而已！[5]，经与劫持者周旋，攻其不备，将劫持者皆擒斩，夏侯惇得救，却让吕布占据了濮阳。

这时，吕布又领兵攻鄄城，"攻鄄城不能下，西屯濮阳。"[6] 曹操得知吕布攻鄄城，这是他的本大营，于是自徐州引军回师，途中行军

---

① 同上第 275 页。
② 《三国志 · 程昱传》第 275 页。
③ 同上。
④ 《三国志 · 夏侯惇传》第 174 页。
⑤ 同上。
⑥ 《三国志 · 武帝纪》第 7 页。

至亢父县（今山东济宁南），想起战国时苏秦向齐宣王说："经乎亢父之险，车不得方轨，骑不得比行，百人守险，千人不敢过也。"① 曹操估计吕布会设伏兵于亢父险道，孰料，侦探报说，亢父一线无一兵一卒，曹操如释重负地说："布一旦得一州，不能据东平，断亢父、泰山之道乘险要我，而乃屯濮阳，吾知其无能为也。"② 于是，曹操令曹洪前行，先据东平、范县，聚集粮草以供军需。

曹操回到鄄城，与荀彧、程昱相会，得知二人顷力保全三城，深为感动，拉着程昱的手说："微子之力，吾无所归矣。"曹操说得很真诚，不是靠你程昱的力量，我就无处可归了。于是表程昱为东平相，屯驻范县。③ 曹操想收回濮阳，赶走吕布，不知结果怎样？

◆ 濮阳大战　曹操中计

兴平元年（194）八月，曹操率重兵攻打濮阳。曹操从亢父险道还军，吕布未设伏，已看出他虽勇无谋，想尽快收回濮阳。吕布知道曹操刚从徐州赶回，想利用曹操远涉疲惫之军抢先出兵。曹操所率领的青州兵强悍善战，但因跋涉千里，体力消耗甚大，还没有好好整休，就令青州兵进军攻打吕布。吕布出兵迎战"先以骑犯青州兵"，④ 曹操的青州兵遭吕布的骑兵冲击，"青州兵奔"散，⑤ 这样一来，曹操的兵阵被吕布的骑兵冲撞溃乱。

曹操没料到吕布先下手用骑兵冲击青州兵，他很快改变战术战

---

① 《史记·苏秦列传》第1741页。
② 《武帝纪》第7页。
③ 《三国志·程昱传》第275页。
④ 《三国志·武帝纪》第7页。
⑤ 同上。

法。下令停止攻城，先扫清吕布外围驻兵，吕布在濮阳城南有两个营的军队，曹操令陷阵都尉于禁攻打，结果“破布二营于城南”，[1] 又令典韦攻打濮阳城西五十里吕布驻屯的另一军营。曹军“夜袭，比明破之。”[2] 等到天亮，吕布驻屯在濮阳城外的二座外援军营全歼，曹操终于打了胜仗，鼓舞了士气。

曹操还没有来得及撤回，正好吕布的援军赶到，三面围攻曹操，吕布“身自搏战”。由于吕布亲自督战，两军在濮阳城外厮杀得异常惨烈，从黎明厮杀到傍晚，死伤无计，难分胜负，情况相当紧急。曹操于是阵前招募敢死队，典韦首先响应，应者部将几十人，敢死队身着厚重盔甲，不带盾牌，手执矛戟搏战。当时西面战情特别紧急，由典韦抵挡。吕布军弓弩乱发，箭矢如雨，典韦冒着箭雨，视若无睹，冲向敌军，告诉手下人说：“等敌人距离十步的时候，再告诉我。”敌人愈来愈近，手下人说：“敌人已距离十步了。”典韦又吩咐：“等敌人距离五步的时候，再来报告。”手下的人都害怕了，急忙报告说：“敌人已经到了。”典韦于是手拿十余根矛戟，大呼而出，抵挡着无不倒毙。曹军士气倍增，拼力冲杀，吕布死伤甚重，撤军退回濮阳城内。傍晚日暮，曹操的军队才安然回营。典韦由司马升任都尉，率领数百亲兵围守曹操的营帐，保护曹操。[3]

从吕布、陈宫和张邈手中夺回濮阳，是曹操既定方策，于是采用里应外合之策，便秘密派人入城，与濮阳城大姓田氏人家取得联系。约定好之后，田氏打开城东门，曹军一拥而入。曹操进城，下令放火

---

① 《三国志·于禁传》第 332 页。

② 《三国志·典韦传》第 343 页。

③ 《三国志·典韦传》第 343 – 344 页。

烧毁东门，以示只进不退，有项羽背水一战之意。孰料，“濮阳大姓田氏为反间”，他早已将曹操之策报告吕布，吕布和陈宫将计就计，令田氏引曹军入城，然后瓮中捉鳖，想活捉曹操。当曹操知道已中反间之计，巷战失利，只好下令撤退。混乱之中，吕布军一骑兵抓住曹操，大声喝问：“曹操何在？”从问话中曹操得知他不认识自己，顺手一指：“乘黄马走者是也。”① 该骑兵放开曹操向前追去。此时，曹操军“阵乱，驰突火出，坠马，烧左手掌。司马楼异扶太祖上马，遂引去。”② 曹操从东门冲出来，左手烧伤，拉不住缰绳，摔下马来。恰好部将司马楼异路过，急扶曹操上马，逃出城外。

曹操逃出濮阳城，未回到营中，止于中途。诸将未能见到曹操归来，都很担心恐惧。但不久曹操归来，并且亲自巡营劳军，同时命令加快制造进攻工具，进兵再攻吕布。两边相持一百多天。后蝗虫起，吃尽田中粮，百姓无粮而大饿，吕布亦粮尽，各自引兵退去。

九月，曹操引军还鄄城。吕布领兵退到乘氏县，被乘氏县李进攻破，只好移军东向屯于山阳。③ 这时，袁绍派人说服曹操，想联合，让曹操把家搬到邺城。当时曹操“新失兖州，军食尽，将许之”。④，程昱恰好出使回来，一番话打消了曹操这个念头，成就了曹操。程昱说：

> 我猜想将军大概是临事而惧，不然为何会考虑得这么不深呢？那袁绍盘踞燕、赵一带，有并吞天下的野心，而他的智谋不

---

① 《三国志·武帝纪》裴注引袁暐《献帝春秋》第8页。
② 《三国志·武帝纪》第7页。
③ 《三国志·武帝纪》第8页。
④ 同上。

济。将军自思能处在他的下位吗？将军你以龙虎般的威武，怎么能像韩信、彭越般称臣吗？现在兖州虽然残败，但保有三城，能战之士，不下万人。以将军的神明英武，和文若荀（彧）、昱等人，收揽而用，共同策划，可完成霸王的大业，愿将军重新思虑。①

曹操接受了程昱的谏言，谢绝了袁绍举家迁往邺城。到冬天。曹操到东阿招募了一些新兵，因灾荒严重，"人相食"，一斛谷子竟然暴涨了五十万钱，新兵挨饿，怨言不断。曹操担心在酸枣亢龙新兵暴乱事件再次发生，下令解散了新兵。

曹操在乱世之战中，吸取教训防患于未然，以免造成和导致再犯同样的错误。那么，曹操能否收回兖州呢？

兴平二年（195）

◆ 收复兖州　拜为州牧

曹操接受了程昱的建言，拒绝了袁绍的建议，经过休整，着手收复兖州失地。到了兴平二年（195）春，曹操决定首先攻打定陶②。曹操率军从定陶北门攻入城内，济阴郡太守吴资退保南城，恰逢吕布领兵赶来救援，曹操腹背受敌，只好击败吕布，下令撤退，收取定陶未果。

曹操在兖州一次听程昱之建言，一次听荀彧之建言，将曹操从沼

---

① 《三国志·程昱传》第 275 页。

② 今山东定陶。

泽险滩中拔出。校正了前进的步伐，为曹操成就大业功不可量。从中也看出曹操善纳他人之言之策，不一意孤行，敢于否定自己，接纳正确之策。这时，夏麦已成熟。下令“皆出取麦”，曹营留守不足千人，让妇人皆扮成兵守高地以拒敌。[①]

吕布探知曹操空虚，与陈宫率兵从东面前来偷袭。当吕布来到大堤南边，远望曹营树木幽深，暗藏杀机，怀疑有重兵埋伏，说：“曹操诡计多端，勿入埋伏中。”于是吕布引军退屯南十余里。曹操早已料到吕布将会再来，于昨夜命令收麦部队的主力埋伏在堤内，小股人马在堤外，当吕布军兵临大堤，堤外曹军慌退以引诱吕布。吕布军踏入曹军埋伏，曹军一声令下，堤内步骑兵如猛虎出山，步骑并进，杀向吕布军，吕军大败溃逃，缴获了鼓车辎重，追至吕布营而还。[②] 无奈之下，吕布逃到定陶，曹军紧追其后并攻城，吕布只好弃城逃出兖州。张邈从吕布，投奔刘备，“留（张）超将家属屯雍丘”。[③] 张邈将弟弟张超带着家眷留住雍丘，他同吕布奔投刘备。

八月，曹操攻打雍丘。张邈闻知，亲到淮南向袁术求救。张邈见袁术救兵没到，也被他部下所杀。[④] 张超无奈向臧洪求救。因为，张超对臧洪有知遇之恩，灵帝末年，臧洪见灵帝昏乱卖官成风，便弃官还家。后被广陵太守张超请为功曹，劝说张超举兵诛除国贼董卓，张超同意后，一同去见张超的哥哥陈留郡太守张邈，见面叙谈，张邈“大异之”。然后，又将臧洪介绍给兖州刺史刘公山，豫州刺史孔公

---

① 《三国志·武帝纪》裴注引《魏书》第 8 页。
② 《三国志·武帝纪》裴注引《魏书》第 8 页。
③ 《三国志·张邈传》第 143 页。
④ 同上第 143 页。

绪，皆与臧洪谈得来，“乃设坛场，方共盟誓”。共推臧洪主持盟誓。之后，张超派臧洪去见大司马刘虞，因当时幽州兵对冀州兵作战，未见成，却与袁绍相见，结为友好，就改任臧洪为山东郡太守。当曹操兵围张超于雍丘，臧洪得知赤脚号哭，集合士兵，又请袁绍派兵，去救张超，袁绍不听不许。[①] 雍丘被围三个多月，粮尽城破，张超自杀，张氏夷灭三族，臧洪怒与袁绍决裂。后臧洪剑刎爱妻，为糜粥，以食将士，与城中“男女七八千人相枕而死”。[②] 兖州遂全入曹操手中。

十月，汉献帝拜曹操为兖州牧，成为名正言顺的汉末体制内的封疆大吏，守住了兖州，站稳了脚跟。四十一岁的曹操，从此将踏上建安之路，这条路平坦吗?

① 《三国志·臧洪传》第150页。
② 同上第153页。

第五章

建安元年（196）

◆ 走向建安　谋迎献帝

自董卓胁迫汉献帝迁都长安，不久被尚书令王允、吕布等合谋所杀，长安之事悉由王允、吕布主持。然而王允“矫情屈意”，“故得扶持王室于危乱之中，臣主内外，莫不倚恃焉。”[①] 后在凉州人贾诩的策划下，李傕、郭汜与董卓故部樊稠联合拥兵杀进长安，杀死王允，赶跑吕布，控制了汉献帝和公卿大臣。也就在这时，曹操一面率军围攻张超于雍州，一面遣从事王必到长安“致命于天子。”[②] 然而，李傕、郭汜以为曹操没有诚意，要扣留使者王必。就在这个时候，钟繇出面对李、郭二人说：“方今英雄并起，各矫命专制，唯曹兖州乃心王室，而逆其忠款，非所以副将来之望也。”[③] 钟繇力劝李傕、郭汜，说曹操矢忠汉室，不能拒绝好意。李傕、郭汜采纳了这一建议，对使者王必厚加款待，这才使得曹操的使命得通，方和汉献帝有了联系。

① 《后汉书·王允列传》第 1469 页。
② 《三国志·钟繇传》裴注引《世语》第 253 页。
③ 《三国志·钟繇传》第 253 页。

王允被杀弃市，吕布出走，李傕为车骑将军，池阳侯，领司隶校尉，假节；郭汜为后将军，美阳侯；樊稠为右将军，万年侯。

随后，李傕、郭汜、樊稠共秉朝政。张济为骠骑将军，出屯弘农郡。这时，李、郭、樊三人专擅朝政，争权夺利，不断内讧，发展到相互火并，先是李傕杀死樊稠，接着与郭汜互相攻伐，死者万计，长安宫殿和官署毁于兵火。后李傕抢走汉献帝至兵营，郭汜则拘禁公卿百官。这时钟繇与尚书郎韩斌共同谋划，帮助汉献帝逃离长安东奔洛阳，弘农郡太守张济也赶来调和，才达成让汉献帝御牛车与公卿百官返回洛阳，由安集将军董承和兴义将军杨奉护驾。至此，长安城空四十余日，二三年间，关中无复人迹。

也就在这时，吕布接到诏书叫他去迎接汉献帝，“初，天子在河东，有手笔版书召（吕）布来。布军无蓄积，不能自致，遣使上书。”[①]然而，吕布在这个时候，正漂泊无定，没有自己的地盘立足，军食匮乏，失去了这个机会。

汉献帝从曹阳涧[②]渡过黄河到安邑县[③]，河东太守王邑奉献绵帛，封列侯，拜胡才征东将军，张杨为安国将军，皆假节开府，当时纷纷向献帝求官，有求必应，形成官印来不及刻，乃“锥画”代之。[④] 这已是公元196年正月。在这里，汉献帝“郊祀上帝于安邑，大赦天下，改元建安。”[⑤] 汉献帝经董卓的折腾，眼下受李傕、郭汜的胁迫，已成为一个名副其实的傀儡。虽是傀儡，却是国家最高权力的象征，谁控

---

① 《三国志 · 吕布传》裴注引《英雄记》第145页。

② 原河南灵宝县东。

③ 今山西境内。

④ 《后汉书 · 董卓列传》第1581页。

⑤ 《后汉书 · 孝献帝纪》第251页。

制了他都能像董卓一样，挟天子以令不臣。这个政治上的绝对高地资源，袁绍和曹操早已看得清楚，都在酝酿一个抢迎汉献帝的暗战已悄然打响，双方谋士纷纷出谋划策。

其实早在初平二年（191），韩馥让出冀州给袁绍，袁绍领冀州牧，原韩馥骑督尉沮授献策说："将军弱冠登朝，则名播海内，……振一郡之卒，撮冀州之众，威震河朔，名重天下。……横大河之北，合四州之地，收英雄之才，拥百万之众，迎大驾于西京（长安），复宗庙于洛邑，号令天下，以讨未复，以此争锋，谁能敌之？比及数年，此功不难。"① 只可惜袁绍虽赞称沮授的建策，说也是他的心愿，并由此提拔了沮授，而袁绍却忙于与公孙瓒争锋，没有去长安迎献帝。后来，李傕、郭汜祸乱长安，汉献帝准备迁回旧都很不合袁绍心意。当郭图从汉献帝那里回来，游说袁绍迎立献帝建都邺城，袁绍不同意。沮授又说：

> 将军累叶辅弼，世济忠义。今朝廷播越，宗庙毁坏，观诸州郡外托义兵，内图相灭，未有存主恤民者。且今州城粗定，宜迎大驾，安宫邺都，挟天子而令诸侯，畜士马以讨不庭，谁能御之！②

袁绍听后，准备迎汉献帝迁都邺城。就在这个关键时刻，郭图却一反原来的建策，反对沮授的建言，说："汉室衰颓，为日久矣，今欲兴之，不亦难乎！且英雄据有州郡，众动万计，所谓秦失其鹿，先

① 《三国志·袁绍传》第124页。

② 《三国志·袁绍传》裴注引《献帝传》第126页。

得者王。若迎天子以自近，动辄表闻，从之则极轻，违之则拒命，非计之善者也。”[①] 沮授又说：“今迎朝廷，至义也，又于时宜大计也，若不早图，必有先人者也。失权不失机，功在速捷，将军其图之！”[②] 袁绍权衡之后，则不从。势强力雄的袁绍政治眼光不远，失去了这个机遇。

曹操在兴平二年（191），收复兖州，拜兖州牧，就“在许，谋迎天子。”[③] 这时，曹操突然收到丁仪的父亲丁冲的修书说：见国家未定，“足下平生常喟然有匡佐之志，今其时也。”[④] 丁冲与曹操宿亲善，其书意让曹操西迎天子以佐勤王。当时张杨才回河内，曹操想以许地为京都。到了建安元年（196），曹操公开商议迎献帝到许下建都。有人则认为山东一带未平定，韩暹、杨奉刚同汉献帝回到旧都洛阳，张杨兵强势大，不易控制，不支持曹操西迎汉献帝建都许下[⑤]。然而，荀彧支持曹操奉迎天子，建都许地。他说：

> 自天子播越，将军首唱义兵，徒以山东扰乱，未能远赴关右，然犹分遣将帅，蒙险通使，虽御难于外，乃心无不在王室，是将军匡天下之素志也。今车驾旋轸，［东京榛芜］，义士有存本之思，百姓感旧而增哀。诚因此时，奉主上以从民望，大顺也；秉至公以服雄杰，大略也；扶弘义以致英俊，大德也。天下虽有逆节，必不能为累，明矣。韩暹、杨奉其敢为害，若不时定，四方

① 《三国志·袁绍传》裴注引《献帝传》第 126 页。
② 同上。
③ 《资治通鉴》第 579 页。
④ 《三国志·陈思王植》裴注引《魏略》第 355 页。
⑤ 许昌之名为曹丕所改。

生心，后虽虑之，无及。[①]

程昱也赞同荀彧言之有理，于是，曹操果断决定西迎献帝迁都许下。正月，曹操派扬武中郎将曹洪西上安邑，迎接汉献帝。岂料，“卫将董承与袁术部将苌奴拒险，洪不得进。”[②] 这是董承修书袁术，才派苌奴率兵共拒曹洪。曹操闻知，亲率大军开赴武平，攻打陈国。陈国是袁术所置，国相袁嗣放弃抵御，献土归降。曹操一鼓作气，想攻破汝南、颍川黄巾军余部黄邵、刘辟等人，谁知黄、刘残余汇合，准备夜袭曹营。曹操早有防备，布下伏兵，于禁“帅麾下击破之，斩（辟）邵等，尽降其众。”[③] 曹操将消灭黄巾军残部报奏汉献帝，汉献帝拜曹操为建德将军。

当汉献帝“御乘牛车”到安邑，杨奉急诏韩暹等人结党，与董承及张杨“各违戾不和”。[④] 徐晃说服杨奉，让杨奉派他护送汉献帝回归旧都洛阳，杨奉从其计。但这时有个致命的问题：粮食殆尽，军心不稳，杨奉很是担心。也就在这个节骨眼上，董昭从河内到达安邑，汉献帝拜为议郎。曹操便通过董昭致函杨奉，有意奉承他，佯装合作，共辅弼汉室，杨奉很是高兴。董昭在信中说：“吾与将军闻名慕义，便推赤心。今将军拔万乘之艰难，返之旧都，翼佐之功，超世无畴，何其休哉！方今群凶猾夏，四海未宁，神器至重，事在维辅；必须众贤以清王轨，诚非一人所能独建。心腹四支，实相恃赖，一物不备，则有阙焉。将军当为内主，吾为外援。今吾有粮，将军有兵，有无相

① 《三国志·荀彧传》第201页。
② 《三国志·武帝纪》第8页。
③ 《三国志·于禁传》第332页。
④ 《三国志·董昭传》第281页。

通，足以相济，生死契阔，相与供之。”[①] 杨奉得书很是高兴，对诸将说：“兖州诸军驻在附近的许县，有兵有粮，朝廷应该依仰他们。”[②] 杨奉等人联合举荐曹操为镇东将军，袭父爵费亭侯。东汉以镇东、镇南、镇西、镇北四将军为正式军职。曹操授封之后，在朝廷的地位上升。

这一年七月，汉献帝到达洛阳，“宫室烧尽，街陌荒芜，百官披荆棘，依丘墙间。州郡各拥兵自为，莫有至者。饥饿稍甚，尚书郎以下，自出樵采，或饥死墙壁间。”[③] 汉献帝“初至洛阳，幸城西故中常侍赵忠宅。”[④] 汉献帝返回洛阳，宫室全毁，只好暂住在原中常侍赵忠的府宅之中，于是派张杨修缮宫室。这时，大将军、司隶校尉韩暹，大司马张杨，车骑将军杨奉，皆拥有节钺，控制着朝政。因洛阳城被董卓焚烧后，变成一个瓦砾场，粮食益发奇缺，得不到缓解，张杨返回野王县，杨奉屯驻洛阳附近的梁县。洛阳城内只有韩暹和董承共掌宿卫。孰料二人矛盾日深，董承惧怕韩暹拥兵自重，“矜功专恣”，受到威胁，于是，“因潜召操，操乃将兵诣洛阳。”[⑤] 曹操接到董承的密诏，叫他进京。曹操这时平定了兖州，向西南可平定豫州，把洛阳也收入自己的势力范围，他接到董承密诏，当然是求之不得之事。于是，曹操大军顺利到达洛阳。曹操去勤王，只是董承个人之想法，对于韩暹，曹操不足顾虑，也不放在眼里，杨奉兵强，张杨是一郡太守，都不是曹操的对手。曹操晋见汉献帝之后迅速控制了局面，徐晃劝说杨

---

① 《三国志·董昭传》第281页。
② 同上。
③ 《三国志·董卓传》第120页。
④ 《三国志·武帝纪》裴注引《献帝春秋》第8页。
⑤ 《通鉴》第579页。

奉归服曹操，杨奉不从，于是董承公开指斥韩暹和杨奉的野心，应诛杀。韩暹恐惧，日夜不安，独自骑马逃入杨奉营中，图谋伺机进攻。

眼看大战在即，曹操采取了分化瓦解韩暹与杨奉的关系，奏请汉献帝下诏，罢免了韩暹的官职，保留了杨奉的职位，就这样，经曹操四两拨千斤，化解了危机，阻止了一场内战。

曹操控制了汉献帝之后，大会群臣，诏令曹操为司隶校尉，假节钺，录尚书事。按照东汉官制，司隶州长官司隶校尉，集中央政府所在地监察、行政大权于一身，假节，可以对犯法者先斩后奏；假钺，可以指挥内外诸军；录尚书事，可以掌管宫廷机要，核阅重要公文。这样一来，曹操集军政要职于一身，达到了独揽朝政，权倾朝野。自然引起部分臣僚的诋毁。于是，将尚书冯硕、议郎侯祈、侍中壶崇三人逮捕斩首，杀一儆百。曹操还奏请汉献帝下诏，晋封卫将军董承，辅国将军伏完，彭城国相刘艾，尚书仆射钟繇等十三人为侯，借此笼络朝臣人心，以巩固自己的地位。

"洛阳残破，董昭等劝太祖都许。"[①] 这正中曹操鹄的。曹操虽控制了局面，同时，徐州、扬州，因刘备、吕布、袁术形成三角式的争夺相持，没有心思和精力、兵力与曹操为敌，这也就给曹操造成得以充分西迎汉献帝的好时机。但要西迁，仍有许多细节问题，需要曹操一一破解。

◆ 迎帝西迁　袁曹交恶

曹操在洛阳控制了汉献帝，但他的实力远远不能足以对付四面强

① 《三国志·武帝纪》第8页。

大的对手，占据着冀州的袁绍，必须谨慎应对。当时曹操虽然担任司隶校尉，但该州的七个郡只有弘农郡在其掌控，其余未能真正掌握，南面的淮南袁术，南阳的张绣，东面有徐州的刘备，青州的袁谭，这是围绕在兖州和洛阳一带的对手。还有天高皇帝远的陇西的马腾和韩遂，汉中的张鲁，益州的刘焉，荆州的刘表，江东的孙策，幽州的公孙瓒，辽东的公孙度，他们对汉献帝是各取所需，有利则行，否则，置若罔闻或武力相拒。面对这样一个严峻的局面，曹操仅凭一州之力要迎奉汉献帝西迁，达到安常处顺，需要非凡的智慧，胆识和勇气。

曹操想到了董昭。董昭是位“才策谋略，世之奇士。”[1] 袁绍曾派他到巨鹿任太守，假造一道袁绍檄书，收斩世家大族孙伉等，才阻止了巨鹿投靠公孙瓒，得到袁绍的赏识。后因董昭弟弟董访，在张邈军中，袁绍受谗言要致罪于董昭，他只好以进见汉献帝之名，到河内被杨奉留下。当时杨奉等人控制着汉献帝，靠着张杨的关系，汉献帝任命他为骑都尉。正好曹操派使者王必见张杨，想借路西到长安，张杨不肯。在这种情况下，董昭进言张杨说：“袁、曹虽为一家，势不久群。曹今虽弱，然实天下之英雄也，当故结之。况今有缘，应向天子转达此事，上表推荐，若事有成，可永结契缘。”[2] 再加之钟繇等人的斡旋，这才有曹操的使者王必面见汉献帝，将曹操的一片忠心上表献帝。这才有张杨上表汉献帝，推荐曹操。后来董昭又以曹操名义给李傕、郭汜等人写信，并致殷勤之意，张杨也派遣使者来见曹操。曹操赠送张杨“犬马金帛”，于是就相互往来，冰释戒备之心。

曹操进京勤王之事的阻力全然化解，于是设宴，宴请董昭，与之

① 《三国志·董昭传》第 297 页。

② 同上第 281 页。

并肩而坐，请教他问道："今孤来此，当施何计？"董昭说："将军兴义兵诛暴乱，入朝辅佐王室，这是春秋五霸的大功。但眼下诸位将领，心怀各异，未必服从。现今留在洛阳匡辅王室，事势不便，唯有移驾许县。但是朝廷刚刚回到旧都，企盼获得安定。现在又要徙驾，众心不满。但须知行非常之事，乃有非常之功，希望将军算其利益多的去做。"[①] 曹操聆听董昭所言，与自己不谋而合，便真心倾吐，说："移驾许县，本是我的志向。但杨奉近在梁县，闻其兵精，岂不成为阻挠的祸害？"董昭又说："杨奉缺少援助的同党，才举荐足下为镇东将军，袭父爵费亭侯。这次又接到书信，申明约定，足可受到信任。再派使者赠送厚礼答谢，以安定他的心，稳住他的军队，再说'京都没有粮食，想让天子车驾暂迁鲁阳，鲁阳接近许地，转运粮食便捷，就无悬乏之忧'。杨奉为人勇而少谋，必不生疑，在使节往来之际，足以完成大计，杨奉怎能成为祸害呢？"曹操称赞说："好！"[②]

曹操照董昭的谋划，立刻派使者以厚礼进见杨奉，说明用意，杨奉深信不疑，同时，遣返右贤王的骑兵，一面是曹操亲率大军护送汉献帝和公卿百官。当曹操西迎汉献帝过新郑，率领的千余人"皆无粮"，这时新郑县长杨沛收藏有千余斛干桑葚，前往拜谒曹操，并敬献橡椹以缓饥，曹操求之不得。[③] 这杨沛也是一位善抓机遇，敢于下手之人。

当初，杨沛为长社县令，境内曹洪宾客拒绝征调，杨沛下令逮捕

① 《三国志·董昭传》第 281 页。
② 《三国志·董昭传》第 282 页。
③ 《三国志·贾逵传》裴注引《魏略列传》第 312 页。

宾客“先挝折其脚，遂杀之。”[①] 曹操称赞其能干。后杨沛历任九江、东平、乐安郡太守，孰料他“与督军争斗，髡刑五岁。”[②] 到后来，当曹操驻军谯县，悉闻邺县社会秩序混乱，法令难行，决定挑选一名“严能如杨沛比”，[③] 于是，负刑尚未满的杨沛便“起为邺令”。曹操见杨沛后问：“以何治邺？”杨沛回答说：“竭尽心力，奉宣科法。”竭尽忠心，依法行事。曹操听了很高兴，顾在座诸将吏们说：“诸君，此可畏也。”于是，曹操赐杨沛十名少女，绢百匹，予以奖励。诸将吏闻听之后，曹洪、刘勋等军中豪佑各遣家使赶回邺县，告诫家人子弟检点收敛。杨沛赴任后，邺县大治。数年后，“以功能转为护羌都尉。”[④]

在曹操的护送下，献帝车驾出轘辕关而向东，到达许地。[⑤] 然后，汉献帝又“幸曹操营。”[⑥] 任命曹操为大将军，封武平侯，即县侯。曹操曾在六月，迁镇东将军，封费亭侯，上书汉献帝说自己“庸才微功。”“若录臣关东微功，皆祖宗之灵佑，陛下之圣德，岂臣愚陋，何能克堪。”[⑦] 九月，汉献帝亲临曹操军营，一示对曹操感激，二则封曹操为平武侯。曹操上书辞让，未准。上书说：“伏自三省，资质顽素，才志鄙下，进无匡辅之功，退有拾遗之美。虽有犬马微劳，非独臣力，皆由部曲将校之助。……”[⑧] 同时，曹操向献帝敬献了日用器物。

---

① 《三国志·贾逵传》裴注引《魏略列传》第 312 页。
② 同上。
③ 同上。
④ 同上。
⑤ 《三国志·武帝纪》第 8 页。
⑥ 《后汉书·孝献帝纪》第 251 页。
⑦ 《曹操集》第 25 页。
⑧ 《曹操集》第 25 页。

当杨奉得知汉献帝迁都许县“由是失望”,[①] 感到自己被曹操耍弄，恼羞成怒之下，与韩暹等人在定陵一带劫掠骚扰。十月，曹操暗里派军破袭杨奉在梁县的大营。杨奉只好逃奔投靠袁术，次年被刘备所杀。徐晃遂归服曹操。曹操十分器重徐晃，徐晃也感戴曹操，说：“古人患不遭明君，今幸遇之，当以功自效。”[②] 韩暹逃回并州，被将军张宣擒斩。李乐病亡，胡才遭冤家攻杀，星亡余散，白波谷黄巾军彻底消亡。西凉军也就只剩下董承，是牛辅的余孽，也是他叫曹操进京，想借曹操的力量，排除异己，曹操这时岂能听他的?

当曹操实现了他把汉献帝迁都许下，收复了黄河以南地区，关中一带也都逐渐依附他。曹操的地盘扩大了，利益也有了。当然，这次曹操西迁献帝成功，得力于董昭的力量。董昭并不是曹操的谋臣策士，尽心倾力帮他，是因纷乱太久，想要大局安定，他觉得曹操有勤王的真挚精神，才不遗余力的帮助曹操使大局早日安定。袁绍知之后心里很是后悔，正在他追悔莫及之时，汉献帝下诏责备袁绍说：“以地广兵多而专自树党，不闻勤王之师而但擅相讨伐。”[③] 这道指责袁绍的诏书，从另一面肯定了曹操迁都许县的功勋，袁绍立即上书辩解，鸣屈喊冤，在诉尽张让作乱、董卓窃国、全家被害和讨伐叛逆的三大功绩，并表明“若使得申明本心，不愧先帝，则伏首欧刀，褰衣就镬，臣之愿也。”[④] 于是朝廷任命袁绍为太尉，封邺侯。当时曹操为大将，袁绍认为自己的权位在他之下，感到耻辱，上表推辞，不接受任命。袁绍

① 《三国志·董昭传》第 282 页。
② 《三国志·徐晃传》第 336 页。
③ 《后汉书·袁绍列传》第 1610 页。
④ 同上第 1613 页。

还愤怒地说：

> 曹操当死数矣，我辄救存之，今乃背恩，挟天子以令我乎？[①]

曹操知道后，“大惧，乃让位于绍。”[②] 其实，曹操“闻而以大将军让于绍。”[③]

曹操很理智地辞去大将军，让位于袁绍，他自己改任司空，代理车骑将军。这样一来，表面上缓和了同袁绍的矛盾，却“自此袁绍与曹操交恶。”[④] 曹操辞让大将军，这自然是胸怀、气量和胆识，也许曹操觉得自己仅凭一州的力量，不足以同袁绍抗衡。他只有示弱，把大将军的位置让给袁绍，使袁绍的虚荣心得到满足。曹操以让为得，弱以为强的智慧，很好地化解了这个矛盾。退一步有天空，积蓄力量，善于进退屈伸，才能立足站稳，曹操的非常果断之举，令人非常出人意料。

◆ 始兴屯田　恢复经济

曹操辞让大将军于袁绍，满足了袁绍耻于位在曹操之下的虚荣心。曹操的这一明智之举，稳住了袁绍，也才使袁绍没有接受田丰的建议攻取许都的原因之一。接着曹操将一批心腹能臣如荀彧、钟繇安插到朝廷要害部门。但迫在眉睫的是粮食问题，当时“军食不足”，这是曹操必须面对和解决的，否则，就会生乱。

---

① 《三国志·袁绍传》裴注引《献帝春秋》第126页。

② 《后汉书·袁绍列传》第1614页。

③ 《三国志·袁绍传》裴注引《献帝春秋》第126页。

④ 《曹操集》第185页。

当时粮食奇缺。自公元184年黄巾大起义，规模大，响应广，起义快，凸显了当时社会矛盾的异常尖锐激烈，史称“灵帝末，黄巾起，州郡各举义兵。”[①] 公元191年，公孙瓒破渤海境内青州黄巾军三十余万众；公元195年，曹操又破青州黄巾军一百余万众，再破汝南、颍川黄巾军各数万，直到公元205年，降黑山军余众十余万，剿灭黄巾军造成人口锐减，生产停滞和荒芜，加上董卓乱京，迫献帝迁都长安，使洛阳成为废墟，关中无复人迹。人存十之一、二，人口锐减，生产大破坏，粮食极端匮乏，全国普遍闹粮荒。长安谷一斛五十万钱，豆、麦二十万钱，“人相食啖，白骨委积。”[②] 北方幽州谷一石，钱十万，“岁岁不登，人相食同，有蟥旱之灾，民人始知采稆，以枣椹为粮。”[③] 稆，是一种野生的谷物。公元196年，汉献帝车驾还洛阳，“是时，宫室烧尽，百官披荆棘，依墙壁间。”[④] 公卿百官采野谷，平民百姓就更惨了。袁绍在河北，袁术在江、淮，也都极端缺粮。史载“自遭荒乱，率乏粮谷。诸军并起，无终岁之计，饥则寇略，饱则弃余，瓦解流离，无敌自破者不可胜数。袁绍在河北，军人仰食桑椹。袁术在江、淮，取给蒲蠃。民人相食，州里萧条。”[⑤] 三辅大乱，扶风人王忠“饥乏啖人”，连吃的人都很缺乏，聚众千余人投奔曹操。[⑥] 然而，“太祖乏食，（程）昱略其本县，供三日粮，颇杂以人脯。”[⑦] 当时，就曹操也缺食少粮，还掺杂着人肉干。

---

① 《三国志·先主传》第542页。
② 《后汉书·孝献帝纪》第249页。
③ 《太平广》卷三十五引王粲《英雄记》。
④ 《后汉书·献帝纪》第251页。
⑤ 《三国志·武帝纪》裴注引《魏书》第9页。
⑥ 《三国志·武帝纪》裴注引《魏略》第11页。
⑦ 《三国志·程昱传》裴注引《世语》第277页。

曹操面对整个社会极端缺粮，极端饥饿的严峻局面，只有解决粮食问题，才能稳住现有的局面，在枣祗，韩浩两人提出屯田后，曹操果断下《置屯田令》：

> 夫定国之术，在于强兵足食，秦人以急农兼天下，孝武以屯田定西域，此先代之良式也。[①]

曹操大规模屯田，应运而生。屯田，分民屯和军屯。军屯始于建安十八年（公元213年）司马懿的建言。这里说说民屯。是岁，曹操“用枣祗、韩浩等议，始兴屯田。”[②] 枣祗、韩浩“乃募民屯田许下，得谷百万斛。于是州郡例置田官，所在积谷。”[③] 建安元年（196），募民屯田许下。许下，即许县，曹丕登基改许下为许昌。屯田之议是由枣祗、韩浩提出，利用破汝南、颍川黄巾军之资业，耕牛、农具、劳动力。“及破黄巾定许，得贼资业。当兴立屯田……其时岁则大收，后遂因此大田，丰足军用……祗兴其功，不幸早没。”[④] 枣祗原为陈留郡太守，在任羽林监许下屯田前为东阿令，“羽林监”，是建安元年（196）始兴屯田时汉献帝授予他的新职。

与此同时，曹操以任峻为典农郎中将，专司屯田。“是时岁饥旱，军食不足，羽林监颍川枣祗建置屯田，太祖以峻为典农中郎将。〔募百姓屯田于许下，得谷百万斛，郡国列置田官〕，数年中所在积粟，仓廪皆满。”[⑤]

---

① 《三国志·武帝纪》裴注引《魏书》第9页或《曹操集》第30页。
② 《三国志·武帝纪》第9页。
③ 《三国志·武帝纪》裴注引《魏书》第9页。
④ 《三国志·任峻传》裴注引《魏武故事》第313－314页。
⑤ 《三国志·任峻传》第313页。

这样一来，除汉献帝授枣祇羽林监外，曹操“置典农中郎将，秩二千石。典农都尉，秩六百石，或四百石。典农校尉，秩比二千石。所主如中郎。部分别而少，为校尉丞。”[①] 曹操的民屯管理机构也就产生，这个系统隶属于大司农，民屯收入就成为国家的经济支柱之一。大郡和王国设置典农中郎将，小郡大县和侯国设置典农校尉，小县设置典农都尉，亦称“屯田都尉”。中郎将、校尉、都尉均系武官之名，这就是说，屯田之民实行军事编制。各级农官副职称丞，属官有功曹，典农纲纪，上计吏。都尉之下属有干佐以及专门吏员。典农系统与地方行政系统平行，互不统属。地方郡太守管不了县级的典农都尉，因其没有隶属关系。农官也不与地方官同城治事，其机构设在屯田区内，如荥阳、洛阳、许下三个重要的典农都尉的治所分别都距郡治二、三十里。[②]

民屯的基层单位叫屯，屯置司马，五十人为屯。一都尉率屯民三百人，管理六屯。梁习在并州作刺史，表置“屯田都尉二人，领客六百夫。”[③] 这里的“客”指屯田民称田客，屯田客吕并自称将军，聚党据陈仓。[④] 又称典农部民，“邓艾少为襄城典农部民，与石苞年十二、三。”[⑤] 最初屯田民若使用自己的耕牛，则收获物五五分成；若使用公家牛耕，则四六分成，后根据枣祇在陈留屯田进行分成租试点，按照实际收成交租，丰年多交，歉收少交。建安元年（196）屯田，已是十月以后之事，当年得谷百余万斛，应是建安二年获得收获。

---

① 《后汉书·百官志》引《魏志》第 2448 页。
② 参阅赵俪生《中国土地制度史》第 203 页，1984 年齐鲁书社版。
③ 《三国志·梁习传》第 301 页。
④ 《三国志·赵俨传》第 420 页。
⑤ 《三国志·邓艾传》裴注引《世语》第 482 页。

曹操实行屯田制，“军国之饶，起于枣祗而成于（任）峻。”[①] 后来大司农司马芝在魏明帝时的上奏中说：“国家之要，惟在谷帛。武皇帝特开屯田之官，专以农桑为业。建安中，天下仓禀充实，百姓殷足。”[②] 这是对曹操在建安元年（196）实行屯田的肯定，解决当时的粮荒，安定了社会。帮助曹操度过了饥饿，无粮的“白骨露于野，千里无鸡鸣；生民百遗一，念之断人肠”的“人相食”的艰难岁月，使曹操后来“征伐四方，无运粮之劳，遂兼灭群贼，克平天下。”[③] 打下了丰厚的物资基础。

◆ 厚遇刘备　不杀英雄

建安元年（196），令曹操始料不到的是：“吕布袭刘备，取下邳。备来奔。”[④] 刘备在遭到吕布、袁术的夹击，丢失了徐州，妻室被吕布掳去。走投无路的刘备，不得不前来依附曹操。曹操见到刘备“厚遇之，以为豫州牧。”[⑤] 然而，就在这时，曹操重要的谋士程昱对曹操说：“观刘备有雄才而甚得众心，终不为人下，不如早图之。”[⑥] 言外之意，就是让曹操尽早除掉刘备。但是，曹操这一次没有采纳程昱的建言，曹操回答说：“方今收英雄时也，杀一人而失天下之心，不可。”[⑦] 因为，曹操有他自己对当时局势的判断和对刘备这个人的看法和认识。

---

① 《三国志·任峻传》第 313 页。
② 《三国志·司马芝传》第 251 页。
③ 《三国志·武帝纪》裴注引《魏书》第 9 页。
④ 《三国志·武帝纪》第 9 页。
⑤ 《三国志·先主传》第 544 页。
⑥ 《三国志·武帝纪》第 9 页。
⑦ 同上。

刘备能走到今天这一步既不容易，更是万不得已。自公元184年黄巾军起义，他东奔西突，始终没有一块立足之地。后来，得到中山人张世平、苏双贩马巨商的资助，加上河东解县[①]人关羽，同郡张飞前来投奔，刘备才拉起一支乡勇，效力在涿郡校尉邹清麾下征讨黄巾军。因立下战功，刘备被任命为安喜县尉，从此走向政治舞台。但却因“缚督邮，杖二百”“弃官亡命”。[②]后来，大将军何进派遣都尉毋丘毅到丹杨募兵，刘备和毋丘毅同行。到下邳，遇黄巾军，刘备力战有功，拜官下密县丞，又“复去官”。[③]后为高唐县尉，终因名微众寡，不能立足中原，只得去投奔昔日同窗好友公孙瓒，被任命为平原县令。就在这时，各军阀间钩心斗角，有联合，有攻伐。当时，袁绍攻公孙瓒，曹操攻陶谦。袁绍与曹操联合，公孙瓒与陶谦联合。陶谦不抵曹操，向公孙瓒告急，公孙瓒派大将田楷和刘备前去救陶谦。公元194年，陶谦病死，临终前对别驾麋竺说：“非刘备不能安也”。[④]陶谦死后，麋竺率州人迎刘备，他却“未敢当”。[⑤]在下邳人陈登和北海相孔融的言劝下，遂领徐州。至此，刘备才有了立足之地，拥有一州之力。

刘备虽得徐州，又有关羽、张飞这样“万人敌”的猛将，但他出身寒微，又“不甚乐读书，喜狗马、音乐、美衣服。”[⑥]身边又没有像荀彧、程昱这样的谋臣智士，得不到士族智士的辅佐，刘备尽管领了

---

① 今山西运城。
② 《三国志·先主传》第543页。
③ 同上。
④ 同上。
⑤ 同上。
⑥ 《三国志·先主传》第542页。

徐州，不知如何守住徐州。就在刘备不知所措之时，吕布来见刘备，二人酌酒举欢，称兄道弟。事隔不久，袁术为破坏吕刘联盟，答应给吕布二十万斛军粮、兵器等，但要配合他攻击刘备，夺取徐州。当时粮食非常紧张，面对袁术的诱惑，吕布调转枪头。袁术就从南面攻击刘备，刘备引兵拒袁术于盱眙、淮阴。曹操为了充分发挥刘备拒袁术的力量，上表汉献帝，荐刘备为镇东将军，封宜城亭侯。刘备与袁术相持月余，留守在下邳的张飞，想杀死陶谦在下邳的故将曹豹。曹豹和将士“坚营自守，使人招吕布。”这正中吕布鹄的。于是“布取下邳，张飞败走。”[①] 后刘备“求和于吕布，布还其妻子。”[②] 刘备遣关羽守下邳。“布遣备屯小沛。”[③] 吕布自称徐州牧。这时袁术派纪灵率步骑兵三万攻打刘备，刘备求吕布救援。诸将对吕布说：“将军常欲杀刘备，今可假手于术。”[④] 吕布自有考量，说：“不然，若备败，则北连泰山（诸将），吾为在术围中，不得不救也。”[⑤] 吕布率千余步兵，二百骑兵在沛县西南一里安营扎寨。纪灵听说后，收兵不敢再攻刘备。然后吕布请纪灵，纪灵也请吕布宴饮。吕布还对纪灵说：“玄德，布弟也，弟为诸君所困，故我来救之。”最后吕布以射戟小支，一发而中，各自罢兵。[⑥] 过后不久，刘备“合兵得万余人，布恶之，自出兵攻备；备败走，归曹。”[⑦] 刘备就这样投奔曹操。

刘备经过十多年的奋斗才走到这一步，曹操听完程昱的言建，

---

① 《三国志·先主传》裴注引《英雄记》第 544 页。
② 《三国志·先主传》第 544 页。
③ 《三国志·吕布传》第 144 页。
④ 同上。
⑤ 同上。
⑥ 同上。
⑦ 《资治通鉴》第 581 页。

让尽早除掉刘备，有的将领对曹操说："备有英雄志，今不早图，后必为患。"然后又问谋士郭嘉，郭嘉说："有是。然公提剑起义兵，为百姓除暴，推诚仗信以招俊杰，犹惧其未也。今备有英雄名，以穷归己而害之，是以害贤为名也。则智士将自疑，回心择主，公谁与定天下乎！夫除一人之患，以沮四海之望，安危之机也，不可不察。"① 但是，裴松之又引《傅子》所载，与《魏书》正好相反，《资治通鉴》引《魏书》所言，这里从之。同时，录出《傅子》所言，以备读者考证。

郭嘉还对曹操说："备有雄才而甚得众心。张飞、关羽者，皆万人之敌也，为之死用。嘉观之，备终不为人下，其谋未可测也。古人有言：'一日纵敌，数世之患。'宜早为之所。"当时，曹操奉汉献帝号令天下，正在招揽英雄以明大信，没听从郭嘉的谋言。②

曹操笑着说："君得之矣！"③ 当时许都新建，"贤士大夫四方来集"，④ 所以，曹操说："方今收英雄时也，杀一而失天下之心，不可。"⑤

曹操舍弃了程昱的言建，接受了郭嘉的建言，正确的选择谋士的建策，才会有正确的出路。曹操从不把自己当作英雄，才有收天下英雄的胆识。曹操在刘备穷途潦倒之时，没有落井下石，更没有听从程昱建言尽早除掉而绝后患，不仅上表刘备为豫州牧，让刘备去小沛，收拾奔散的士兵，拨给军粮，增加兵力，令其东进攻吕布。

曹操迁都许县，正好是他四十二岁。不惑之年的曹操厚遇刘备，

---

① 《三国志·郭嘉传》裴注引《魏书》第 278 页。
② 《三国志·郭嘉传》裴注引《傅子》第 279 页。
③ 同上。
④ 《后汉书·祢衡列传》第 1790 页。
⑤ 《三国志·武帝纪》第 9 页。

不杀英雄，是他成熟不惑的胸怀和胆识，但也成为后来之患，实应了郭嘉之言。

◆ 祢衡骂曹　曹操送走

曹操迁汉献帝建都许县，朝廷征召孔融担任大匠，晋迁为少府。孔融，字文举，是孔子二十代孙。“今之文人，鲁国孔融，广陵陈琳，山阳王粲，北海徐干，陈留阮瑀，汝南应玚，东平刘桢，斯七子者，于学无所遗，于辞无所假，咸自以骋骐骥千里，仰齐足而并驰。”① 孔融也是“建安七子”中年辈较高的，深爱祢衡的才华。史载祢衡“少有才辩，而尚气刚傲，好矫时慢物。”② 就是这样一位意气用事，刚强高傲，喜好矫正时俗，恃才傲物，谁也不放在眼里的人，却与孔融成为忘年之交。当时祢衡年方二十，孔融已是不惑之年。尽管祢衡谁都看不起，却唯独钦佩孔融和杨修，他说：“天下才学，孔文举算老大，杨德祖（即杨修）数老二，其余皆碌碌庸才，没有谁够数的。”③

建安元年（196），四方贤士大夫都到许都求官，祢衡怀揣一张名帖到许县，唯我独才，玩世不恭。有人建议他何不拜谒追随司空府西曹掾属的陈群和司马朗，他们二人是负责考核和任用官吏的。然而，祢衡轻蔑地说：“我怎能跟从杀猪匠和卖酒郎出身的人呢?”又问他：“荀彧、赵雅长怎么样?”祢衡说，荀彧是脸吊丧，赵雅长可使监厨请客。后来，祢衡怀揣的名帖字迹都变得模糊不清，也不知道投给什么地方，什么人。

---

① 《三国志·阮瑀列传》裴注引《典论》第379页。

② 《后汉书·祢衡列传》第1790页。

③ 同上，第1791页。

谁知孔融和祢衡一见而成忘年之交，孔融就以少府身份上疏举荐祢衡，称他："淑质贞亮，英才卓砾〔跞〕。初涉艺文，升堂睹奥，目所一见，辄诵于口，耳所瞥闻，不忘于心，性与道合，思若有神。……忠果正直，志怀霜雪，见善若惊，疾恶若仇。……使衡立朝，必有可观。飞辩骋辞，溢气坌涌，解疑释结，临敌有余。……若衡等辈，不可多得。……臣等区区，敢不以闻。"①

孔融拳拳之心的上表推荐祢衡，却未得任命，于是就屡次向曹操称述祢衡的才华。曹操爱才，传命见他。然而，祢衡素来轻视疾恨曹操，自称有癫狂病不肯前去，还多次随意口出秽语。曹操怀忿在心，因他的才名，不想杀他。听说祢衡善击鼓，于是召他为地位低贱的鼓史去击鼓。因朝会大宴，阅试鼓节。其他鼓手走过去都脱去原来的衣服，换上击鼓穿的岑牟，单绞服饰。轮到祢衡换装，他正在击奏《渔阳》三挝（zhūa），小步向前，容态有异，声节悲壮，听者莫不慷慨。祢衡进至曹操面前停不下来，被有司强令呵斥，说："鼓史何不改装，而敢轻易前进吗？"祢衡答应说："诺。"于是祢衡先解去内衣，再依次释去其余的衣服，"裸体而立"，然后慢慢拿取岑牟，单绞穿上，再三通鼓毕而去，全无赧颜愧色。曹操环顾宾客，笑着说："本欲侮辱祢衡，祢衡反而侮辱了孤。"②

朝会大宴后，孔融责备祢衡说："正平大雅之士，本当这样吗？"接着宣扬了曹操爱慕他的拳拳之意，要求祢衡向曹操道歉，祢衡答应前往。这样孔融再去见曹操，说祢衡有癫狂症，今已愈，请求当面谢罪。曹操也很高兴，通知守门官吏，来客即报。谁料，祢衡直到很晚

① 《后汉书·祢衡列传》第1791页。
② 以上参见《后汉书·祢衡列传》。

才来，他穿着粗布单衣，头裹粗布头巾，坐在门外，手握三尺木棒，捶地大骂，侮辱曹操。门吏报告说：外面有个狂生，坐在营门，言语悖逆乱骂，请求收捕问罪。曹操发怒，对孔融说："祢衡小子，我杀他如同鼠雀罢了。但此人素有虚名，远近闻名，将说我不能容他。现在送给刘表，视当何如?"于是派人骑马送他走。

临出发时，孔融等众为他送行，先到城南。大家互相告诫说："祢衡悖逆暴虐无礼，今趁他后到，都不起立，以挫其傲气。"等到祢衡到来，见众或端坐，或横卧没有人起身理睬他，祢衡便坐在地上，号啕大哭。众人询问其缘故，祢衡说："端坐者为坟墓，横卧者为死尸，鄙人处坟墓死尸之间，能不悲伤吗?"

祢衡到了荆州，刘表及荆州的士大夫原先就佩服他的才名，待他为上宾。祢衡也展才尽职，州署"文章言议，非衡不定。"刘表曾经与诸多文人共同草拟了奏章，当时祢衡外出，回来看到后，还没有省视完，就撕毁抛弃在地上，刘表非常惊讶。于是祢衡要来笔札，"须臾立成，辞义可观。"刘表大为喜悦，更加敬重他。

后来祢衡又对刘表"侮慢"，刘表"耻不能容"，因江夏太守黄祖性情急躁，故送祢衡给他。祢衡到江夏，黄祖"亦善待焉"。祢衡"为作书记，轻重疏密，各得体宜。"黄祖拉着他的手说："处士，此正得我意，如同我腹中想要说的话。"

黄祖的长子黄射，任章陵太守，"尤善于衡。"曾经与祢衡同游，共读蔡邕所作的碑文，黄射很喜碑文的辞藻，回来后，后悔没有抄下来。祢衡说："吾虽一览，犹能记之，唯独碑文中缺二字不明而已。"于是默写出来。黄射派人飞快抄录回碑文，与祢衡所书不差一字，莫不佩服。黄射大会宾客，有人献上鹦鹉，黄射举杯，请祢衡作赋，以娱嘉宾。祢衡"揽笔而作，文无加点，辞采甚丽。"

后来黄祖在艨艟船上大会宾客，艨艟船，外狭而长，用以冲突敌船。这次祢衡又出"言不逊顺"，惹恼了黄祖，于是呵斥他。祢衡盯着黄祖看了很久，骂道："死公！你说什么呢?"黄祖大怒，令行杖的人带出去，想加以棒捶，"衡方大骂，祖恚，遂令杀之。"黄祖的主簿平素疾恨祢衡，"即时杀焉。"黄祖的长子黄射赤足赶来营救为时已晚了。黄祖"亦悔之"。祢衡时年二十六岁，便走上了不归路。祢衡之死，是咎由自取呢？还是曹操巧诛呢？（本文除注外，均引之《后汉书·祢衡列传》第1790－1794页）

建安二年（197年）

◆ 贪色之祸　张绣复反

自曹操迁汉献帝都许下，面对群雄割据的局面，曹操首先选择了攻打南阳，征讨张绣。张绣，凉州人，原董卓部将张济侄子，跟随张济多年。凉州军阀集团解体之后，"张济自关中引兵入荆州界，攻穰城，为流矢所中死。"[①] 其部众由张绣继领，驻屯宛县。这时，还在段煨手下的贾诩早已看出段煨"性多疑"，有忌妒自己的意思，不可持久，怕时日一长会被算计，智谋过人的贾诩"阴结绣，绣遣人迎诩。"[②] 就这样，贾诩到了张绣的宛县，说服了张绣与刘表联合。

建安二年正月，曹操率大军南下征讨张绣，曹军抵宛城外淯水边，张绣兵弱不能敌，向刘表求援。援军迟迟未到，面对曹操兵临城下，

① 《资治通鉴》第581页。
② 《三国志·贾诩传》第213页。

大军压境，张绣与贾诩商量，决定举众降曹。曹操未动一兵一卒，降服了张绣，便设宴款待张绣及其将帅。曹操劝酒的时候，典韦手持八十斤重的大斧站立在曹操身后，斧刃有一尺多长，威武庄严。曹操到别人面前，典韦就拿着大斧，两眼注视着那个人，直到酒宴结束。曹操见张济夫人姿色可人就纳之，“太祖纳济妻，绣恨之。太祖闻其不悦，密有杀绣之计。计漏，绣掩袭太祖。”① 张绣觉得曹操纳自己的婶娘是对自己的污辱，感其羞耻，又听说曹操要除掉自己，便产生了反叛之心，这是其一；其二曹操对张绣的侍卫胡车儿有所亲，胡车儿“勇冠其军”，“太祖爱其骁健，手以金与之。绣闻而疑太祖欲因左右刺之，遂反。”② 张绣有了复反曹操之心，用贾诩计，精心谋划和准备：“乞徙军就高道，道由太祖屯中。绣又曰：‘车少而重，乞得使兵各被甲’。太祖信绣，皆听之。绣乃严兵入屯，掩太祖。太祖不备，故败。”③ 张绣举众降曹后，曹操纳了张绣的婶娘，还对张绣的贴身侍卫胡车儿很喜欢，并亲手赠予黄金。张绣知道后，怀疑曹操收买胡车儿暗杀自己。这样一来，张绣下定反叛和袭击曹操的决心。然后，张绣依照贾诩的计谋，先请示曹操，允许其部众移驻地势较高的地方，进出可从曹操大营通过，再借口辎重少而负载大，应将铠甲发给官兵。曹操沉湎于张绣婶娘的温柔之欢，张绣说什么，曹操信什么，皆听之。当张绣按贾诩之计，一切都准备就绪，“后十余日，绣反，袭太祖营，太祖出战不利，轻骑引去。”④ 十多天后，张绣夜袭曹营，曹军大乱，

---

① 《三国志·张绣传》第 171 页。
② 《三国志·张绣传》裴注引《傅子》第 171 页。
③ 《三国志·张绣传》裴注引《吴书》第 171 页。
④ 《三国志·典韦传》第 344 页。

曹操惊醒后，骑上绝影马迎敌，由于曹军毫无戒备，张绣做了充分准备，曹军失利。混乱中，曹操的绝影马“为流矢所中，伤颊及足，并中公右臂。”① 曹操的坐骑绝影马被射中面颊和马足，流血不止，气绝倒地。在这命悬一线的时刻，曹操的长子曹昂与侄儿曹安民同骑一匹战马赶到，将战马让给曹操，把曹操扶上马，策马狂奔，这时曹操右臂中箭，忍痛渡过淯水，脱离了险境，而曹昂和曹安民遂被张绣的追兵杀害。曹操痛失长子和侄儿，贪色之祸，代价沉重。

曹操因贪张绣婶娘的姿色，和笼络胡车儿赠予黄金，引起张绣的“疑惧”而反叛。曹操为此也付出了沉重的代价，他儿子曹昂、侄儿曹安民，贴身都尉典韦和一批将士战死。然而曹操事后却对诸将说：“我收降张绣等人，错失在于没有乘便取得人质，以至于如此。我知道了失败的原因，诸位留意，从今往后，我不会再失败了。”② 这显然与张绣的复反之因风马牛不相及。曹操贪色张绣的婶娘，张绣感到人格受辱，加上曹操对张绣贴身都尉的拉拢，不得不生疑、生惧而生变。至于曹操的“人质说”只是给自己一个合理的台阶罢了。这次张绣复反，淯水之难，一是典韦守营门拼死搏杀；二是曹昂、曹安民牺牲自己保全曹操；三是于禁对追兵的正面阻击，曹操最终脱险，退守舞阴。张绣复反后，一直是曹操的一块心病。

典韦战死　曹操脱险　当时张绣夜袭，全仗典韦在营区大门与张绣将士拼命力战，张绣兵不能从正门进入。典韦手下仅有十余人，“皆殊死战，无不一当十。”③ 张绣兵愈涌愈多，典韦手持八十斤重的

---

① 《三国志·武帝纪》裴注引《魏书》第10页。
② 《三国志·武帝纪》第9页。
③ 《三国志·典韦传》第344页。

长戟，左右击之，长戟一叉，就有十余人应声倒下。寡不敌众，典韦左右死伤殆尽，他自己也受伤十多处，仍然短兵接战，展开肉搏。典韦挟两个敌兵，击杀而死，其余都不敢向前；典韦于是又向前突围，“杀数人，创重发，瞋目大骂而死。”① 典韦终因伤势太重倒地，临死前瞪着双目大骂。典韦一死，张绣的兵才敢向前，曹操早已脱险，退到舞阴，收拢溃散人马，组织反攻，击败张绣骑兵，张绣不支，放弃宛城，只好退守穰县。

曹操派人找回典韦的尸体，“亲自临哭之”，② 归葬襄县。后曹操“车驾每过，常以中牢”祭奠。③ “临淯水，祠亡将士，歔欷流涕，众皆感动。”④

于禁不辩　曹操明断　张绣复反，夜袭曹营，军阵大乱，大都从小道逃生，只有于禁约束他所率领的数百人，边战边退，虽有死伤不分离涣散，阻止了正面追击的张绣叛军。当叛军停止追击，于禁重新整顿军队，鸣鼓回营。在还没到达曹操营区，路见十余人衣服剥光，裸体而行，于禁问其故，说：“为青州兵所劫。”⑤ 当初，黄巾军投降后，号为青州兵，因为曹操对他们太宽厚，才敢滋生事端，公然劫掠。于禁一听大怒，率领部下攻打青州兵，声讨其罪状。青州兵立刻逃到曹操那里控诉于禁；于禁回到营区，先立营垒，没有去见曹操，于禁的部将们劝他到曹操那里去辩明是非。于禁说：“今敌在后，随时会追杀过来，不事先准备应敌，追兵来了如何应付？

---

① 同上。

② 《三国志·典韦传》第 344 页。

③ 同上。

④ 《三国志·武帝纪》裴注引《魏书》第 10 页。

⑤ 《三国志·于禁传》第 332 页。

况且曹公聪明，哪会相信那毁谤的话？”[1] 于禁依然督导将士扎营帐，挖壕沟，凿堑安营妥当，才晋谒曹操，具陈其事情经过。曹操听了大为高兴，对于禁说：“淯水之难，吾其急也，将军在乱能整，讨暴坚垒，有不可动之节，虽古名将，何以加之！”[2] 于是录于禁前后功，封益寿亭侯。

那么，于禁的前功又是什么呢？

于禁，字文则，山东泰安人。黄巾起义，他投靠鲍信，后曹操统领兖州，归附随从。曹操召见谈话后，担任军司马，带兵到徐州攻下广戚，升为陷阵都尉。他曾随曹操到濮阳讨伐吕布，又率军在许下大败高雄。后因随曹操攻打寿张、定陶、离孤等，在雍丘围攻张超，皆大胜而归。还有他跟随曹操征讨刘辟、黄邵等人，屯驻版梁，黄邵等人夜袭曹操，于禁率部击败，杀死了黄邵，俘虏了军队，升平虏校尉。建安元年，于禁跟曹操才来到宛县征讨张绣。

不久，许褚率众归附曹操。曹操赞许他说：“此吾樊哙也。”[3] 许褚、谯国谯县人。“长八尺余，腰大十围，容貌雄毅，勇力绝人。”曾在家乡和贼兵搏斗中，走到贼兵前，一只手拉着牛尾，倒走了一百多步，贼兵大吃一惊，纷纷退走。从此，家乡一带贼兵“闻皆畏惮之。”[4] 曹操赞许之后，拜为都尉，“引入宿卫”，接替典韦之职，随同他的侠客，曹操也都任命为虎士，成为曹操警卫。

---

① 《三国志·于禁传》第 332 页。
② 同上。
③ 《三国志·许诸传》第 342 页。
④ 同上。

夫人真诀　曹操柔情　当曹操的丁夫人知道曹昂阵亡，常言“将我儿杀之，都不复念！”[①] 而且，丁夫人“哭泣无节”，[②] 怨恨曹操。曹操“忿之，遣归家，欲其意折。”[③] 曹操将丁夫人送回娘家，希望她淡忘悲伤再接回来。这期间曹操的卞夫人，“不念旧恶，因太祖出行，常四时使人馈遗，又私迎之”，这样迎来送去，有如昔日。后来丁夫人谢曰：“废放之人，夫人何能常尔邪！”[④] 曹昂是刘夫人所生，因早亡，由丁夫人抚养成人，母子感情甚笃。

后来，曹操亲自前往丁夫人家，丁夫人正在织布，跟随曹操的随员说：曹公到了，丁夫人依然踞机织布如故。充耳不闻，也不抬眼。曹操只好走到织布机边，“抚其背曰：‘顾我，共载归乎！’夫人不顾，又不应。”曹操准备离去，“却行，立于户外，复云：‘得无尚可邪（还是同我回去吧）！’遂不应，太祖曰：‘真诀矣。’”曹操见丁夫人不应，只好离开。[⑤] 这段记载，把曹操的感情世界，柔情似水的一面托出。尤其那“抚其背曰”，“却行，立于户外，复云”及“跟我坐车回去吧”等等，英雄儿女情长的一面栩栩如生，跃然纸上。曹操对丁夫人的真情令人感动，但丁夫人不为所动。

再后来，曹操修书，要丁夫人改嫁，丁家父母不敢。丁夫人病故之后，卞夫人请求曹操葬丁夫人，曹操同意将其迁葬于许都城南。到建安二十五年（220），曹操病重，自己仍心存愧疚，觉得对不起丁夫人，对曹丕感叹说：“我前后行意，于心未曾有所负也。假令死而有

---

① 《三国志·后妃传》裴注引《魏略》第 101 页。
② 同上。
③ 同上。
④ 同上。
⑤ 同上。

灵，子修若问‘我母何在’我将何辞以答!”[①] 人之将死，其鸣也哀。曹操的感情世界虽征战不息，依然是丰富而感人的。

◆ 袁术称帝 曹操讨伐

袁术称帝之心由来已久，早在兴平二年（195）冬，汉献帝离开长安，东奔弘农。袁术认为汉朝福祚将尽，会群下说：“今刘氏微弱，海内鼎沸。吾家四世公辅，百姓所归，欲应天顺民，于诸君意如何?”[②] 言下之意，他要登九五至尊的天子之位，群下无一人敢对。这时只有主簿阎象反对，说：“昔周自后稷至于文王，积德累功，三分天下有其二，犹服事殷。明公（袁术）虽奕世克昌，未若有周之盛，汉室虽微，未若殷纣之暴也。”[③] 袁术听了很不高兴。

后来袁术又备礼招请避难扬州的张范。张范乃官宦子弟，然“性恬静乐道，忽于荣利。”[④] 当年袁术的叔父太傅袁隗想把女儿嫁于他，张范辞不受。后来，张范接到袁术的招请称疾不往，让他的弟弟张承前往相见。张承“知名”当时，袁术问张承说：“昔周室陵迟，则有桓、文之霸；秦失其政，汉接而用之。今孤以土地之广，士民之众，欲徼福齐桓，拟迹高祖，何如?”[⑤] 张承说：“在德不在强。夫能用德以同天下之欲，虽由匹夫之资，而兴霸王之功，不足为难。若苟僭拟，干时而动，众之所弃，谁能兴之?”[⑥] 袁术听了嘿然不悦。

---

① 《三国志·后妃传》裴注引《魏略》第 101 – 102 页。
② 《三国志·袁术传》第 136 页。
③ 同上。
④ 《三国志·张范传》第 218 页。
⑤ 同上。
⑥ 同上。

袁术想称帝始终得不到支持，就在建安二年（197）二月，河内张炯突然向他献上符命，袁术观谶文云："代汉者，当涂高也。"袁术他又"自以名字当之，乃建号称仲氏。"[①] 袁术自以为"袁姓出陈，陈，舜之后，以土承火，得应运之次。"[②] 袁术为什么会认为自己的名字可验证当皇帝呢？袁术，字公路。"路"与"涂"（途）同义，他就认为自己有代汉而称帝的资格。这种以图讳牵强附会之说，正如孙策闻知他称帝以书责而绝之，说："世人多惑于图讳而牵非类，比合文字以悦所事，苟以阿上惑众，终有后悔者。"[③] 另外，袁术手中握着传国玉玺，这枚方园四寸，上纽交五龙，正面刻有大秦丞相李斯所雕"受命于天，既寿永昌"八个篆字，其前身是著名的"和氏璧"，作为秦始皇玉玺，以此表明"皇权神授，正统合法。"这传国玉玺又是怎么落到袁术手中？秦王子婴将它献给了刘邦。一代一代往下传，传至王莽新朝时，孝元皇太后将玉玺摔到地下，碰掉一角，以黄金镶补，传至汉献帝。中平六年（189），袁绍等入宫剿灭宦官，"黄门张让等作乱，劫天子出奔，左右分散，掌玺者以投井中。"[④] 后袁术部将孙坚入京师洛阳，扫除汉宗庙，祠以太牢。孙"坚军城南甄宫井上，旦有五色气，举军惊怪，莫有敢汲。坚令人入井，探得汉传国玺，文曰'受命于天，既寿永昌'，方园四寸，上纽交五龙，上一角缺。"[⑤] 当袁术欲僭号称帝，"闻（孙）坚得传国玺，乃拘坚夫人而夺之。"[⑥] 袁术手

① 《三国志·袁术传》裴注引《典略》第137页。
② 同上。
③ 《三国志·孙策传》裴注引《吴录》第677页。
④ 《三国志·孙坚传》裴注引《吴书》第672页。
⑤ 同上。
⑥ 《三国志·孙坚传》裴注引《山阳公载记》第672页。

握的传国玺倒是货真价实的，这又能怎么样呢？难道都会承认你是皇帝？

同时，袁术的主簿阎象劝他不要称帝。然袁术不悦不听，反加快了称帝步伐。袁术自认为有河内张炯献上的符命，又手握传国玉玺，还“自以名字当之，乃建号称仲氏。”于是，在淮南寿春宣布建立：仲国。自号“仲家皇帝”。立皇后、太子，封九江太守为淮南尹，设置公卿百官，在郊外祭祀天地。然后，派特使韩胤到徐州将帝号告诉吕布，并为太子聘吕布之女为妻。袁术在寿春正式自立为皇帝，称孤道寡。

袁术称帝，是向许都东汉王朝的公开挑战，曹操岂能坐视不管？何况，早在兴平末年，袁术部党与曹操遭遇劫杀，此部党为一强盗之徒众，曹操孤身不敌，纵马奔逃。袁术部党的强盗穷追不舍。无奈之下，曹操遁入故人秦伯南家躲藏。袁术部党下的强盗追至秦伯南家问：曹操何在？秦伯南答云：“我是也。”遂杀害。[①] 袁术称帝，对曹操来说，一是分裂国家；二是新仇旧恨要一起算，首先是要孤立袁术，其次是要征讨袁术。于是，曹操对袁绍、吕布、孙策采取安抚之策略。

袁绍和袁术虽有隙，但毕竟是兄弟。曹操格外慎重。“使将作大匠孔融持节拜（袁）绍大将军，锡弓矢节钺，虎贲百人，兼督冀、青、幽、并四州，然后受之。”[②] 改封邺侯。[③] 这样一来，袁绍不仅督领冀、青、幽、并四州，汉献帝钦锡虎贲百人，得征伐、诛杀大权，使袁绍的权力位于曹操之上，袁曹的矛盾有所缓和。

---

① 《三国志·曹真传》裴注引《魏略》第 182 页。

② 《后汉书·袁绍列传》第 1614 页。

③ 同前裴注引《献帝春秋》第 1614 页。

与此同时，这年夏，汉献帝遣议郎王誧奉诏书前往孙策帐下，宣诏曰："今以策为骑都尉，袭爵乌程侯，领会稽太守。"孙策袭父爵乌程侯，也以此安抚了孙策。又诏敕曰："故左将军袁术不顾朝恩，坐创凶逆，造合虚伪，欲因兵乱，诡诈百姓……修治王宫，署置公卿，郊天祀地，残民害物，为祸深酷。……其亟与布及行吴郡太守安东将军陈瑀戮力一心，同时赴讨。"① 这是对孙策、吕布、陈瑀发出的征讨袁术称帝之令。

袁术称帝后，即派特使韩胤到徐州将帝号告诉吕布，并为儿子聘吕布之女为妻，以联姻达到联合。就在吕布将女儿随韩胤上路前往寿春，沛国相陈圭劝吕布说："曹公奉迎天子，辅赞国政，威灵命世，将征四海，将军宜与协同策谋，图太山之安。今与术结婚，受天下不义之名，必有累卵之危。"② 吕布本来就怨恨袁术当初不收容自己，听了陈圭的劝阻之言，心里顿然明白。也就在这个时候，曹操派"遣奉车都尉王则到徐州，赍诏书，又封吕布为平东将军印绶。"曹操又手书吕布曰："山阳屯送将军所失大封，国家无好金，孤自取家好金更相为作印，国家无紫绶，自取所带紫绶以籍心……袁术称天子，将军止之，而使不通章。朝廷信将军，使复重上，以相明忠诚。"③ 吕布大喜，并以一好绶答谢曹操。这时，吕布才想起女儿已经同袁术派来的特使韩胤上路了，便立即派追兵追回自己的女儿和送亲队伍，押解回韩胤，交给曹操的使臣王则，与袁术断绝了联姻。然后，将韩胤押往许都，曹操成功拆解了袁术和吕布的联姻。

---

① 同上裴注引《江表传》第 677 页。
② 《三国志・吕布传》第 145 页。
③ 同上裴注引《英雄记》第 145 – 146 页。

押解韩胤到许都，斩首示众。陈圭在许都见到曹操，说吕布“勇而无计，轻于去就，宜早图之。”曹操说：“布、狼子野心，诚难久养，非卿莫能究其情也。”然后拜陈圭为广陵太守，秩中二千石。临别时，曹操执陈圭手说：“东方之事，便以相付。”[①] 令陈圭“阴合部众以图吕布”作为内应。[②]

接着，曹操通过汉献帝下诏，命令孙策，吴郡太守陈瑀、吕布“参同形势”，讨伐袁术。“行到钱塘，（陈）瑀阴图袭（孙）策。”[③] 两军发生火并，陈瑀战败，“单骑走冀州，自归袁绍。”[④] 孙策返回江东。

这时，袁术知道韩胤被曹操枭首示众，大怒不已，急派大将张勋，桥蕤等与韩暹、杨奉连势，集“步骑数万趋下邳，七道攻布。”[⑤] 孙策和陈瑀火并之后，各自离去，只有吕布讨伐袁术。当时吕布有兵三千，战马四百匹，怕不能敌，问策陈珪，陈珪分析了袁术与韩、杨之间，“谋无素定”，如一个架子上的鸡，“势不俱栖，立可离也。”[⑥]，吕布便立即修书韩暹、杨奉说：“二将军亲拔大驾，而布手杀董卓，俱立功名，今奈何与袁术同为贼乎！不知相与并力破术，为国除害。”[⑦] 果然，韩、杨绝袁术而从吕布，同时用兵，张勋、桥蕤大败，“斩其将十人首，所杀伤堕水者殆尽。”然后水陆并进，一直打到距寿春两百里的钟离县。

这年五月以来，蝗灾加持续大旱，秋收无望，郡县仓廪多无存粮，

---

① 《三国志·吕布传》第145页。
② 《三国志·陈登传》裴注引《先贤行状》第149页。
③ 《三国志·孙策传》裴注引《江表传》第677页。
④ 同上。
⑤ 《资治通鉴》第583页。
⑥ 同上。
⑦ 同上。

唯陈国尚有积谷。九月，袁术派人到陈国治地陈县，索供粮食，被陈国国相骆俊拒绝，袁术大怒，“遣客诈杀俊和宠。”[①] 袁术派刺客刺杀了陈王刘宠和国相骆俊，出兵占据了陈国。

九月，曹操亲自率兵东征袁术。袁术闻曹操军来“大骇”，[②] “弃军走，留其将桥蕤、李丰、梁纲、乐就”，[③] 袁术返回寿春。曹操到蕲阳遇桥蕤在此领兵拒曹军，曹操击破桥蕤等，擒杀四将，收复陈国。曹操辟陈国何夔为掾。

自曹操从舞阴回许都，南阳、章陵各县又叛曹而复归张绣。曹操派遣曹洪进击平叛，孰料曹洪平叛失利，退至叶县，仍被张绣、刘表联军“所侵”。[④] 曹操恐叶县失守危及许都，决定再次征讨张绣。

建安三年（198）

◆ 再征张绣　险胜而还

建安二年十一月，曹操第二次亲自征讨张绣，到达宛城。这时张绣、刘表联军从叶县退到宛城，再退至舞阴。曹操率军达到宛城。“临淯水，祠亡将士，歔欷流涕，众皆感动。”[⑤] 曹操到达淯水，隆重祭奠悼念上次阵亡的将士。曹操流涕的哭声，潜藏着一种让将士感动的精神力量。可见出曹操的真诚和智慧。张绣在贾诩的计谋下，举兵夜袭，典韦、曹昂、曹安民和众将士战死，曹操的绝影马也中箭而亡，

---

① 《资治通鉴》第 584 页。
② 《后汉书·袁术列传》第 1650 页。
③ 《三国志·武帝纪》第 9 页。
④ 《三国志·武帝纪》第 9 页。
⑤ 《三国志·武帝纪》裴注引《魏书》第 10 页。

自己中流矢脱险逃出，不由得悲伤难忍，泪流满面，官兵被曹操的举动所感染，皆悲恸不止。

曹操这一举动，就像战前动员令，淯水悼亡后，曹军跟踪追击，刘“表将邓济据湖阳。（曹操）攻拔之，生擒济，湖阳降。”① 曹操很快攻克湖阳，生擒刘表守将邓济，湖阳归降，攻下舞阴。这次曹操再征张绣，“刘表遣兵以助绣，太祖军不利。”② 振威中郎将李通率兵连夜赶到，发起进攻，“通为先登，大破绣军。”③ 后拜为裨将军，封建功侯。都尉许褚“从征张绣，先登，斩首万计，迁校尉。”④ 张绣只好退保穰县。

曹操二征张绣从建安二年冬十一月，一直持续到建安三年（198）的五月。建安三年（198）正月，曹操返回许都，处理朝中政务，首次设军事祭酒一职（相当于军事参谋）。到了三月，曹操又返回前线，攻伐张绣。谋士荀攸对曹操说：“张绣与刘表联合，相互依靠仗持，自以为强大，但张绣以游军，仰仗刘表供给军粮，一旦刘表无能供给，势必叛离。如果攻入太急，势必相救。”⑤ 曹操没有接纳荀攸的建议，下令进军穰城，进攻张绣。张绣危急，刘表果然派兵救援。曹军不利，曹操对荀攸说：“我未采纳你的建议，才到了这种地步。”⑥ 曹操勇于认知自己的决策失误，承认谋士的正确，这是一种能成大事的胸襟和气度，勇于认错知失，这也是曹操的非常之处。

---

① 《三国志·武帝纪》第 9 页。
② 《三国志·李通传》第 338 页。
③ 同上。
④ 《三国志·许褚传》第 342 页。
⑤ 《三国志·荀攸传》第 209 页。
⑥ 《三国志·荀攸传》第 209 页。

这时，袁绍也为一件事情烦恼，当初未采纳沮授的建议迎汉献帝到鄄城，感到烦恼和不利。自曹操迎汉献帝到许下，动不动以汉献帝的诏书号令海内，袁绍也“每得诏书，患其有不便于己者，欲移天子自近。”① 到了建安三年四月，袁绍派使者“使说曹操以许下埤湿，洛阳残破，宜移鄄城以就全实。”② 曹操断然拒绝了。到了五月，也就在曹操处于不利的情势下，袁绍的谋士田丰对他说：“徙都之计，既不克从，宜早图许，奉迎天子，动托诏书，号令海内，此算之上者，不尔，终为人所擒，虽悔无益也。”袁绍不从。③ 谁料，袁绍的一叛卒到曹操那里说：“田丰使绍早袭许，若挟天子以令诸侯，四海可指麾而定。”④ 曹操得知田丰促使袁绍袭取许都，移驾汉献帝这一军事机密，顿时中止了第二次征伐张绣，放弃了穰城，立即回军，保卫许都。

贾诩听说曹操引军退还，建议张绣追击，张绣领兵来追。刘表又在前拦截曹军，不能顺利前进，只有缓慢向前。曹操给荀彧书信，述说这时情况是：“贼来追吾，虽日行数里，吾策之，到安众，破绣必矣。”⑤ 曹操率军好不容易到达安众县（今河南镇平县东南），张绣和刘表两军相合，构筑工事，坚守要地险势，曹军此时前后受敌，处境险恶，企图困死曹军。

曹操观察安众地形后，命令将士连夜在险要之处凿地道，将辎重粮食全部鱼贯而过。天将晓明，张绣、刘表军以为曹操“会遁甲之

① 《资治通鉴》第585页。
② 同上。
③ 同上。
④ 《三国志·武帝纪》裴注引《献帝春秋》第10页。
⑤ 《三国志·武帝纪》第10页。

术”。[1] 张绣得知侦骑探报说：曹军正向许都疾进，张绣顷其军力追击。此时，曹操亲自断后，途中设伏奇兵，步骑夹攻，大破张绣、刘表联军。

后来，就这次张刘联军追击曹操，张绣和贾诩有一段对话，暗含了曹操的军事才能。曹操撤军还许都，贾诩告诉张绣用兵追讨，张绣谢绝了贾诩的意见，说：“今已败，奈何复追?”贾诩回答他说：“兵势有变，亟往必利。”[2] 张绣采信了贾诩建策，收整兵卒追击曹操“果以胜还”。张绣问贾诩个中缘由，贾诩回答说：

> 此易知耳。将军虽善用兵，非曹公敌也。军虽新退，曹公必自断后；追兵虽精，将既不敌，彼士亦锐，故知必败。曹公攻将军无失策，力未尽而退，必国内有故；已破将军，必轻军速进，纵留诸将断后，诸将虽勇，亦非将军敌，故虽用败兵而战必胜也。[3]

这年七月，曹操返回许都。荀彧问曹操：“前以策贼必破，何也?”曹操说：“虏遏吾归师，而与吾死地战，吾是以知胜矣。”[4] 后来，当曹操得知有贾诩作张绣的谋士，且贾诩“有（张）良、（陈）平之奇。”[5] 曹操觉得恐难一时取胜。就在这时，袁绍因曹操迎献帝都许，“内怀不服”，袁绍又“并河朔，天下畏其强”，而“益骄”，修

---

① 《三国志·武帝纪》第10页。
② 《三国志·贾诩传》第213页。
③ 同上。
④ 《三国志·武帝纪》第10页。
⑤ 《三国志·贾诩传》第211页。

书与曹操“其辞悖慢。”[①] 曹操突然“大怒，出入动静变于常，众皆谓以失利于张绣故也。”[②] 钟繇就以这事去请教荀彧，荀彧对他说：“公之聪明，必不追咎往事，殆有他虑。”荀彧就去拜见曹操问他，曹操当即把袁绍写给他的书信让荀彧看，并问荀彧说：“今将讨不义，而力不敌，何如?”荀彧以曹操四胜袁绍说：

> 古之成败者，诚有其才，虽弱必强，苟非其人，虽强易弱。刘、项之存亡，足以观矣。今与公争天下者，唯袁绍尔。绍貌外宽而内忌，任人而疑其心，公明达不拘，唯才所宜，此度胜也。绍迟重少决，失在后机，公能断大事，应变无方，此谋胜也。绍御军宽缓，法令不立，士卒虽众，其实难用，公法令既明，赏罚必行，士卒虽寡，皆争致死，此武胜也。绍凭世资，从容饰智，以收名誉，故士之寡能好问者多归之，公以至仁待人，推诚心不为虚美，行己谨俭，而与有功者无所吝惜，故天下忠正效实之士咸愿为用，此德胜也。夫以四胜辅天子，扶义征伐，谁敢不从?绍之强其何能为![③]

曹操听了非常愉悦。荀彧又说：“不先取吕布，河北亦未图也。”荀彧所说，正是曹操心中惑而不定之事，说：“吾所惑者，又恐绍侵扰关中，乱羌、胡，南诱蜀、汉，是我独从兖、豫抗天下六分之五也。为将奈何?”[④] 经荀彧分析，荐钟繇守司隶校尉前往主事。

---

① 《三国志·荀彧传》第203页。
② 同上。
③ 同上。
④ 同上。

然而，曹操仍在伐袁绍，还是讨吕布反复掂量中，于是又问谋士郭嘉。郭嘉也从当年刘邦不敌项羽，唯智胜，项羽虽兵强，终为所擒。然后，郭嘉凭他对袁绍的了解和对曹操的知人善任，预料袁绍十败，曹操有十胜。而且建议说："（袁）绍方北击公孙瓒，可因其远征，东取吕布。不先取布，若绍为寇，布为之援，此深害也。"[①] 曹操听取了荀彧、郭嘉的建策，决心先征讨吕布。他的从谏如流，得策则行，独步当时，实能纵横天下。

当袁绍得知曹操将攻取吕布，就暗中支持大司马张杨声援吕布，且"（张）杨素与吕布善"，"乃出兵东市，遥为之势。"[②]

袁绍用心很清楚也很阴险，吕布有"虓虎之勇。"[③] 与曹操相持互斗，则成卞庄刺虎之局，曹操不危也要耗尽兵力，然后乘势而克曹操。曹操也派人打入张杨内部。曹操围攻吕布的讨伐即将打响，吕布膂力过人，有百步穿杨之功，也是名噪一时的风云人物，时人说："人中有吕布，马中有赤兔。"不知曹操能否破徐州，擒吕布？

◆ 曹围吕布　水淹下邳

建安三年春，吕布派人持金想到河内买马，"为备兵所抄。"[④] 刘备派兵抄袭吕布买马之事，激怒了吕布，加之吕布又叛曹，归附袁术，派遣中郎将高顺，北地太守张辽等攻刘备。[⑤] 当时刘备驻屯小沛，曹

---

① 《三国志·郭嘉传》裴注引《傅子》第 278 页。
② 《三国志·张杨传》第 163 页。
③ 《三国志·吕布传》第 153 页。
④ 《三国志·先主传》裴注引《英雄记》第 544 页。
⑤ 同上。

操闻知，立即派夏侯惇领兵救援，与高顺激战，“为流矢所中，伤左目。”[①] 曹军逼迫退军，小沛失守，刘备“单身走”。[②]

九月，曹操亲率大军东征徐州，连战连胜，到冬十月，首战攻破彭城，虏获彭城相侯谐。接着曹军进至下邳，在城郊与吕布交锋，俘获了吕布骁将成廉。[③] 十月，“刘备于梁国界中与曹公相遇，遂随公俱东征。”[④] 刘备随曹操兵临下邳城下，陈登率领的广陵郡兵一起围攻吕布。曹操大兵压境，先向吕布陈明祸福利害后，吕布在白门楼上对将士们说：“卿曹无相困，我〔当自首〕明公。”[⑤] 吕布打算开城降曹，以保性命，但陈宫等人以为得罪曹操太深，怕曹操不肯放过自己，阻止吕布降曹说：“逆贼曹操，何等明公！今日降之，若卵投石，岂可得全也！”[⑥] 就在吕布犹豫不决之时，陈宫献计说：“曹公远来，势不能久。若将军以步骑出屯，为势于外，宫将余众闭守于内，若向将军，宫引兵而攻其背，若来攻城，将军为救于外。不过旬日，军食必尽，击之可破。”[⑦] 吕布欣然同意。当他回家将陈宫之计说与妻子，准备出城迎战，吕布妻子说：“昔曹氏待公台如赤子，犹舍而来。今将军厚公台不过于曹公，而欲委全城，捐妻子，孤军远出，若一旦有变，妾岂得为将军妻哉！”这一番话，使吕布拒绝了陈宫的计谋。[⑧]

---

① 《三国志·夏侯惇传》第 174 页。
② 同上第 544 页。
③ 《三国志·武帝纪》第 10 页。
④ 《三国志·先主传》裴注引《英雄记》第 544 页。
⑤ 《三国志·吕布传》裴注引《献帝春秋》第 147 页。
⑥ 《三国志·吕布传》裴注引《献帝春秋》第 147 页。
⑦ 同上裴注引《魏氏春秋》第 147 页。
⑧ 同上。

吕布只得向袁术求援，派遣许汜、王楷出城到寿春，说明来意，求救援军。袁术说："布不与我女，理自当败，何为复来相闻邪?"许汜、王楷说："明上今不救布，为自败耳！布破明上亦破也。"这里许汜、王楷称袁术为"明上"，表明已承认袁术的仲氏皇帝之位。最后，袁术答应派兵救援。[①]

袁术救兵迟迟不到，吕布"恐术为女不至，故不遣兵救也。"[②] 于是，吕布决定亲自将女儿送往寿春，与袁术的儿子成婚。吕布"以绵缠女身，缚著马上，夜自送女出与术，与太祖守兵相触，格射不得过，复还城。"[③] 吕布怕伤害女儿，将女儿以棉布缠裹，缚在马上，趁夜出城送到袁术那里，不料曹军守兵发现，乱箭如雨，冲不过去，只好返回。吕布回城之后，想令陈宫、高顺守城，自己率兵骑断绝曹操的粮道。当吕布妻知道后对他说："将军自出断曹公粮道是也。宫、顺素不和，将军一出，宫、顺必不同心共城守也，如有蹉跌，将军当于何自立乎？愿将军谛计之，无为宫等所误也。"接着吕布妻叙说了昔日在长安，弃城出走之后，依靠庞舒私藏才有妾身，今不须顾妾。吕布听了妻子这番话，愁闷不能自决。[④]

曹军攻城三月，连连作战，士卒疲惫，加之下邳城外西面和西南面有泗水及沂水环绕，成天然屏障，形成易守难攻，曹操又怕袁绍击败公孙瓒会偷袭许都，想要回军。荀攸与郭嘉对曹操说："吕布勇而无谋，今三战皆北，其锐气衰矣。三军以将为主，主衰则军无奋意。

---

① 《三国志·吕布传》裴注引《英雄记》第147页。
② 同上。
③ 同上。
④ 同上。

夫陈宫有智而迟，今及布气之未复，宫谋之未定，进急攻之，布可拔也。”[①]

于是，曹操“用荀攸、郭嘉计，遂决泗以灌城。”[②] 吕布未曾料到，天然屏障的泗水、沂水竟成了曹操攻城的天然武器，无奈仰天长叹，水漫下邳，无可奈何！

◆ 擒斩吕布　泣送陈宫

曹操挖壕沟，围城三个月，吕布属下“上下离心”。[③] 他的将领侯成“遣客牧马十五匹，客悉驱马去，向沛城，欲归刘备。”[④] 侯成亲自将十五匹名马追回，因为，那牧客叛逃奔向沛城，想归附刘备。侯成追上牧客，夺回马，各位将领合礼祝贺侯成。侯成酿了五六斛酒，猎得十余头野猪，未食之前，先往吕布处献上半只猪五斗酒，跪言说：“蒙将军威灵，已夺回失去的马，诸将前来祝贺，我自酿少许酒，猎回猪，没有谁敢先食先尝酒肉，先向将军敬奉。”吕布听罢大怒说：“我吕布禁酒，卿你酿酒，你们诸将共饮食作兄弟，是想共同谋害我！”侯成大惧而去，抛弃所酿酒，退还诸将贺礼，随后便和宋宪、魏续等将领捉住陈宫、高顺，献出中城，归降曹操。[⑤]

下邳城有三重，大城（之门）周四里，吕布所守。大城之门，也叫白门。[⑥] 这时，吕布和部下登上白门楼，见曹军包围得水泄不通，形

---

① 《三国志・荀攸传》第209页。
② 《三国志・武帝纪》第10页。
③ 《三国志・吕布传》第147页。
④ 《三国志・吕布传》裴注引《五州春秋》第147页。
⑤ 同上，或《后汉书・吕布列传》第1656页。
⑥ 《后汉书・吕布列传》李贤注引《宋武・北征记》第1657页。

势危急，吕布命令左右砍下自己的头颅去献给曹操。左右的人都不忍心，于是下城投降。曹操的士兵将吕布捆起来，走到曹操面前说："绑得太紧了，松一点吧!"曹操答道："缚虎不能不紧哪?"吕布说："我吕布待诸将很宽厚，为何诸将临急皆背叛我?"曹操说："你背妻，爱诸将妇，何以为厚?"吕布默不作声，稍许又问道："明公为何如此消瘦?"曹操说："君何以识孤?"吕布说："昔日在洛阳，与明公相识于温氏园。"曹操说："是吗? 我倒忘记了。我之所以消瘦了，恨不早日相遇得到你!"吕布没有领会曹操这句话是要早日逮住他，要他的命，却用齐桓公舍射钩，使管仲为相的典故，说："今若使我吕布竭股肱之力，为明公驱使效力，可以吗?"曹操说："为什么这样说?"吕布说："明公所忧患的不过就是我吕布，现在我已经投降，任命吕布率领骑兵，明公率领步兵，天下很容易就平定啊。"吕布又看着刘备说："玄德呀，你为坐上客，我成为俘虏，绳索捆绑这样紧，你为什么不能以一言相劝宽容我一些吗?"曹操笑着对刘备说："为何不相劝，而告诉吕将军呢?"曹操便命令左右松缓捆绑吕布。刘备说："不可。明公没见吕布杀了丁原和董卓吗?"曹操点点头。吕布怒视刘备说："大耳朵小子（指刘备）最不可信赖!"这时，主簿王必也缓步到曹操面前说："不可宽也。"太祖对吕布说："我本想松绑，主簿又不听从，有什么办法呢?"于是在白门楼上处死了吕布。陈寿说："吕布有虓虎之勇，而无奇之略，轻狡反复，唯利是视。自古及今，未有若此不夷灭者也。"是说：吕布勇气好比猛虎，然而没有英奇的谋略，轻浮狡诈，反复无常，只认得功利。自古至今，这样做人，没有不遭灭亡的。①

---

① 《三国志·吕布传》第147页，《三国志·吕布传》裴注引《英雄记》《献帝春秋》第148页，《后汉书·吕布列传》第1655－1656页。

陈宫，字公台。刚直烈壮，少年时与海内知名人士皆有连结。[①]到董卓进京，天下大乱，开始跟随曹操。当年陈宫和鲍信力荐曹操代理兖州牧，曹操从此发迹，后自疑叛曹，乃从吕布，为吕布出谋划策，吕布每每不从陈宫之计。曹操处死吕布，又问陈宫："公台平素自认智谋有余，今日如何?"陈宫手指吕布尸体说："只因此人不听从下官之言，以至于此。假若他听从我的之见，未必遭擒。"曹操笑着说："今日之事，当有何话可讲?"陈宫说："下官为臣不忠，为子不孝，自然当死。"曹操说："卿你如此，老母怎么办?"陈宫说："下官听说以孝道治理天下的人不害人之亲，老母存亡，在明公也。"曹操又问："你妻子、儿女怎么办?"陈宫说："下官听说将施仁政于天下的人不绝人之祀，妻女存亡，也在明公。"[②] 曹操本想通过父母，妻女能让他回心转意，不厌其烦地反复询问开导陈宫，然他刚直烈壮，宁死不降。陈宫最后说："请下官授刑戮，以明军法。"陈宫言毕，"遂趋出，不可止。"陈宫宁死不降，曹操只好"泣而送之，宫不还顾。宫死后，太祖待其家皆厚如初。"[③] 这就是曹操的做人之道，一个人死前最挂念的是家人往后的生存，这里用陈宫死后，曹操待他家人"皆厚如初"，这是非常之人才能做非常难做到的事。曹操确能如初之厚善待陈宫家人，难得呀，难得。

吕布被破，曹操邀刘备与关羽、张飞同去许都，拜张飞为中郎将。

曹操处死吕布、陈宫，入主徐州，对大批跟随吕布的将领如臧霸

---

① 《后汉书·吕布列传》注引《略典》第 1653 页。

② 《三国志·吕布传》裴注引鱼氏《典略》第 148 页。

③ 同上。

等“公厚纳待。”[①] 张辽原从吕布奔徐州，领鲁国国相。曹操攻破下邳，二十八岁的张辽率领他的部众投降曹操，封他为中郎将，赐关内侯爵位。前尚书令陈纪的儿子陈群在吕布军中，曹操“皆视用之。”[②]

吕布既擒，臧霸逃匿。曹操募索得臧霸，见而悦之。臧霸泰山人，昔日从陶谦攻破黄巾军，拜骑都尉，遂收兵于徐州，与孙观、吴敦、尹礼等各聚众，以臧霸为帅，屯驻开阳。吕布破刘备、臧霸悉从吕布。今曹操见臧霸而悦，使他招孙观、吴敦、尹礼及尹礼的哥哥尹康，一同来见曹操。曹操封臧霸为琅琊相，吴敦为利城太守，孙观为北海太守，尹礼为东莞太守，尹康为城阳太守。割青州、徐州二州归属臧霸。曹操并对行政区划作了调整。后曹操与袁绍相距官渡，臧霸数以精兵入青州，得以专事袁绍，不顾虑东方的来敌。[③]

毕谌孝亲　不疑反用　在擒获的将领中，有一位东平人毕谌，曹操待他非常特别。当初，曹操为兖州牧，毕谌为从事别驾。张邈叛乱时，曾劫持了毕谌的母亲，弟弟和妻子；曹操得知后，解除毕谌的职务，而遣毕谌前去，并对他说：“卿老母在彼，可去。”毕谌感激的再三叩首以表诚无二心。曹操对毕谌嘉许，毕谌“为之流涕”。[④]

毕谌辞别走后，竟逃亡而归附张邈。后来张邈随从了吕布，当曹操攻破吕布，入主徐州，毕谌被曹操生擒。这时，大家都对毕谌担心，怕有不测，但出乎所有人的意料，曹操却说：“夫人孝于其亲者，岂不亦忠于君乎！吾所求也。”曹操不但不疑，而以毕谌为鲁国国相。[⑤]

---

① 《三国志·武帝纪》第10页。
② 《资治通鉴》第586页。
③ 《三国志·臧霸传》第339页。
④ 《三国志·武帝纪》第10页。
⑤ 同上。

曹操通过封毕谌前前后后的事，将东汉孝亲与忠君的关系演绎的淋漓尽致，曹操正是孝亲与忠君的忠诚践行人，也是曹操用人的非常之举。

降臣建言　曹操深纳　曹操擒斩了吕布，陈群父子当时在吕布军中，见拜了曹操，因他有“显名”，“清流雅望”，[①] 加之他祖父陈寔，父陈纪，叔父陈谌，“皆有盛名。”[②] 于是，曹操入主徐州，辟陈群为司空西掾属。有人推荐王模、周逵二人，曹操下文授职。陈群知道二人品德败坏，不可任用，陈“群封还教”，把曹操关于征辟二人的命令封好退回，陈述了自己的看法，曹操不听。后来王模、周逵二人为非作歹，“皆坐奸宄诛”，曹操便向陈群“谢罪”。[③] 曹操知错能“谢罪”，实乃非常之人的非常之胸襟。后来，陈群创“九品中正制”，将后汉以来的门第制度化，辖区内各级官员分为九品，即上中下三等，每等再分上中下三级，对东晋及南朝二百多年的历史发展有着深邃的影响。陈群归曹后，成为当时的名臣，学识、道德为世所推重，曾以反对曹操恢复“肉刑”著名。

在降臣中陈郡扶乐人袁涣，是一位“清静，举动必以礼”的人。[④] 陈郡太守任命他为功曹，于是郡中奸宄小人都辞职了，后又被公府召入，选拔中名列前茅，升为侍御史。任谯县令，不就。刘备占领豫州，举荐袁涣为茂才；刘备失豫州，他避难长江、淮水之间，又为袁术所用，但袁涣“常正议”，[⑤] 袁术争不过，也不敢不礼。后吕布在阜陵击

① 《三国志·陈群传》第 399、411 页。
② 同上第 399 页。
③ 同上。
④ 《三国志·袁涣传》和 216 页。
⑤ 同上。

袁术，被吕布所拘留。当初，吕布曾与刘备“和亲”，后有仇隙，吕布命令袁涣修书辱骂刘备，袁涣不肯，吕布“再三强之”，还是拒绝。吕布大怒，拿武器威胁袁涣说：“为之则生，不为则死。”① 袁涣不为所动，面不改色，笑着说，只有以德望可使人感到屈辱，不闻以骂折服人，假使刘备是个君子，将不耻将军之言；若是个小人，将会反骂回来，受辱的是你而非是他了。过去，我曾事奉刘将军，就像今天侍奉你一样，“如一旦去此，复骂将军，可乎？”② 吕布听后羞惭而止。

陈群、袁涣等官吏归降后，曹操下令给众官吏各车数辆，令他们到吕布的府库中取各种物质，唯独袁涣“独高揖不为礼，太祖严惮之。”③ 袁涣双手抱拳高举过头顶作揖，好像要辞别，曹操表现出尊重而怕他离去。殊不知，袁涣和众官吏都到吕布的府库去了，其他官吏进府库后“唯其所欲”，“从官吏皆重载”而去；唯独袁涣“取书数百卷，资粮而已。”他除了取书数百卷，仅按规定取了粮食，其他什么都没拿，众官吏闻知“大惭”不已。袁涣还对亲人说：“令军发足以为行粮而已，不以此为我有。”④ 曹操通过这事，越发看重袁涣。

袁涣虽为降臣，却对曹操直言说，大乱了十多年了，至今暴乱战争不止，这是失道。老百姓渴望安定，消除祸害，若以道德、仁义征伐，百姓会与你同生共死。当今世异事变，治国不可不察，制度损益，古今不必相同。若兼爱天下，归于正道，应先以武平乱，接着以德惠相济，这是百王不变之道。“公（曹操）明哲超世，古之所以德其民

---

① 《三国志·袁涣传》和216页。

② 同上。

③ 《三国志·袁涣传》裴注引《袁氏世纪》第216页。

④ 皆同上。

者，公既勤之矣，今之所以失其民者，公既戒之矣，海内赖公，得免于危亡之祸，然而民未知义，其惟公所以训之，则天下幸甚!”[①] 曹操听完之后，深纳焉。从此为平割据，实现统一，都“奉辞伐罪”,[②] 谁敢不服。由此袁涣拜为沛南部都尉。

当时曹操招募流民实行屯田，但多数百姓不乐意，逃亡的很多。袁涣就对曹操说：“夫民安土重迁，不可卒变，易以顺行，难以逆动，宜顺其意，乐之者乃取，不欲者勿强。”[③] 曹操采纳了袁涣的建言，愿意屯田的才招募，不愿意的不强求，老百姓大为高兴。曹操是一位言行一致的雄主，哀矜百姓。他能接受采纳降臣的建言，并付诸行动，这正是他的胸怀、胆识和智慧的非常之处。

---

① 《三国志·袁涣传》第 216 页。
② 《三国志·刘表传》裴注引《零陵先贤传》第 141 页。
③ 《三国志·袁涣传》第 216－217 页。

第六章

建安四年（199）

◆ 兵围射伏　缚释魏种

建安四年二月，曹操平定徐州之后，举荐车胄为徐州刺史。然后，曹操率大军移驻昌邑，准备讨伐割据河内的张杨。张杨字稚叔，云中（今归化城西）人。张杨和吕布原来都是并州刺史丁原的部下。灵帝末年，丁原派张杨率领士兵前往辑见蹇硕，任代理司马。当时袁绍和曹操都是蹇硕部下，为西园校尉。后灵帝驾崩，蹇硕被杀，张杨回并州募兵留在上党。董卓进京，天下大乱。张杨在华山以东起义兵，想诛杀董卓，后袁绍到河内，张杨与他联合，董卓任张杨为建义将军，河内太守。到建安元年，杨奉、董承、韩暹等胁汉献帝返回旧都洛阳，当时正是粮饷十分匮乏，张杨以粮饷在道中迎接汉献帝回到旧都，后回到野王县。不久汉献帝拜为大司马。曹操准备迎汉献帝迁都许下，用董昭计，派使交好张杨，顺利定都许下。张杨素与吕布友好，曹操在围攻下邳，攻取吕布时，张杨“乃出兵东市，遥为之势。”[①] 给曹操

① 《三国志·张杨传》第163页。

攻取吕布形成压力，张杨又怕曹操吃掉自己，只能造成“遥为之势”。到建安四年，曹操趁袁绍与公孙瓒激战正酣之机，曹军压境张杨河内，指使张杨部将杨丑挑起了事端，内部发生内讧：先是张杨被部将杨丑杀死，杨丑提议降曹，眭固又杀死杨丑。眭固以其众欲属袁绍，“军屯射伏。”① 眭固归附袁绍后，将兵屯驻在野王县射伏。

四月，曹操令曹仁、于禁、徐晃、史涣四将渡过黄河，攻入河内。眭固见势不妙，将河内防务交与长史薛洪、太守缪尚，他亲自将兵北上冀州向袁绍求救，却被于禁“与史涣、曹仁攻眭固于射伏，破斩之。”② 徐晃“与史唤斩眭固于河内。”③ 而杨长史薛洪、河内太守缪尚仍守城等待袁绍来救。曹操率军渡河，“令昭单身入城，告喻洪、尚等即日举众降。”④ 缪尚、薛洪在董昭的晓喻之下，当日就举众投降了曹操，封为列侯。

曹军在攻下射伏之后生擒了魏种。当初曹操曾举荐魏种为孝廉，到兖州叛乱，曹操曾对人说：“唯有魏种将不会背弃我。”后来听说魏种逃走，曹操发怒，说：“魏种不能南逃亡于越，也不能北逃亡于胡地，终究逃不出我手，我不会赦免你！”可是，当曹操见到生擒绑缚的魏种，曹操却释仇解恨地说：“唯其才也！”令解其绑绳，觉得魏种的才可用，不用太可惜了，于是任命魏种他为河内太守。⑤ 曹操不计前嫌，唯以才而用，更显曹操亲才、尊才、习才和用才，也是曹操的用人之道。

---

① 《三国志·张杨传》裴注引《典略》163 页。
② 《三国志·于禁传》第 332 页。
③ 《三国志·徐晃传》第 335 页。
④ 《三国志·董昭传》第 282 页。
⑤ 《三国志·武帝纪》第 11 页。

曹操围射犬，杀眭固，用魏种，使不少州郡投奔曹操。当公孙瓒被袁绍击败，郡国人众推鲜于辅行渔阳太守，他素与田豫善，就任命田豫为长史。当时雄杰并起，鲜于辅莫知所从。田豫对他说："终能定天下者，必曹氏也。宜速归命，无后祸期。"① 鲜于辅归顺曹操，"用受封宠。"② 田豫也被曹操召为丞相军谋掾。此外，还有乌桓校尉阎柔也归服曹操。

也就在这一年，孙策派张紘到许都呈送禀奏，朝廷留他作御史。次年，孙策不幸身亡，孙权嗣位，曹操要乘机伐吴。当时，张紘闻知，对曹操说："乘人之丧攻之，既不合古义，若其不胜，成仇弃好，不如厚待他。"曹操从其言，表孙权为讨虏将军，任会稽郡太守。曹操另有一番打算，"欲令（张）纮辅权内附。"③ 任命张纮为会稽东部都尉，曹操是想让张纮说服甚至胁迫孙权归降，然总未成愿。

◆ 曹操煮酒　刘备借雷

曹操东征，擒斩吕布，刘备复得妻室，随曹操还军许都，曹操表举他为左将军，拜关羽为偏将军，张飞为中郎将。刘备在许都受到曹操格外的优待，"出则同舆，坐则同席。"④ 但"曹公数遣亲近密觇诸将。"⑤ 也就是曹操派亲信之人将刘备暗中监视起来，若有宾客前来酒食者，常常因事而害之。刘备也是一个精明之人，深知曹操的疑心很重，韬晦自保，闭门谢客，整日在后深园子种菜，装着不关心朝中任

---

① 《三国志·田豫传》第 453 页。
② 同上。
③ 《三国志·张纮传》第 760 页。
④ 《三国志·先主传》第 544 页。
⑤ 《三国志·先主传》裴注引胡冲《吴历》第 545 页。

何事情，“备时闭门，将人种芜菁，曹公使人窥门。既去，备谓张飞、关羽曰：‘吾岂种菜者乎？曹公必有疑意，不可复留。”[1] 实际上刘备这时心里也有鬼，也很害怕，因为刘备参加了董承及长水校尉种辑、将军吴子兰、王子服的密谋集团，奉汉献帝衣带诏密谋诛曹。“先主未出时，献帝舅车骑将军董承辞受帝衣带中密诏，当诛曹公。”[2] 当时刘备没机会出走，具体说，就是曹操还没有派刘备领兵出击袁术之时，他已与董承等人准备密谋诛杀曹操，却一时未能举事。

一天，曹操请刘备饮酒，从容地对刘备说：“今天下英雄唯使君与操耳。本初（袁绍之字）之徒，不足数也。”[3] 刘备听曹操这么一说，顿时吓了一跳，以为曹操觉察了他和董承的密谋，惊得手中的筷子也掉在了桌子上。刘备这时连立足之地都没有，曹操怎么说当今的英雄只有他们两人，而袁绍势盛兵强，怎么算不上呢？也就在刘备手中筷子失落之时，天空突然响起了一阵惊雷，刘备借此以掩饰内心的恐慌，说：“圣人曰：‘迅雷风烈必变’，良有以也。一震之威，乃可至于此也！”[4] 刘备也真是随机应变，巧用圣人话，说真是这样，一震之威，我手中的筷子都震落了，惊雷的威力好大好厉害。一个叱咤风云的人物，能对一个寄人篱下的人说是英雄，心内本就恐惧，当然刘备最惧怕的还是参加了董承“衣带诏”的诛杀曹操的秘密组织，另一方面恐怕也只有曹操慧眼识人，但此时曹操尚不知刘备参加了董承“衣带诏”的密谋。后来，到建安二十四年（219）刘备上表汉献帝说：“臣

---

① 《三国志·先主传》裴注引胡冲《吴历》第545页。
② 《三国志·先主传》第544页。
③ 同上第544页。
④ 《三国志·先主传》裴注引《华阳国志》第545页。

昔与车骑将军董承图谋讨操，机事不密，（董）承见陷害，臣播越失据，忠义不果。遂得使操穷凶极逆，主后戮杀，皇子鸩害。虽纠合同盟，念在奋力，懦弱不武，历年未效。”① 刘备这才说出真相。

此时，刘备与董承的密谋，总是心不自安，寻求脱身的机会。建安四年（199）冬，袁绍欲袭击许都，厉兵秣马发动官渡之战，这时穷途末路的袁术打算经徐州北上依附袁绍，他没有同意袁谭从青州派人迎接，想从下邳北方到达。刘备敏锐地发现曹操不能让二袁汇合，以形成巨大的威胁心理，毛遂自荐去拦击袁术北上。曹操当时没觉察到刘备会反叛自己，更没有发觉他与董承密谋，就欣然同意刘备的自荐请求，于是曹操派遣刘备、朱灵二人领兵拦截袁术。刘备趁此时机，急忙离开许都，摆脱了曹操的控制。当谋士程昱、郭嘉听说曹操派遣刘备去拦截袁术，对曹操说：刘备不可纵，“今借之以兵，必有异心。”② 董昭也说：“备勇而志大，关羽、张飞为羽翼，恐备之心未可得论也!”曹操说：“兵已许之矣。”③ 心里追悔不及。

果然不出程昱所料，“（刘）备至徐州遂杀车胄，举兵背太祖（曹操）。”④ 刘备到了徐州，亮出了反曹的大旗，以复兴汉室为号召，杀了徐州刺史车胄，占据了徐州，留关羽守下邳，他自己去了小沛，曹操派遣刘岱、王忠前去讨伐，不克。这时，东海昌豨也归附刘备，刘备聚众数万人，遣使与袁绍连兵，公开反曹。从此，曹刘势不两立，分庭抗礼。“自刘备叛后，东南多变。”不得已，曹操采取“诸县皆用名

---

① 《三国志·先主传》第552页。
② 《三国志·武帝纪》第11页，《三国志·程昱传》第276页。
③ 《三国志·董昭传》第282页。
④ 《三国志·程昱传》第276页。

士以镇抚之”，[1] 以陈群为酂县令、何夔为城父令，其后吏民稍安。曹操现在不仅要面对强大的袁绍，还要防备占据徐州的刘备前来夹击，这样一来，曹操在官渡就会陷入两线作战，他将怎样面对和处理这一难题？

◆ 官渡战前　谋士纵谋

建安四年（199）初，也是官渡之战的前夕。此时，袁绍剪灭公孙瓒，据有青、冀、并、幽四州之地，民户百万，带甲数十万，势盛兵强。这时的曹操在上年十二月到建安四年元月吞灭吕布，据有司隶州、豫、兖、徐四州及荆州北部，青州一部，其势力仍然在袁绍之下。其余的割据军阀，一是地处偏远，二是实力不足，难成气候，在袁绍、曹操之间或观望，或摇摆不定，或结好袁绍，如关中马腾、韩遂拥兵观望，张绣与刘表相依，刘表却“举州以应绍”，[2] 与袁绍相结，至于汉中张鲁，益州刘璋，江东孙策都只是保境自安，拥兵观望。这样一来，整个北方呈现出袁绍、曹操两家以黄河为界的南北对峙，两个都有统一天下的雄心，因此，袁曹冲突就不可避免。

其实，早在上年曹操南破张绣，东擒吕布，就摆出了与袁绍对抗的姿态，准备进兵河北，“与袁绍相距”。[3]

孰料，建安四年六月，袁术到江亭临死之前，说将帝号归送袁绍，袁绍暗自欣喜，加上灭掉了公孙瓒，袁绍更是志骄意得，自我膨胀，急不可耐地想做皇帝，于是暗地里示意主簿耿包劝进称帝，说什么：

---

① 《三国志·何夔传》裴引《魏书》第 247 页。

② 《三国志·桓阶传》第 398 页。

③ 《三国志·荀彧传》第 203 页。

"赤德衰尽，袁为黄胤，宜顺天意。"[①] 袁绍以耿包的进言明示于军府将吏，迎来的却是纷纷指斥耿包为"妖妄宜诛"。在军府将吏的重压之下，袁绍不得不杀耿包以自解。袁绍想称帝的真面目被暴露，他的"举义兵以诛暴乱"的假面目也被暴露，怕这样一来，一些谋臣武将产生疑心。袁绍让耿包进言称帝失败之后，袁绍又说："孤欲令四儿各据一州也。"沮授劝谏他说："必为祸始。"[②] 但袁绍一意孤行，令袁谭执掌青州，袁熙执掌幽州，外甥高干出掌并州。这时，袁绍向曹操公开摊牌宣布兵伐许都，简选精兵十万，骑万匹，以审配、逢纪统领军事，田丰、荀谌、许攸为谋主，颜良、文丑为将帅。

然而，袁绍宣布进兵许都，内部引起争议，监军沮授和别驾田丰劝谏说：

> 师出历年，百姓疲弊，仓庾无积，赋役方殷，此国之深忧也。宜先遣使献捷天子，务农逸民；若不得通，乃表曹氏隔我王路，然后进屯黎阳，渐营河南，益作舟船，缮治器械，分遣精骑，抄其边鄙，令彼不得安，我取其逸。三年之中，事可坐定也。[③]

这本是一个很好的战略之策，若果真这样，曹操真是疲于应对。然而袁绍治中别驾审配和郭图反驳沮授、田丰迎合袁绍，主张立即兵发许都，说：

> 兵书之法，十围五攻，敌则能战。今以明公之神武，跨河朔

① 《三国志·袁绍传》裴注引《典略》第126页。
② 《三国志·袁绍传》第126页。
③ 《三国志·袁绍传》裴注引《献帝传》第127页。

之强众，以伐曹氏。譬若覆手，今不时取，后难图也。[1]

沮授又说，曹操奉迎天子，建宫许都，“今举兵南向，于义则违。”郭图则用“武王伐纣，不白不义。”劝袁绍“不及时早定大业，虑之失也。”袁绍听从了审配、郭图的谀辞，不顾政治上的被动，不顾士民连年征战的疲劳，不顾仓廪无积，走上黩武之路，以图“早定大业”，发动官渡之战。[2]

当袁绍军驻延津，都骑尉崔琰进谏说：“天子在许，民望助顺，不如守境述职，以宁区宇。”[3] 袁绍不听。崔琰向袁绍的谏言，是他被袁绍征召之后，发现袁绍军队的混乱，“士卒横暴，掘发丘陇。”[4] 于是崔琰谏言整饬军纪，袁绍接受了崔琰的谏言，在黎阳津整顿军队，然后开往延津。

袁绍举兵攻打许都，许下诸将皆惧，以为不敌，曹操镇定自若地说：“吾知绍之为人，志大而智小，色厉而胆薄，忌克而少威，兵多而分画不明，将骄而政令不一，土地虽广，粮食虽丰，适足以为吾奉也。”[5] 然而，将作大匠孔融对荀彧依然散布悲观情绪和论调，说：“绍地广兵强；田丰、许攸，智计之士也，为之谋；审配、逄纪，尽忠之臣也，任其事；颜良、文丑，勇冠三军，统其兵：殆难克乎!”荀彧对孔融的肤浅看法，则从深层次上深刻指出，说：“绍兵虽多而法不整。田丰刚而犯上，许攸贪而不治。审配专而无谋，逄纪果而自

① 《三国志·袁绍传》裴注引《献帝传》第127页。
② 以上所引《三国志·袁绍传》裴注引《献帝传》第127页。
③ 《三国志·崔琰传》第238页。
④ 同上。
⑤ 《三国志·武帝纪》第11页。

用，此二人留知后事，若攸家犯其法，必不能纵也，不纵，攸必为变。颜良、文丑，一夫之勇耳，可一战而禽也。”① 曹操和荀彧回孔融之问，解除了诸将恐惧袁绍攻许都的畏惧情绪，一面休整士众，一面筹措粮秣，同时双方都展开了外交争夺。曹操为争取战略主动，作了如下部署：

八月，曹操派琅琊相臧霸，引精兵入青州，牵制袁绍，捍卫东方。

同月，曹操亲率将士进据黄河北岸的黎阳重镇，黎阳为后汉时控制东方之重镇，曹操在此设黎阳营。留于禁屯河南重要渡口延津，又令东郡太守刘延在白马布防。

九月，曹操还许都，置主力于官渡。袁军南下，官渡是两军必争之地。曹操主守官渡，就是“以十分居一之众，画地而守之，扼其喉而不得进。”②

十一月，曹操笼络凉州从事韦端说服关中诸将依附曹操。于是，以钟繇为司隶校尉督关中诸军，以待御史卫觊抚镇关中，协助钟繇。钟繇到关中后，精选战马两千匹输官渡。③ 此时，庐江太守刘勋率众归降曹操。曹操又表刘馥为扬州刺史以镇东南。④

十二月，曹操返回官渡，坐镇以待袁军来犯。

官渡之战，曹操清醒地认识到这是关系生死存亡的一次大战役，进行了长时间的准备和动员，调集四方之将参战，有曹仁、曹洪、夏侯渊、张辽、乐进、于禁、徐晃、刘延、史涣、张绣、朱灵等十二员

---

① 《三国志·荀彧传》第203页。
② 同上。
③ 《三国志·钟繇传》第254页。
④ 《三国志·刘馥传》第297页。

大将，各典一军。运粮将：任峻。谋士有：荀攸、贾诩、郭嘉。

这里有个历史细节，足见曹操对官渡之战的高度重视和全盘谋划。当时，袁绍驻扎黎阳，准备伺机南渡，攻取鄄城。曹操命程昱守鄄城，却只有七百士兵。曹操知道后，担心程昱兵少，怕守不住，“欲益二千兵”。然而，出乎曹操所虑，程昱不要曹操增兵，并且说：“袁绍拥兵十万，自以所向无前。今见昱兵少，必轻易，不来攻。若益昱兵，过则不可不攻，攻之必克，徒两损其势。愿公无疑！”[①] 曹操听从了程昱之见，没有增兵。后来袁绍闻知程昱兵少，果然没有攻取鄄城。

面对兵强势盛的袁绍，曹操“孤自度势，实不敌之。”[②] 然而，曹操从容面对，寻找战机。这时，是决定一个人的智慧、胆识和勇气的关键时刻。

◆ 张绣归曹　贾诩之功

袁绍破公孙瓒后，发动官渡之战，企图以此战而击溃曹操，攻许都，掠走汉献帝。于是派使者联络张绣，并修书致贾诩欲结援。然而在接待袁绍来使的会上，张绣正想答应，贾诩却公然在来使的面前说：“归谢袁本初，兄弟不能相容，而能容天下国士乎？”[③] 贾诩的一番话，杜绝了张绣投靠袁绍的想法和去路。

张绣大惊说：“袁绍兵强曹公势弱，我和曹公互相怨仇，怎么能去投靠他呢？”贾诩说：“正因为袁强曹弱，更应该归随曹操。曹公尊

---

① 《三国志·程昱传》第276页。
② 《三国志·武帝纪》裴注引《魏武故事》第20页。
③ 《三国志·贾诩传》第213页。

奉天子以统令天下，这是第一个应该追随的原因。袁绍兵力强大，我们以少数的部众前去投靠他，他不会重视我们。曹公属众弱而少，他能得到我们，一定是必喜非常，这是第二个应该追随的原因。曹公有王霸之志，一定会抛弃所有的私人恩怨，以明德于四海，这是第三个应该追随的原因。望将军不要疑虑不定。”①

张绣听从了贾诩的归曹之策，率众归曹。曹操举行盛大宴会欢迎，与张绣握手释嫌言欢，并结为儿女亲家，替二十二子曹均娶张绣女为妻，拜张绣为扬武将军。

曹操更是器重贾诩，握着他的手说：“使我的威信显布天下的人，就是你的功劳啊！”曹操立即表拜贾诩为执金吾，封都亭侯，遥领冀州牧。后河北平定，曹操自领冀州，迁贾诩为太中大夫，使贾诩参决谋议，不离左右。② 曹操不计前嫌，坦诚相待张绣和贾诩，这正是他非常之人的包容胸怀。

贾诩说服张绣归降，他所选择的时机，正是曹操在用人用兵之时，而且是腹背受敌，袁强曹弱的危险形势下，能审时度势，不失时机地选择明主，他在晋见刘表时，尽管受到隆重热情的接待，但他对张绣说：“刘表，在承平盛世可以为三公，但多疑无断，处在乱世，不见事变，没有什么作为。”③ 贾诩说服张绣脱离刘表，拒绝袁绍，归随曹操，无疑是明智之举。

当曹操与袁绍相距官渡，长沙太守张羡摇摆不定，不知何向而可，这时桓阶对张羡说：“曹公虽弱，仗义而起，救朝廷之危，奉王命而

---

① 《三国志·张绣传》213－214 页。
② 《三国志·张绣传》第 214 页。
③ 《三国志·贾诩传》裴注引《傅子》第 214 页。

讨有罪，孰敢不服？今若举四郡保三江以待其来，而为之内应，不亦可乎？”张羡觉得很好。[1] 于是，举长沙及相邻三郡以拒刘表，还遣使拜谒曹操。接着庐江太守刘勋也相继归附曹操，使曹操在南线无战事，确保官渡主战场无分心分兵之事。曹操冰释与张绣的前嫌，不念旧恶，也是曹操的胸襟、胆识和勇气的非凡。

◆ 失信背义　袁术之死

袁术称帝之后，不断受到曹操的打击，尤其是袁术攻打陈国，诱杀了陈国国王刘宠及国相骆俊，曹操亲率大军征讨袁术。袁术听到消息后大惊失色，仓皇逃离，大将桥蕤被曹军斩杀，张勋退逃，众叛亲离。建安三年（198）周瑜和叔父周尚到寿春，“袁术欲以瑜为将，瑜观术终无所成，故求为居巢长，欲假涂东归，术听之。”袁术许可了周瑜的请求，然后借机东归吴郡孙策。鲁肃同样是这样，“袁术闻其名，就署东城长。肃见术无纲纪，不足与立事，乃携老弱将轻侠少年百余人，南到居巢就瑜。”[2] 周瑜和鲁肃东渡同行到孙策麾下，脱离袁术。陈寿说：“周瑜、鲁肃建独断之明，出众人之表，实奇才也。”[3] 从周瑜、鲁肃的离开袁术，足见他“天性骄肆，尊已陵物。”[4] 不得善终的下场。

建安二年，陈郡阳夏人何夔，为躲避袁术逃匿霍山一段时间，然后于此年返回乡里。不久曹操知道了，召他为司空掾属。当时传言说

① 《三国志·桓阶传》第 398 页。

② 《三国志·周瑜·鲁肃传》第 769、第 774 页。

③ 《三国志·吕蒙传》第 782 页。

④ 《后汉书·袁术列传》第 1651 页。

袁术的部队乱了，曹操问何夔："君以为信不?"何夔回答说："术无信顺之实，而望天人之助，此不可以得志于天下。夫失道的君主，亲戚叛之，何况于左右乎！依夔观之，其乱是必矣。"[1] 曹操知道袁术不会长久。

袁术称帝之后，更加淫乱奢侈，宫中嫔妃数以百计，无不穿绸着缎，享受美食粱肉，在下的人挨饿受冻，从不关心过问。司隶州冯方的女儿，国色天香，避乱扬州。一天袁术登城，见而悦之，遂纳之宫中，很是宠爱。然宫中诸妇害其宠，欺骗冯氏说：将军贵人应有志节，当时时涕泣忧愁，这样会更加受到宠爱。冯氏信以为然，后每见袁术就垂泪涕忧，袁术果然认为冯氏有心志，更加怜悯她。宫中诸妇因这共同绞杀了冯氏，悬之厕梁，袁术深以为不得志而死，厚加嫔敛。[2] 从这里可窥见袁术之昏愦，宫室之混乱，加上当时干旱、蝗灾，袁术钱财粮食极度匮乏，已经不能支撑他建立的"仲家"王朝。

到了建安四年的夏天，袁术已对维持"仲家"王朝感到绝望，烧掉宫室，准备到灊山投奔部下陈兰、雷薄。孰料，仅留住三日，又被陈兰等人拒绝，袁术陷入巨大的穷困饥饿之中，士兵为活命纷纷逃离四散。忧愁愤恨笼罩着袁术，他已经不知道该怎么办，但他唯一看重的是他的帝号，原本反目的哥哥袁绍，成了他唯一可以承接帝号的人，便想把帝号送给袁绍，说："气运离开汉王朝已经很久了，汉王朝的天下已被操纵，政令已被权臣掌握。英雄角逐，瓜分疆土，割据成霸。这与周王朝末年七国争雄没有异样，唯势强兵盛能者可兼并天下。我们袁氏理应受命当王，符瑞炳然。现今你（指袁绍）拥有四州，人户百

① 《三国志·何夔传》第246页。
② 《三国志·袁术传》裴注引《九州春秋》第173页。

万，没有谁比你强大，地位没有谁比你高。曹操虽然想辅佐衰微的汉王朝，又岂能延续已断绝的国运，使王朝复兴呢？我恭敬地把帝号归你，希望能复兴！”袁绍此时暗中阴然默然。[1]

无可奈何之下，袁术致函袁谭，哀求收留。袁谭是袁术的侄儿，可怜他处境窘迫，准备亲自率兵南下，接袁术到青州。袁术却“欲从下邳北过”，[2] 徐州为必经之地。恰好曹操派刘备、朱灵断了袁术北上之路。曹操虽误用了刘备，却截击成功。袁术走到江亭之时，众人绝粮，当时仅有麦麸三十斛。时值盛夏，袁术渴极，欲饮蜜浆而无蜜，坐在床上哀叹良久，乃大咤说：“我袁术竟落到了如此地步！”从床上跌到地上，吐血余斗，血尽而亡。[3] 袁术死后，淮南归入曹操辖区，也消除了一个后患。

不久，袁术曾得到的传国玉玺，让原方陵郡太守徐缪派人盗出，携到许都，献给了汉献帝。

建安五年（200）

◆ 谋袭许都　孙策中箭

建安五年，曹操与袁绍各自拥兵相拒官渡，年仅二十六岁的孙策却要“阴欲袭许，迎汉帝。”[4] 可看出孙策政治目光远大和韬略不凡，他不失时机地要抓住袁曹官渡之战即将暴发的时机，阴袭许都，挟走

---

① 《三国志·袁术传》裴注引《魏书》第137页或《后汉书·袁术传》第1651页。
② 《三国志·武帝纪》第11页。
③ 《三国志·袁术传》裴注引《吴书》第137页。
④ 《三国志·孙策传》第678页。

汉献帝以令诸侯。这对曹操是非常不利和危险的，但这又谈何容易？

其实，早在建安四年（199），曹操就采取联姻的手段，不愿与孙策交恶。当袁术病死，其妻子余部依靠庐江太守刘勋，孙策就决定攻取刘勋，于是用计引诱刘勋上当进攻上缭，然后孙策从背后偷袭皖城，赶走了刘勋。孙策将俘获的人迁往吴地，又将袁术的女儿纳入后宫。刘勋只好与部下数百人投奔曹操。当袁曹交恶对峙官渡，曹操及时将其侄女许配给孙策的小弟孙匡，又为其子曹章娶了孙策的堂叔之女，还举荐其弟孙权为茂才。

孙策赶走刘勋，决心替父孙坚报仇，进讨刘表部将黄祖。因为，初平二年（191），孙坚讨伐黄祖虽然获胜，当孙坚轻骑追至岘山，被黄祖部下射死，时年三十七岁。这里顺便说一句，董卓军督都华雄是被孙坚所斩杀。[①] 到建安四年十二月八日，孙策率大军进抵黄祖所屯的沙羡，三天后，黎明时分，孙策率周瑜、孙权、吕范、黄盖、程普等将佐大举出击。此战，孙策“身跨马拣陈，手击急鼓，以齐战势。”[②] 他在马上亲自擂鼓，鼓舞士气，士兵借风放火，千弩齐发，大胜黄祖，黄祖只身逃走。此后，孙策荡平邹他、钱铜、严伯虎、陈瑀豪强割据，基本平定了江东六郡，自领会稽太守。

就在孙策欲偷袭许都的关键时刻，这时广陵太守陈登要为堂叔陈瑀被孙策打败报仇，计划进攻孙策。孙策调整了计划，先要讨平陈登，然后挥师直捣许都，劫走汉献帝。当孙策大军行至丹徒，他要去射猎，正好遇见一只鹿，孙策驰马疾追，随从骑侍落在后面。突然，事先埋伏的三个许贡的宾客举弓搭箭射向孙策，孙策奋力射杀一人，他自己

---

① 《三国志·孙坚传》第670页。

② 《三国志·孙策传》裴注引《吴录》678页。

也中箭落马，受了重伤，另外两个被赶到的从骑击毙。这许贡原是吴郡太守，被孙策所杀。当初，吴郡太守许贡上表汉献帝说："孙策骁雄，与项籍相似，宜加贵宠，召还京邑。若被招，不得不还；若放于外，必作世患。"[①] 说孙策骁勇和项羽相像，应把他早早召回中央，不可听任留在江东，致后患无穷。这份上表不知怎么落在了孙策候吏手上，又交给孙策。孙策请许贡相见，以责让许贡，许贡说没有上表，孙策即令武士绞杀了他。许贡的儿子和门客亡匿江湖，伺机报仇，侦知孙策常常爱好单独追猎野兽，就尾随埋伏，在丹徒正好偷袭成功。孙策中箭创伤，医言"可治，当好自将护，百日勿动。"孙策性情急躁，他引镜自照，对左右人说："面如此，尚可复建功立事呼？"于是脾气大发，扔了镜子，缝合的创伤破裂，当夜而亡。[②]

还有一种说法，孙策曾杀死于吉，每独坐，仿佛见于吉在左右，意深恶之，颇有失常。后治创方差，而引镜自照，见于吉在镜中，顾而弗见，如是再三，因扑镜大叫，创皆崩裂，须臾而死。[③] 这于吉是琅琊道士，先寓居东方，往来吴会，立精舍（书房），烧香读道书，制作符水以治病，吴会人多事之。孙策欲渡江袭许，和于吉同行。当时天大旱，炽热得厉害。孙策催诸将士快快引船渡河，便早早出来督促，看见将吏大多都围在于吉周围相信他，因此激怒了孙策，说："我为不如于吉邪，而先趋务之？"便收于吉，来到孙策面前，责问他说："天旱不雨，道途艰涩，不得及时过去，故我早出，而你不同我共忧戚，而是安安稳稳坐船中作鬼脸物态，败坏我的队伍，今天应除掉

① 《三国志·孙策传》裴注引《江表传》第680页。
② 《三国志·孙策传》裴注引《吴历》第681页。
③ 《三国志·孙策传》裴注引《搜神记》第681页。

你。”令人绑缚扔在地上暴打，让他请雨，若能感动天，日中落雨，就赦免原罪，不行就诛杀。不一会，云气上蒸，到了日中，大雨而来，溪涧盈溢，将士喜悦，以为可原谅于吉，都前往庆慰，谁知孙策遂杀掉于吉。①

于吉之死还有另一种说法，这里就不赘述。总之，孙策中箭之后，没有遵医言，百日勿动，他的好杀名望比他高的人，必然结下怨仇。孙策杀许贡，许贡的儿子和宾客始终在暗暗寻找机会替许贡报仇，结果父子俩都死于暗箭。明枪易躲，暗箭难防。可惜呀，二十六岁就离开人世，只好由其弟孙权嗣位，阴袭许都的计划也就泡汤。为曹操解除了孙策的压力，专心直面袁绍的官渡陈兵。

◆ 怒杀董承　东征刘备

曹操面对强大的袁绍发动的官渡之战前夕，不仅要争取外援，更为重要的是肃清许都的反曹势力。当曹操得知汉献帝赐车骑将军董承“衣带诏”泄谋，他便毫不手软地诛杀了董承。

汉献帝为什么要除却曹操呢？之前，兴平二年（195），汉献帝从长安出发，被李傕、郭汜追至曹阳涧，“欲浮（黄）河东下”，到洛阳之际，侍中兼太史令王立说：“汉祚终矣，晋、魏必有兴者。”建安元年七月，汉献帝回到洛阳。此后，王立又数言于汉献帝说：“天命有去就，五行不常盛，代火者土也，承汉者魏也，能安天下者，曹姓也，唯委任曹氏而已。”② 这时，曹操已被汉献帝授节钺，录尚书事，又领

---

① 《三国志·孙策传》裴注引《搜神记》第680页。

② 《三国志·武帝纪》裴注引张璠《汉纪》第9页。

司隶校尉。曹操闻知王立之言，使人对他说：“天道深远，幸勿多言。”[①] 曹操此时还是谨慎的。五年来，曹操挟天子以令不臣，对汉献帝来说，皇权失落，自成木偶，加之王立数言，“承汉者魏也，能安天下者，曹姓也。”汉献帝能不暗中行动除却曹操吗？于是，便和汉灵帝的母亲的侄儿董承密谋了“衣带诏”。

董承，是汉灵帝母亲董太后的侄儿。早在兴平二年（195），郭汜攻打李傕的混乱中，经张济调和，双方平息，让董承担任安集将军，一起侍从陪送汉献帝与公卿百官到洛阳。后女儿选为贵人，“于献帝为丈人。盖古无丈人之名，故谓之舅也。”[②] 董承不仅成为国舅，而且成为汉献帝的亲信大臣。建安四年四月，汉献帝诏命董承为车骑将军，赐以“衣带诏”，密令董承联络忠于汉室不满曹操的能臣武将，设法除掉曹操。当初董承秘密将曹操召到旧都洛阳为他助威借势，如今却要铲除他。

就在董承与刘备密谋不久，曹操请刘备饮酒，论天下英雄，惊雷掩饰了刘备的恐慌。在这之后，袁术企图从徐州北上到袁谭处。刘备摸准曹操的心脉，自荐前往徐州拦截袁术。曹操于是派刘备和朱灵前往徐州，刘备得以脱身。之后，董承和偏将军王子服提出：“不是惶惶惧怕，而是兵少。”董承说：“成事之后，曹操的军队都归我们所有，难道还嫌少吗？”王子服又问：“京师还都有谁能担当此任？”董承说：“长水校尉种辑，议郎吴硕是我心腹办事的人。”[③] 遂定计准备在朝会时奉诏诛杀曹操。曹操的警惕性也很高，之前，他发现议郎赵

---

① 《三国志·武帝纪》裴注引张璠《汉纪》第 9 页。
② 《三国志·先主传》臣松之案第 545 页。
③ 《三国志·先主传》裴注引《献帝起居注》第 545 页。

彦曾经替汉献帝陈说时事，提出对策，说曹操极为憎恶应杀了他，即“恶而杀之。”[①] 后来曹操因事入殿拜见汉献帝，献帝实在忍不住内心的愤懑，对曹操说：“君若能相辅，则厚；不尔，幸重见想舍。”[②] 汉献帝的决绝之言，使曹操大惊“失色，府仰求出。”[③] 曹操叩首请退出殿，看到左右两边的禁卫军“汗流浃背，自后不敢复朝请。”[④] 从此，曹操不再轻易上朝拜见汉献帝，也更加警惕了。

后来董承的“衣带诏”谋划泄露，除刘备到徐州外，车骑将军董承，偏将军王子服，越骑校尉种辑、将军吴子兰、议郎吴硕等，于建安五年正月被逮捕，斩首于市，株连三族。当曹操要逮捕董贵人，汉献帝因董“贵人有妊”，多次请求未能得成。[⑤] 当时，袁绍正遣兵布阵于官渡与曹操对峙，只好暂时作罢。

曹操知道刘备也是董承“衣带诏”阴谋集团成员，在处决了董承等人之后，利用与袁绍会战尚未开战的间隙，将东征刘备，想除掉身后隐患。诸将都对他说：“与公争天下的人，是袁绍。现今袁绍正要南来，而你弃袁绍不顾，却东征刘备。若袁绍乘机攻我许都，将如何应付?”曹操说：“夫刘备，人杰也，今不去，必为后患。袁绍虽有大志，而见事迟，必不动也。”曹操虽有此看法，毕竟袁曹两军陈兵官渡，万一冒失而败，悔之不及。[⑥] 曹操沉吟难决，便向郭嘉问计。郭嘉向曹操分析说：“绍性迟而多疑，来必不速。备新起，众心未附，

---

① 《后汉书·皇后妃纪》第301页。
② 同上。
③ 同上。
④ 同上。
⑤ 《后汉书·皇后纪第十》第301页。
⑥ 《三国志·武帝纪》第11页。

急击之必败。此存亡之机，不可失也。”[①] 于是曹操亲自率兵东向征讨刘备。但刘备当初对部属说，曹操与袁绍大军对峙，不会东征。[②]

就在曹操亲自率军进入徐州之地，袁绍的谋士田丰建议袁绍袭击许都。在这个关键要命的节骨眼上，袁绍以自己的小儿子生病为由，断然拒绝了田丰这个非常要命的建议。田丰气得举杖击地，很惋惜地说：“哎，碰上一个难遇的机会，却因小孩儿生病而失去了，真可惜呀！”[③]

这是天助曹操，更是曹操看透袁绍“见事迟，必不动”的性格弱点，才敢于冒险，亲率精兵东征刘备。当时刘备认为曹操与袁绍对峙官渡，“不得东”来，也就没有足够的防务准备。当刘备得知曹操亲征，“备大惊，然犹未信。自将数十骑出望公（曹操）军，见麾旌，便弃众而走。”[④] 曹操迅速果断地扑灭了刘备，袁绍坐视不救。这一着，刘备未曾料到，仓皇应战，无力抵抗曹操的精锐骑兵，他只好弃众而逃。不到一个月，曹操速战速决，攻占了小沛和在下邳俘获了刘备的妻室及部将关羽。曹操“尽收其众同，虏先主（刘备）妻子，并擒关羽以归。”[⑤] 这样一来，断了袁绍让刘备夹击曹操的可能，曹操只剩下与袁绍的正面对决于官渡。

刘备从徐州逃出，先奔袁谭，再投奔袁绍，赵云闻讯，赶来相见。赵云见刘备只身一人，兵将流散，将被袁绍轻视看不起。二人密谋之

---

① 《三国志·郭嘉传》裴注引《傅子》第 279 页。
② 《三国志·先主传》裴注引《魏书》第 545 页。
③ 《三国志·袁绍传》第 128 页。
④ 《三国志·先主传》裴注引《魏书》第 545 页。
⑤ 《三国志·先主传》第 545 页。

后，赵云“慕得数百人，皆称刘（备）左将军部曲，（袁）绍不能知。”[①] 就这样瞒过了袁绍，使他不得小看刘备。刘备十分感激，“与（赵）云同床眠卧”，[②] 倚为左右手。于是，“（袁）绍遣刘备徇溵强县，多举从应之。”[③] 刘备准备开辟汝南第二战场，与曹操对决。

这样一来，刘备失去立足之地，更重要的是失去了军事实力，又让曹操俘获了关羽，并参加到与袁绍的官渡对抗决战之中，增强了曹操的决战力量。曹操冒险东征刘备，稳定了东方，还兵官渡，袁绍依然没有出兵。曹操冒险东征，是他智慧、胆识和勇气的非常之处。

◆ 袁绍拒谏　宣檄讨曹

曹操挫败刘备，很快还军官渡，与袁绍展开正面对峙。刘备无奈投奔袁绍。袁绍召开攻取许都军机会议，谋主田丰劝谏他说：“曹操既破刘备，则许下非复空虚。且操善用兵，变化无方，众虽少，未可轻也。今不如久持之。将军据山河之固，拥四州之众，外结英雄，内修农战，然后简其精锐，分为奇兵，乘虚迭出，以扰河南，救右则击其左，救左则击其右，使敌疲于奔命。人不得安业，我未劳而彼已困，不及三年，可坐克也。今释庙胜之策而决成败于一战，若不如志，悔无及也。”[④] 袁绍没有采纳田丰的谏策。田丰因“强谏忤绍”，触怒了袁绍。袁绍以为田丰“沮众”破坏士气，“遂械系之”。[⑤] 关押田丰之后，袁绍令主簿陈琳操刀奋笔书《讨曹操檄》，或曰《绍檄州郡文》。

---

① 《三国志·赵云传》裴注引《云别传》第588页。
② 同上。
③ 《三国志·曹仁传》第178页。
④ 《后汉书·袁绍列传》第1616页。
⑤ 同上。

现录出主要部分：

司空曹操祖父腾，故中常侍，与左悺、徐璜并作妖孽，饕餮放横，伤化虐人。父嵩，乞匄携养，因臧买位，舆金辇宝，输货权门，窃盗鼎司，倾覆重器。操（奸）〔赘〕阉遗丑，本无令德，僄狡锋侠，好乱乐祸。幕府董统鹰扬，埽夷凶逆，续遇董卓侵官暴国，于是提剑挥鼓，发命东夏，广罗英雄，弃瑕录用，故遂与操参咨策略，谓其鹰犬之才，爪牙可任。至乃愚佻短虑，轻进易退，伤夷折衄，数丧师徒。幕府辄复分兵命锐，修完补辑，表行东郡太守、兖州刺史，被以虎文，授以偏师，奖就威柄，冀获秦师一克之报。而遂承资跋扈，肆行酷烈，割剥元元，残贤害善。故九江太守边让，英才俊逸，以直言正色，论不阿谄，身被枭悬之戮，妻孥受灰灭之咎。自是士林愤痛，人怨天怒，一夫奋臂，举州同声，故躬破于徐方，地夺于吕布，彷徨东裔，蹈据无所。幕府惟强干弱枝之义，且不登畔人之党，故复援旍擐甲，席卷赴征，金鼓响震，布众破沮；拯其死亡之患，复其方伯之任。是则幕府无德于兖土，而有大造于操也。

后会銮驾东反，群虏乱政。时冀州方有北鄙之警，匪遑离局，故使从事中郎徐勋就发遣操，使缮修郊庙，翼卫幼主。而便放志专行，威劫省禁，卑侮王僚，败法乱纪，坐召三台，专制朝政，爵赏由心，刑戮在口，所爱光五宗，所怨灭三族，群谈者受显诛，腹议者蒙隐戮，道路以目，百辟钳口，尚书记朝会，公卿充员品而已。

故太尉杨彪，典历二司，元纲极位。操因眦睚，被以非罪，搒楚并兼，五毒俱至，触情放慝，不顾宪章。又议郎赵彦，忠谏直言，议有可纳，故圣朝含听，改容加锡。操欲迷夺时明，杜绝言路，擅收立杀，不俟报闻。又梁孝王先帝母弟，坟陵尊显，松柏桑梓，犹宜恭肃。操率将吏士，亲临发掘，破棺裸尸，掠取金宝，至令圣朝流涕，士民伤怀。又置发丘中郎将、摸金校尉，所过毁突，无骸不露。身处三公之官，而行桀虏之态，污国虐民，毒施人鬼。加其细政苛惨，科防互设，矰缴充蹊，阬阱塞路，举手挂网罗，动足蹈机陷，是以兖、豫有无聊之民，帝都有吁嗟之怨。……乃忠臣肝脑涂地之秋，烈士立功之会也。可不勖哉！①

这篇《讨曹檄文》基本是人身攻击，揭露曹操“赘阉遗丑”的身世，忘恩负义的所作所为和挟天子以命诸侯的“专制朝政”等等。

东汉是以门第与士族为中心的政治权势，而说曹操出身卑微，祖父曹腾是“妖孽”“虐人”的阉宦；父亲曹嵩是“乞匄携养”，曹操则为“赘阉遗丑，本无令德，僄狡锋侠，好乱乐祸，”辱曹操三代，将曹操排除士族、门第之外为阉宦遗丑。告诉世人，曹操是没有社会地位的，以此孤立曹操。

后汉士风重名节，对恩主报恩的观念深入士大夫阶层。而曹操是在袁绍的推荐之下为东郡太守，兖州刺史，还送给他虎纹袍衣，扶持他的权威，不但没有得到报赏，反而“秉资跋扈，肆行酷烈，割剥元元，残贤害善。”如杀九江太守边让及妻子，士林愤痛，人怨天怒，失去人心。还说他助曹操，败吕布，拯救了曹操，对曹操有大恩大德。言下之意，曹操是个没有恩德之人，依然是要孤立曹操。

说曹操迁都许下，“败法乱纪，坐召三台，专制朝政，爵赏由心，

① 《后汉书·袁绍列传》第 1617 – 1619 页。

刑戮在口。”百官不敢说话，公卿只是填充位置，是个摆设罢了，如对老太尉杨彪，用“五毒”酷刑等，还是为孤立曹操。

说曹操亲率官兵，掘梁孝王的陵墓，掠取金宝，露尸荒野，致献帝流涕伤心。为得到更多的财宝，曹操设置了“发丘中郎将”，“摸金校尉”专事盗墓，玷辱国家，帝都怨声载道。说曹操是古今以来最贪婪、残忍、暴虐的奸臣，“潜苞祸谋”藏有篡位的阴谋。依然是孤立曹操。

最后，说曹操用七百精兵守围皇城，汉献帝已沦为人质。号召忠臣和英雄豪杰共同讨伐曹操，建功立业。

袁绍的《讨曹操檄》正式打响了官渡之战的发令枪。

◆ 轻取颜良　伏击文丑

袁绍《讨曹操檄》发至各郡州县。引起不小的震动。袁绍挑选十万精兵和上万骑兵，南下兖豫。这年二月，袁绍设大本营于黎阳，派遣郭图、淳于琼、颜良攻东郡太守刘延于白马。沮授在同袁绍临行前，召集他的族人，把自己的钱财都散发给他们，并对族人说：“这一仗打胜了，可以威震天下，失败了就连自身也都是不保了。悲哀啊！”沮授的弟弟沮宗说：“曹操的兵马不能与袁幕府的兵马相比，你为什么要担忧？”沮授回答说：“凭着曹操的聪明决策，又挟持着皇帝作为资本，我方虽然战胜了公孙瓒，将士都很疲惫，主帅骄横，将领奢侈，军队的失败毁灭，就在于这次行动了。扬雄说：‘六国纷争，是为了嬴秦而削弱周王朝。’如今正是这么说。”[1] 沮授已看透袁绍刚愎自用必败的本质。

---

① 《三国志·袁绍传》裴注引《献帝传》第129页。

当袁绍的军队将要渡黄河，派遣颜良出兵白马攻打刘延。沮授劝谏袁绍说："颜良心胸狭隘，虽骁勇不可独任。"[①] 袁绍固执不听。曹操亲自领兵北向救东郡太守刘延。在这关键的时刻，荀攸劝曹操说："今我兵少不敌，若能分散敌方兵势，方可一战。曹公可先到延津，装成将要渡河，以兵攻袁军背后之势。袁绍见状，必以兵向西，以应对这种形势，然后用轻兵突袭白马，乘其不备，则颜良可擒得。"[②] 曹操听从了荀攸的计谋，照计谋行事，命令于禁率领两千人马固守延津。主力直趋白马，任命张辽和关羽为前锋，轻装疾进，与刘延夹击颜良。

果不其然，袁绍听说曹兵将渡河，当即分兵向西应战。谁知曹操引兵疾进白马，在距白马十余里地，颜良闻报曹操大军将至大惊不已。急忙领兵应战。曹军先锋关羽望见颜良的将军旗旌，飞马加鞭，"刺良于万众之中，斩其首还，绍诸将莫能当者，遂解白马之围。"[③]

颜良死于关羽刀下，袁绍下令全军渡过黄河，在延津南部设立营垒。袁绍令部将渡河，沮授感到袁绍又犯急躁冒进，急忙劝谏说："胜负变化，不可不详。今宜留屯延津，分兵官渡，若其克获，还迎不晚，设其有难，众弗可还。"[④] 袁绍根本不听沮授的劝谏之策。沮授在渡河的船上，面对奔腾的黄河水，叹息道："主帅啊主帅，求胜盈志，部下只求建功。悠悠黄河，我还能回来吗?"[⑤] 遂托词生病，请求离职。袁绍不仅不许沮授的请求，而且将他监军所部一分为三，让

---

① 《三国志·袁绍传》第 129 页。
② 《三国志·武帝纪》第 12 页。
③ 《三国志·关羽传》第 582 页。
④ 《三国志·袁绍传》裴注引《献帝传》第 130 页。
⑤ 同上。

沮授、郭图和淳于琼各典一军。袁绍过河后，任命文丑、刘备为先锋，扑向白马。曹操放弃白马，但“徙其民，循河而西。”[①] 袁军跟踪追击。

曹操亲率军断后，来到延津之南，构筑阵地于南阪之下，布置伏兵，派人登垒瞭望袁军动向。报说：“山下约有五六百骑兵。”又过一会报说：“骑兵增多，步兵多不可胜数！”曹操说：“不再报告了！”命令骑兵解鞍放马。这时，从白马城运出的辎重粮草正在道上搬运，曹军将吏们以为袁军太多，该是还保营垒，弃掉辎重。荀攸说：“这正是擒敌的机会，怎么可退兵而去呢！”曹操一听“目攸而笑”。[②] 就在这个时候，袁绍的骑将文丑和刘备领的五六千骑兵前后赶来，曹军诸将请求上马出击，曹操不准。顷刻之间，袁军的骑兵增多，见道上辎重粮草竞奔疯抢，阵乱成一窝蜂。曹操“乃纵步骑击，大破之，斩其骑将文丑。”[③] 颜良、文丑为袁绍名将，连战皆输，袁军夺气。曹操遂与袁绍相拒于官渡。

此时，袁绍已不顾颜良、文丑被斩杀，摆出连营阵势，进逼官渡。于禁，乐进率步骑五千，从延津西南沿黄河一直到汲县和获嘉县，焚烧了袁绍屯聚的三十处堡垒，俘获数千人，降服了袁绍的大将何茂、王摩等二十多人。曹操又令于禁屯驻在原武，攻击袁绍在杜氏津附近的几个营区，皆一一破之。[④]

关羽在白马城外十余里，策马挥刀，奋勇当先，在袁曹两军的万

---

① 《三国志·袁绍传》裴注引《献帝传》第 130 页。

② 《三国志·荀攸传》第 210 页。

③ 同上。

④ 《三国志·于禁传》第 332 页。

军瞩目之下，斩了颜良，解了白马之围，关羽是留下来了，还是离开了曹操？

◆ 曹放关羽　内有隐情

建安五年（200）年正月，曹操率兵东征，刘备大败，逃奔袁绍。曹操擒关羽归来，拜他为偏将军，待他“礼之甚厚。”[①]

但是，曹操也看出关羽的“心神无久留之意”，于是便对张辽说：“卿试以情问之。”张辽就试着去问关羽，关羽感叹地说：“吾极知曹公待我厚，然吾受刘将军厚恩，誓以共死，不可背之。吾终不留，吾要当立功以报曹公乃去。”[②] 张辽知道关羽的心事，想告诉曹操，怕曹操杀害关羽，不告诉曹操非事君之道，乃叹曰：“曹操公，君父也；关羽，兄弟耳。”他只好将关羽说的肺腑之言告诉曹操。曹操说：“事君不忘其本，天下义士也。度何时能去？”张辽说：“羽受公恩，必立效报公而后去也。”[③]

当袁绍遣大将军颜良攻东郡太守刘延于白马，曹操派出张辽和关羽两人为先锋出击，关羽斩颜良，取首级带回，遂解白马之围，曹操立即表奏朝廷，封关羽为汉寿亭侯（注：汉寿为地名），也非常称赞关羽的为人。当关羽斩颜良后，曹操知他肯定要离去，就重加赏赐。

然而，关羽已立功报答了曹操，准备离去，于是关羽把曹操所赏赐的都封存起来，写了一封向曹操辞谢的书信，就奔袁军而去寻找刘备。当时，曹操左右的人想去追赶他，曹操连忙说：“彼各为其主，

---

① 《三国志·关羽传》第582页。
② 同上第582页。
③ 《三国志·关羽传》裴注引《傅子》第582页。

勿追也。”[①]

曹操说不要追关羽，各为其主。实际上，这话也暗含了曹操在建安三年，曾对关羽食言有关。当时刘备在为曹操效力，合攻吕布。“关羽启公（曹操），布使秦宜禄行求救，乞娶其妻，公许之。”[②] 就是说，关羽闻知吕布手下秦宜禄妻子的美名，求曹操在破吕布后，将秦宜禄的妻子赐之，曹操当下允许。可是，破吕布之后，曹操未履行诺言。关羽“又屡启于公。”[③] 这样一来，曹操想秦宜禄的妻子很美，就派人迎看，他感到确实很美，便“自留之，羽心不自安。”[④] 其实，早在刘备初投曹操时，关羽有欲杀曹操之心。一次“先主与公猎，羽欲于猎中杀公（曹操）。先主为天下惜，不听。故羽常怀惧”。[⑤] 不是刘备不同意，怕这样一来，曹操与刘备都会身首异处。此时刘备没有同董承勾结，没有“衣带诏”结盟，刘备也“为天下惜”，而怕失去曹操辅佐汉天子的英雄。关羽没有得成，故“羽常怀惧。”于是，关羽在官渡斩颜良后，要离开曹操，回到刘备身边。曹操对关羽食言，相反，关羽心存“受公恩，必立效报公而后去也”。是践行自己的诺言。面对关羽，曹操有食言之愧，只好说了一句“各为其主，勿追也”。来掩饰内心的愧疚。

裴松之对曹操义放关羽说道：曹公知羽不留而心嘉其志，去不遣追以成其义，自非有王霸之度，孰能至于此乎？斯实曹公之休美。[⑥]

---

① 《三国志·关羽传》第582页。
② 《三国志·关羽传》裴注引《蜀记》第582页。
③ 同上。
④ 同上。
⑤ 刘琳《华阳国志校注·刘先主传》第515页。
⑥ 《三国志·关羽传》裴松之语第582页。

说曹操义放关羽，是美好善良之举。

关羽就这样离开了曹操，又回到刘备身边。

◆ 刘辟叛曹　李通不贰

曹操还军官渡，严阵以待。就在这个节骨眼上，燕国阎柔派遣使者前来拜见曹操，接受曹操事命，曹操遂升迁阎柔为乌丸校尉。在此之前，因公孙瓒打败并杀害了刘虞，抢占了幽州。刘虞的从事鲜于辅等人联合赶来，率领州兵为刘虞报仇，又因阎柔素有恩信，共推他为乌丸司马。阎柔招附诱导乌丸、鲜卑二族人，共得胡、汉数万人，和公孙瓒设立的渔阳太守邹丹大战于潞县的北方，一举攻破，斩杀了邹丹。在官渡大战已开始对决之关键，鲜于辅也率领部下归顺曹操，任命他为度辽将军，封都亭侯。后来，曹操见到阎柔“甚爱”之，每每对他人说：“我视卿如子，亦欲卿视我如父也。”[①] 鲜于辅和阎柔的归顺，无疑鼓舞了曹军决战的勇气和信心。

袁绍在白马、延津失利，损失大将颜良、文丑之后，沮授劝谏袁绍说：“北军（即袁军）人数众多，果敢精神比不上南军（曹军），南军数量较少而且武器粮草不及北军；南军善于速战速决，北军在于缓搏，利于持久战，旷以日月，等待战机。”[②] 袁绍不听，调遣各军营，联合进逼官渡的同时，也采取了相应的措施，“遣使招诱豫州诸郡，诸郡多受其命。”[③] 袁军派出的劫粮之军也连连得手，迫使任峻运粮改变策

---

① 《三国志·公孙瓒传》裴注引《魏略》第160页。
② 《三国志·袁绍传》第129页。
③ 《三国志·赵俨传》第419页。

略。[1] 面对袁强曹弱的军事实力，许下及曹军中有些人多与袁绍通书信以示结好。[2] 袁绍还派人策反刘辟和李通，准备开辟汝南第二战场，以削弱曹操的主力和转移主战场官渡的对决。

刘辟原为黄巾军首领，建安元年二月降曹操，后作为地方武装令其镇守汝南。当“曹公与袁绍相距于官渡，汝南黄巾军刘辟等叛曹公应绍。”[3] 刘辟公开叛曹，袁绍认为正好开辟汝南第二战场。七月，袁绍派刘备率兵，迅速攻到许都附近的滍强县，不少郡县动摇，或明或暗响应刘备。

刘备攻取滍强诸县，形势陡然紧张，直接威胁许都以南，吏民不安，虽然有夏侯惇为大将军后拒，镇守许都，但曹操依然深以为忧。就在这时，曹仁对他说：“我军集结官渡，许都以南军情紧张，吏民以为不能相救，刘备以强兵犯境，有人背叛本来是正常的。刘备新带袁绍属下的兵，未必能拥戴和听从刘备指挥，只要出兵攻击，一定可击溃败走。”[4] 曹操觉得曹仁建议很好，命令曹仁和徐晃率领骑兵前往汝南，进击刘备、刘辟，很快，阵斩刘辟部将祝臂，刘备败走，收复了公开叛降的诸县，然后回兵官渡。

正当曹操与袁绍两军相拒于官渡，袁绍派使者去阳安郡游说都尉李通叛曹，并拜李通为征南将军，同一时间，刘表也暗中派人招抚他，都被李通拒绝了。李通，字文公，江夏郡平春县人。因行侠仗义，闻名于江、汝一带，他和同郡人陈恭起兵于郎陵，后来陈恭妻弟陈郃杀

---

① 《三国志·任峻传》第 313 页。
② 《三国志·武帝纪》第 13 页。
③ 《三国志·先主传》第 545 页。
④ 《三国志·曹仁传》第 178 页。

陈恭占其军队。李通率兵攻破陈部，斩其首以祭陈恭墓。后又活捉黄巾军大帅吴霸，降服部属。到建安初年，李通举众到许都归附曹操，任命他为振威中郎将，在汝南西面驻军。当袁绍派人策反李通叛曹，李通的亲戚，部将都流着泪劝他说："现今我们孤危独守，没有援军，破亡随时可到来，不如赶快归附袁绍吧！"李通听了之后，按佩剑，叱责他们说："曹公明哲，必定天下。绍虽强盛，用人无方，终将为曹操打败。吾以死不贰。"于是立即斩杀了袁绍派来的使臣，将印绶交送给曹操。然后，李通又率兵先将郡城里叛曹的瞿恭、江宫、沈成等人剿杀，送其首给曹操，后又剿灭了淮河、汝河流域一带谋反而响应袁绍的豪强武装，李通因功封都亭侯，官拜汝南太守。[①] 袁绍想开辟的汝南第二战场，以分散曹操的兵力计划，就这样流产了。

◆ 三尺绳子　袁令缚曹

八月，袁绍连营向前，依沙堆为屯兵之处，东西连营数十里，逼近曹操军营。曹操也分地作营垒，与袁军相对，但当时对曹军不利。袁绍"遣使招诱豫州郡，诸郡多受其命。"[②] 袁绍派出的劫粮之军也连连得手，"数寇钞绝粮道"，[③] 许下及曹军中多人与袁绍通书信。[④] 形势对曹操及为不利。许攸对袁绍献策说："公无与操相攻也。急分诸军持之，而径从他道迎天子，则事立济矣。"袁绍不从，说："吾要当先围取之。"[⑤] 许攸的献策应是恰到时候，而袁绍一心想活捉曹操。当时

---

① 《三国志·李通传》第338页。
② 《三国志·赵俨传》第419页。
③ 《三国志·任峻传》第313页。
④ 《三国志·武帝纪》第13页。
⑤ 《三国志·武帝国纪》裴注引习凿齿《汉晋春秋》第12页。

曹军不满万人，受伤者十有二、三。袁绍在阵地前修筑土山，上建楼橹，上面露天，没有盖顶，弓箭手以此为依托掩身，向曹营放箭，飞箭如雨而下。曹军士兵用盾牌遮身，行动受到限制，曹军大为恐惧。这时袁绍十分得意，感到胜利在即，活捉曹操即将成为现实，于是袁绍“令军中各持三尺绳，曹操诚禽，但当缚之。”[①] 袁绍令军中每人准备一条三尺长的绳子，活捉曹操和曹军将军。

其实，曹操早已有准备，用发石车，攻击袁绍的楼橹。曹操所用的发石车，可抛出几十上百斤的大石，击中三百米以内的目标，发石车不断抛出巨石，发出隆隆巨响，如同雷鸣一般，袁军所建的楼橹被飞石打得破落不堪，失去作用，袁军大呼这种发石车为“霹雳车”，“以其发石声震烈”。[②] 袁绍军的弓箭手非死即伤，局势顿时发生了明显的变化。

袁绍失去空中优势，旋即改变战术，令暗中挖掘地道，欲直通曹军营地，想偷袭曹操的军营。曹操发现后，急令在营寨中间开挖长沟，截断地道[③]使袁绍的偷袭阴谋未得成，破坏了袁绍的计划。

曹操的反击，使袁曹两军暂时处于战略相持。袁绍令军中每人准备一根三尺长的绳子缚擒曹操，能否如愿以偿?

◆ 谋杀曹操　许诸救之

刘备和刘辟在汝南被曹仁打败之后，刘备又回到袁绍军中，他心中暗自盘算离开袁绍，就说服袁绍联合南面荆州的刘表。袁绍同意之后，又派遣刘备及兵卒又一次到汝南，与黄巾军余部龚都联兵，有数

---

① 《后汉书 · 袁绍列传》注引《献帝春秋》第 1622 注 5。
② 《后汉书 · 袁绍列传》第 1622 页注 2。
③ 《后汉书 · 袁绍列传》第 1622 页。

千人。这时，张羡病死，刘表重新控制了长沙、零陵、桂阳三郡，准备支援刘备和龚都。这样一来，许都以南的局势再度紧张起来。曹操遣部将蔡阳（有作“杨”）率兵前往汝南，征讨刘备和龚都，谁料，蔡阳为刘备所杀。

也就在这个时候，一场企图谋杀曹操的阴谋也正在展开。

曹操幕下的时常从士徐他等人策划暗杀曹操，因许诸常常随侍在曹操身边，护卫严密，一直不敢下手，更是没有下手的机会，不敢发难，他们都知道，许诸归顺曹操，曹操见到许诸，赞许他说：“此吾樊哙也。”① 许诸和曹操同是谯县人，他身长八尺有余，腰粗十围，“容貌雄毅，勇力绝人。”② 他曾一只手拉着牛尾，倒走了一百多步，吓退了侵犯家乡的贼兵。徐他等人也非常害怕许诸，自官渡之战以来，他一直寻找机会下手。一天，徐他等人利用许诸回舍休息之机，怀揣兵刃来到曹操营帐，进行突袭。许诸刚刚离开，回到房舍，隐约感到有些异常，呼然“心动”，立即赶到曹操营帐；徐他等人也没有料到许诸返回，一进营帐，看见许诸，大吃一惊，脸色大变，凶相毕露，许诸发觉不对，挥刀击杀，将徐他等人全部击杀。③

徐他等人谋杀曹操之事，就这样粉碎了。从此，曹操更加信任许诸，出入同行，不离左右。

◆ 荀彧修书　鼎曹坚持

袁曹官渡对峙，已有半年，曹操当时只有袁绍兵力的十分之一，

---

① 《三国志·许诸传》第 342 页。

② 同上。

③ 参见《三国志·许诸传》第 342 页。

划地而守，扼其咽喉，使袁军不得前进。这时，曹操军中粮食快要用尽，再这样对峙下去，怕会不利。于是，曹操给在许都的荀彧修书一封，想用撤军退回许都，以换取袁绍退军。同时，曹操问计贾诩，贾诩说："公明胜绍，勇胜绍，用人胜绍，决机胜绍，有此四胜而半年不定者，但顾万全故也。必决其机，须臾可定也。"曹操虽然觉得贾诩说话说得很对，但心里还是不踏实。[①] 后荀彧修书回复曹操说：

> 如今军粮虽少，并不像当年汉高祖和项羽在荥阳、成皋之间相争。这个时候刘、项都不肯退兵，谁先退兵就势屈而亡，你以只有袁绍十分之一的兵众，划地而守，扼其咽喉，对抗袁绍使他不得前进，业已半年。眼看情势有变，正是出奇制胜之时，良机不可失去。[②]

贾诩的建言和荀彧的回信，让曹操丢掉了以撤军换袁绍退军的幻想，此时必须坚持，也恢复了曹操获胜的自信心，为决胜创造条件。于是紧急下令，从后方向官渡前线大量补充兵员粮草。张绣率领南阳兵马前来参战；钟繇从关中运来战马二千匹；李典率领宗族及部曲运输粮草；官渡大战一开始，曹操就派典农中郎将任峻主持军械和粮草的运输，开始屡遭袁军的侵犯掠夺，截断粮道，后来任峻改变了运输方法；将千部粮车编为一队，排成十路并行，以双重的兵阵环绕保护粮车，贼兵不敢靠近，解决了当时曹军军粮少的困局。由于兵员和粮草不断运来，面对缺粮的疲乏士兵，曹操对运粮官兵说："再过十五

① 《三国志·贾诩传》第214页。
② 《三国志·荀彧传》第203页。

天，我军击破袁绍，就不再辛苦劳累你们了。”①

与此同时，针对袁绍派遣部将韩荀从射伏南下，企图切断曹操的运粮西道，即关中对曹军官渡的粮草供应，曹仁奉命出击，在鸡洛山大破韩荀，“由是绍不敢复分兵出”，② 恢复了西道运粮的畅通。

曹操还派兵遣将破坏或截取袁绍的运粮车队。当荀攸得知袁绍运粮的车队，立即对曹操说：“袁绍运送粮食军械的车队，旦暮可到，他的属将韩荀锐利而轻敌，追击可攻破。”曹操问：“谁可使?”荀攸说：“徐晃可。”③ 于是，曹操派徐晃、史涣同曹仁途中截击，大破韩荀运粮车队，烧毁袁军千辆粮草。这样一来，造成袁军给养匮乏。冬十月，袁绍紧急令淳于琼带领一万多名部众，往北迎接运来的一万多车粮草，存放在距官渡大营约四十里的故市、乌巢两地。这时，沮授再度劝袁绍说：“北兵虽众而劲果不及南，南军谷少而资储不如北；南幸于急战，北利在缓师。宜待持久，旷以日月。”并建议派蒋奇率部截断曹操的包抄，确保运粮安全。④ 但袁绍仍然不听。许攸并对袁绍说：曹操全军集结官渡，许都空虚，若分兵击许都，奉迎汉献帝以讨曹，“操成擒矣”，即使不溃，也使曹操首尾奔命，“破之必也。”⑤ 袁绍还是不听。这时传来审配收许攸家犯法入狱。许攸一怒之下奔投曹操，官渡之战的关键时刻，就这样让许攸断送了袁绍兵强势胜的优势。许攸投奔曹操做了什么?

---

① 《三国志·武帝纪》第13页。
② 《三国志·曹仁传》第178页。
③ 《三国志·荀攸传》第210页。
④ 《资治通鉴》第594页。
⑤ 同上第594页。

◆ 许攸献计　火烧乌巢

当袁绍拒绝了沮授令蒋奇领兵，截断曹操的包抄战略。正巧许攸的家人触犯法律，审配逮捕了他们，许攸恨不得志；其二“许攸贪财，绍不能足。”[①] 其三，许攸献计，袁绍不用。他深感不仅不得志，还保护不了家人。一愤之下，一天黄夜，许攸便弃袁绍而投奔了曹操。

曹操正在洗脚听说许攸前来投奔，高兴得连鞋子也忘了穿，光着脚前去相迎，拍着手说：“子远来，我大事成矣！”子远，是许攸的字。随即与许子远携手入座，恳切交谈。

许攸对曹操说：“袁氏军盛，如何对待？今有多少粮草？”

曹操说：“尚可支用一年。”

许攸说：“不是这样，更言说吧！”

曹操说：“可以支持半年。”

许攸说：“足下不想击破袁氏？为何不实言相告？”

曹操说：“刚才说的是戏言，其实可支用一月，为之奈何？”

许攸说：“足下你孤军独守，外无救援而粮谷已尽，此危急之日也。如今袁绍有辎重一万余件，在故市、乌巢，守军防备不严，现今以轻骑袭击，出奇不意而到，烧毁屯聚的辎重粮草，不出三日，袁绍自行败亡。”[②]

听了许攸的建言，曹操大喜，而“众皆疑，唯攸与贾诩劝太祖。”[③] 荀攸和贾诩劝曹操抓住必决之机，须臾可定。于是，留下曹洪

---

① 《三国志·武帝纪》第 13 页。

② 以上《三国志·武帝纪》裴注引《曹瞒传》第 13 页。

③ 《三国志·荀攸传》第 210 页。

固守官渡大本营，曹操亲自率领乐进等五千精锐骑兵偷袭乌巢，派徐晃、史涣袭击故市。

偷袭的曹军全部换上袁军的服装，打着袁军的旗帜，人衔枚、马缚口，每人带干薪，趁夜从小道直奔故市和乌巢。途中有巡查的袁军盘问，规定这样回答："袁公恐曹操抄略后军，遣兵以增加守备。"[①] 袁军信以为真，曹军镇定自若，天明到达故市和乌巢。曹军"围屯，大放火，营中惊乱。大破之，尽燔其粮谷宝货。"淳于琼见曹军少，就出营寨奋力抵抗，曹操挥军猛攻，淳于琼只好退守营地，曹军进攻异常猛烈，斩袁军督将眭元进，骑督韩莒子、吕威璜、赵叡等首，袁绍闻报，派骑兵前往救淳于琼。曹操左右的人有的说："袁军渐近，请分兵拒之。"曹操发怒说："袁兵到我背后，再报告我。"于是曹军"士卒皆殊死战，大破琼等皆斩之。"[②] 乐进"力战，斩绍将淳于琼。"[③]

然而，裴松之引《曹瞒传》则详细记载了淳于琼被杀的经过：曹军大破袁军，斩督将眭元进，骑督韩莒子、吕威璜、赵叡等首，割得将军淳于琼鼻，未死，杀士卒千余人，皆取鼻，牛马割唇舌，以示绍军。袁军将士皆怛惧。淳于琼和曹操当年都是汉灵帝西园新军八校尉之一，曹操可能看在当年同事的情分上，想保住他一条命，只割了鼻子，让他悄悄回家。谁知淳于琼逃走路上又被抓了回来，押来面见曹操。割鼻之后，淳于琼满脸是血，曹操一见而惊讶地问："为何是这样?"淳于琼说："胜负在天，何必问故?"曹操碍于旧情，不想杀他。

---

① 《三国志·武帝纪》裴注引《曹瞒传》第 13 页。

② 同上。

③ 《三国志·乐进传》第 331 页。

许攸在一旁说："明早照镜子，此恶事永不忘。"于是杀了淳于琼。[1]

淳于琼的死两种说法，自己辩取。

故市、乌巢被烧，袁军的元气大伤，袁绍不会轻言败退。袁绍没有满足许攸的私欲，背袁归曹，为曹操谋划了扭转官渡之战的一个关键一招。接下来还会发生什么呢？

◆ 张郃投曹　袁军大溃

就在曹操连连得胜之际，张郃向袁绍建言说："公（曹操）虽连胜，然勿与曹公战也，密遣轻骑钞绝其南，则兵自败矣。"[2] 张郃之策可谓上上之策，其南是曹的大本营和粮秣辎重之地，可惜袁绍不听不从。当袁绍闻报曹操率五千精锐骑兵攻击淳于琼，对其子袁谭说："趁曹操进攻淳于琼之机，我军攻拔他的营寨，曹操即就取胜也无所归。"[3]

张郃听后，对袁绍说："曹操的军队非常精良，必定会攻破淳于琼而取胜。淳于琼兵败，将军的大势就去了，现在应赶快派兵救援他们。"郭图反对张郃说："张郃谋略不对，不如攻打曹操的大本营，曹操势必退师还军，这样就可以不去救援淳于琼，乌巢的危局不救自解。"张郃又说："曹操的大本营非常坚固，前去攻之必不能拔，若是淳于琼被曹军擒俘，我们都将要成为俘虏了。"结果袁绍只派少数骑兵救援淳于琼。[4] 令张郃、高览进攻固守曹操大本营的曹洪，遇到曹

---

① 《三国志·武帝纪》裴注引《曹瞒》第 13 – 14 页。

② 《三国志·张郃传》裴注引《汉晋春秋》第 335 页。

③ 《三国志·武帝纪》第 13 页。

④ 《三国志·张郃传》第 333 页。

军的顽强抵抗。这时，淳于琼等将军被歼的消息传来，郭图怕袁绍追究责任，感到惭愧，既而老羞成怒，诽谤张郃说：“张郃看到兵败，如他所料，非常痛快，常常出言不逊。”张郃“惧郭图之谮”,[①] 与高览烧掉云梯，归降曹操。

谁料，张郃、高览前来归降，曹洪生疑，不敢接受张郃的归顺。荀攸说：“张郃是因计谋不为袁绍所用，愤怒之极才来归降，你不必怀疑。”[②] 在荀攸的说服下，接受了张郃的投诚。后来，曹操见到很是高兴，对张郃说：“昔日，伍子胥不及早醒悟，才使自己遭受危害，将军归顺，如同微子离开商纣王，韩信归附汉高祖!”[③] 立即上表张郃为偏将军，封都亭侯。

曹操回师官渡，投入全部兵力，全面发起大反攻。曹军以排山倒海之势猛攻袁军阵地，杀声惊天动地。袁军大溃败，放弃三十余座大兵营，各自逃命，四散狂逃。袁绍在袁谭等人与八百亲兵的护卫下，抢先渡过黄河，进入部将蒋奇营帐中，袁绍握着蒋奇的手说：“我把我的头颅都托付给你了。”[④] 蒋奇让出营帐给袁绍，让他升帐发号施令。士兵们听说袁绍还在，又渐渐聚集起来。

袁绍弃军渡河而逃，七万余人的袁军没有人指挥，几乎没有进行任何抵抗全部成了俘虏。曹操怀疑是伪降，下令全部活埋，前后所杀八万余人。曹军“尽收其辎重图书珍宝。”[⑤]

后曹操上表汉献帝言“与战官渡，乘圣朝之威，得斩绍大将淳于

---

① 《三国志·张郃传》裴案第 335 页。
② 《三国志·荀攸传》第 210 页。
③ 《三国志·张郃传》第 333 页。
④ 《后汉书·袁绍列传》第 1623 页。
⑤ 《三国志·武帝纪》第 13 页。

琼等八人首，遂大破溃。绍与子谭轻身迸走。凡斩首七万余级，辎重财物巨亿。”[1]

无疑张郃降曹，是压垮袁绍兵败官渡的最后一块砝码。

◆ 沮授不降　田丰冤死

袁绍与子袁谭渡河弃军而走，沮授没来得及追随。被曹军抓住，沮授大声说：“授不投也，为军所执耳！”去见曹操。过去，曹操与沮授交情深厚，曹操有心将他罗致到自己帐下，便委婉地劝沮授说：“与足下分野天各一方，交往隔断，不料今日竟然如此！”

沮授对曹操说：“袁绍冀州失策，以致败北。沮授智困力乏，理应被擒。”

曹操说：“袁本初没有谋略，不用君下之计策。如今，大乱已有十余年了，国家尚未安定，应该共同图谋吧。”

沮授说：“叔父、母亲、兄弟悬命于袁诏，速死为福。”

曹操叹息道：“我早得足下相助，天下之事不足忧虑！”[2]

曹操遂赦沮授而厚遇他。但沮授寻谋归袁氏，“操乃杀之。”[3] 沮授表面上归顺了曹操，但考虑到叔父、母亲、兄弟仍然在袁绍手中，依然活着，便寻谋机会奔归袁绍，旋被曹操杀害。

沮授、广平人，少有大志，多权略。曾官起州别驾，举茂才，历二县令，又为韩馥别驾，拜骑都尉。袁绍得冀州后，又征辟，表为监军，奋武将军。沮授是袁绍的主要谋士。早在兴平二年（195），汉献

---

① 《三国志·武帝纪》裴注引《献帝起居注》第 14 页。

② 以上引《三国志·袁绍传》裴注引《献帝传》第 130 页。

③ 《资治通鉴》第 595 页。

帝出逃长安，到了曹阳，距袁绍的根据地邺城很近，沮授首先提议：迎献帝、假旗号，“挟天子而令诸侯，畜士马以讨不庭，谁能御之！”[①] 郭图、田丰同样劝说袁绍迎汉献帝，但袁绍最终没有采纳。沮授还说：“若不早图，必有先人者也。”[②] 果然，曹操行动很快很果敢，迎走了汉献帝，并远远地迁到许下，使袁绍可望而不可即。袁绍走输了这一步棋，犹纲未举，目岂能张也。使他后来步步被动。官渡之战中，沮授一谏，指出颜良“不可独任”，袁绍不听；二谏“屯留延津，分兵官渡”，袁绍弗从；三谏“宜徐持久，旷以日月”，打持久战，袁绍不从；四谏防范曹军抄袭运粮队伍，“以绝曹操钞之”，袁绍仍然不听。[③] 沮授四谏，每谏都是官渡之战的关键，袁绍刚愎之用，四谏不从，以致最终兵败。

其实，早在袁绍仓促南下，与曹操对决官渡，想一举灭曹，抢走汉献帝，移都鄄城，别驾田丰苦谏袁绍说：由于征讨公孙瓒，“师出历年，百姓疲弊，仓庾无积，赋役方殷，此国之深忧也。宜先遣使献捷天子，务农逸民；若不得通，乃表曹氏隔我王路。然后进屯黎阳，渐营河南，益作舟船，缮治器械，分遣精骑，抄其边鄙，令彼不得安，我取其逸。三年之中，事可坐克也。”[④] 袁绍不从。“丰恳谏，绍怒甚，以为沮众，械系之。”[⑤] 田丰的苦恼，恼怒了袁绍，以为田丰在故意泄士气，把田丰囚禁起来。

---

① 《三国志·袁绍传》裴注引《献帝传》第126页。
② 同上。
③ 《资治通鉴》第592、594页。
④ 《三国志·袁绍传》裴注引《献帝传》第127页。
⑤ 《三国志·袁绍传》第130页。

田丰，字元皓，巨鹿人，或云渤海人。田丰“天姿瑰杰，权略多奇。”[①] 田丰初辟太尉府，迁侍御史，因宦官擅朝，英贤被害，就弃官归家，到袁绍起兵讨伐董卓，才“厚币以招致。”[②] 当曹操东征刘备，田丰谏言他偷袭许都，袁绍借口小儿有疾，而生生放过一大好时机，气得田丰将拐杖直击地。袁绍兵败官渡，逄纪“惮丰直亮，数谗之于绍，绍遂忌丰。”[③] 逄纪对袁绍说：田丰听说将军兵败，拍手大笑，高兴地说他言中了。[④] 袁绍于是产生了杀害田丰的想法。其实，不是这样的。袁绍兵败，有人问田丰说：“一切如你所料，定会被袁绍所器重。”田丰却说：“若军有利，吾必全，今军败，吾其死矣。”[⑤] 官渡兵败，袁绍羞见田丰，对他身边的人说：“吾不用田丰言，果为所笑。”于是杀害了他。[⑥]

官渡之战，果为田丰所料。当田丰苦谏袁绍，惹怒袁绍被囚下狱，曹操知道田丰不为袁绍出谋划策，喜不自禁地说：“绍必败矣！”到袁绍兵败，曹操无不感慨地又说：“假若袁本初采用田丰的计谋，谁胜谁败尚不可知呀！”[⑦]

裴松之引孙盛对田丰、沮授的评价：

> 观田丰、沮授之谋，虽良、平何以过之？故君贵审才，臣尚量主；君用忠良，则伯王之业隆，臣奉暗后，则覆亡之祸至；存

---

① 《三国志·袁绍传》裴注引《先贤行状》第130页。
② 同上。
③ 同上。
④ 同上。
⑤ 《三国志·袁绍传》第130页。
⑥ 同上。
⑦ 《三国志·袁绍传》裴注引《先贤行状》第130页。

亡荣辱，常必由兹。丰知绍将败，败则己必死，甘冒虎口以尽忠规，烈士之于所事，虑不存己。夫诸侯之臣，义有去就，况丰与绍非纯臣乎？①

孙盛对田丰、沮授之死，饱蘸惋惜之痛，二人虽有张良、陈平一样的才智，遇上袁绍这样的主子，只能亡荣存辱，冒死尽忠，也无济于事，义有去就，早作选择才对呀。

◆ 不念旧恶　亮丽一笔

官渡之战，袁绍败逃，曹操尽收其辎重图书珍宝，财物巨亿，斩首七、八万人，更重要的是曹操“收绍书中，得许下及军中人书，皆焚之。”② 可见袁绍当时兵败如山倒，他逃走是多么急促、慌张，就连许都和曹操军中的一些将领向袁绍表忠心的书信都没来得及带走或焚烧。然而曹操得到这些书信，一没有一张张阅览，二是“皆焚之”，三是曹操面对这些书信说了一句非常客观公正的话，他说：

当绍之强，孤犹不能自保，而况众人乎！③

官渡之战前一年，即 199 年，袁绍并灭公孙瓒，拥有青州、幽州、并州、冀州四州之地，是当时实力最雄厚的割据者，已积聚了争天下的优势。首先，政治资本雄厚，侍中周毖等人说：“袁氏树恩四世，门生故吏遍于天下。”④ 沮授说：“将军累叶辅弼，门生故吏遍

---

① 《三国志·袁绍传》裴注引《先贤行状》第 130 页。
② 《三国志·武帝纪》第 13 页。
③ 《三国志·武帝纪》裴注引《魏氏春秋》第 14 页。
④ 《三国志·袁绍传》第 122 页。

于天下。”[1] 荀谌说袁氏“世布恩德，天下家受其惠。”“宽仁容众，为天下所附。”袁绍号称“一时之杰。”[2] 其二，军事力量悬殊，袁军“简精卒七万，骑万匹。”[3] 投入官渡第一线有十一、二万兵力。[4] 曹军方面：张范说：“今曹公欲以弊兵数千，敌十万之众，可谓不量力矣！”[5] 荀彧说：“公以十分居一之众，画地而守之。”[6] 曹操本传载：“公兵不满万，伤者十二三。”这些记载，早被裴松之看出，进行质疑，认为不实。中华书局1983年出版的《中国古代战争战例选编》一书，赞成卢弼引林国赞的推计，曹军不下四万。尽管这样，双方军事力量依然悬殊。其三，袁军粮草充盈，仅袁绍兵不血刃让韩馥拱手交出冀州，当时冀州“带甲百万，谷支十年。”[7] 同时，袁绍也聚集了一批名臣武将，文士如沮授、审配、王修等，武将如颜良、文丑、淳于琼、张郃等，他所据四州，农业发达，物产丰富，供给充足。可惜，袁绍并灭公孙瓒后，不顾将士疲劳，不听田丰、沮授劝谏，迫不及待地要跨过黄河，攻取许都，欲挟走汉献帝。因为袁绍欲称帝，曹操不支持；袁绍又写信与曹操，想迁献帝于鄄城，曹操拒绝。于是在建安五年（200）发动了官渡之战，想一举灭掉曹操，以图“早定大业。”[8]

曹操面对那些向袁本初表忠心的书信，令“皆毁之”是非常明智之举，正如他说：“孤犹不能自保，而况众人乎！”曹操没有留下这些

---

① 《三国志·袁绍传》裴注引《献帝传》第126页。
② 《后汉书·袁绍列传》第1606页。
③ 《三国志·袁绍传》第126页。
④ 张大可《三国史研究》第59页。
⑤ 《三国志·张范传》第218页。
⑥ 《三国志·荀彧传》第203页。
⑦ 《三国志·袁绍传》第123页。
⑧ 《后汉书·袁绍列传》第1615页。

书信，日后进行清洗。因为，“时袁绍举兵南侵，遣使招诱豫州郡，诸郡多受其命。”① 刘表“举州以应绍。”② 曹操“北拒袁绍，时远近无不私遗笺记通意于绍者。”③ 曹操令“皆毁之”的明智之举，也是他官渡之战胜利后，不收黑材料，不秋后算账，不实行清洗的亮丽一笔。

诚然，据《三国志·赵俨传》裴松之引《魏略》另有故事说：袁曹相拒官渡，赵俨与李通同治阳安太守，李通欲遣使到袁绍那里表忠，赵俨对李通陈述了袁绍必败的意思，李通才没遣使前往。到袁绍败走，曹操派人搜阅袁绍的纪室（也就是当今的办公室），唯独不见李通的书笺。曹操暗暗知道这是赵俨为之计，说：“此必赵严所为。”

对此记载，裴松之疑此语为不然。他说：“案《魏武纪》：破绍后，得许下军中人书，皆焚之。若故使人搜阅，知其有无，则非所以安人情也。”④ 关于李通，前面已述，李通将袁绍遣使前来策反者，乃当场刀辟，将袁绍送来的绶印送往曹操。裴松之所疑，疑之有理。

最典型的是，袁绍的主簿陈琳归降曹操。这事提前说了，曹操见到陈琳说：“卿昔为本初移书，但可罪状孤而已，恶恶止其身，何乃上及父祖邪?”⑤ 袁绍为发动官渡之战，令陈琳捉刀疾书《绍檄州郡文》，把曹操骂得狗血淋头，比为赵高、吕雉，擅断朝政，挟汉献帝以令不臣，而且出身卑微，忘恩负义，残杀名士等等，正如曹操所说：你替袁绍写文告、顶多骂我归罪于我也就罢了，讨厌恶人恶事也止于当事人本身，何若连我的父亲、祖父一起骂进去！这对谁来说，也是

① 《三国志·赵俨传》第 419 页。
② 《三国志·桓阶传》第 398 页。
③ 《三国志·赵俨传》裴注引《魏略》第 421 页。
④ 同上第 421 页。
⑤ 《三国志·陈琳传》第 377 页。

无法忍受的，尤其是骂到自己的父亲、祖父，谁受得了呢？

然而，当陈琳谢罪之后，曹操“爱其才而不咎。”[①] 曹操不念旧恶的心胸和气度，这是他非常过人之处。还让陈琳、阮瑀担任司空军谋祭酒，管理表章书记方面的事务，发挥其才干。有一次，陈琳作诸书及檄文，草成之后呈给曹操。曹操当时头风病发作，卧床读陈琳所写的诸书及檄文，“翕然而起曰；‘此愈我病’数加厚赐。”[②] 曹操做到了爱其才，而不念旧恶，这是一般人难以做到的。

这样一来，曹操也成就了陈琳。不过陈琳、阮瑀以“表章书记，今之俊也”名世。陈琳的《饮马长城窟行》一诗，也是有名的，在中国文学史上占一亩之地。

陈琳降曹，非袁绍官渡之败，而是在建安九年（204）七月。当袁绍官渡大败。主簿陈琳随袁绍和袁谭等人用幅巾束发，骑着马和八百骑兵渡过黄河，到达黎阳北岸，进入他的部将蒋奇的军营，蒋奇让出营帐，让袁绍宣令。众士兵闻听袁绍还在，复又聚集起来，后又回到邺城。“冀州城邑多畔，绍复击定之。”[③] 就是说，袁绍回到邺城，对冀州所属的城邑多次发生叛乱，都被袁绍平定，到建安七年（202）夏天，因病发而死。袁绍一死，袁谭、袁尚兄弟反目，到建安九年，曹操引漳河水灌邺城，“城中饿死者过半”[④]，袁尚惧怕，“遣阴夔、陈琳求降。”[⑤] 曹操不答应。袁尚逃走蓝口，后从袁熙，冀州全境遂入曹操手中。陈琳应是建安九年，袁尚逃走而归降曹操的。曹操爱其才，

---

① 《三国志·陈琳传》第 377 页。
② 《三国志·玩瑀传》裴注引《典略》第 378 页。
③ 《三国志·袁绍传》第 131 页。
④ 同上第 1634 页。
⑤ 《三国志·袁绍传》第 1634 页。

不念旧恶，成就了陈琳。所以，陈寿说曹操“不念旧恶”，[①] 终能成其大业。

“不念旧恶”，语出《史记·伯夷列传》：孔子曰：“伯夷、叔齐，不念旧恶，怨是用希。求仁得仁，又何怨乎?”此不赘语。

官渡之战结束了，曹操向汉献帝上表说：

> 大将军邺侯袁绍前与冀州牧韩馥立故大司马刘虞，刻作金玺，遣故任长毕瑜诣虞，为说命录之数。又绍与臣书云：“可都鄄城，当有所立。”擅铸金银印，孝廉计吏皆往诣绍。从弟济阴太守叙与绍书云：“今海内丧败，天意实在我家，神应有征，当在尊兄。南兄臣下欲使即位，南兄言，以年则北兄长，以位则北兄重。便欲送玺，会曹操断道。”绍宗族累世受国重恩，而凶逆无道，乃至于此。辄勒兵马，与战官渡，乘圣朝之威，得斩绍大将淳于琼等八人首，遂大破溃。绍与子谭轻身迸走。凡斩首七万余级，辎重财物巨亿。[②]

这份上表，将袁绍叛逆朝廷，另立新帝，表述得一清二楚，使袁绍身败名裂，为讨伐其父子有了罪名。

官渡之战，诸葛亮有一著名的论断，说：“曹操比于袁绍，则名微而众寡，然操遂能克绍，以弱为强者，非惟天时，抑亦人谋也。”[③]

---

① 《三国志·武帝纪》第35页。
② 《三国志·武帝纪》裴注引《献帝起居注》第14页
③ 《三国志·诸葛亮传》第565页。

第七章

建安六年（201）

◆ 从谏如流　征刘降昌

官渡之战历时九个月，袁绍大溃败，曹操感叹说："向使绍用其田别驾计（即田丰），尚未可知也。"[①] 其实，袁绍官渡败北，没有达到完全崩溃的地步，"众闻绍在，稍复集。"[②]"冀州城邑多叛，绍复击定之。"[③] 袁绍回来，又收星散士卒，攻各个曾叛离的郡县，各地又安定下来。这时，曹操粮食匮乏，派夏侯渊"使督兖、豫、徐州军粮。"[④]然后，用骑兵运送，方得粮食不断，军队得以振作。

这时，曹操也到东平郡的安民亭收取米谷，然而，粮食很少，不足以与黄河以北的兵力相抗衡，曹操就想趁着袁绍溃败，"以其间击讨刘表。"[⑤] 后来曹操上表汉献也说：破溃袁绍之后，"臣粮已尽，以

---

① 《三国志·袁绍传》裴注引《先贤行状》第 130 页。
② 《后汉书·袁绍列传》第 1623 页。
③ 《三国志·袁绍传》第 131 页。
④ 《三国志·夏侯渊传》第 175 页。
⑤ 《三国志·荀彧传》第 203 页。

为河北未易图也，欲南讨刘表。”① 一是刘表荆州粮足物饶，二可扩大地盘。荀彧知后，觉得曹操这个决策潜在风险很大，于是对曹操说：“今绍败，其众离心，宜乘其困，遂定之；而背兖、豫，远师江、汉，若绍收其馀烬，承虚以出人后，则公事去矣。”② 荀彧尖锐地指出，远涉江汉，袁绍“收其馀烬”，卷土重来，在背后乘虚而入，岂不前功尽弃？明智的曹操被荀彧这样一点即明，他否定了自己，放弃了自己的决策，不以自己决策为决策，不以自己说了算就算，尊重荀彧之建言，珍策重计，重新屯兵黄河。荀彧在关键的时候，点醒了曹操，曹操能从谏如流，即时调整方向，这正是他的非常过人之处。建安六年（201）夏四月，曹操扬兵黄河南岸郡县，全歼袁绍仓亭津守军，回师许都。

九月，从汝南传来消息说：当初袁绍未被曹操攻破之前，袁绍派刘备攻略汝南。刘备到了汝南，关羽、张飞也相继回到了刘备帐下，聚集起一支队伍，光明正大的打出汉献帝的“衣带诏”讨伐曹操，但不久就被曹仁打败。此后，又与汝南龚都联合，曹操派蔡阳领兵与刘备、龚都作战近一年有余，蔡阳兵败阵亡。曹操深知汝南距许都不过二百余里，曹操亲率大军征讨，刘备不敌，落荒而逃，遂投荆州刘表。龚都的黄巾军也被曹操进攻的四处溃散，汝南又回到曹操的管辖。刘备投刘表帐下，刘表也很聪明，给了一些士兵，让他屯驻新野，意在让刘备看守荆州北大门，以防曹操南下。

也就在这一年，曹操遣夏侯渊、张辽在东海（今山东郯城县）围剿昌豨。数月已过，粮食将尽，没能攻破昌豨，商议班师回京。这时

---

① 《三国志·荀彧传》裴引《彧别传》第 205 页。

② 《三国志·荀彧传》第 203－204 页。

张辽对夏侯渊说："这些天来，每次围攻昌狶，他两眼直视着我，好像有话要说，他们箭射的更稀少，这必定是昌狶心计犹豫，所以作战不力。我想过去与他对话，挑拨一下，或许可以引诱反正。"① 于是派人对昌狶说："曹公有命，使辽传之。"② 昌狶果然下城来见张辽与语。张辽说，曹操神武，以德怀四方，先附者受大赏。昌狶听了许诺归降；于是张辽单身到三公山昌狶家里，拜见了他的妻子。昌狶很高兴，随同张辽一同见曹操。等到曹操见昌狶，并派遣他回去，才责备张辽说："此非大将法也。"③〔此事《资治通鉴》记于这一年，故从之〕张辽谢罪之后，很巧妙地说："以明公威信著于四海，辽奉圣旨，狶必不敢害故也。"④

张辽"武力过人"。⑤ 曹操建安三年（198）十二月破斩吕布，张辽率其众降归，拜中郎将，赐爵关内侯。"数有战功，迁裨将军。"⑥ 袁绍官渡破败，曹操遣张辽平定鲁国诸县。这次他与夏侯渊围昌狶，尽管昌狶归降，张辽功不可没，但他单身上昌狶所据三公山，入其家，拜其妻子，劝其降曹，会赦其罪，曹操认为这不是一个堂堂大将的做法。因为，昌狶属吕布旧部，怕出风险。曹操对部下有功即赏，有过即责，爱护不是迁就。不责张辽这样的大将，何以治军？何以管理将军？何以有未来的统一？

---

① 《三国志·张辽传》第 329 页。
② 同上。
③ 同上。
④ 同上第 329 页。
⑤ 同上。
⑥ 同上。

建安七年（202）

◆ 一令一祭　百年何恨

建安七年（202）正月，曹操军屯故乡谯县。当曹操踏上故乡这块熟悉的土地，终日行走于街市，看不见他从前相识的故人，使他凄怆伤怀。曹操心里非常清楚，自己的家乡处于交战区，同龄人几乎死丧殆尽，心里非常悲痛。曹操明白，对于那些阵亡者的家人，应好好抚恤：若无后代则可以让其亲属子弟顶替，由政府分给田地耕牛，让其子弟上学读书，允许阵亡家属为之立庙，祭祀先人。这样，才不愧对故乡人，和故乡这块土地。百年之后，才不会有遗恨！曹操的心中有阵亡的将士，心里装着老百姓。他这种底层情怀，是稳定战乱带来的广袤农村的唯一正确的决策。于是，曹操下令说：

> 吾起义兵，为天下除暴乱。旧土人民，死丧略尽，国中终日行，不见所识，使吾凄怆伤怀。其举义兵已来，将士绝无后者，求其亲戚以后之，授土田，官给耕牛，置学师以教之。为存者立庙，使祀其先人。魂而有灵，吾百年之后何恨哉！①

曹操在故乡谯县下的这个令，也是他对阵亡士兵家属亲人的一次抚慰，对军队是一次鼓与励。也称“军谯令”。曹操在这道军令中，还创造一个对死的美好称呼：百年之后。与谯县毗邻的睢阳县有桥玄之墓，曹操派遣专使前往，以猪、牛、羊三牲祭品齐全的“太牢”规格隆重祭奠。当初，曹操人微，没有谁能了解他，曾经前去拜见桥玄，

① 《魏志 · 武帝纪》第 14 页。

桥玄看见他感到惊异，说：“今天下将乱，安生民者大概是你！”[①] 曹操常常对桥玄能了解自己而感激。桥玄曾开玩笑对曹操说：“我去世之后，你路经此地时，如果不用十升酒、一只鸡来祭奠的话，车子过去三步后，肚子痛而不要埋怨。”[②] 从这个玩笑可见出曹操与桥玄好如至亲。桥玄这个人，在汉灵帝光和元年（178），升任太尉。数月后，称病请求罢官，朝廷任命他为太中大夫，在家就医。他性刚急，然而谦俭下士，七十五岁去世，家无产业，逝后没有停放灵柩的地方，“当时称之。”[③] 曹操派遣的专使，在桥玄墓前，宣读了曹操亲自撰写的祭文。全文如下：

> 故太尉桥公，诞敷明德，泛爱博容。国念明训，士思令谟。灵幽体翳，邈哉晞矣！吾以幼年，逮升堂室，特以顽鄙之姿，为大君子所纳。增荣益观，皆由奖助，犹仲尼称不如颜渊，李生之厚叹贾复。士死知己，怀此无忘。又承从容约誓之言：“殂逝之后，路有经由，不以斗酒只鸡过相沃酹，车过三步，腹痛勿怪！”虽临时戏笑之言，非至亲之笃好，胡肯为此辞乎？匪谓灵忿能诒己疾，怀旧惟顾，念之凄怆。奉命东征，屯次乡里，北望贵土，乃心陵墓。裁致薄奠，公其尚飨！[④]

此文与《后汉书·桥玄列传》文字有异，但其意未变。从这里可见出曹操对桥玄“怀此无忘”，当年二人虽是一个玩笑，曹操却非常

① 《后汉书·桥玄列传》第1146页。
② 《三国志·武帝纪》裴注引“褒赏令载公祀文曰”第14–15页。
③ 《后汉书·桥玄列传》第1146页。
④ 《三国志·武帝纪》裴注引“褒赏令载公祀文”第14–15页。

认真，这次“屯次乡里，北望贵土，乃心陵墓。”用最高的“太牢”规格，和充满敬意的祭文，表达了他对桥玄的感激和怀念。尤其是祭文里用桥玄的玩笑话，一扫泥古之拘泥，见出曹操幽默诙谐的一面。殊不知，曹操“每与人谈论，戏弄言诵，尽无所隐，乃欢悦大笑，至以头没杯案中，肴膳皆沾污巾帻，其轻易如此。”[①] 这才是生活中的真实曹操，他的不拘小节，风趣幽默更见出他对生活充满着乐趣、情趣和志趣。

从谯县回师官渡，曹操专程到浚义县（故城在今开封市），主持了睢阳渠的治理工程，急农扶困，发展农耕，以足军食。治国，农耕永远是第一位的。

◆ 袁绍忧死　曹操北进

袁绍自军败官渡，他的部将之间发生矛盾，部将孟岱与审配有间隙，恰好审配的两个儿子被曹操浮获所用，孟岱托蒋奇对袁绍说：“配在位专政，族大兵强，且二子在南，必怀反叛。”[②] 郭图、辛评也这样认为。袁绍便任孟岱为监军，代替审配守邺城。护军逢纪和审配也不和，袁绍问逢纪这件事，逢纪说：“（审）配天性烈直，每所言行，慕古人之节，不以二子在南（即曹操那里）为不义也，公勿疑之。”袁绍说：“君不恶之邪？”逢纪说：“先所争者私情，今所陈者国事。”袁绍说“好。”[③] 袁绍没有废除审配，二人从此和睦相协。不久，袁绍发病

① 《三国志·武帝纪》裴注引《曹瞒传》第 34 页。
② 《后汉书·袁绍列传》第 1624 页。
③ 同上。

呕血，到这年五月，惭愤“忧死”。[1] 袁绍死后，河北民众“莫不伤怨，市巷挥泪，如或丧亲。”[2] 曹操最得力的谋士之一郭嘉有“袁绍有恩于民夷”之言。[3] 在曹操智囊团里“庶乎算无遗策”的荀攸甚至说：“袁氏据四州之地，带甲十万，绍以宽厚得众，借使二子和睦以守其成业，则天下之难未息也。”[4] 到后来，袁绍的两个儿子袁尚、袁熙逃入乌桓，“时幽、冀吏人奔乌桓者十万余户。”[5] 这是因为袁“绍为人政宽，百姓德之。”[6] 才有十万余户民众跟随袁尚、袁熙逃奔乌桓。

谁料，袁绍一死，袁氏子弟各怀异心，“审配、逢纪和辛评、郭图争权。”[7] 当初袁绍让三子一甥各据一州，以观其能，未宣布继承人，沮授曾说：“祸其始此乎！”[8] 当时，袁绍很疼爱小儿子袁尚，袁尚貌美清秀，统领冀州本部兵马。袁尚的母亲刘氏，数称儿子有才，欲想儿子继承袁绍大业，还没有立遗命，就驾鹤西去。袁绍有宠妾五人，当袁绍僵尸未殡，刘氏就将宠妾五人“尽杀之”，袁尚“又为尽杀死者之家”引起纷乱。[9] 当时，辛评、郭图等人支持拥戴袁谭；审配、逢纪等人则拥戴支持袁尚，他二人怕袁谭继位后，辛评等人会作乱害已，于是，审配“遂矫诏遗命，奉尚为嗣。”[10] 等到袁谭赶回冀州，袁尚已继任大将军，冀州牧、袭祁乡侯，兼督幽、并、青三州。

---

① 《三国志·袁绍传》第 131 页。
② 《后汉书·袁绍列传》注引《献帝春秋》第 1624 页。
③ 《三国志·郭嘉传》第 279 页。
④ 《三国志·荀攸传》第 210 页。
⑤ 《后汉书·乌桓列传》第 2018 页。
⑥ 《后汉书·袁绍列传》第 1624 页。
⑦ 《三国志·袁绍列传》第 131 页。
⑧ 《三国志·袁绍传》裴注引《九州春秋》第 127 页。
⑨ 《三国志·袁绍传》裴注引《典论》第 131－132 页。
⑩ 《后汉书·袁绍列传》第 1624 页。

袁谭无可奈何，只留忌恨，自号车骑将军，驻屯黎阳。此时，袁谭以在黎阳抵御曹操为由要求增兵，袁尚拨给少量兵马，并任命逢纪为监军。袁谭要求继续增兵不遂，一怒之下，杀死了监军逢纪。

这样一来，兄弟相残更甚。荀彧看清看准了这一点，在他的建策下，曹操率军北进。

九月，曹操领兵北渡黄河，攻打黎阳，跟随曹操前往的有谋士荀攸，武将有张辽和乐进。袁谭兵少不敌，请求袁尚派兵救援，袁尚顾及增派援军怕被袁谭夺走，留下审配守邺城，袁尚自己带兵前往救援黎阳。

袁谭为抵御曹军，在黎阳城西筑袁谭城，曹操为攻袁谭在黎阳城南也筑一城,[①] 积存粮草，准备决一血战。

◆ 计斩郭援　刘屯新野

这一年十月前后，曹操令侍中兼司隶校尉钟繇率领各军包围不断扰乱的南单于于平阳，没有攻下南单于。也就在这时，袁绍当初所任用的河东太守郭援也到了河东，他率领的军队很强盛。看到郭援强盛的军队，钟繇的部将商量撤围，钟繇说：“袁氏方强，郭援前来，暗中与关中勾结，只因我的威名，未敢反叛。若放弃包围，示之以弱，这里的民众，谁非寇仇？放纵他们而回去，这也达不到目的。此为未战先自败也。何况郭援刚愎自用，必然轻视我们，假若我们渡过汾河扎营，趁他们渡到一半，加以攻击，可大克也。”[②]

在钟繇说服部将的同时，已派新丰令冯翊、张既说服马腾，马腾

---

① 《后汉书·袁绍列传·绍子谭》注引郭缘生《述征记》第 1629 页。
② 《三国志·钟繇传》第 254 页。

疑虑未决，因为袁尚遣高干、郭援与南单于联合寇河东，马腾等“阴许之。”[①] 就在马腾疑虑未决之时，傅干对马腾说：“古人有言‘顺道者昌，逆德者亡。’曹公奉天子诛暴乱，法明国治，上下用命，有义必赏，无义必罚，可谓顺道矣。袁氏背王命，驱胡虏以陵中国，宽而多忌，仁而无断，兵虽强，实失天下心，可谓逆德矣。今将军既事有道，不尽其力，阴怀两端，欲以坐观成败，吾恐成败既定，奉辞责罪，将军先为诛首矣。”马腾听了傅干的一番说辞，“于是腾惧。”傅干又说：“智者转祸为福。今曹公与袁氏相持，而高干、郭援独制河东，曹公虽有万全之计，不能禁河东之不危也。将军诚能引兵讨援，内外击之，其势必举。是将军一举，断袁氏之臂，解一方之急，曹公必重德将军。将军功名，竹帛不能尽载也。唯将军审所择！”马腾对傅干说：“敬以教。”[②] 于是马腾派儿子马超率精兵万余，与钟繇共击高干、郭援。

果不其然，郭援的兵马一到，就令部队渡汾河，他的部下阻止这样冒险，郭援不听。当郭援的军队过河不到一半，钟繇事先扎营的军队下令进攻，郭援大败，被斩首。高干及南单于皆投降。

郭援，是钟繇的外甥。战争结束了，南单于降服了，众人皆言郭援死而不得其首。稍后，马超的校尉南安庞德，从箭袋中拎出一人头，钟繇见是郭援，失声痛哭。庞德向钟繇谢罪，钟繇说：“援虽我甥，乃国贼也，卿何谢之有！”[③] 钟繇以国事为大，只是血亲难断，哭而一了。

---

① 《三国志·钟繇传》裴注引司马彪《战略》第 254 页。

② 同上。

③ 《资治通鉴》第 598 页。

当刘备在汝南被曹操击败之后，刘备遣糜竺、孙乾向刘表通报，欲归顺于他。刘表亲自到郊外迎接刘备，用上宾之礼待他，于是就住了下来。刘备住在荆州的日子里，“尝于表坐起至厕，见髀里肉生，慨然流涕。”刘表奇怪地问刘备，刘备说：“平常身不离鞍，大腿都消瘦。现今不再骑马驰骋战场，大腿的肉也长多了，粗了。日月奔驰不停，老至将至，而功业不建，因而悲之。”① 于是刘表给刘备增益兵力，让刘备屯兵于新野，（原河南南阳县南）新野是荆州刘表的北大门，是为了抵御曹操南下。

曹操闻知刘表派刘备领兵屯驻新野，遣夏侯惇、于禁等拒之。这时刘表令刘备的军队向前移，领兵抵御夏侯惇和于禁于博望（今河南省方城县）。相拒很久之后，刘备设下埋伏，一日忽然烧其屯驻之地，伪装逃遁。夏侯惇等驱兵追击刘备。这时曹军裨将军李典说：“贼兵故退，疑必有伏，南道窄狭，草木深，不可追也。”② 夏侯惇不听，让李典留守而夏侯惇领兵追击刘备。夏侯惇果然中刘备埋伏，兵大败。李典率兵前往救援，刘备乃退逃而去。

关于刘表派刘备领兵屯驻新野之前，《三国志·先主传》说：“荆州豪杰归先主者日益多，表疑其心，阴御之。”③ 刘表派刘备屯樊城，刘表惮惧他的为人，不甚信用刘备。刘表曾设宴宴请刘备，刘表部将蒯越、蔡瑁想在宴会上除掉刘备，刘备觉察后，假装如厕，潜遁出，骑上的卢马逃走，堕入襄阳城西檀溪水中，溺不得出。刘备急得对的卢马说：“的卢，今日厄矣，可努力！”的卢马乃一踊三丈，遂得过，

---

① 《三国志·先主传》裴注引《九州春秋》第 546 页。
② 《资治通鉴》第 598 页。
③ 《三国志·先主传》第 545 页。

乘桴渡河，中流而追者至，以表意谢之，曰："何去之速乎！"[①]

这个记载，裴松引孙盛之说："此不然之言。备时羁旅，客主势殊，若有此变，岂敢晏然终表之世而无衅故乎？此皆世俗妄说，非事实也。"[②] 孙盛洞见明也，若有此事，刘表此前岂能表刘备为荆州刺史？

〔注：刘备北侵，屯驻新野一事，《资治通鉴》纪于建安七年，故从之。〕

① 《三国志·先主传》裴注引《世语》第546页。

② 同上。

第八章

建安八年（203）

◆ 黎阳之战　二袁难和

黎阳攻守战，从建安七年九月曹操率军北渡黄河，攻打黎阳，直到建安八年（203）三月，袁谭、袁尚兄弟开城出战曹军，大败而退，曹将乐进斩其袁氏部将严敬。当二袁败退黎阳城内坚守，曹操下令围城，袁氏兄弟放弃黎阳，乘夜遁逃，败走邺城。四月，曹操进军追到邺城。邺城，是袁氏集团的大本营，城池坚固，仓储丰腴，兵力也较雄厚。曹“操进军，尚逆击破操。”① 曹操到邺城进攻，袁尚迎击，破了曹操，曹军还许都。这时田野的麦子已成熟，曹军收其麦，曹军诸将欲乘胜攻下邺城，降服二袁，谋士郭嘉说：

袁绍爱此二子，没有立下合适的继承人。有郭图、逢纪为谋臣，必定会在其中钩心斗角，还要互相离间。急攻他们就会互相维持团结，放缓攻击，他们会生争夺之心。不如南向荆州，佯装

① 《后汉书·袁绍列传·袁谭》第1629页。

征伐刘表，等待他们变乱，变乱后再攻击他们，可一举定也。[①]

就在曹军“连战数克”之时，[②] 诸将领主张趁势荡平二袁，谋士郭嘉独具慧眼，力排众议，建一奇策。郭嘉为曹操分析了袁尚、袁谭之间不可调和的矛盾，兄弟各拥兵自重，各有谋臣，彼此互不相容。我军若攻之急，会迫使他们联合抵御；如若缓进攻，二袁兄弟必内讧互斗，为争继承权斗得死去活来。建议曹操向南回军，佯攻荆州刘表，“以待其变，变成而后击之，可一举定也。”[③] 曹操很赞许郭嘉之建策，便回军进至西平，袁谭、袁尚果然为争冀州兵戎相见。郭嘉的建策没有改变荀彧北进的大方向，只是在具体战术策略上作了调整，缓进攻，让内斗，耗其力，再歼之。曹操能在“连战数克”和将领们主战情绪高涨的情况下，能听取和接受谋士的建策，果断用智囊郭嘉的智慧，令曹军收麦，留贾信屯兵黎阳，率主力退出河北，还师许都。回师途中，令张辽、乐进攻下阴安县，“徙其民河南”。这样一来，既减少了强攻硬拼的死伤，又收麦以足军食。曹操不以自己和众将领的意见为转移，这正是他尊策重智的非常独特之处。[④]

曹军退还许都，邺城暂时归于平静。袁谭对袁尚说：“我铠甲武器不精良，故前为曹操所败，今操军退，人人都想回去，等他们渡过黄河，出兵击之，可令曹军大溃，此策不可失。”[⑤] 袁尚怀疑这个计策，既不增兵，又不易甲给袁谭。袁谭大怒，郭图、辛评趁机对他说：

---

① 《三国志·郭嘉传》第 279 页。
② 同上。
③ 同上。
④ 《三国志·张辽传》第 329 页。
⑤ 《后汉书·袁绍列传·绍子谭》第 1629 页。

“叫先公袁绍把你过继给兄长做后，立袁尚继位，这都是审配等人造成的。”[①] 袁谭也是这样认为的，于是带兵进攻袁尚，战于邺城门外。袁谭被打退，带兵回到南皮。

这时，北海别驾王修率吏民从青州赶来救援袁谭。袁谭想再攻袁尚，王修说：“兄弟是左右手。有人将要打斗，先断自己的右手，还说我必胜也，这种人可以吗？弃掉兄弟情分而不亲，天下人有谁亲近？你的部下有进谗言，在你兄弟间挑斗争执，求一时之利，愿塞耳勿听。如果你斩杀几个奸佞之臣，兄弟复相亲睦，共同抵御四方之敌，可以横行天下。”[②] 袁谭感触而叹息地说：“今举州皆叛，岂孤之不德邪！”[③] 王修说：“东莱太守管统，虽在海表，此人不反，必来。”[④] 十余日后，管统果然弃其妻来见袁谭，后妻为贼所杀。袁谭以管统为乐安太守。

由于青州将吏纷纷背叛袁谭，归附袁尚。于是袁尚亲自率军进攻袁谭，袁谭被打败。袁谭奔平原郡固守，袁尚围攻凶猛，无奈之下，袁谭遣辛评弟辛毗到曹操那里请求救援。此时，刘表闻知，修书以劝谏袁谭，说：“……且君子违难不适国仇，交绝不出恶声，况忘先人之仇，弃亲戚之好，而为万世之戒，遗同盟之耻哉！……若冀州有不弟之慠，无惭顺之节，仁君当降志辱身，以济事为务。事定之后，使天下平其曲直，不亦为高义邪？”[⑤]

刘表又修书给袁尚，说：“……仁君度数弘广，绰然有余，当以大苞小，以优容劣，先除曹操，以平先公之恨，事定之后，乃议曲直

---

① 《后汉书·袁绍列传·绍子谭》第1629页。
② 同上。
③ 《资治通鉴》第599页。
④ 同上。
⑤ 《后汉书·袁绍列传·绍子谭》第1631页。

之评，不亦善乎！……若迷而不返，遵而无改，则胡夷将有诮让之言，况我同盟，复能勠力仁君之役哉！”①

袁谭、袁尚兄弟皆不从刘表修书所劝。

此时曹操驻军西平县，袁谭的特使辛毗拜见曹操，辛毗将袁谭救援之意转告曹操，听后很高兴。数日之后，曹操又放出不愿介入袁氏兄弟之争，拟按原定平荆州行事。辛毗看曹操神色有异，知道生变，询问同乡郭嘉。郭嘉告诉曹操，曹操问辛毗说：“袁谭心诚否？袁尚必可攻克否？”辛毗说：“明公先别过问诚信与欺诈，只当论其形势。袁氏兄弟相残，国分为二，连年战伐，甲胄生虮虱，加以旱蝗，粮荒饥馑严重。天灾应于上，人事困于下，民无愚智，皆知袁氏土崩瓦解，此乃天亡袁尚之时也。当下前往攻取邺城，袁尚不还救，即不能自守；回救、袁谭尾随其后。以明公之威，应困穷之敌，击疲弊之寇，无异于迅风之振落秋叶！上天将把袁尚给明公，明公不取袁尚而伐荆州，荆州粮丰民乐，无隙可乘。二袁不务远略而生内乱；居者无食，行者无粮，可谓亡矣。朝不谋夕……且四方之寇，莫大于河北，河北平，则六军盛而天下震矣。”②

辛毗的这番话，曹操听了很高兴，欣然同意。其实，这里是曹操考验辛毗，在上一年已赞同郭嘉之策。辛毗到来，是想听听他对二袁近况的分析，决定其下一步的具体征讨。然而曹军“诸将皆疑。”③ 以为刘表兵力强，应该先讨平他，袁氏兄弟正内斗贫困，不值得忧虑。荀攸趁此说：“天下正当有大事，而刘表坐保江、汉一带，他无四方

① 《后汉书·袁绍列传·绍子谭》注引《魏氏春秋》载《表遗尚书》第1632页。

② 《三国志·辛毗传》第436页。

③ 《三国志·武帝纪》第15页。

之志可知矣。袁氏据四州之地，带甲十万，袁绍以宽厚得众人之心，假使二子和睦以守成业，则天下之难未息也。如今，兄弟交恶，势不两全，可乘其内乱而取之，以定天下，机不可失！”① 这依然和郭嘉的建策不谋而合，这也正是曹操善听谋士之建议，让决策更稳妥，更有效，取胜更有把握。

于是，曹操说：“我攻吕布，刘表不曾来犯，官渡之役，也不救袁绍，此自守之贼，适合日后除掉他。二袁狡猾，当乘其乱灭掉，纵然袁谭挟诈伪降也不惧怕，使我攻破袁尚，遍收其地，利自多矣。”② 曹操的这番话使曹军诸将释其疑，而明其策，赞其洞明睿智。

十月，曹操返回许都，稍事停留，率军开赴黎阳。

袁尚闻知曹操领军再次北进，恐邺城失守，从平原撤军退回邺城固守。袁尚一撤走，其部将吕旷、吕翔兄弟屯驻平阳县，率众归降曹操，封为列侯。袁谭之危解除后，暗中刻制两将军金印，企图收买二吕兄弟。谁知，吕旷、吕翔兄弟交出金印，曹操说：“我原本知道袁谭会有小伎俩，想让我攻袁尚，乘机聚众扩军，待袁尚破除，袁谭觉得自己强大乘我疲弊，有机可乘。然而，袁尚破灭，我军更强盛，何弊之有？”③

曹操明知袁谭有诈，为安抚袁谭，曹操“乃为了整聘谭女以安之。”④ 曹操提议迎娶袁谭的女儿为儿子曹整为妻，以稳住安抚袁谭，以彻底孤立袁尚。这正是曹操的非常之城府。

---

① 《三国志·荀攸传》第210页。
② 《三国志·武帝纪》裴注引《魏书》第15页。
③ 同上，第15页。
④ 《资治通鉴》第600页。

袁谭此时也觉得有望赶走袁尚，然后自己独大。就在曹操围攻邺城之时，袁谭一连袭占了甘陵、安平、渤海，河涧三国，悉收袁尚的溃散余部，与曹操公开决裂。

◆ 一道军令　一道学令

这年三月己酉（二十四日），曹操下令说：

> 《司马法》“将军死绥”，故赵括之母，乞不坐括。是古之将者，军破于外，而家受罪于内也。自命将征行，但赏功而不罚罪，非国典也。其令诸将出征，败军者抵罪，失利者免官爵。[①]

这个令，《曹操集》称“败军令”。[②] 核心是“令诸将出征，败军者抵罪，失利者免官爵。”令的启文，以《司马法》“将军死绥。”绥，即却也。[③] 赵括之母，求赵王不要因赵括长平兵败而株连其罪。这是两个典故。

先说《司马法》，称《司马兵法》《司马穰苴兵法》，《史记·索隐》谓《司马法》。[④] 司马迁在《史记》里为司马穰苴作传。司马穰苴姓田是田完的后裔。司马，主兵。齐景公时，晋国征伐齐国的东阿和甄城，燕国兵犯齐国河上，结果齐国军队大败。这时，齐景公非常忧惧，晏婴就推荐了田穰苴，说：“田穰苴这人，文能附众，武能威敌，愿君试之。”齐景公与穰苴语兵事后非常满意，任命穰苴为将。

---

① 《三国志·武帝纪》第 14 页。
② 《曹操集》第 32 页。
③ 《三国志·武帝纪》裴注引《魏书》第 15 页。
④ 《史记·司马穰苴列传》第 1676 页。

穰苴因出身卑贱，从平民中来，人微言轻，怕将士未附，百姓不信。请求君王的宠臣作监军。齐景公派庄贾为监军，二人约定第二天正午在军营门前会合。虽料，第二天正午已过没有见庄贾，直到傍晚时分才到。庄贾一贯骄横显贵，这次为监军，亲戚僚属为他送行饮酒，故而傍晚才到军营。穰苴召令军法官问："军法期而后者云何?"答曰："当斩!"庄贾惧，派人驰报齐景公请救。这时，穰苴以军法斩了庄贾，三军之士皆振慄。过了很长时间，齐景公派遣使者持节来赦免庄贾，穰苴对使者说："将在军，君令有所不受。"对持节使者还有其做法，就不赘述。然后，穰苴对士兵的宿舍、水井、炉灶、饮食、诊病、医药都亲自安排。他又把自己的物资、粮食拿出来与士兵平分，按现在话说：官兵一致。三天整编后，生病的要求出征，争先奋勇为之赴战。穰苴这样做，意想不到的事发生了。晋军闻之，撤军罢战；燕师闻之，渡黄河北撤。就在这时，穰苴率军追击，收复了沦陷的国土。齐景公尊他为司马官，主兵。[①] 曹操的《败军令》，用《司马兵法》说：将军死于退却。为这个《败军令》奠定了基调。

第二个典故，实际是说"纸上谈兵"的战国时赵括。公元前260年，赵孝成王六年，中秦国的反间计，用赵括取代廉颇为将，在长平大举出击，被秦将白起包围，突围不成，被射死，坑死赵军四十万。长平兵败，按军法，赵括母亲受连坐，赵母请求赵王不要因赵括兵败而受连坐。

《败军令》用两个典故，为此令奠定了基础，也为"败军者抵罪，失利者免官。"有了兵法依据。此令也可看出，曹操治军之严，以及

---

① 以上见《史记·司马穰苴列传》第1675－1676页。

对兵法的熟习。

这年秋七月，曹操下《修学令》（《曹操集》称此令为《修学令》）说：

丧乱以来，十有五年，后生者不见仁义礼让之风，吾甚伤之。其令郡国各修文学，县满五百户置校官，选其乡之俊造而教学之，庶几先王之道不废，而有以益于天下。[1]

曹操亲手撰的《修学令》不满七十字。却非常深刻指出了自中平五年（188）以来，因黄巾军起义，接着董卓乱朝，军阀割据，袁绍攻许都等等，社会丧乱，年轻人不见有“仁义礼让之风”的传统美德，曹操很是伤心忧虑。他认为是不修文学，即乡学不再，是教育的问题，令各郡国办学，凡县满五百户设置校官，选拔乡贤乡俊，建学校而教学，使先王之道不废，而有益于天下。

曹操在平定割据的讨伐中，不忘办学，不忘对后生的教育，不忘继承先王之道，让社会风气变好，让一代后生，从生命升华为慧命，这正是他的非常不同寻常之处。

◆ 天下之定　荀彧之功

是年，曹操录荀彧前后之功，上表汉献帝录为万岁亭侯。曹操上表说：

臣闻虑为功首，谋为赏本，野绩不越庙堂，战多不逾国勋。是故曲阜之锡，不后营丘；萧何之士，先于平阳。珍策重计，古今所尚。侍中守尚书令彧，积德累行，少长无悔，遭世纷扰，怀

① 《三国志·武帝纪》第15页。

忠念治。臣自始举义兵，周（游）〔旋〕征伐，与彧戮力同心，左右王略，发言授策，无施不效。彧之功业，臣由以济，用披浮云，显光日月。陛下幸许，彧左右机近，忠恪祇顺，如履薄冰，研精极锐，以抚庶事。天下之定，彧之功也。宜享高爵，以彰元勋。①

曹操上表汉献帝的奏章，是通过荀彧而上达，荀彧看后“固辞无野战之劳，不通太祖表。”② 因荀彧是侍中守尚书令，即不是尚书令，却奉行尚书令的职责，他不呈送汉献帝，就得不到御批。其实早在曹操官渡之捷和平定河北，上表汉献帝说：“昔袁绍侵入郊甸，战于官渡。时兵少粮尽，图欲还许，书与彧议，彧不听臣。建宜住之便，恢进讨之规，更起臣心，易其愚虑，遂摧大逆，覆取其众。此彧睹胜败之机，略不出世也。及绍破败，臣粮亦尽，以为河北未易图也，欲南讨刘表。彧复止臣，陈其得失，臣用反旆，遂吞凶族，克平四州。向使臣退于官渡，绍必鼓行而前，有倾覆之形，无克捷之势。后若南征，委弃兖、豫，利既难要，将失本据。彧之二策，以亡为存，以祸致福，谋殊功异，臣所不及也。”③ 当时，曹操想表荀彧为三公，荀彧“使荀攸深让，至于十数，太祖乃止。”④ 曹操在这里没有空话，大话，上表具实而言，真诚真实。这次曹操上表荀彧为万岁亭侯，依然辞而不授。于是，曹操又与书荀彧说：

与君共事已来，立朝廷，君之相为匡弼，君之相为举人，君

① 《三国志·荀彧传》裴注引《彧别传》第204页。
② 同上。
③ 《三国志·荀彧传》裴注引《彧别传》第205页。
④ 同上。

之相为建计，君之相为密谋，亦以多矣。夫功未必皆野战也，愿君勿让。①

荀彧看了曹操与他的修书，这才上达献帝。曹操确实很聪明，袁谭、袁尚即将被扑灭的前夕，这道上表献帝的奏章，褒奖荀彧的“怀忠念治”“忠恪祗顺”。最后以“天下之定，彧之功也。”表明曹操没有将天下之定之功归于他，是非常之人的非常胸怀。尤其在与荀彧之书，尽管没有野战之劳，但对他的“匡弼”“举人”“建计”“密谋”才使朝廷立，君臣和，吕布灭，袁绍败，荐荀攸，举钟繇等等，这比野战之功更胜一筹。曹操不把天下初定之功归于自己，而是归于“发言授策，无施不效”，“忠恪祗顺，如履薄冰，研精极锐，以抚庶事”的荀彧，这才是曹操珍策重计的具体体现。曹操对人才的重视，在这里无须多言。他将官渡之战的华表，顶上了荀彧的雕像。因为官渡之战不久，袁绍便衰败下去，未来北方的统一，也在运筹演谋之中，所以曹操非常睿智地喊出：天下之定，荀彧之功也。这是对属下多大的激励，但却暗含了为他效忠效死之意。从不把功劳归于已，这才是非常之人的非常之思维境界。

建安九年（204）

◆ 曹攻邺城　袁尚溃败

建安九年（204）正月，曹操率军渡过黄河，在淇水入黄河处作坝断流，遏阻淇水入白沟，以求通漕运粮水路，曹操派李典和程昱由

① 《三国志·荀彧传》裴注引《彧别传》第 204 页。

水路运送军粮。袁尚派魏郡太守高蕃带兵屯驻河上，以此断绝水路，使曹操无法漕运军需。曹操早料到，于是，下令李典、程昱说："若船不得过，下从陆道。"① 李典和诸将议之后，认为：高蕃兵甲少，依恃有水相阻，有懈怠之心，击必克。尽管曹操有令，李典、程昱遂北渡黄河，大败高蕃，水运畅通，确保军资供给。二月，袁尚闻知曹军围堰通漕，无暇顾及其他，留下苏由、审配防守邺城，自己率主力军奔袭平原，想一举攻灭袁谭，立即拔营进兵。同时，派人潜入邺城，与苏由和审配部将冯礼联系，苏由"欲为内应。"② 当曹操大军到达洹水岸边，距邺城五十里之时，苏由不慎事机泄露，与审配战于城中，苏由战败，逃到城外，直奔曹营。

苏由逃奔曹操后，曹军遂加紧对邺城的攻势，挖掘地道。审配闻知曹军挖地道，审配令袁军作堑挖深沟以阻挡曹军。也就在这个时候，审配的部将冯礼打开突门，暗中引曹操的三百余名士兵埋伏在突门。突门，即在城墙根部没有挖穿，攻击时突然挖穿的小门，外有栅门护围。审配发觉后，下令守城士兵，从城墙上以巨石猛击突门栅门。栅门因巨石无法打开，三百名曹军皆没。在审配连连得手之时，袁尚所辖的武安县（今河北武安市）尹楷县长屯驻毛城（今河北涉县西），确保上党郡粮道，以支援邺城。

到了夏四月，曹操立刻下令留曹洪围邺城，自己率军攻破尹楷驻屯的毛城，而返回。袁尚部将沮授之子沮鹄守邯郸，曹操又率军攻取邯郸。易阳令韩范，先是假投降，然后又拒守，曹操于是派遣徐晃前去攻伐。徐晃一到城下，修书一封用箭射入城中，为韩范详陈利害得

---

① 《三国志·李典传》第 339 页。
② 《三国志·袁绍传》第 131 页。

失。韩范看飞书之后，悔之，就向徐晃投降了。徐晃接着对曹操说：

> 二袁尚未破取，诸将没有降服的皆互相观望；如果今日屠杀易阳城，明日诸城皆以死守。恐怕黄河以北何时才能安定。希望曹公能接受易阳城的投降，其他各城莫不闻风归降了。①

曹操觉得徐晃的建议很好，遵此而行，这样一来，涉县梁岐举县归顺曹操。并赐韩范、梁岐关内侯。黑山军首领张燕在并州“遣使求助”，曹操接受了张燕的投降，任命他为平北将军。②

五月，曹操返回围攻邺城的大本营，改良了挖地道的战术，下令铲平土山，填塞地道，在邺城周四十里开挖沟渠，开始命令挖得浅而窄，可以跨越过去。审配“望而笑之，不出争利。”③ 到了晚上，曹操一改初令，开始加深加宽，“一夜掘之，广深二丈，决漳水以灌之。”④断绝了邺城的粮道与外部的联络。自五月至八月，城中饿死者过半。

时到秋七月，袁尚听说邺城危急，率万余兵救援邺城，曹军诸将以为：“这是归家之兵，人自为战，不如避其锋芒。”曹操说：“袁尚从大道来，当避之；若循西山来者，此成被擒！”⑤ 袁尚性躁而胆怯，不走大路，沿西山小道而行，在距邺城十七里的滏水扎营。入夜，袁尚举火以示邺城中，审配也举火相应，取得联系。审配将兵集于城北，想和袁尚响应，冲破曹军的包围。曹操带兵迎击，审配败回，袁尚也兵破败走，靠临漳水边扎营。这时，曹操挥军包围袁军，还未合围，

---

① 《三国志·徐晃传》第 335 页。
② 《资治通鉴》第 600 页。
③ 《三国志·袁绍传》第 131 页。
④ 同上。
⑤ 《三国志·武帝纪》第 15－16 页。

袁尚惧怕，派前豫州刺史阴夔和陈琳，向曹操乞降。曹操不准，袁尚败退到蓝口，曹军攻围更加凶猛。袁尚无奈夜间遁逃，退守祁山，曹操追击。此刻，袁尚部将马延等，临阵降曹，袁军大溃，袁尚逃奔中山王国，又受到袁谭攻击，逃往故安县，投靠次兄袁熙。至此，袁尚彻底溃败。曹操不念旧恶，收用陈琳等。曹操念陈琳是个人才，不计前嫌，大胆使用。这是非常之人的非常胸怀和胆识。

就在曹操围攻邺城，袁尚派乌丸突骑牵招到上党监收军粮。他闻知袁尚被打败，逃到中山国，于是只好去并州高干那里。高干是袁尚的姨表兄，并州刺史。牵招以并州左有恒山之险，右有大河之固，带甲五万，北倚强胡，劝高干迎袁尚，二人同心合力观世变，再行动。那知高干非但没有采用他的建议，反而想谋害牵招。牵招得到消息后，就偷偷间道而逃。因到中山的道隔不通，追不上袁尚，就只好投奔曹操。曹操统领冀州后，辟牵招为冀州从事。

牵招归顺曹操，也为后来曹操征袁谭，断乌丸援军立功添力。

◆ 擒杀审配　莫不叹息

建安九年，袁尚溃败，曹操缴获了他的全部辎重，得到袁尚的印绶、符节、斧钺和衣物，让袁尚部下投降之人，带回去给袁尚的家人看，整个邺城人心大乱崩溃，邺城终于瓦解。这时审配下令说："坚守死战，操军疲矣。幽州方至，何忧无主！"[①] 适逢曹操出营巡视，审配命令事先埋伏的弓弩手射击曹操，几乎射中。审配以兄长的儿子审荣为东门校尉，审荣在夜里打开城门，曹军蜂拥入城，"审配在城东

---

① 《后汉书·袁绍列传》第1634页。

南角楼上，望见曹操兵涌入。愤恨辛评、郭图坏败冀州，乃遣人驰诣邺狱，指杀仲治（即辛评）家。是时，辛毗在军，闻门开，驰走诣狱，欲解其兄家，兄家已死。”[①] 当初，袁谭去，都叫辛毗、郭图家出走，而将辛评家独收邺城狱中。审配在城东南楼见曹军鱼贯而入，就派人到狱中杀了辛评一家。审配与曹军在城中大战，终被曹军生擒。

当曹兵将审配押到曹操面前，曹操问：“足下知道何人打开城门！”审配答：“不知道。”“足下侄儿审荣。”“小子坏事，竟然如此！”曹操略带风趣地问：“前几天，我行围巡视，为何暗箭那么多？”审配说：“恨其少耳！”曹操说：“你忠于袁氏父子，不得不如此啊！”曹操爱其才，有意赦免审配。[②] 然而，审配“声气壮烈，终无挠辞，见者莫不叹息。”[③]

叹息什么呢？审配字正南，魏郡人。“少忠烈慷慨，有不可犯之节。”[④] 初平二年（191），袁绍迫胁韩馥以冀州让出，袁绍遂领冀州牧，就委以心腹之任，为治中别驾，并总幕府。从此，正如曹操说审配：“卿忠于袁氏父子。”他对袁绍忠心耿耿，在袁氏兄弟手足相残，曹操围邺城，审配曾给袁谭修书一封，信中他这样说：

> 《春秋》之义，国君死社稷，忠臣死王命。……父子犹然，岂况兄弟乎！昔先公废绌将军以续贤兄，立我将军以为適嗣，上告祖灵，下书谱牒，先公谓将军为兄子，将军谓先公为叔父，海内远近，谁不备闻？……是时凶臣逢纪，妄画蛇足，曲辞谄媚，

---

① 《三国志·袁绍传》裴注引《先贤行状》第134页。
② 同上。
③ 同上。
④ 同上。

交乱懿亲，将军奋赫然之怒，诛不旋时，〔我〕将军亦奉命承旨，加以淫刑。自是之后，痈疽破溃，骨肉无丝发之嫌，自疑之臣，皆保生全之福。……何图凶险谗慝之人，造饰无端，诱导奸利，至令将军翻然改图，忘孝友之仁，听豺狼之谋，诬先公废立之言，违近者在丧之位，悖纪纲之理，不顾逆顺之节，横易冀州之主，欲当先公之继。遂放兵抄拨，屠城杀吏，交尸盈原，裸民满野，或有髡剃发肤，割截支体，冤魂痛于幽冥，创痍号于草棘。又乃图获邺城，许赐秦、胡，财物妇女，豫有分界。……是后又望将军改往修来，克己复礼，追还孔怀如初之爱；而纵情肆怒，趣破家门，企踵鹤立，连结外仇，散锋放火，播增毒螫，烽烟相望，涉血千里，遗城厄民，引领悲怨，虽欲勿救，恶得已哉！故遂引军东辕，保正疆场，虽近郊如垒，未侵境域，然望旌麾，能不永叹？配等备先公家臣，奉废立之命。而图等干国乱家，礼有常刑。……图头不县，军不旋踵。愿将军详度事宜，锡以环玦。"[①]

审配写给袁谭的这封信，对认识曹操最终剪灭袁氏集团有重要作用，这正应了郭嘉所说：等袁氏兄弟变乱再攻击，可一举定也。曹操也能接受和听从谋士的意见，调整符合局势的行动。袁谭接到审配的信后有这样一个历史细节："谭得书怅然，登城而泣。"[②] 信的最后一句，"锡以环玦。"锡，赐也。"绝人以玦，反人以环。"[③] 然而，此时袁谭陷入"既劫于郭图，亦以兵锋累交，遂战不解。"[④] 袁谭最终没有

① 《三国志·袁绍传》裴注引《汉晋春秋》第 132 – 134 页。
② 《三国志·袁绍传》裴注引《典略》第 134 页。
③ 《后汉书·袁绍列传》注引《孙卿子》第 1634 页。
④ 《后汉书·袁绍列传》注引《孙卿子》第 134 页。

从审配信中醒悟。

审配行刑当天，冀州人张子谦先降曹，向来与审配不和，笑着对审配说："正南（即审配字），卿竟何如我？"审配厉声斥责说道："汝为降虏，审配为忠臣，虽死，岂若汝生邪！"行刑时，审配怒喝刀斧手北向，说："我君在北。"[①] 审配忠烈慷慨，终无饶辞，以死尽忠于袁绍。

这里还需要说的是：裴松之注引乐资《山阳公载记》说：曹操兵入邺城，审配战败，逃藏于井中，在井中擒获审配。对这一说，裴松之以为：审配为一代烈士，袁氏之死臣，岂当数穷之日，方逃藏于井中。裴松之斥乐资："轻弄翰墨，妄生异说，以行其书。如此之类，正足以诬罔视听，疑误后生矣。实史籍之罪人，达学之所不取者也。"[②] 审配与曹操战于邺城，根本不存在审配败而逃藏于井中然后被擒，乃无稽之说。

曹祀绍墓　哭之流涕　攻破邺城，曹操命张辽率部攻克赵国、常山国，招降了潜藏在山里占山为王的诸山贼和黑山军残余之首孙轻等。

处死审配后，曹操亲自来到邺城郊外的袁绍墓前"临祀绍墓。"[③] 面对袁绍墓冢，往事如烟，犹在眼前，唯有一事，曹操永不忘怀，记忆犹新。那是初平二年（190），曹操与袁绍共同起兵讨伐董卓，十三路关东联军汇聚酸枣。袁绍问曹操说："若事不成功，将军据何处安身？"曹操反问说："足下意以为何如？"袁绍说："我南据黄河，北依仗燕代，兼有戎狄之众，南向以争天下，差不多可以达到。"曹操说：

---

① 《三国志·袁绍传》裴注引《先贤行状》第134页。

② 《三国志·袁绍传》裴注引乐资《山阳公载记》第134页。

③ 《三国志·武帝纪》第16页。

“我任用天下人的才智，以大道驾御治事，无地而不可。”① 曹操又说：“商汤崛起于亳，武王崛起于岐，发祥地不同，仅仅凭借山河险固为基业之本，就不能顺应时机而变化。”② 这段简单的对话，流淌着曹操的精神和智慧的溶液，他能识变、应变、主动求变，是化解危机的根本之法。曹操看重的是人才的智慧，这也正是曹操与袁绍的非常不同的价值观。

袁绍寿终归土，曹操已知天命，阴阳两隔，悲从中来，不由得“哭之流涕。”③

少时，曹操曾与袁绍一同交游；青年时，一同担任汉灵帝西园新军校尉，共商诛灭宦官，共同讨伐董卓；中年时，曹操兖州平乱，战陶谦、收张绣，都曾得到袁绍的帮助。自建安元年，迎献帝于许都，献帝拜曹操为大将，袁绍大怒，自己辞让，然而从此交恶，官渡之战，兵戎相见。如今袁绍命归黄泉，自己在人生的道路，留下的提携、友谊不因成败而忘怀，对手也不因败而不被尊重和敬佩。

曹操临祀回城，前往袁绍家，慰劳袁绍寡妻，归还其家人宝物，赐杂缯絮，并命令定时给袁绍家人廪食。

当曹操围攻邺城之时，袁谭攻取了甘陵、安平、渤海、河间各地。袁尚败走中山，袁谭攻中山，袁尚逃奔故安，袁谭将袁尚的残部收并。曹操与书袁谭，斥责他负约背信，与之绝婚。曹操遣袁谭女回归袁家，然后曹操进兵。袁谭惧怕，曹军攻拔平原，袁谭退守南皮。到十二月，曹操率军入平原，平定各县。

---

① 《三国志·武帝纪》第 16 页。
② 《三国志·武帝纪》裴注引《傅子》第 16 页。
③ 《三国志·武帝纪》第 16 页。

曹丕纳妻　刘桢获罪　此年，曹操率军攻下邺城，曹丕径直入袁室，发现袁熙结发妻子甄夫人面如芙蓉，娇艳柔顺。“颜色非凡，称叹之。”曹操闻知曹丕之意，遂为迎取。[①] 还有一说：当曹操攻下邺城，曹丕先入袁府，有妇人被发垢面，垂涕立袁绍妻刘氏后，曹丕问她，刘氏答“是熙妻”。曹丕顾揽发髻，见袁熙妻以巾拭面，姿色绝伦。遂被曹丕纳之。[②] 不管怎么说，曹丕见袁熙妻颜色非凡，姿色绝伦，就纳为妻。后来，曹丕立为太子后，一天，曹丕请诸文学侍从，酒酣坐欢。曹丕让甄夫人出拜诸文学名士。诸名士见太子夫人步出，无不俯伏致拜，唯独刘桢“独平视”。后曹操闻知，“乃收桢”下狱处死。后经众臣救援，才“减死输作”，罚为苦役，再未受重用，直到建安二十二年因染疾而亡。[③] 刘桢失去礼规，曹操也不应该将他下狱处死，尽管未死，罚为苦役，实在是非常之人做的非常不该之事。

与曹相戏　许攸之死　许攸，字之远。“少与袁绍及太祖善。”[④] 到了初平年间，许攸随袁绍在冀州，做了袁绍的幕僚，参与议事。官渡之战，许攸和田丰、荀谌都是袁绍的谋主。当时袁曹相持，就在这个时候，许攸家人犯法，审配将其收狱。许攸一怒之下，弃袁投曹，为曹操献计，火烧乌巢、故市的袁绍仓储，断了袁绍的军粮，使曹操在官渡之战出现转机，最终袁绍溃败。

曹操从此强盛，到后来破袁尚，得冀州许攸自恃有功，每每以此向人夸耀。不过，少年时许攸与袁绍及曹操都很好。再加上官渡之战

---

① 《三国志·后妃传》裴注引《魏略》第 104 页。

② 同上裴注引《世语》第 104 页。

③ 《三国志·刘桢传》裴注引《典略》第 378 页。

④ 《三国志·崔琰传》裴注引《魏略》第 242 页。

的功劳，自恃与曹操交情深厚，说起话来无所顾忌，口无遮拦，不分时间、地点与曹操戏语玩笑，弄得曹操有时无趣也很尴尬，常常在宴席上当着宾客、属下，直呼其乳名，说："阿瞒，卿不得我，不得冀州也。"曹操无奈地讪笑着说："汝言是也。"然而曹操的心里非常厌恶。[①] 在这种庄重的场合，一个没有仪式感的人，语言随便既是对自己的贬低，也是对曹操的大不敬。

其后许攸跟随曹操从邺城东门出行，他又对左右的人说："此家不得到我，就不得出入此门。"[②] 这里"此家"即"此人"，指曹操。有人将许攸说的话禀告曹操，曹操遂下令将许攸收狱而亡。[③]

许攸之死，"自恃勋劳"，与曹操不分场合口出戏言。许攸虽少年与曹操很好，后随袁绍，属投臣，不是元老，更没有出生入死打拼，功勋不是私交，更不是戏语人主的本钱。口无遮拦，往往如长蛇喷毒，违主属之别，悖礼义之常。许攸之死令人深思。做人，不要玩弄深埋在他人心底的东西。

◆ 下民贫弱　曹出二令

九月，汉献帝下诏，曹操任冀州牧；却辞让兖州牧。

冀州，是袁绍听纳逢纪之计，于初平二年（191）威逼韩馥，又派外甥高干同荀谌劝诱韩馥拱手交出了冀州。冀州是个战略要地，进可争天下，退可守一隅。八年后，袁绍并灭公孙瓒，兼有冀、青、幽、并四州之地，成为北方最大的割据者。当袁绍拥兵河北，便与曹操争

① 《三国志·崔琰传》裴注引《魏略》第 242 页。
② 同上。
③ 同上。

天下，曹操仅据兖州一地，袁曹力量悬殊。官渡之战，由“绍导之，操乃应之；绍先之，操乃乘之；微绍逆之，操不先动。”① 最终曹操以少胜多，以弱胜强，陨落了一代枭雄袁绍。如今曹操掌控冀州，发现冀州在袁绍统治之下，河北农民负担沉重。更重要的是袁谭占据着南皮，境内还有残余的黑山黄巾军张燕，曹操此时领冀州牧就有特殊的意味，要灭掉袁谭和张燕。为了取得民心，曹操下二令免除河北老百姓当年的田租赋税，和今后田租收取的律令。

一、《蠲河北租赋令》

河北罹袁氏之难，其令无出今年租赋。②

这令是说，河北遭袁绍之灾难，今年就不要收取租赋减轻民众的负担。这是曹操为取得河北的民心而下的此令。

二、《收田租令》③

有国有家者，不患寡而患不均，不患贫而患不安。袁氏之治也，使豪强擅恣，亲戚兼并，下民贫弱，代出租赋，衒鬻家财，不足应命。审配宗族，至于藏匿罪人，为逋逃主；欲望百姓亲附，甲兵强盛，岂可得邪？其收田租亩四升，户出绢二匹、绵二斤而已，他不得擅兴发。郡国守相明检察之，无令强民有所隐藏，而弱民兼赋也。④

---

① 王夫之《读通鉴论》卷九。
② 见《曹操集》第 33 页。
③ 同上。
④ 《三国志·武帝纪》裴注引《魏书》第 16 页。

赋税制，是在占田制基础上规定的。赋是户调，税是田租。尤其是《收田租令》，曹操废除了两汉以来的租赋制度，是一次重大的改革。减轻下民贫弱的赋税，有利恢复生产。《收田租令》改为每亩纳田租四升，每户出绢两匹，绵二斤，不再额外多收取。严禁豪强兼并，禁止豪强逼迫下民贫弱代出租赋。“特别是口赋钱、算赋钱的废除，减少了商贾压榨农民的机会，对农民是有益的。”[①]

当曹操制定的这个新科律令下发后，长广郡太守何夔考虑到长广郡刚安定，不可突然用新科律令约束，他上书说：

> 自袁乱以来，百姓流离失所，目前稍有安定，然而教化日浅。所颁布的新律令，都以彰明刑罚，统一教化。臣所辖六县，疆域初定，加上饥馑，假若一切以律科整饬，恐或有不服从教化的。不服从教化的人就不得不诛杀，这就不是观民性而施教，以随时变通的本意。先王区分九服的贡赋，分别远近的差别，制轻重不同的三典刑罚以平定乱事。臣认为此郡应依照远域新邦的法令，民间事小，由长吏随时制宜，上不违背正法，下顺从百姓之心。到了三年，民安其业，然后齐之以法，则无所不至矣。[②]

曹操遵从何夔的谏言，没有一刀切，没有不分远域新邦，没有不分贫富差别地区，统一“收田租亩四升，户出绢二匹，绵二斤。”长广郡三年后才实行新科律令，这是曹操的变通和灵活，更是执政能力的非常之显现。

---

① 范文澜：《中国通史》第二册第 281 页。

② 《三国志·何夔传》第 246 页。

这年九月，曹操任冀州牧，把他的势力从兖州、豫州移到了河北。从此他常住邺城，以为据点，邺城是魏郡治地。所以，后来曹操进位魏公、魏王，以及再后来曹丕建号魏，皆本于此。

这两道令，可看出曹操心里有老百姓，有下民，尽管律令发出，还能接受不同地区的不同意见，从实际出发，不一刀切，这就是曹操与袁绍最大的非常不同之处。

建安十年（205）

◆ 南皮之战　堕斩袁谭

袁谭背弃曹操，只得放弃平原，撤到渤海郡南皮县，一方面在城郊龙凑设防；另一方面派人到柳城，请求柳城乌丸峭王出兵援助。峭王答应准备派五千骑兵援助袁谭。曹操闻知，急招归顺的冀州从事牵招。因牵招在袁绍为冀州牧时，担任督军从事，兼任乌丸突骑，治理过乌丸，所以曹操派牵招去柳城处理这事。牵招到达时，正赶上乌丸峭王在动员军队，派五千骑兵援助袁谭。恰在这个时候，辽东太守公孙康自称平州牧，派使臣韩忠带着“单于”的印绶赐封峭王。于是峭王举行盛会，请来各部落酋王，还有韩忠。峭王面对各酋王，问牵招我该接受谁的印绶之封。牵招说，曹公代天子封赐是真单于，辽东偏远小郡，没有资格封赏。韩忠便说：“我辽东在沧海之东，拥兵百万，还有扶馀、濊貊等附庸供我驱用，当今强者为大，曹操算是什么？”牵招听后大声呵诉说：“曹公允恭明哲，翼戴天子，伐叛柔服，宁静四海，汝君臣顽嚚，今恃险远，违背王命，欲擅拜假，侮弄神器，方当屠戮！何敢慢易咎毁大人？”牵招不顾宴席，奋起抓住韩忠的头撞地，又拔刀欲杀之。乌丸峭王大惊，空手赤脚抱住牵招，请求不杀韩忠。各部落酋王皆下席跪服。峭王辞绝了公孙康的使臣，解散了他待发的军队，不再出兵支援袁谭。①

建安十年正月，曹操进攻南皮，命令郡太守孙观堵截袁谭南逃。袁谭此时依大清河岸扎营驻屯，后退入南皮城固守。但“袁谭出战，士卒多死。”② 这时，曹操欲缓攻，曹纯说：“今千里蹈敌，进不能克，退必丧威；且县师深入，难以持久。彼胜而骄，我败而惧，以惧敌骄，必可克也。”③ 曹操善其言。于是曹操“乃自执桴鼓，士气咸奋。”④ 在曹纯的建言之后，曹操亲自擂鼓督战，鼓舞士气。讨寇校尉兼游击将军乐进“先登，入谭东门。”⑤ 城破之后，袁谭披头散发骑马逃跑，曹军的将士追赶不放，料想他不是平常之人，趋追之。袁谭从战马上掉下来，回头对追赶的将士说：“喂，小子放过我，我能使你富贵。”⑥ 袁谭话未说完，人头已落地。

南皮城破，袁谭被戮，诛其妻子。这时，自称冀州主簿的李孚，求见曹操说：“今城中强弱相凌，人心扰乱，以为宜令新降为内所识信者宣传明教。”⑦ 曹操善其言，当即派李孚入城，告谕吏民，使各安故业，不得相侵，城中乃安。曹操“于是斩郭图等及妻子。”⑧

袁谭既诛，悬首示众，曹操下令说：“敢哭之者，戮及妻、子！”⑨

---

① 《三国志·牵招传》第 455－456 页。
② 《三国志·曹纯传》第 179 页。
③ 同上。
④ 《三国志·武帝纪》裴注引《魏书》第 17 页。
⑤ 《三国志·乐进传》第 331 页。
⑥ 《后汉书·袁绍列传》第 1635 页。
⑦ 《资治通鉴》第 602 页。
⑧ 《资治通鉴》第 602 页。
⑨ 《三国志·王修传》裴注引《傅子》第 224 页。

这时，正在乐安为袁谭运粮的别驾王脩，听说袁谭危急，立刻率领士兵和几十位从事奔赴袁谭。到了高密听说袁谭死了，下马痛哭地说："没了你，我往何处啊！"于是去见曹操，请求收葬袁谭的尸体。曹操想观察王脩的意向，默然不应。王脩又说："受袁氏厚恩，若得收敛谭尸，然后就戮，无所恨。"[①] 于是王脩"遂造其首而哭之，哀动三军。"[②] 这时，曹操军中掌军事刑法的军正官，说让王脩等人"行其戮。"[③] 曹操嘉其义，说："义士也。"赦之。[④] 而后曹操任王脩为督军粮，回到安乐。

当袁谭破败，诸城震服，唯有据守安乐的管统不听命。曹操便命王脩去取管统的首级，王脩因管统是亡国忠臣，就解开绑缚管统的绳索，去见曹操。曹操非常高兴，赦免了管统。当时袁谭政宽，在职有权势的蓄积聚富，仅审配等聚财敛物数以万计。一天，曹操到南皮王脩家，"谷不满十斛，有书数百卷。"曹操赞叹地说："士不妄有名。"[⑤] 于是曹操礼召王脩为司空掾，兼任司金中郎将，迁魏郡太守。

王脩为司金中郎将掌管冶铁，"是以在职七年，忠谠不昭于时，功业不见于事，欣于所受，俯惭不报，未尝不长夜起坐，中饭释餐，何者？力少任重，不堪而惧也。谨贡所议如左。"[⑥]

曹操认为是这样的，于是修书与王脩。曹操的这封信，很值得一读，故录出：

---

① 《三国志·王脩传》第 224 页。
② 《三国志·王脩传》裴注引《傅子》第 224 页。
③ 同上。
④ 同上。
⑤ 《三国志·王脩传》第 224 页。
⑥ 《三国志·王脩传》裴注引《魏略》第 224－225 页。

君澡身浴德，流声本州，忠能成绩，为世美谈。名实相副，过人甚远。孤以心知君，至深至熟，非徒耳目而已也。察观先贤之论，多以盐铁之利，足赡军国之用。昔孤初立司金之官，念非屈君，馀无可者。故与君教曰："昔遏父陶正，民赖其器用。及子妫满，建侯于陈；近桑弘羊，位至三公。此君元龟之兆先告者也。"是孤用君之本（言）〔意〕也，或恐众人未晓此意。自是以来，在朝之士，每得一显选，常举君为首，及闻袁军师众贤之议，以为不宜越君。然孤执心将有所底，以军师之职，闲于司金，至于建功，重于军师。孤之精诚，足以达君；君之察孤，足以不疑。但恐旁人浅见，以蠡测海，为蛇画足，将言前后百选，辄不用之，而使此君沉滞冶官。张甲李乙，尚犹先之，此主人意待之不优之效也。孤惧有此空声冒实，淫蛙乱耳。假有斯事，亦庶钟期不失听也；若其无也，过备何害？昔宣帝察少府萧望之才任宰相，故复出之，令为冯翊。从正卿往，似于左迁。上使侍中宣意曰："君守平原日浅，故复试君三辅，非有所间也。"孤揆先主中宗之意，诚备此事。既君崇勋业以副孤意。公叔文子与臣惧升，独何人哉！①

盐、铁之官本是肥缺，曹操选中王脩，除书中所言之外，恐怕是南皮之战，王脩冒死收敛袁谭之尸，忠义之举；他到王脩家察看，"谷不满十斛，有书数百卷。"当时王脩正给袁谭督运军粮，他不贪不占，清廉，爱读书。因为盐铁之利，足以供给国家军队开支。曹操前后遴选百余人，不能用，"念非屈君，余无可者。"用王脩执掌冶铁，

① 同上第225页。

曹操心里将会有底。至于王脩此前在北海孔融帐下所为，和劝袁谭不要手足相残，此不赘言。曹操启用清廉正派的读书人王脩，这是曹操选人用人的慧识。

曹操在南皮讨伐袁谭时，还修书招渔阳王松。事情是这样的：汉朝西乡侯刘宏的后代刘放，因渔阳王松占据了他的封地，刘放只有投靠他，然后刘放说服了王松归顺曹操。王松率领雍奴、泉州、安次三地前来归附。这中间，王松接到曹操的信，刘放为王松回曹操，信写的“其文甚丽”，曹操已很赏识，又听刘放说服王松的话，就征辟了刘放。不久，刘放和王松一起来拜见曹操。曹操非常高兴，并对刘放说：“昔班彪依窦融而有河西之功，今一何相似也！”于是任命刘放为司空参军。①

曹操总是在战争中发现人才，任用人才。

南皮之战，袁谭被斩。一天，曹操心情愉悦，在野外射猎，“一日射雉获六十三头。”足以展现出曹操“才力绝人，手射飞鸟，躬禽猛兽”之武功。②

◆ 张燕降曹　高干再叛

曹操率军攻破南皮，平定冀州。然后，曹操进军青州、幽州。张辽领兵击破了辽东沿海的柳毅；乐进率兵攻破雍奴（今天津）。在曹军强大的攻势之下，袁熙、袁尚的部将焦触、张南反戈顺曹，他们向袁熙、袁尚发动攻击，二袁不得不逃奔辽西乌桓。这时，自称幽州刺史的焦触，率领各郡的太守长官等，公开宣称：背袁向曹，陈兵数万，

---

① 《三国志·刘放传》第 293 页。

② 《三国志·武帝纪》裴注引《魏书》第 34 页。

杀白马盟誓，传令说："违命者斩！"[①] 众兵将莫人敢言，都以次歃血立誓。这当中，代郡别驾韩珩说："吾受袁公父子厚恩，今其破亡，智不能救，勇不能死，于义阙矣；若乃北面于曹氏，所弗能为也。"[②] 在场的将士官吏都为韩珩的这番话担心。焦触接下来说："夫兴大事，当立大义，事之济否，不待一人，可卒珩志，以励事君。"[③] 于是舍了韩珩。焦触遂降曹操，皆封为列侯。到建安十二年，曹操破三郡乌丸，公孙康斩袁氏兄弟后，曹操嘉其韩衍的高尚气节，多次征召他而不往，后卒于家中。

四月，张燕率领黑山军十万人马归降曹操。

张燕，原姓褚，名褚燕。从褚燕到张燕的名字变化，是那个时代的印迹故事。他本是常山真定人（今河南正定县），黄巾起义，各地风起云涌，张燕聚合了许多少年群起行盗，后回到真定，已聚有万余众。当时有博陵人张牛角也率众起兵，自称将兵从事，和张燕联合。张燕力推张牛角为主帅，一起进攻瘿陶。不料张牛角中流箭，临死前，要众徒拥戴张燕，并说："必以燕为帅。"[④] 张牛角死，众推张燕为帅，为感恩张牛角让他坐上主帅的宝座，才将褚姓改姓张。张燕"剽悍捷速过人"，军中号称"飞燕"。[⑤] 其实聚众百万，号称"黑山"。在常山、中山、上党、河内等地的地方小头目都和张燕有往来联系。汉灵帝时，无力征讨，张燕曾派人到京都洛阳求降，汉灵帝拜张燕为平难中郎将。到董卓乱朝，张燕以其众与各地豪杰相结，当袁绍与公孙瓒

---

① 《三国志·袁绍传》第 134 页。
② 同上。
③ 同上第 134－135 页。
④ 《三国志·张燕传》第 170 页。
⑤ 同上。

争冀州，张燕派兵助公孙瓒，公孙瓒败亡，就渐渐溃散。曹操将平定冀州，张燕派使求佐王师，被拜平北将军，亲率黑山军到邺地归降曹操。至此，黑山军与东汉政府长达二十年之久的对峙结束了。黑山军从此在历史上消失。

到了五月，幽州局势出现反复。

首先是故安守将赵犊、霍奴叛曹，攻占了蓟县、涿县，杀死幽州刺史和涿郡太守。同时，右北平、辽西、辽东三郡乌桓兵马围攻犷平县，守将鲜于辅向曹操告急。到秋八月，曹操再次进军幽州，收复故安、蓟县、涿县，斩杀了赵犊、霍奴等，又渡过潞河，救援犷平，乌桓大溃，奔逃出塞。

十月，并州高干闻知曹操回师，纠结司隶州河东、河内、弘农三郡公开打出反曹叛旗。高干，是袁绍的外甥，官渡之战前夕，袁绍令四儿各据一州，沮授曾说："祸其始此乎！"[①] 后袁谭、袁尚手足相残，袁谭丧命，袁尚、袁熙逃命入塞。当曹操征讨袁尚时，高干秘密遣兵调将偷袭邺城。谁料，被荀彧兄荀衍，时任监军校尉发现，全歼尽诛。[②] 后高干见势不妙，旋归降曹操，曹操任命他并州刺史。当高干闻知曹操攻乌桓，便纠合司隶州三郡，集结四、五万人马，逮捕不与同流反曹的上党郡太守，举州反叛曹操。曹操旋即遣乐进、李典领兵平叛，高干固守壶口关。乐进和李典一举拿下壶口关，高干退兵上党郡治壶关城。乐进和李典连连猛攻，未能拿下，形成对峙。不知对峙到何时，何时才能拿下高干？

---

① 《三国志·袁绍传》裴注引《九州春秋》第 127 页。

② 《三国志·荀彧传》第 204 页。

◆ 曹禁厚葬　整齐风俗

这一年，曹操颁布了三道令：

1.《诛袁谭令》。[①] 为彻底摧毁袁谭同党同族，令曰：敢哭之者，戮及妻、子。[②]

2.《赦袁氏同恶及禁复仇厚葬令》[③] 令曰："其与袁氏同恶者，与之更始。"令民不得复私仇，禁厚葬，皆一之于法。[④] 这个令的第一句《三国志·武帝纪》用引号，而"令民……"之后没有引号，且《曹操集》仅有第一句。于是将《三国志·武帝纪》里完整录出。

"其与袁氏同恶者，与之更始。"是为瓦解袁氏集团，对袁氏兄弟同党之罪概不追究，允许他们改恶更始从善，这是曹操为了争取更多的袁氏同党回到自己身边，用现代话说，就是争取中间派和大多数人，是瓦解袁氏集团所必要的法令。

"民不得复私仇"。商鞅曾制定"为私斗者，各以轻重被刑大小。"曹操在这里，看到汉末战乱，山头林立，为一己之私利，械斗无数，死者遍野，冤冤相报，仇恨相袭，何时没了。这种以家庭式私仇旧恨之斗，在河北四州尤为严重，使社会动荡不安。所以，曹操下令，官民生杀予夺之权为国家掌管，禁止民众个人复私仇，违者"皆一之于法。"

"禁厚葬"。东汉以来盛行厚葬之风，《后汉书·志第六·礼仪下》

---

① 见《曹操集》第34页。

② 《三国志·王脩传》裴注引《傅子》第224页。

③ 见《曹操集》第34页。

④ 《三国志·武帝纪》第17页。

载“大丧”：对诸侯王、列侯、始封贵人、公主死一律赠给印玺和玉柙银缕衣；大贵人、长公主死，玉押用铜缕；诸侯王、贵人、公主、公、将军、特进死，都赐给宫中的二十四件器物。皇帝派使者主持丧务，依先例穿地做墓室，用柏木椁，百官会送出殡。诸侯王、公主、贵人用樟木棺、漆红色，绘云气。公、特进用樟木棺、黑漆。中二千石以下，棺材用坎侯漆，等等。规定非常详细，若是家财富盈，所陪葬更是令人咋舌。当代出土的长沙马王堆汉墓就足以佐证东汉厚葬之风气。曹操下令禁厚葬，不仅有当时的现实意义；更有今天的现实意义。这是一个具有穿越历史时空的非常之令。

3.《整齐风俗令》。这里的“风俗”二字。不是一般意义上的风俗，是指当时社会风气，准确说，是指官场风气。令曰：

> 阿党比周，先圣所疾也。闻冀州俗，父子异部，更相毁誉。昔直不疑无兄，世人谓之盗嫂；第五伯鱼三娶孤女，谓之挝妇翁；王凤擅权，谷永比之申伯；王商忠义，张匡谓之左道：此皆以白为黑，欺天罔君者也。吾欲整齐风俗，四者不除，吾以为羞。[1]

这道令是曹操建安十年九月颁布。说暗中结党营私，是先圣所疾恶的。当时冀州流行一种恶风劣气；拉帮结派，互相造谣，更相毁誉。在此令中，曹操列举了直不疑，第五伯鱼、王凤、王商四人之事，皆以白为黑，欺天罔君。曹操决心根除此种制造社会动乱，颠倒黑白的毁誉之言，说：“吾欲整齐风俗，四者不除，吾以为羞。”曹操颁布的《整齐风俗令》是为治世改俗，恶俗不除，世事难治。

① 《三国志·武帝纪》第17页。

此外还有《选举令》《明罚令》，但根据《曹操集》排在建安十年和十一年之间没有具体年份。不过《明罚令》是说曹操在并州平叛期间，发现北方偏爱“寒食”，以纪念介子推救公子重耳，即演变为后来的清明节，也称“寒食节”，下令废除寒食，实行健康饮食，以改变寒食不良之俗。

曹操一边平定割据，一边制定法令治理国家，他下令废除寒食，可见出曹操对百姓健康的关注和关怀，这难道不是他的非常之处吗？

第九章

建安十一年（206）

◆ 曹平并州　于斩昌豨

这年正月，曹操因乐进、李典久攻壶关城不下，留曹丕镇守邺城，自己亲率大军征讨高干。壶关城基固，城墙高且厚，高干坚守，一时未能攻下，曹操下令说："城拔，皆坑之。"[①] 但曹军依然久攻不下，这时高干恐城破，"乃留其将守城，自诣匈奴求救，不得。"[②] 高干企图求南匈奴救援，就自己前往，令夏昭，邓升二将固守壶关城。谁料，南匈奴单于没有答应，又悄悄返回壶关城。

壶关城久攻不下之际，曹仁报告曹操说："围城必示之活门，所以开其生路也。今公告之必死，将人自为守。且城固而粮多，攻之则士卒伤，守之则引日久；今顿兵坚城之下，以攻必死之虏，非良计也。"[③] 曹仁建议围三缺一，留一活口，曹操依从了。结果高干的部将冲破阻拦，纷纷逃出城，被埋伏的曹军俘获。曹操迅速发动强攻，占

---

① 《三国志·曹仁传》第 178 页。
② 《后汉书·袁绍列传》第 1635 页。
③ 《三国志·曹仁传》第 178 页。

据了壶关城。高干与数骑兵突围南奔荆州刘表。

就在高干举并州反叛，曹操敏锐地感到河东郡是当时天下最重要的地方，他对荀彧说：关西（指函谷关以西之地，今陕甘二省）诸将领，凭恃天险和兵马，出征必会出乱。张晟在崤山、渑池间为寇，南通刘表、卫固也跟他等因。河东郡被山带水、四邻多变。曹操让荀彧推荐一位像萧何、寇恂一样的人去镇守河东。[①] 荀彧称，杜畿“勇足以当大难，智能应变，其可试之。”[②] 于是曹操追拜杜畿为河东太守。杜畿赴任不久，卫固、范先和张晟、张琰联兵，策应高干叛曹生乱。杜畿凭借机智应变，指挥四千多军民坚守张辟城，与叛军血战数十天。曹操立刻派遣议郎张既赶赴关中，参预钟繇军事，征调马腾诸将领，“皆引兵会击晟等，破之。斩琰、固首，干奔荆州。”[③] 张晟败逃，张琰、卫固被杀斩，高干逃往荆州，绕道雍州，途武关、峣关之间，被上洛都尉捕杀。[④]

并州平定之后，曹操迁梁习为别部司马兼并州刺史。

这是曹操创立的刺史兼管一州政务的体制。梁习具有县级实践经验，曹操担任司空时，征召他到多个县任小县县长、大县县令，而且“所在有治名。”[⑤] 当时高干叛乱之后，胡狄还在州界，“张雄跋扈，吏民亡叛，入其部落；兵家拥众，作为寇害，更相扇动，往往棋跱。”[⑥] 在这种情势下，梁习是最佳人选。他到任之后，晓谕道理，劝导归

---

① 《三国志·杜畿传》第316页。
② 《三国志·杜畿传》裴注引《傅子》第317页。
③ 《三国志·张既传》第302页。
④ 《后汉书·袁绍传》注引《典论》第1635页。
⑤ 《三国志·梁习传》第300页。
⑥ 同上。

附，对豪门高族以礼召见，并作举荐，让他们到曹操的幕府里去，再鼓动诸丁，以义从军，跟随曹操大军出征，请求担任勇力。然后把他们的家族迁移到邺县，多达万余人口。若不服从，兴兵致讨，斩首千余，降者数万。夷狄酋长，叩头顺服，统一编户。边境的骚扰肃清，安定如常，百姓遍野，劝农勤于农桑，令行禁止。梁习身为刺史，统领各郡，赋政一州。陈寿说：这是曹操创立的，以至完成整个魏国大业。陈寿还说，这些担任刺史的人，“皆其流称誉有名实者也。咸精达事机，威恩兼荐，故能肃齐万里。”[①] 并州全境安定，入曹管辖。

荀彧举荐的杜畿，治理河东，“崇宽惠，与民无为。”是最先安定的一地，百姓从互相争讼，到少有争讼，然后事事皆有章程，“百姓勤农，家家丰实。”但杜畿深切地说了一句意味深长的话：“民富矣，不可不教也。”杜畿的这句话，对当今社会依然不失其作用和意义。到这年冬，他主持“修戎讲武，又开学官，亲自执经教授，郡中化之。”“杜畿在河东十六年，常为天下最。”[②]

曹操曾赞叹杜畿说：“杜畿可谓‘不媚于灶’者也。”是说杜畿不巴结奉承有实权的人。还称杜畿功美，“今吾亦冀众人仰高山，慕景行也。”[③] 曹操总是把优秀的人看得很高，这也是他的非常之处。

并州平定，曹操返回邺城。不久，曹操闻报；东海郡太守昌狶又举州反叛，海盗管承劫掠淳于县，使青、徐二州一些郡县局势出现动荡。于是，命令于禁和李典、臧霸征讨昌狶。

---

① 《三国志·卷十五》第 312 页。
② 《三国志·杜畿传》第 317 页。
③ 《三国志·杜畿传》裴注引《杜氏新书》第 317－318 页。

昌豨原为泰山郡豪强武装首领，先跟刘备、后投吕布，建安三年归降曹操，任命他为东海郡太守。建安五年，昌豨又叛曹降刘，结果被曹操生擒，悔改痛切，赦免其罪，担任原职（前面已述，此不赘语），今又生叛，妄图拥兵割据。曹操知于禁与昌豨有旧交，于是命于禁和李典，臧霸领兵征讨。于禁急攻昌豨，昌豨招架不住，因二人有旧情，昌豨就向于禁投降。诸将皆以为送昌豨到曹操那里听凭发落。孰料于禁说："诸君不知公常令乎！围而后降者不赦。夫奉法行令，乃人臣之节操。豨虽旧友，于禁怎么可以失节操呢？"于禁亲自探望旧友豨昌，和他诀别，挥泪而斩了昌豨。当时曹操在淳于县，闻而叹曰："昌豨降不到我这里，而到于禁那里，难道不是命吗？"[①] 曹操的这话可信吗？他是执法很严的一个人，不过昌豨已死，他说这话正是恰到高妙之处呀！非常之人要看事见人而说恰如其分的话，也实为不易。不过，昌豨出尔反尔，也着实令人不齿，这是没有人格的人该有的下场。

◆ 下《求言令》　各言其失

这年十月丁亥日，曹操下《求言令》：（《曹操集》称其令名）

> 夫治世御众，建立辅弼，戒在面从，《诗》称"听用我谋，庶无大悔"，斯实君臣恳恳之求也。吾充重任，每惧失中，频年已来，不闻嘉谋，岂吾开延不勤之咎邪？自今以后，诸掾属治中、别驾，常以月旦言其失，吾将览焉。[②]

---

① 《三国志·于禁传》第 332 页。
② 《三国志·武帝纪》裴注引《魏书》第 17 页。

曹操《求言令》写得很真诚恳切，没有虚情假意。他用《诗经·大雅·抑》的两句“听用我谋，庶无大悔。”是言我将听用你们的谋略，幸望没有大的悔恨。这首诗相传为卫武公九十五岁时“刺王室，亦以自戒。”[①] 诗的内容是劝诫周平王，以此自警。曹操的《求言令》很明确地说“频年已来，不闻嘉谋，岂吾开延不勤之咎邪?”多年来，没有听到大家的好谋略、好建言，难道是我开门招纳不勤的过错？因为“治世御众，建立辅弼，诚在面从。”表达了曹操所含的意思：实在是君臣之间的真言真话的恳切之求。

于是，《求言令》作了规定：从今以后，诸掾属的治中、别驾每月初一，要上一分“言其失”的书奏，我曹操将亲自阅览。

这是一道何等不同寻常之“令”，只言其失，不言其成。这正是曹操能成大事的胸怀和胆识。不报喜，只言失。古代历史上有哪个君王颁布过这样的《求言令》？谚语说：战绩不说跑不了，失误不说不得了。可是，国人的官吏见了君王，或上一级长官，说的全是好听的，谁敢言其失？曹操敢发出这样只言其失的《求言令》，是他能走向统北方的最清醒的治国理政的理念。规定每月初一上交，亲自阅览。这可能是曹操成功的秘诀之一，也是他非常过人之处的非常思想境界。

曹操的求“言其失”的思维，是执政理国的最有效的思维方式，也可称为“曹操思维”。

◆ 东征管承　备战乌桓

这年八月，曹操亲率大军东征海盗管承。管承是长广县民，他聚

① 袁梅：《诗经译注》第446页，齐鲁书社1982年6月版。

徒众三千余家，为寇成祸。当初，也就是建安四年，刘备背叛曹操，东南多变。曹操为治理这些地方，“诸县皆用名士以镇抚之，其后吏民稍定。”[①] 曹操将他的司空掾属何夔外调为城父县令（今安徽亳县东南城父村），后迁长广郡太守。长广郡既靠山，又滨海，这一带黄巾军作乱尚未平息，地方豪杰大多叛曹。何夔到来之后，有人商议派兵攻打管承，何夔说：“管承并非生而乐乱，习于乱，不能自拔，未被德教，不知返善。今若派兵逼急，恐怕合力作乱。攻，不易取，虽胜，必伤吏民。不如徐徐以恩德，容他自悔，使可平定。”[②] 于是何夔派遣郡丞黄珍，晓以利害，陈述成败，后来管承等人果然请求归服。但牟平县盗贼从钱，是何夔和张辽共同讨平；东牟县王营裹胁昌阳县作乱，何夔派王钦等人讨伐，使贼寇离散，长广郡暂时平定下来。因管承“习于乱”，不久又兴风作浪。

这次曹操率领乐进、李典两支大军东征管承。这时管承在淳于县，组织一支海盗式武装。曹操率领的大军一到，管承便逃入小岛，不敢再兴风作浪。曹操采取分而治之，撤销了昌虑郡，降为县，又从东海郡分出襄贲、郯、戚三县，并入琅琊国。琅琊国王刘容，国相臧霸。臧霸在曹操南皮挫败袁谭之后，他前去道贺。臧霸要求派遣子弟及其他将领的父兄家属到邺县，并进谒曹操。曹操嘉臧霸的忠孝，像萧何遣子弟入朝侍奉刘邦，刘邦不拒；也像耿纯焚毁屋室、车子，跟从刘秀，刘秀不拂耿纯的美意，曹操答应了臧霸的要求。[③] 后臧霸与于禁前往讨昌豨，再后又与夏侯渊共讨济南和乐安黄巾军残余首领徐和，

---

① 《三国志·何夔传》裴注引《魏书》第 24 页。

② 《三国志·何夔传》第 246 页。

③ 参阅《三国志·臧霸传》第 340 页。

平定了诸县。

管承逃走海岛之后，曹操又征讨三郡乌桓，即辽东、辽西、右北平三郡。乌桓也称乌丸，即东胡。汉朝初年，匈奴冒顿单于灭其国，东胡的残部退据乌桓山，故称乌桓。三郡乌桓，趁董卓进京，天下大乱，攻破幽州。幽州、冀州逃亡到乌桓去的官吏百姓有十万余户。袁绍矫诏赐赏蹋顿、难楼、苏仆延、乌延等人，都立为单于，赐印绶。袁绍又将家仆的女子，作为自己的女儿，嫁给单于为妻。辽西单于蹋顿强大，称王，为袁绍所厚待。所以，袁尚、袁熙二人逃归蹋顿，他二人想凭借逃归于蹋顿的人作为兵力，入塞成害，图谋中原。曹操亲往柳城准备征讨三郡乌桓，曹操却发现“患军粮难致。”[①] 焦虑的是军粮难以到达。董昭向曹操建议：“凿平虏、泉州二渠入海运。”[②]

曹操听从了董昭的建策，调集人力，凿渠。从呼池入泒水（泒，音孤），命名为平虏渠。又从沟（音句）河口凿渠入潞河，命名为泉州渠，与海相通，运输军粮辎重，以备讨伐三郡乌桓。

建安十二年（207）

◆ 封功臣令　共定天下

因平虏渠、泉州渠尚未竣工通海，辎重粮草，未能漕运储备好。这年二月，曹操从淳于回到邺城，初五下《封功臣令》。曹操封功臣的良苦用心在这个令里已表达尽致，令说：

---

① 《三国志·董昭传》第 282 页。

② 同上。

吾起义兵诛暴乱，于今十九年，所征必克，岂吾功哉？乃贤士大夫之力也。天下虽未悉定，吾当要与贤士大夫共定之；而专飨其劳，吾何以安焉！其促定功行封。①

这次行封，是曹操起兵己吾，十九年来的首次大封，因此，因曹操表荐，汉献帝诏准。《封功臣令》虽是建安十二年二月初五颁布，实际上是曹操在上年就表奏献帝。“建安十一年，太祖表汉帝，称进及于禁，张辽曰：‘武力既弘，计略周备，质忠性一，守执节义，每临战攻，常为督率，奋强突固，无坚不陷，自援枹鼓，手不知倦。又遣别征，统御师旅，抚众则和，奉命无犯，当敌制决，靡有遗失。论功纪用，宜各显宠。’于是禁为虎威；进折冲；辽，荡寇将军。”② 这是武将授封，于禁为虎威将军，乐进为折冲将军，张辽为荡寇将军，二十余人封为列侯。

谋士中，郭嘉封洧阳亭侯；十二年，又增加荀彧食邑千户，前后合计二千户；荀攸封陵树亭侯，增加食邑四百户，前后七百户，由军师升任中军师。对荀彧、荀攸曹操还有一道《下令大论功行封》，令曰：“忠正密谋，抚宁内外，文若是也。公达其次也。”③ 文若，荀彧字；公达，荀攸字。曹操这里用八个字，高度概括了荀彧、荀攸的卓尔不凡的功勋。

荀彧“为人伟美。”④ 曾两度拒绝增封，也就是说，荀彧两次没有将曹操上表他的表奏呈献帝诏准。曹操致书荀彧表明态度，一是官渡

---

① 《三国志·武帝纪》第17－18
② 《三国志·乐进传》第331页。
③ 《三国志·荀攸传》第210页。
④ 《三国志·荀彧传》裴注引《典略》第201页。

之战，时兵少粮尽，图欲还许，书与荀彧议，彧让曹操坚持，睹胜败之机，最终袁绍溃败，取得大捷；二是官渡取胜之后，曹操欲南下，荀彧止而变北上，平定了河北，使曹操固本强基。所以，曹操说："彧之二策，以亡为存，以祸致福，谋殊功异，臣所不及也。"[①] 因此，对于这次行封荀彧接受了。但曹操"欲表彧为三公，彧使荀攸深让，至于十数，太祖乃止。"[②] 荀彧通过荀攸，坚决拒封三公。

这一次还颁布了《分租与诸将掾属令》要求诸将要像战国名将赵奢和汉景帝时大将窦婴那样，将国君赏赐的千金，分享给部下，也将自己封地的租赋，按功劳大小分等级分给众将吏，以及入伍早的老兵和阵亡的遗孤。并宣布此事要形成制度，凡丰年，租赋收足"将大与众人悉共飨之。"[③]

曹操共定天下，共飨天下的思想，通过这一年所颁布的三道令基本上清晰出来，不仅仅是为北征三郡乌丸的动员，而且更是为统一割据局面的长期谋划之策，尤其是对老兵和阵亡遗孤的抚恤，对今后提高军队的士气和战斗力都有鼓舞。曹操一边统一，一边治理，这正是他的非常之处。这个非常之处，清晰出曹操是一个坚定的让国家统一的信仰者和具体征战的实践者，治理者。

◆ 北征皆忧　郭嘉劝征

曹操定功行封后，将要北征袁尚和三郡乌丸，许多将领顾虑重重，都认为：袁尚和袁熙不过是逃亡之徒。乌丸贪婪成性，岂能为二袁卖

---

① 《三国志·荀彧传》裴注引《彧别传》第 205 页。

② 同上。

③ 《三国志·武帝纪》裴注引《魏书》第 18 页。

命？今为这种人深入塞外远征，刘备必然乘机说服刘表袭击许都，万一造成事变，不可追悔。[1] 对诸将的担忧，也不是完全没道理的。

这时，张辽向曹操谏曰："夫许，天下之会也。今天子在许，公远北征，若刘表遣刘备袭许，据之以号令四方，公之势去矣。"曹操认为刘表不会命刘备带兵袭许都。[2]

然而，司空府祭酒郭嘉力排众议，不同意诸将忧惧，认为刘表不会派刘备偷袭许都，赞成曹操北征前往，他说：

> 公虽威震天下，胡恃其远，必不设备。因其无备，卒然击之，可破灭也。且袁绍有恩于民夷，而尚兄弟生存。今四州之民，徒以威附，德施未加，舍而南征，尚因乌丸之资，招其死主之臣，胡人一动，民夷俱应，以生蹋顿之心，成觊觎之计，恐青、冀非己之有也。表，坐谈客耳，自知才不足以御备，重任之则恐不能制，轻任之则备不为用，虽虚国远征，公无忧矣。[3]

郭嘉的见解深刻，对北征的分析透彻。乌桓仗着山高路远，没有防备，乘其无备，突然进兵，即可破灭。若放弃北征，而南远袁氏兄弟依仗父亲袁绍对乌桓之恩，即可站稳，招死臣旧部，加上乌桓的配合，青、冀二州可能会被蹋顿浸染，易主而失；至于刘表，只是一坐谈客，他虽依附袁绍，但也相对独立，官渡之战没为袁绍出兵，灭袁谭依然不动声色，他若重用刘备则担心失控，不会给他兵马袭击许都。曹操没有听取诸将的忧惧，诸将的忧惧，又恰恰被郭嘉所化解，剥皮

---

① 《三国志·武帝纪》第 18 页。
② 《三国志·张辽传》裴注引《傅子》第 371 页。
③ 《三国志·郭嘉传》第 279 页。

见里，去表象而见实质，刘表只是一坐谈客罢了。曹操采纳了郭嘉的谏策，率军北征，一锤定音。

不过，曹操北征乌丸，刘备曾劝说刘表袭许，但刘表不同意。当曹操北征乌丸斩袁尚、袁熙，从柳城回来，刘表对刘备说："不用君言，故为失此大会。"刘备说："今天下分裂，日寻干戈，事会之来，岂有终呼？若能应之于后者，则此未足恨也。"① 看来，郭嘉将刘表定格为只是一"坐谈客"完全料定如神。

◆ 田畴启导　曹破乌丸

五月，曹操率大军北征三郡乌丸。以张辽、张郃为军锋，许诸、于禁、曹纯等将领，各典一军前往。大军到达易县，节制幽州六郡的左度辽将军鲜于辅和护乌桓校尉阎柔也都率部加入。

这鲜于辅是渔阳郡人，原是刘虞的从事。刘虞在任幽州牧，董卓当政又升任大司马，却依然主持幽州事务，治理有方。后诏命公孙瓒讨伐乌桓，受刘虞节制。二人不和，"公孙瓒诬告刘虞想称帝，胁迫天子派遣的使者段训斩杀了刘虞。"② 后鲜于辅等人想为刘虞报仇，联合燕国人阎柔，和袁绍共同攻伐公孙瓒。公孙瓒逃回易京，到建安四年（199），袁绍发动所有军力包围公孙瓒，最后公孙瓒杀尽妻儿，然后自杀。《后汉书·公孙瓒列传》说是"自焚"。到官渡之战，鲜于辅率部归顺曹操，拜左度辽将军，封亭侯。阎柔派遣使者前往曹操处接受事命，升他为乌丸校尉。

曹操到达易县，鲜于辅和阎柔率部到来，曹操当然高兴，但这时

① 《三国志·先主传》裴注引《汉晋春秋》第 546 页。
② 《三国志·公孙瓒传》第 157 页。

郭嘉染病，无法前往，留在易县疗疾。郭嘉不能前往，就对曹操说："兵贵神速。今千里袭人、辎重多，难以趋利，且对方知道，必有防备；不如留辎重，轻兵突进，乘不备而袭击。"①

曹操采纳了郭嘉的谏言，轻装疾进，五月底到达右北平郡无终县（故城在天津蓟县）。时逢六七月盛夏雨暴，大水漫漫，"傍海道不通"，② 曹军无法前行。在这关键时刻，冀州从事邢颙，向曹操举荐了好友田畴。曹操当即遣幽州刺史田豫为特使，请田畴下山议事。

这田畴是无终人，"好读书，善击剑。"③ 公孙瓒称他为"义士"。原为刘虞属下从事，刘虞被杀之后，田畴看到民厌战乱，生计流离，于是率宗族及追随着数百人到徐无山中建立了"乌托邦"式的坞堡，组织部曲，收留难民，聚众五千余家，他制定了"约束相杀伤、犯盗、诤讼之法，法重者至死，其次抵罪，二十余条。又制为婚姻嫁娶之礼，兴举学校讲授之业，班行其众，众皆便之，至道不拾遗。"④ 乌丸、鲜卑皆"服其威信"，互友馈赠，互不侵扰。"袁绍数遣使招命，又即授将军印"，皆被田畴拒绝。⑤ 然而，这次曹操派田豫请他下山，田畴欣然前往。曹操随即举茂才，拜为蓨县令，不到任，随曹军驻扎在无终县，征讨三郡乌桓和二袁。

当时夏雨不断，浊水四浸，泥泞不通，袁尚、袁熙和三郡乌桓的兵马阻守要道，曹军无法前进。曹操正在忧虑，就向前来谒见的田畴寻问，田畴说："此道，秋夏每常有水，浅不能通车马，深不载舟船，

① 《三国志·郭嘉传》第279页。
② 《三国志·武帝纪》第8页。
③ 《三国志·田畴传》第220页。
④ 同上第221页。
⑤ 同上第221页。

为难久矣。旧北平郡治在平冈，道出卢龙，达于柳城；自建武以来，陷坏断绝，垂二百载，而尚有微径可从。今虏将（指敌将）以大军当由无终，不得进而退，懈驰无备。若暗中回军，从卢龙口越白檀之险，出空虚之地，路近而便，攻其不备，蹋顿之首可不战而擒也。”①

曹操听后，说了一个字：“善！”于是下令回军。为了迷惑乌桓军，曹操令人在水侧路旁立上大木板，上面写着：“方今暑夏，道路不通，且俟秋冬，乃复进军。”② 乌桓侦骑兵返回报告，真以为曹军离去还师。

这时，曹操命令田畴率领五百家兵为向导，上徐无山，出卢龙，到达平冈。一路之上，他们“持臣（曹操）露布，出诱胡众，汉民或因亡来，乌丸闻之震荡。”③ 在向导田畴的带领下，曹操随大军“堑山埋谷五百余里，经白檀、历平冈、涉鲜卑庭，东指柳城。”④ 在距柳城不到二百里，蹋顿才探知消息，急令苏附延、楼班、乌延与袁尚、袁熙会拢迎战于凡城。然而，曹军的辎重尚未到达，前驱披甲的先锋兵少，左右都有畏难惧怕情绪。时到八月，曹操登上白狼山瞭望，见乌桓军阵不整，队列混乱，命张辽、张郃为先锋，许诸、于禁、徐晃、曹纯随后，杀向乌桓军，经过激战，乌桓军大崩溃，斩蹋顿及乌桓、鲜卑名王以下多人。死者被野，降者二十多万人。辽东单于苏附延、楼班、乌延都弃掉同族，和袁尚、袁熙一同逃奔辽东。这时有的向曹操谏言说，乘胜征讨公孙康，袁尚、袁熙就可以生擒。曹操则说：

---

① 《三国志·田畴传》第221页。
② 同上。
③ 《三国志·田畴传》裴注引《先贤行状》载太祖表论畴功第222页。
④ 《三国志·武帝纪》第18页。

"我已命公孙康斩袁尚、袁熙将首级送来，不必烦我兴师用兵！"①

随后曹操迁幽、并两州沿边诸郡乌桓一万余落于内地，"帅从其侯王大人种众与征伐。由是三郡乌桓为天下名骑。"② 这些落户内地的一万个部落，跟随侯王大人受中国节制参加征战。从此三郡乌桓士卒成为天下最有名的骑兵。

◆ 巧诛二袁　田畴拒封

正如曹操所料，袁尚、袁熙败逃辽东，直奔公孙康而去。袁氏兄弟本没真心投靠公孙康，而是袁尚想凭借自己的勇力，兄弟联手夺取公孙康的兵众。然后再立足发展，同曹操较量。袁尚对袁熙说："今到，康必相见，欲与兄手击之，有辽东犹可以自广也。"③ 这就是二袁逃奔辽东见公孙康的目的。

公孙康也不是吃素的。自建安九年父公孙度亡，嗣位已三年多。早已看出袁氏兄弟大势已去。成惊弓之鸟。曹操自官渡之战后，其势如日中天，他心里计生："今不取熙、尚，无以为说于国家。"④ 于是先将精勇兵将埋伏在大厅两侧，然后请袁熙、袁尚步入。二袁不知有变，欣然步入。当二袁一入大厅，就被公孙康的精勇伏兵"皆缚之，坐于冻地。"⑤ 这时，袁尚感到地上寒冷，哀求公孙康铺席驱寒，袁熙对他说："头颅方行万里，何席之为！"⑥ 二人旋被斩首。

---

① 《三国志・武帝纪》第 18 页。
② 《三国地・乌桓传》第 521 页。
③ 《三国志・袁绍传》裴注引《典略》第 135 页。
④ 同上。
⑤ 同上。
⑥ 同上。

九月，正当曹操大军开拔之时，公孙康果然派人送来二袁的首级。这时诸将有问曹操的说："大军回，而公孙康却斩袁尚、袁熙头送来，是何道理?"曹操说："公孙康平素怕袁尚等人，我若急攻，他们就会合力抵抗，我若缓兵不进，他们就各自图谋，相互残杀，势在必然。"① 至此，曹操兵讨乌桓，一石二鸟，既平三郡乌桓之乱，以安边地各族，又穷追袁氏余党。袁尚、袁熙出逃辽东，被公孙康斩杀，袁绍集团彻底覆灭，北方全部落入曹操之手。但是，曹操却又"屠柳城。"② 还军时恰逢"时寒且旱，二百里无复水，军又乏食，杀马数千匹以为粮，凿地入三十余丈乃得水。"③ 当大军还师之后，管科律的问是谁谏言的，杀了数千匹马，众人莫知其故，人人皆惧。很明显，曹操不下令，谁敢杀马数千匹，然而曹操的做法也很巧妙。这时曹操却都厚赏北征诸将士，还说："孤前行，乘危以侥幸，虽得之，天所佐也，顾不可以为常。诸君之谏，万安之计，是以相赏，后勿难言之。"④ 曹操说这次侥幸取胜，上天所助。冒险不可常有。当初所谏，乃万安之计，因此厚赏，日后要大胆说出自己所见，切勿难言。曹操敢于在取胜之后，总结教训，以厚赏恳诚致谏。

公孙康斩送二袁首级，曹操下令"三军敢有哭之者斩。"⑤ 但是，田畴曾经受袁尚的召请，拒而不出，袁尚的父亲袁绍在据有幽、冀、青、并四州的大军阀时，也曾招命田畴，又即授将军印，礼命五至，田畴终不出。于是田畴前往吊祭。曹操却没有过问，田畴就将家属及

---

① 《三国志·武帝纪》第 18 页。
② 《三国志·公孙度传》第 164 页。
③ 《三国志·武帝纪》裴注引《曹瞒传》第 18 页。
④ 同上。
⑤ 《三国志·田畴传》第 222 页。

宗族三百多家全迁到邺城居住。曹操赐给田畴车马谷帛，他却都散发给宗族旧友。田畴就随曹操从征荆州去了。

这事得提前说了。曹操率军征荆州回来后，想起田畴过去征讨三郡乌桓和袁氏兄弟的功劳很大，当时还师之后，论功行赏，曹操以五百户封田畴为亭侯。田畴说："吾始为刘（虞）公报仇，率众遁逃。志义不立，反以为利，非本志也。"田畴固让不受。[①] 这时，曹操后悔听任他辞谢封侯，说："是成一人之志，而亏王法大制也。"[②] 于是又以从前的爵位封田畴，但他上疏陈志，发誓以死辞谢。曹操不听，前后四次封拜他，田畴始终不接受。这样一来，有关官员就因田畴违背王法，过于耿介，树立小节，应弹劾，免官加刑。曹操对这事却很慎重，犹豫了很久之后，让世子曹丕和大臣博议，曹丕认为不宜强迫，应优容其志节。尚书令荀彧、司隶校尉钟繇也认为可遵从田畴之愿。但曹还是想封他为侯，于是曹操想到田畴平日和夏侯惇友善，就对夏侯惇说："你且前往田畴处，以情喻之，自会听君言，无告我意。"[③] 夏侯惇便造访田畴，留宿叙谊。田畴揣度，知其来意，不复言语。夏侯惇临走，拊田畴背说："田君，主上是很诚意的，一点不顾念吗？"[④] 田畴回答说："这话就不对了，田畴，一个负义逃窜之人，蒙恩全活，为幸多矣。岂可出卖卢龙边塞换取赏禄呢？纵使国家私下赏赐我，我田畴心里不感愧羞吗？将军最了解我，还如此说，若不得已，我宁愿在你面前自刎。"[⑤] 田畴言罢，涕泣横流。夏侯惇具实禀告曹操，曹操

---

① 《资治通鉴》第 607 页。
② 《三国志 · 田畴传》第 222 页。
③ 同上。
④ 同上。
⑤ 同上。

喟然长叹，知不可屈。于是任他为议郎。这里要看到曹操屠柳城，而田畴始终拒封侯，也就是说，田畴他岂能拿柳城千万人的命换封赏呢？

十一月，曹操到大易县，代郡乌桓行单于普富卢，上郡乌桓行单于那楼，率其各部落名王来贺。北方乌桓、鲜卑、匈奴在曹操“怀柔”与“征讨”两手并使与交替使用下，北方边地各族在牵招“简选有才识者，诣太学受业，还相教授，数年中庠序（学校）大兴。”[①] 使边地各族逐步接受汉文化的影响，文明进程也徐徐渐进。

郭嘉从柳城回来，病得很重，曹操派去探病看望郭嘉的人络译不绝。逝后，曹操亲自去吊丧，万分悲哀，告诉荀彧等人说：“诸君年岁皆我同辈，唯郭奉孝最少。天下事已了，想把后事交嘱给他，却中年夭折，命也夫！”[②] 于是，曹操在上表说：

> 军祭酒郭嘉，自从征伐，十有一年。每有大议，临敌制变。臣策未决，嘉辄成之。平定天下，谋功为高。不幸短命，事业未终。追思嘉勋，实不可忘。可增邑八百户，并前千户。[③]

裴松之引《魏书》所载曹操上表内容有不同，说郭嘉“自在军旅，十有余年，行同骑乘，坐共帷席，东擒吕布，西取眭固，斩袁谭之首，平朔土之众，逾越险塞，荡定乌丸，震威辽东，以枭袁尚……勋实由嘉。……褒亡为存，厚往劝来也。”

后来，赤壁败还，曹操叹息地说：“郭奉孝在，不使孤至此。”曹孟德这一感慨之言，还是发自肺腑的。因为，他曾说过：“为国失贤

① 《三国志·牵招传》第456页。
② 《三国志·郭嘉传》第280页。
③ 同上。

则亡。”[①] 曹操的这句感慨，应是治国理政的至理名言，他深深感到贤臣良谋的重要，珍策重计，乃古今所尚。非常之人，必留下惊醒后来者的非常之言。

◆ 曹操遣使　文姬归汉

初平三年（192）四月，司徒王允，尚书仆射士孙瑞、董卓部将吕布，在长安诛董卓。不久，右中郎将蔡邕在王允那里，当谈到董卓被诛之事，蔡邕很不在意地叹了一口气，脸上呈现出一丝同情的表情。王允勃然大怒，叱骂他说：“卓，国之大贼，杀主残臣，天地所不祐，人神所同疾。君为王臣，世受汉恩，国主危难，曾不倒戈，卓受诛，而更嗟痛乎？”[②] 立即将蔡邕逮捕交给廷尉治罪。后太尉马日磾闻知，随即登门求王允放过蔡邕，说他是“旷世逸才，多识汉事，当续成后史，为一代大典。”[③] 王允不从。蔡邕遂死狱中。

蔡邕有女名琰，字文姬。“博学有才辩，又妙于音律。”[④] 嫁于河东郡卫仲道，谁料夫亡无子无女，蔡文姬便回到娘家陈留县。董卓被诛之前，李傕、郭汜等奉董卓女婿牛辅所遣，“掠陈留、颍川诸县，杀略男女，所过无复遗类。”[⑤] 蔡文姬可能前往长安，为父收尸。“兴平中，天下丧乱，文姬为胡骑所获，没于南匈奴左贤王。”[⑥] 而兴平共二年，蔡文姬被南匈奴掠走，一是在往长安的路上，二是或在长安，

---

① 《三国志·何夔传》第 246 页。
② 《三国志·董卓传》裴注引谢承《汉书》第 116 页。
③ 《后汉书·蔡邕列传》第 1336 页。
④ 《后汉书·列女传》第 1891 页。
⑤ 《后汉书·董卓列传》第 1576 年
⑥ 《后汉书·列女传》第 1891 页。

不可能在其娘家陈留被掠走，因此记的比较模糊，不可详考。蔡文姬被南匈奴左贤王掠走后，在胡中生活了十二年，生二子。十二年后，即建安十二年，也就是说，蔡文姬是兴平二年被掠走的。

建安十二年，曹操北征三郡乌桓、杀蹋顿、胡、汉降者二十余万。八月，曹操登白狼山。九月，辽东太守公孙康杀袁熙、袁尚，曹操引兵自柳城还军。曹操这时恐怕想起蔡邕和他的女儿蔡文姬，父女俩都“妙于音律”，历史上有名的古琴：焦尾琴。就是蔡邕从烧桐木的火烈声中听出是制琴良木，便“因请而裁为琴，果有美音，而其尾犹焦，故时人名曰：焦尾琴。曹操与善音律的蔡邕“埒能”。[①] 又“曹操素与邕善，痛其无嗣，乃遣使者以金璧赎之。”[②]

曹操平定乌桓三郡，遣使持金璧珍宝，匈奴左贤王不能不给面子，至于如何交涉，其详不知。蔡文姬因生二子，“不忍与之辞。儿前抱我颈，问母欲何之。‘人言母当去，岂复有还时。阿母常仁恻，今何更不慈？我尚未成人，奈何不顾思！’见此崩五内，恍惚生狂痴。号泣手抚摩，当发复回疑。”蔡文姬同二子抱颈痛苦，同辈羡慕，相送告别；内心却是“哀叫声摧裂。马为立踟蹰，车为不转辙。观者皆歔欷，行路亦呜咽。”就这样割舍二子，踏上悠悠三千里的归程，一路上蔡文姬“念我出腹子，匈臆为摧败。”“儿呼母兮哭失声，我掩耳兮不忍听。”就这样三千里悲痛哭号思念，回到了故土。

蔡文姬回到故土陈留不久，她又嫁给同乡董祀为妻。董祀是曹操手下一名屯田校尉，官阶不高。蔡文姬毕竟是二度再醮，尽管博学有才，又妙于音律，但内心仍多了一份自卑。她说：“托命于新人，竭

① 《三国志·武帝纪》裴注引张华《博物志》第 34 页。

② 《后汉书·列女传》第 1891 页。

心自勖厉。流离成鄙贱，常恐复捐废。”[①] 蔡文姬总担心董祀会抛弃自己，使晚年生活失去依靠。谁知，生活风云难料，丈夫董祀“犯法当死。”[②] 为了保全丈夫的性命，也是为自己未来生活着想，蔡文姬不顾一切到丞相府拜访曹操求情。当时曹操正在会见朝中公卿名士和远方使者，宾客满堂。曹操对宾客说：“蔡伯喈的女儿在外，今天我为诸位引见这位才女。”[③] 宾客们早已听说蔡邕的女儿蔡文姬才学超人，美貌非凡，很想借此目睹其风采。然而，令众人失望的是，蔡文姬“蓬首徒行，叩头请罪，音辞清辩，旨甚酸哀，众皆为改容。”[④] 蔡文姬申诉请求后，曹操对她说：“你说的实情值得同情，但文状已发出，怎么办?”蔡文姬巧妙地回答说：“明公厩马万匹，虎士成林，何惜疾足一骑，而不济垂死之命乎!”[⑤] 曹操被蔡文姬的话所打动，立即派人纵骑追回成命，赦免了董祀。

此时天寒气冷，曹操看到蔡文姬蓬头赤脚，心性怜悯，当即赐予她头巾和鞋袜。然后，曹操问道：“闻夫人家先多坟籍，犹能忆识之不?”蔡文姬回答说：“昔亡父赐书四千许卷，流离涂炭，罔有存者。今所诵忆，裁四百余篇耳。”曹操一听说：“今当使十吏就夫人写之。”蔡文姬又回答说：“妾闻男女之别，礼不亲授，乞给纸笔，真、草唯命。”此后，蔡文姬凭着非凡的记忆，将背诵的诗文典籍缮写呈上，没有丝毫的遗漏和差错。[⑥]

---

① 《后汉书·列女传》第1891页。
② 同上。
③ 同上。
④ 同上。
⑤ 皆同上。
⑥ 《后汉书·列女传》第1892页。

蔡文姬后来的生活不详，但她留下了三篇作品：五言《悲愤诗》、骚体《悲愤诗》和《胡笳十八拍》，都是自传性作品，同时真实地记录了那个时代，如董卓入京后，“卓众来东下，金甲耀日光。平土人脆弱，来兵皆胡羌。猎野围城邑，所向悉破亡。斩截无孑遗，尸骸相撑拒。马边悬男头，马后载妇女。”① 与《三国志·董卓传》所载无二，言董卓军到阳城“断其男子头，驾其车牛，载其妇女财物，以所断头系车辕轴，连轸而还洛。”② 后世文学史家称：蔡琰“五言《悲愤诗》是建安文坛上的一篇杰作。它长达五百四十字，像这样的长篇叙事诗，是此前文人诗歌中所没有的。”因此蔡文姬“与‘七子’相颉颃并以才华著称。”③

曹操成就了中国文学史上的一位女诗人。这是非常之人的非常所作所为。

◆ 东临碣石　以观沧海

这一年，曹操北征三郡乌桓取胜，从沿海陆路回师。途中，北方已入隆冬，天寒地冻。由于北方旱象严重，回师途中找不到水喝，又缺粮草，陷入危困绝境。“时寒且旱，二百里无复水，军又乏食，杀马数千匹以为粮，凿地三十余丈乃得水。”④ 就这样，艰难地来到渤海之滨的碣石山。

曹操从柳城还师的这段艰难历程，给他留下了极其深刻的印象。

---

① 同上。
② 《三国志·董卓传》第 112 页。
③ 游国恩五教授《中国文学史》第 1 册第 215 页。
④ 《三国志·武帝纪》裴注引《曹瞒传》第 18 页。

多年后，适逢夏季，他来到洛阳，大雨滂沱。洛阳北面西头的城门，汉代名为夏门，魏晋名“大夏门”。大夏门外九江高地一片汪洋。曹操瞬间回忆起五月，北征乌桓，归途到达渤海，九月登碣石山。于是写下《步出夏门行》，又称“陇西行”，属《相和歌·瑟调曲》。曹操“御军三十年……登高必赋，及造新诗，被之管弦，皆成乐章。”[①]《步出夏门行》分五个部分：最前是“艳”，即前奏曲，俗称“引子”。然后是《观沧海》《冬十月》《土不同》《龟虽寿》四章。这里仅说“前奏曲”和《观沧海》。

步出夏门行

云行雨步，超越九江之皋。临观异同，心意怀游豫，不知当复何从？经过至我碣石，心惆怅我东海。

“云行雨步”化用《易经·乾·文言》“云行雨施”，[②] 意为施泽惠给人民，这里一语双关，并指夏门外大雨横行，“九江之皋”指荆州。建安十二年（207），曹操和部下商量南下荆州，当时袁绍之甥高干投奔荆州刘表，而袁尚和袁熙逃往乌桓。曹操部下诸将主张南征刘表，惟郭嘉主张北伐。这才有“临观异同”之后的“游豫”，即犹豫。但最终听取了郭嘉的主张，北征三桓，回师登临碣石山。关于碣石山，《汉书·地理志》所载骊成，即今河北省乐亭县西南的大碣石山，六朝时已沉陷于海面以下。另一说，指河北省昌黎县的碣石山。

---

① 《三国志·武帝纪》裴注引《魏书》第34页。

② 徐澍等《易经》第4页。

观沧海

东临碣石，以观沧海。水何澹澹，山岛竦峙。
树木丛生，百草丰茂。秋风萧瑟，洪波涌起。
日月之行，若出其中；星汉灿烂，若出其里。
幸甚至哉，歌以咏志。

曹操的《观沧海》以一个雄心勃勃的政治家、军事家和气韵沉雄的诗人，登上碣石山，览日月星辰犹出于浩瀚的渤海来辉映宇宙的博大，展现出曹操北征凯旋的壮烈情怀，吞吐天地，气魄宏伟，抒发了海纳百川，包容天下的博大襟怀。诗中的“沧海”即指渤海；“星汉”就是银汉。萧瑟的秋风，涌起的洪波，波澜壮阔，撼人心魄。这是大海的情怀，更是英雄的情怀；大自然的生生不息，更是英雄人生的壮心之路，诗的最后两句，按余冠英先生所说，“是入乐时加上的，和正文无关。”①

曹操写完《观沧海》，觉得意犹未尽，又作《沧海赋》。可惜此赋散佚，仅留一句：“览岛屿之有。”虽存一句，一个“览”与“岛屿”相配，所蕴含的气势就不同凡响了；有统一天下的雄心和顽强的进取精神。

《龟虽寿》更是一首脍炙人口，传诵了二千年的诗。李泽厚说在“对酒当歌，人生几何”的底下，是“烈士暮年，壮心不已”的老骥长嘶，建安风骨的人生哀伤是与其建功立融交合在一起的，② 这是曹操内在的智慧，超越的精神，脱俗的语言，将人的觉醒和追求和盘托出，深藏着的恰恰是他对人生、生命、命运、生活的强烈的欲求和留恋，展现出来的是，一个非常之人的非常情怀和哀伤。

---

① 余冠英：《三曹诗选》第 10 页，人民文学出版社，1979 年第 2 版。
② 李泽厚：《美的历程》第 93 页，生活·读书·新知三联书店，2012 年 6 月版。

第十章

建安十三年（208）

◆ 改组朝阁　自任丞相

这年正月，曹操作了两件重要事：第一件是司徒赵温辟征曹操长子曹丕（实际上是二子，因曹昂阵亡）。曹丕时年二十一岁，他“年八岁，能属文。有逸才，遂博贯古今经传诸子百家之书。善骑射，好击剑。”[①] 当曹操知道赵温辟征曹丕上表汉献帝说：“（赵）温辟臣子弟，选举不实。”[②] 是说赵温选举弄虚作假是犯罪，于是，派侍中守光禄勲郗虑持节奉汉献帝之诏罢免了赵温。赵温没想到的是，他本想买好曹操，却反被曹操打脸，还丢了官位饭碗。曹操不私其子弟，但不见得他心中没有远谋另图，就是说，不会因小失大。第二件事，曹操从许都还邺城，引漳河水“作玄武池以肄舟师。”[③] 玄武是水神之名。曹操当时是司空，司空是水土之官。作玄武池，用以操练水师战船为南下作准备。

---

① 《三国志·文帝纪》裴注引《魏书》第 35 页。
② 《三国志·文帝纪》裴注引《献帝起居注》第 35 页。
③ 《三国志·武帝纪》第 18 页。

到了六月，曹操要改组朝阁，这自然是一件大事。曹操自建安元年（196）九月，西迎献帝迁许建都成功，他就身为大将军兼兖州牧、司隶校尉，执掌朝政。到是年十月，因袁绍不满，且兵强势盛，曹操非常聪明，为稳住袁绍，辞去“大将军”之职，改任司空，代理车骑将军。汉代的三公是政府的最高权力所在。汉武帝临终时昭帝年幼，以霍光为大司马大将军辅政。大将军是总揽王室事务的总管，大司马是三公之一，霍光一身而兼，权势达到顶峰。到汉光武刘秀称帝洛阳，将大司马改称太尉，管军事；大司徒，总理庶政，称宰相或丞相，三公之首；大司空当时主纠弹的责任，又名御史大夫，后来主管水利、土木建筑之类。三公名位虽高，一切大权却转移到“尚书台”（相当于中央办公厅）。曹操将大将军之职让位袁绍，袁绍又不能前来掌管，成为空头。曹操自己担任司空，他是当时百官之长，主持许都军政国之大事。在曹操改组朝阁之前，除三公之外，于建安十一年（206），通过汉献帝下诏，废除了当时八国刘姓王国，改为郡的建制，以此削弱了刘汉宗室的势力，实际上是削弱了汉献帝的势力。曹操又借司徒赵温辟征曹丕不实为借口免去他和太尉杨彪的官职，曹操也趁此辞去司空之职，遂将太尉、司徒、司空的三公制废除，曹操自任丞相。这可能受秦和西汉初年丞相责任制影响，也可能受仲长统的影响。

这仲长统是山阳高平人，“性俶傥，敢直言。”① 时人称他为狂生。每每州郡召命他去当官，就称疾不就。幻想过一种世外桃源生活：“使居有良田广宅，背山临流，沟池环帀，竹木周布，场圃筑前，果园树后”以乐其志。这位“才章足继西京董（仲舒）、贾（谊）、刘

① 《后汉书·仲长统列传》第1109页。

（向）、扬（雄）”的人，荀彧闻知奇之，举为尚书郎，他却没有诡称有疾，前往就任。就任不久，被曹操看中，让其参与军事。他从小“好学，博涉书记，赡于文辞。”闲了他就立言，说论古今，时俗行事，凡三十四篇，名《昌言》。他在《法诫篇》说：“政不任下，虽置三公，事归台阁。自此以来，三公之联，备员而已。”“未若置丞相自总之。”[①] 仲长统常在曹操身边参决军事，他这些观点，尤其“未若置丞相自总之”的灼见，曹操能不知道，能不受影响？加上秦和汉初的先例，曹操改组朝阁便自然而然，这时又恰好碰上赵温想拍曹操的马屁，却拍到石头上，曹操就借此引水到渠自流顺，废除三公制，自己担任丞相。丞相控制尚书台、等于控制了汉献帝。

曹操是建安元年（196）到洛阳迎献帝西迁时假节钺，录尚书事、又领司隶校尉[②]就主持朝政。到许地后，汉献帝拜曹操为大将军，进荀彧“为汉侍中，守尚书令。”[③] 所谓“守尚书令”，即官不是尚书令而兼理其事。到建安九年（204）八月，曹操攻取邺城，杀审配。九月，迁荀彧掌管的尚书台到邺城，尚书台完全脱离少府。少府，服务于内廷，主管皇帝生活起居，有尚衣、尚食、尚席、尚浴等，尚书亦称中书，主管皇帝个人文书。到王莽改少府称共工。刘秀称帝后，虽设三公，但一切大权都转移到“尚书台”掌管。曹操将尚书台转移到邺城，许都的少府只掌管皇帝的生活起居。汉献帝也就名存实亡，彻头彻尾的木偶了，经国大事一任曹操决断。

曹操又重新任命了一批丞相府主要官员：冀州别驾从事崔琰为丞

---

① 以上所引《后汉书·仲长统列传》第1109－1118页。
② 《三国志·武帝纪》裴注引《献帝纪》第9页。
③ 《三国志·荀彧传》第201页。

相西曹掾，毛玠为丞相府东曹掾，司马朗为主簿，司马懿为文学掾，卢敏为法曹议令史。崔琰和毛玠统辖选举，但二人后来“其所举用皆清正之士，虽于时有盛名而行不由本者，终没得进。”[①] 曹操听说后，感叹说：“用人如此，使天下自治，吾复何为哉！”[②]

不过，司马懿虽任命为文学掾，这里面还有一个小曲折，是在曹操发怒之后，欲将司马懿收监下狱，司马懿害怕了，才出来就职。当时崔琰对司马朗说：“君弟（司马懿）聪亮明允，刚断英特，非子所能及也。”曹操知道后，就征辟司马懿担当文学掾，司马懿就说自己患有“风痹”而拒绝。这“风痹”指风、寒、麻木。曹操觉得是托词，便发怒，一怒之下，司马懿才“就职”。[③]

八月，以光禄勋山阳郗虑为御史大夫。

曹操改组朝阁，不仅是废除三公，设丞相总理朝政，而更重要的是将内廷和外朝分置，以丞相府为中央政府分置于邺城，实际上是将皇帝事无不总的权力，转移到朝臣手上，消除了皇帝身边宦官干预朝政的祸患，同时制约和限制了君主专制的皇权，形成了以尚书令或丞相为首的台阁制。从这一点看，是曹操对皇权专制的一次重大改革。当然，曹操也是为了南下征伐，而将指挥权高度集中，以便挥师。

完成了朝阁改组，曹操将南征刘表，其荆州未定时发生了一件意外之事：曹操遣张辽军驻长社。临出发，军中有谋反者，利用晚上，四处放火，扰乱军心，一时军心惶惶，一军尽乱。张辽分析后，认为不是军队皆反，定是少数谋叛者扰乱军心，于是对左右人说：“勿动。

① 《资治通鉴》第608页。

② 同上。

③ 《资治通鉴》第608－609页。

是不一营尽反，必有造变者，欲以动乱人耳。”[①] 于是命令，“其不反者安坐!”[②] 张辽亲自率领亲信者数十人在军阵中站立以镇之。不一会，军中安定下来。之后，张辽查到叛谋者，立刻斩首示众，平息了兵变。

曹操为兵压荆州，命张辽驻军长社，于禁驻屯颍阴，乐进屯驻阳翟，三将负才任气，彼此相处多有不协，这是领军作战的大忌。于是，曹操派遣刚入京被任命为司空掾主簿赵俨同时参议三军之事，每经一事赵俨都要“训谕，遂相亲睦。”[③] 随后，任命赵俨兼领章陵太守，迁为都督护军，监护于禁、张辽、张郃、朱灵、李典、路招、冯楷等七军，曹操率军亲征荆州。

◆ 刘表托后　刘琮降曹

曹操将南下率军攻伐刘表，问荀彧如何行动，荀彧说：如今华夏中原已平定，南方已感到窘困，“可显出宛、叶而间行轻进，以掩其不意。”[④] 曹操于是按荀彧之策布兵，间行轻进。到了秋七月，曹操“率三十万众来向荆州”，攻打刘表。[⑤] 此时，刘表早已“疽发背”，[⑥] 卧床不起。荆州是南北交通要冲，土地肥沃，百姓富足，南北军阀对它垂涎已久。自初平元年（190），荆州刺史王叡被长沙太守孙坚所杀，朝廷任命刘表为荆州刺史，“时江南宗贼大盛”，[⑦] 刘表请南郡人

---

① 《三国志·张辽传》第330页。
② 同上。
③ 《三国志·赵俨传》第419－420页。
④ 《三国志·荀彧传》第205页。
⑤ 《三国志·诸葛恪传》第866页。
⑥ 《后汉书·刘表列传》第1639页。
⑦ 同上1636页。

蒯越，襄阳人蔡瑁与共谋划，诛却宗贼五十五人，后襄阳张虎、陈生归附，荆州八郡完全被刘表控制。先是袁术联孙坚攻打荆州，刘表的将领黄祖前来救援，孰料，孙坚被流矢射中身亡，余众溃逃，袁术退却。接着占据长安的李傕、郭汜拉拢刘表，没等实现，李、郭垮台，汉献帝被曹操迎往许下，曹操挟天子以令诸侯。然而袁绍世家“树恩四世，门生故吏遍于天下。”① 袁绍又“宽仁容众，为天下所附。”②他鹰扬河朔，虎视中原。于是，刘表一面向许都进贡称臣，讨好曹操，一面阴与袁绍勾结，圆滑世故，骑墙观望。建安元年（196），骠骑将军张济引兵入荆州界，攻打穰城，刘表面临危机。不料，张济中箭身亡，收归了张济的部分部众。从此，刘表的势力“南接五岭，北据汉川，地方数千里，带甲十万。”③ 成为长江中下游地跨南北，实力雄厚的大军阀。

也就在这不久，汝南人王俊是有名的逸士，曾被州郡、三府之命征辟皆不应，避地居武陵，归者百余家。后献帝都许，曹操复征为尚书，又不就。刘表见袁绍兵强势盛，阴与袁绍暗通，王俊对刘表说：“曹公，天下之雄也，必能兴霸道，继桓、文之功者也。今乃释近而就远，如有一朝之急，遥望漠北之救，不亦难乎！”④ 然而刘表听不进去，也不听从。

刘表有二子，长子刘琦“性慈孝。”⑤ 小儿刘琮，娶刘表后妻蔡氏

---

① 《三国志·袁绍传》第 122 页。
② 《后汉书·袁绍列传》第 1606 页。
③ 《后汉书·刘表列传》第 1637 页。
④ 《三国志·武帝纪》裴注引皇甫谧《逸士传》第 19 页。
⑤ 《三国志·刘表传》裴注引《典论》第 139 页。

的侄女，“蔡氏遂爱琮而恶琦，毁誉之言日闻于表。”[①] 刘表又非常宠爱蔡氏，加之蔡瑁是刘表之妻蔡氏之弟，与刘表的外甥张允，二人沆瀣成党，同样日日在刘表面前损毁长子刘琦，谮誉少子刘琮。这样一来，刘表欲让刘琮作为他的继位之人。此时，刘琦感到危机，就找到诸葛亮“谋自安之术。”[②] 这诸葛亮是上年（建安十二年，即207年），刘备被曹仁打败，投靠刘表，刘表让他驻屯新野，三顾茅庐，而得诸葛亮来到荆州。刘琦找到诸葛亮求安身之法，都被诸葛亮拒塞而不予出谋划策。一天，刘琦邀请诸葛亮游观后花园，二人一起登楼梯，上到亭台的上面，饮宴之间，刘琦怕人上来听见，令人撤去楼梯，这才对诸葛亮说：“今日上不至天，下不至地，言出子口，入于吾耳，可以言未？”[③] 诸葛亮淡淡地说：“你不见申生在国内很危险，公子重耳流亡在外而平安吗？”[④] 刘琦意感领悟，暗中谋划外出避祸。就在这时，江夏太守黄祖被孙权打败，死于部下之手，刘琦得到机会，求其代任，刘表立即任命刘琦为江夏太守。

刘琦外放江夏太守，刘表病甚，回来看望父亲病情，蔡瑁、张允怕刘琦见了刘表，父子相感，改变托后之意，就对刘琦说：“将军命君抚临江夏，为国东藩，其任至重；今释众而来，必见谴怒，伤亲之欢心以增其疾，非孝敬也。”[⑤] 就这样，将刘琦遂遏于户外，不让见父，流泪而去。

刘琦走后，刘表病笃，召见刘备，托国事于他，顾左右说：“我

---

① 《后汉书·刘表列传》第1639页。
② 《三国志·诸葛亮传》第566页。
③ 同上。
④ 同上。
⑤ 《三国志·刘表传》裴注引《典论》第139页。

儿不才，而诸将并零落，我死之后，卿便摄荆州。”刘备说：“诸子自贤，君其忧病。”[1] 这时，有的劝刘备宜从刘表之意，然刘备未从此意。但裴松之认为：刘表“夫妻素爱琮，舍適立庶，情计久定，无缘临终举荆州以授（刘）备，此亦不然之言。”[2] 至于裴松之所言，读者自辩。

刘表托国事不久病卒，时在八月。蔡瑁、张允等众，拥立刘琮继嗣。刘琮以哥刘琦为侯授印，刘琦怒而掷地，因奔丧而作难。

这时，曹操率七路大军，三十万人马，兵压荆州。章陵太守蒯越、和东曹掾傅巽等，劝说刘琮归降曹操，刘琮不以为然，说：“今与诸君据全楚之地，守先君之业，以观天下，何为不可乎?”傅巽对说：“逆顺有大体，强弱有定势。以人臣而拒人主，逆也；以新造之楚而御国家，其势弗当也；以刘备而敌曹公，又弗当也。三者皆短，欲以抗王兵之锋，必亡之道也。将军自料何与刘备?”刘琮答道：“吾不若也。”傅巽又说：“诚以刘备不足御曹公乎，则虽保楚地，不足以自存也；诚以刘备足御曹公乎，则备不为将军下也。愿将军勿疑。”[3] 刘琮动摇，摇摆不定。

九月，曹操到新野，刘琮屯兵襄阳，刘备驻屯樊城。在蒯越、韩嵩和傅巽以及王粲的说服下，刘琮举州归降曹操。刘琮派使者持节迎接曹操，诸将皆怀疑这里面有诈，曹操就问崔琰。崔琰说：“天下扰攘，各贪王命以自重，今以节来，是必至诚。”曹操说：“大善。”遂

① 《三国志·刘表传》裴注引《魏书》第 546 页。
② 同上。
③ 《三国志·刘表传》第 139 页。

进兵。[1] 这时，曹操正往襄阳进军，刘琮属下王威献策说："曹操得到将军既降，刘备已走，必懈驰无备，轻行单进；若给威（即王威）奇兵数千，徼之于险，操可获也。获操即威震四海，坐而虎步，中夏虽广，可传檄而定，非徒收一胜之功，保守今日而已。此难遇之机，不可失也。"[2] 刘琮没有采纳。没过几天，曹操平安顺利进驻襄阳，兵不血刃拿下荆州，曹操以涿郡李立为荆州刺史。

刘琮归降，曹操表刘琮为青州刺史，封列侯。《表刘琮令》说："青州刺史（刘）琮，心高志洁，智深虑广，轻荣重义，薄利厚德，蔑万里之业，忽三军之众，笃中正之体，敦令名之誉，上耀先君之遗尘，下图不朽之余祚；鲍永之弃并州，窦融之离五郡，未足以喻也。……今听所执，表琮为谏议大夫，参同军事。"[3] 就这样，曹操未动一兵一卒拿下荆州。

曹操平荆州，最高兴的是他得到蒯越，他给荀彧书说："不喜得荆州，喜得蒯异度耳。"[4] 可见出曹操对人才非常之爱。蒯越是蒯通之后，他"深中足智，魁杰有雄姿。"[5] 当年，大将何进闻听他的声名，辟为东曹掾。蒯越劝何进诛杀阉宦，何进犹豫不决。蒯越就知道何进必败，于是请求外放为汝阳令，辅佐刘表平定境内，刘表得以坐大而强。此次，诏拜蒯越为章陵太守，封樊亭侯。建安十九年，蒯越卒。临终，与太祖书，后曹操在《报蒯越书》中说："死者反生，生者不

① 《三国志·崔琰传》裴注引《吴书》第 243 页。
② 《三国志·刘表传》裴注引《汉晋春秋》第 140 页。
③ 《三国志·刘表传》裴注引《魏武故事》第 140 页。
④ 《三国志·刘表传》裴注引《傅子》第 140 页。
⑤ 同上。

愧。孤少所举，行之多矣。魂而有灵，亦将闻孤此言也。”[①]

平定荆州后，曹操对荆州方面的官员封赏面大，以蒯越等十五人封侯。蒯越为光禄勋，韩嵩为大鸿胪，邓羲为侍中，刘先为尚书，王粲辟为丞相掾，赐关内侯等等，多至大官。后来曹操在汉水边设酒款晏群下，王粲举杯祝贺说：“方今袁绍起河北，仗大众，志兼天下，然好贤而不能用，故奇士去之。刘表雍容荆楚，坐观时变，自以为西伯可规。士之避乱荆州者，皆海内之俊杰也；表不知所任，故国危而无辅。明公定冀州之日，下车即缮其甲卒，收其豪杰而用之，以横行天下；及平江、汉，引其贤俊而置之列位，使海内回心，望风而愿治，文武并用，英雄毕力，此三王之举也。”[②]

这里面有故事的是刘先，他“博学强记，尤好黄老言，明习汉家典故。”[③] 刘先为刘表别驾，有一年奉章到许都拜见曹操。当时曹操正会见宾客，就问刘先：“刘表如何郊天也?”刘先回答说：“刘表牧守托汉室的信任，处牧守之位，而遭王道未平，群凶塞路，抱玉帛而没俯首贡献的地方，修章上表得不到御批，因此郊天祀地，昭告对汉室的赤诚。”曹操说：“群凶为谁?”刘先回答说：“举目皆是。”曹操说：“今孤有熊罴之士，步骑十万，奉辞伐罪，谁敢不服?”刘先说：“汉道陵迟，群生憔悴，既无忠义之士，翼戴天子，绥宁海内，使万邦归德，而阻兵安忍，曰莫已若，即蚩尤、智伯复见于今也。”[④] 曹操听罢嘿然。当时就拜刘先为武陵太守。此次荆州平，始为尚书，后为魏国

① 《三国志·刘表传》裴注引《傅子》第140页。
② 《三国志·王粲传》第376页。
③ 《三国志·刘表传》裴注引《零陵先贤传》第141页。
④ 同上。

尚书令。

更令人想不到的是，刘先的外甥周不疑“幼有异才，聪明敏达。”[①] 当时，刘巴在荆州，刘先让周不疑拜学于他。刘巴闻知后说：若让你外甥拜学于我，是“推鸾凤之艳，游燕雀之宇，将何以启明之哉?”[②] 刘巴深知自己驾驭不了周不疑，怕误了他日后的发展。荆州归降。曹操看中了他，想把自己的一个女儿嫁给周不疑为妻，然而周不疑不敢当。这事不了了之。曹操的爱子仓舒，“夙有才智，说可与周不疑为伴。”到后来，仓舒突然卒亡，曹操心里忌恨周不疑，想除掉他。曹丕知道后认为不能这样做，曹操说：“此人非汝所能驾御也。”于是，派刺客杀了周不疑。[③] 周不疑死时年十七，著有《文论》四首。[④] 曹操此事做得非常令人不齿。

刘琮归降，荆州如常。曹操却不见被刘表拜为大将，负责荆州北面防务的文聘。这文聘是南阳宛城人，字仲业，深得刘表信任。当刘琮举州降曹，“呼聘欲与俱”，文聘说：“聘不能全州，当待罪而已。”到最后，文聘不得已前往拜见曹操。曹操问他说：“来何迟邪?”文聘回答说：“先日不能辅弼刘荆州以奉国家，荆州虽没，常愿据守汉川，保全土境，生不负于孤弱，死无愧于地下，而计不得已，以至于此。实怀悲惭，无颜早见耳。”[⑤] 说完泪流满面。曹操听言见状，怆然而曰：“仲业，卿真忠臣也。”于是厚礼相待。随即，又授文聘兵权，让

① 《三国志·刘表传》裴注引《先贤传》第 141 页。
② 《三国志·刘巴传》裴注引《零陵先贤传》第 605 页。
③ 同上《先贤传》第 141 页。
④ 《三国志·刘表传》裴注引挚虞《文章志》第 141 页。
⑤ 《三国志·文聘传》第 341 页。

他与曹纯追讨刘备于长坂。[①]

◆ 长坂坡前　当阳桥边

刘琮降归曹操，不敢告诉刘备。刘备在樊城也不知道，过了一段时间才有所发觉，就派亲近的人去问刘琮。这时，刘琮令宋忠到樊城刘备营宣旨。当时曹操已到宛城，刘备知道后大惊骇，对宋忠说："卿诸人作事如此，不早相语，今祸至方告我，不亦太剧乎！"刘备说着举刀向宋忠，继续说："今断卿头，不足以解忿，亦耻大丈夫临别复杀卿辈！"[②] 刘备让宋忠离去，就传唤部曲商议。有的劝刘备劫持刘琮及荆州吏士朝南到江陵，刘备说："刘荆州临亡托我以孤遗，背信自济，吾所不为，死何面目以见刘荆州乎！"[③]

刘备只好率众从樊城向江陵撤退，路过襄阳城，诸葛亮对刘备说："攻（刘）琮，荆州可有"。刘备说："吾不忍也。"[④] 刘备断然拒绝了诸葛亮的献策，然后到刘表墓上叩拜告祭，追念生前情谊，"遂涕泣而去。"[⑤] 情感三军，凝聚人心，刘琮左右的荆州人士纷纷随刘备而行。来到当阳，人众已是十余万，辎重亦有数千辆，每日行十余里。有人向刘备建议："宜速行保江陵，今虽拥大众，被甲者少，若曹公兵至，何以拒之？"刘备说："夫济大事必以人为本，今人归吾，吾何忍弃去？"[⑥]

---

① 《三国志·文聘传》第 341 页。
② 《三国志·先主传》裴注引孔衍《汉魏春秋》第 546 页。
③ 同上。
④ 《三国志·先主传》第 546 页。
⑤ 《三国志·先主传》裴注引《典略》第 547 页。
⑥ 《三国志·先主传》第 546 页。

江陵驻有荆州水军，并储存了大量军需物资。曹操得知刘备带领人众向江陵撤去，怕江陵落入刘备手中，于是曹操亲率五千精锐骑兵追赶，还有刚投降的文聘和曹纯也率兵同往，“一日一夜，及于当阳之长阪。”[①] 曹军追上了刘备。在长坂坡曹刘两方的混战中，刘备丢妻失子，一家人全被冲散。刘备和诸葛亮、张飞、赵云等只有数十骑冲出重围。冲杀中，赵云也失去了联系。这时，有人说赵云北投了曹操，刘备听到后，用手中的戟投过去敲打说话的人，刘备坚定地说：“子龙不弃我走也。”[②]

刘备弃妻子逃命，令张飞二十骑断后。过了沮水，张飞立马横矛，据沮水断桥边，二十多名骑将布列身后。曹兵追来，见状不敢贸然而进。张飞据沮水断桥，大吼道：“身是张益德也，可来共决死!”[③] 张飞的英勇威武，不怕死的气概，使曹军都不敢渡沮水而战，刘备和诸葛亮才得以安全退却。曹纯在长阪，“获其二女、辎重、收其散卒。”[④]

这时的赵云正出生入死地在千军万马的长坂坡中左冲右突，寻找刘备失散的甘夫人和阿斗。浴血拼杀中，赵云好不容易在奔逃的难民中找到了甘夫人和阿斗。阿斗刚满周岁，赵“云身抱弱子”，“保护甘夫人”，[⑤] 突出重围，回到刘备身边，刘备嘉其忠勇。这时，刘备不得不改变原来奔向江陵的撤退计划，只好转向退往汉水。正好路遇关羽水军，遂渡汉水，又逢刘表长子江夏太守刘琦率部一万余人前来接应，遂同到夏口（今湖北江口）。

---

① 《三国志·张飞传》第584页。
② 《三国志·赵云传》裴注引《云别传》第588页。
③ 《三国志·张飞传》第584页。
④ 《三国志·曹纯传》第179页。
⑤ 《三国志·赵云传》第588页。

刘琦的到来，刘备很是惊异。原来是刘表病亡，孙权派鲁肃前去吊丧，也是借此刺探情势，说荆州是个紧要的战略位置，如和刘备没嫌隙则可联合，如有彼此则乘离。当鲁肃见到刘琦后，让他与刘备相结识。恰好，鲁肃在当阳与刘备相遇，问刘备说："豫州（即刘备）今欲何至?"刘备说："与苍梧太守有旧，欲往投之。"鲁肃对刘备说，孙权聪明仁惠，礼贤下士，已据六郡，兵精粮多，足以立事，最后劝他说："今为君计，莫若遣腹心使自结于东，崇连和之好，共济世业。"① 刘备听罢大喜，遂遵鲁肃建议，进驻鄂县。

这时，曹操留满宠屯驻当阳。曹操感到江夏与吴地相壤，怕民心不安，于是以文聘为江夏太守，把边疆的防务交给他，率北军以镇，赐文聘关内侯。

◆ 曹操授意　诛杀孔融

八月，壬子，太中大夫孔融被曹操处死弃市。

曹操对孔融嫌疑猜忌已经很久了，然而孔"融名重天下。"曹操只得对孔融表面容忍，但暗中忌讳他的那些言论，担忧孔融坏了他的大事。正好由光禄勋升任为御史大夫的郗虑又给孔融罗织了罪名，遂令曹操军谋祭酒路粹"枉状"诬告孔融说："昔在北海，见王室不静，而招合徒众，欲规不轨，云'我大圣之后，而见灭于宋，有天者，何比卯金刀'。"（刘字的繁体字，即劉，由卯金刀构成。这里暗指汉献帝刘协。）又私与孙权传话，"谤讪朝廷。"身为九列大臣，不守礼仪，"秃巾微行，唐突宫掖"，与白衣祢衡"跌荡放言"，说什么父亲对于儿子，实际上

① 《三国志·先主传》裴注引《江表传》第 547 页。

是性欲发作的产物。又说儿子对于母亲，好比物品寄放在缸中，从缸中取出来就彼此分离了。祢衡吹捧孔融是“活着的仲尼。”孔融吹捧祢衡是“颜回复生。”如此“大逆不道，宜极重诛。”后献帝诏准，孔融“下狱弃市。”

孔融是孔子第二十代孙，少时博学多览。孔融最初由大将何进征辟，担任侍御史，因与中丞赵舍共事不和，托病归家。后受诏担任司空府掾，三天后晋升为虎贲中郎将。适逢董卓废少帝立献帝，孔融总发匡正之言，违背董卓意旨，被调任议郎。当时黄巾军掠夺州县，董卓暗示三公推荐孔融担任北海国国相。到了北海，孔融就“收合士民，起兵讲武，驰檄飞翰，引谋州郡。”却被张饶的二十万黄巾军所败，后又被黄巾军管亥包围于都昌。急迫之下，孔融派太史慈向平原国国相刘备求救。刘备惊异地说：“孔北海乃复知天下有刘备邪！”立即派三千兵驰援，黄巾军撤退。“融知绍、曹终图汉室，不欲与同。”始拥汉自居，表现出“负其高气，志在靖难。”孔融在北海六年，到建安元年（196），被袁谭攻打，将士与袁谭军激战，孔融却“隐几（案）读书，谈笑自若。”后郡城失守，他逃奔山东，妻儿被袁谭俘虏。

曹操迎汉献帝迁都许下，朝廷征召孔融担任将作大匠，晋升为少府。这时孔融与曹操关系甚洽，曾写诗赞美曹操：

> 郭李分争为非/迁都长安思归/瞻望关东可哀/梦想曹公归来/从洛到许巍巍/曹公忧国无私/减去厨膳甘肥/郡僚率从祁祁/虽得俸禄常饥/念我苦寒心悲。

遗憾的是，孔融与曹操的这种关系时间不长。到建安九年，“曹操攻屠邺城”，曹丕进入袁绍家中发现袁熙之妻甄氏“颜色非凡”，征得曹操同意，纳为自己妻室。孔融修书给曹操，说：“武王伐纣，以妲己赐周公。”当时曹操对此话没有领悟，后问孔融典出哪部经典。孔融据实回答说：“以今度之，想当然耳。”曹操方明白，是孔融讥讽他父子以权谋色。之后，孔融又说：曹操征伐乌丸，是贪得无厌，借口抢占别人的地盘，如丁零人偷走苏武的羊一样。

由于饥荒战乱，为节约粮食，曹操下令禁止酿酒。孔融致书曹操，大加反对，说：

> 酒之为德久矣。古先哲王，类帝禋宗，和神定人，以济万国，非酒莫以也。故天垂酒星之燿，地列酒泉之郡，人著旨酒之德。尧不千钟，无以建太平。孔非百觚，无以堪上圣。樊哙解戹鸿门，非豕肩钟酒，无以奋其怒。赵之厮养，东迎其王，非引卮酒，无以激其气。高祖非醉斩白蛇，无以畅其灵。景帝非醉幸唐姬，无以开中兴。袁盎非醇醪之力，无以脱其命。定国不酣饮一斛，无以决其法。故郦生以高阳酒徒，著功于汉；屈原不铺糟啜醨，取困于楚。由是观之，酒何负于政哉！又书曰：昨承训答，陈二代之祸，及众人之败，以酒亡者，实如来诲。虽然，徐偃王行仁义而亡，今令不绝仁义；燕哙以让失社稷，今令不禁谦退；鲁因儒而损，今令不弃文学；夏、商亦以妇人失天下，今令不断婚姻。而将酒独急者，疑但惜谷耳，非以亡王为戒也。[1]

后曹操曾让路粹代笔给孔融回书一封[2]，这才有孔融的“又书

① 《后汉书·孔融列传》注引《融集·与操书》第1536页。

② 见《曹操集·为曹公与孔融书》第71页。

曰”。孔融借曹操禁酒令挑衅不说，还面奏汉献帝，建议恢复古代“王畿之制。”即以京城为中心千里之内属朝廷管辖，其外五百里以内才是五侯封地。依孔融之议，曹操食邑武平县距许都二百里，岂不取消其封地？孔融这是明里暗里“狎侮太祖（曹操）。”[①] 汉献帝没敢准奏。

此后不久，孔融又与曹操腹心之人郗虑产生矛盾。上书弹劾孔融。诏准，罢免了孔融少府，年底又诏命为言官的太中大夫。到建安十三年六月，曹操改组朝阁，居丞相位。孙权派专使祝贺。孔融私下会见江东来使，发泄对曹操的怨恨。适逢南征前夕，曹操决定诛杀孔融，授意路粹上奏，献帝诏准。

孔融处死弃市，时年五十六年。妻子和一双儿女也受株连被杀。当孔融被捕时，男儿九岁，女儿七岁正在下棋。没有震动。前来的人问他兄妹俩说：“父亲被执行，为何端坐不起？”二子答曰：“覆巢之下，安有完卵？”二子寄住的户主送来肉汤，男孩渴而欲饮之。女孩说：“今日之祸，岂得久活，何赖知肉味乎？”哥哥号啕大哭而停喝肉汤。有人把此情告诉曹操，遂派人将他兄妹诛杀。等到逮捕他们的人到达，妹妹对哥哥说：“若死者有知。得见父母，岂非至愿！”于是昂头受刑，神色不变，没不为之悲伤。

孔融被斩杀弃市，许县的人没有人敢来收殓孔融的尸体。这时太医令京兆人脂习，素与孔融相好，他前往抚摸着孔融的尸体说：“文举，卿舍我死，我当复与谁语者？”曹操知道后大怒，打算把脂习逮捕杀了，但后来又赦免出狱。

---

① 《三国志·孔融传》裴注引张璠《汉纪》第241页。

后准许脂习移孔融的坟墓旁住下，为孔融守墓。曹操“赐谷百斛”。到文帝时，欲下诏征用脂习，然以其年老，嘉其敦旧，“有栾布之节，赐拜中散大夫。”还家，卒年八十有余。[①]

曹操诛杀孔融一家，“世多哀之”，朝野反响强烈。曹操“惧远近之议”，再次公布孔融的罪行，以平息舆论。[②] 曹操诛杀孔融，尤其是不满十岁的一双儿女，实在残忍，令人发指。[③] 非常之人做的非常令人不齿之事。

◆ 张松诣曹　贾程谏言

曹操建安十三年（208），不仅仅是夺得荆州，而是想一举荡平江南。因此，南下前做了充分准备。首先改组朝阁，罢了三公，置丞相，御史大夫，并自领丞相，控制尚书台。其次，处决了拥汉派而名声显赫的孔融，这自然是杀鸡给猴看，也是警告暗中反对派。再次，又征调关西马腾入侍，拜卫尉。同时，在邺城开人工玄武湖训练水师，决心一举平定江南。当曹操兵不血刃拿下荆州，“当此时，曹操拊手，谓天下已定。”[④]

就在这时，益州牧刘璋派别驾张松去见曹操。“曹公方自矜伐，不存录松。”[⑤] 曹操正在为平定荆州，赶走刘备居功自夸，不礼待张松。主簿杨修“深器之，白公辟松，公不纳。”[⑥] 曹操不听杨修举荐，

---

① 参见《三国志·王修传》裴注《魏略·纯固传》第 226 页。

② 再次公布的罪状见《三国志·崔琰传》裴注引《魏氏春秋》第 242 页，或《曹操集·宣示孔融罪状令》第 38 页。

③ 此篇除注明出处外，所引均见《后汉书·孔融列传》第 1527－1541 页。

④ 《三国志·诸葛亮传》裴注引张俨《默记》第 572 页。

⑤ 《三国志·刘璋传》裴注引《汉晋春秋》第 541 页。

⑥ 《三国志·先主传》裴注引《益部耆旧杂记》第 549 页。

没有录用张松。张松因此怀恨在心。等到张松回去，赤壁之战也结束了。就劝刘璋与曹操断绝关系，不断非毁曹操，还建议刘璋说：“刘豫州（刘备），使君之肺腑，可与交通。”[①] 这才有后来刘璋派法正结好刘备，迎刘备入川，刘备取代刘璋有了益州。

关于曹操不礼遇录用张松，西晋习凿齿说：“昔齐桓一矜其功而叛者九国，曹操暂自骄伐而天下三分，皆勤于数十年之内而弃之于俯仰之顷，岂不惜乎！……君子是以知曹操之不能遂兼天下者也。”[②] 曹操不礼遇张松，是胜利冲昏了清醒，是非常之人的非常之错误的“一矜”，正如习凿齿所击中的鹄的：曹操之不能遂兼天下也。

曹操入荆州，“得其水军，船步数十万”，“艨艟斗舰乃以千数”，[③] 布置在沿江。艨艟，古代战船名。它用生牛皮蒙船覆背，左右有弩窗，矛穴，用以冲击敌船。斗舰，一种大型战船，上设女墙，前后左右树旗帜，置金鼓。长江天险已成为曹操与孙权共有。曹操有兵力四十万，艨艟斗舰上千艘，兵力可谓雄厚，欲顺江东下，一举荡平江南。

然而，贾诩向曹操谏言说：“明公昔破袁氏，今收江南，威名远著，军势既大；若乘旧楚之饶，以飨吏士，抚安百姓，使安士乐业，则不劳众而江东稽服矣。”曹操不从。[④]

曹操在得荆州，刘备败于长坂，投奔东吴孙权，有一个判断：认为孙权会必杀刘备。即《三国志·程昱传》所载：“太祖征荆州，刘备奔吴。论者以为孙权必杀备。”这里的“论者”即曹操。但程昱确

---

① 《三国志·刘璋传》第540页。
② 同上第541页。
③ 《三国志·周瑜传》第769页。
④ 《三国志·贾诩传》第214页。

不这样预料，他说：“孙权新在位，未为海内所惮。曹公无敌于天下，初举荆州，威震江表，权虽有谋，不能独当也。刘备有英名，关羽、张飞皆万人敌也，权必资之以御我。难解势分，备资以成，又不可得而杀也。”① 程昱的判断是正确的，曹操不听程昱建策之言，是胜利下的自以为是，为后来的统一造成障阻。

然而，程昱所料虽正确无误，但也为他带来麻烦。当中原渐渐平定，一天，曹操“抚昱背曰：‘兖州之败，不用君言，吾何以至此？’”② 程昱感到曹操手抚其背，又言及当年兖州之事，深感芒刺在背，敏锐地觉察到曹操担心自己手握兵权，又料事如神，已不信任自己，日后会遭不测。不久，在宗人举行牛酒犒赏大会上，程昱说：“知足不辱，吾可以退矣。”于是程昱自表缴还兵权，从此“阖门不出”，③ 急流勇退，曹操也十分赞赏。到后来，有人告程昱谋反，曹操非旦不信，反而“赐待益厚。”④ 尽管曹操爱惜人才，但也惮忌手握兵权，而又料事如神的将领。这也是曹操性格中的非常之污。

曹操一不听杨修荐张松，为刘备拥有益州埋下希望；二不听贾诩和程昱所谏，为赤壁之败埋下伏线。

◆ 孔明使吴　孙刘联合

刘表八月病亡，鲁肃就对孙权说：“夫荆楚与国邻接，水流顺北，外带江汉，内阻山陵，有金城之固，沃野万里，士民殷富，若据而有

---

① 《三国志·程昱传》第 276 页。
② 同上。
③ 同上。
④ 同上。

之，此帝王之资也。今表新亡，二子素不辑睦，军中诸将，各有彼此。加刘备天下枭雄，与操有隙，寄寓于表，表恶其能而不能用也。若备与彼协心，上下齐同，则宜抚安，与结盟好；如有离违，宜别图之，以济大事。肃请得奉命吊表二子，并慰劳其军中用事者，及说备使抚表众，同心一意，共治曹操，备必喜而从命。如其克谐，天下可定也。今不速往，恐为操所先。”[①] 于是孙权派遣鲁肃前往。

鲁肃到了夏口，听说曹操率军已开往荆州，鲁肃昼夜不停，赶到南郡，刘琮已降曹，刘备欲亡逃南去。到了当阳县长坂，鲁肃和刘备相遇，告诉刘备，孙权势力强盛，劝他与孙权并力抗曹，刘备此时正无立锥之地，一听“甚欢悦”。这时诸葛亮也跟随刘备，鲁肃对诸葛亮说：“我是诸葛谨的朋友。”[②] 二人结交。刘备遂用鲁肃计，进住鄂县樊口。[③]

这时，曹操自江陵将要顺江东下。诸葛亮觉得事迫眉睫，对刘备说：“事急矣，请奉命求救于孙将军。”于是，刘备派诸葛亮遂与鲁肃同到孙权那里。孙权在柴桑行营接见了诸葛亮。诸葛亮对孙权说：“海内大乱，将军起兵据有江东，刘豫州亦收众汉南，与曹操并争天下。今操芟（shān，消除意）夷大难，略已平定矣，遂破荆州，威震四海。英雄无所用武，故豫州逃遁至此。将军量力而处之：若能以吴、越之众与中国抗衡，不如早与之绝；若不能，何不按兵束甲，北面而事之！今将军外托服从之名，而内怀犹豫之计，事急而不断，祸至无日矣。”

---

① 《三国志·鲁肃传》第775页。

② 同上。

③ 《资治通鉴》第611页。

孙权说："如果像你所言，刘豫州何不臣服曹操呢？"

诸葛亮答道："田横，齐之壮士耳，犹守义不辱。况刘豫州王室之胄，英才盖世，众士仰慕，若水之归海，若事之不济，此乃天也，安能复为之下乎！"

孙权听罢索然色变，说道："吾不能举全吴之地，十万之众，受制于人。吾计决矣！非刘豫州莫可以当曹操者；然豫州新败之后，安能抗此难乎！"

诸葛亮说："豫州军虽败于长坂，今战士还者及关羽水军精甲万人，刘琦合江夏战士亦不下万人。曹操之众，远来疲敝，闻追豫州，轻骑一日一夜行三百余里，此所谓'强弩之末，势不能穿鲁缟'者也。故兵法忌之，曰'必蹶上将军'。且北方之人，不习水战；又荆州之民附操者，逼兵势耳，非心服也。今将军诚能命猛将统兵数万与豫州协规同力，破操军必矣。操军破，必北还；如此则荆、吴之势强，鼎足之形成矣。成败之机，在于今日。"①

孙权听罢大悦，遂与群臣谋划。

就这时，曹操接手刘琮投降的十万大军，上千只艨艟斗舰，"形势甚盛"，② 就修书与孙权。书曰："近者奉辞伐罪，旌麾南指，刘琮束手。今治水军八十万众。方与将军会猎于吴。"③ 当时孙权在柴桑行营，将曹操的修书示群臣，"莫不响震失色。"④ 孙权问计群臣，"诸议者皆望风畏惧，多劝权迎之。"⑤ 长史张昭等诸将说："曹公豺虎也，

---

① 以上见《三国志·诸葛亮传》第 566 – 567 页。

② 《三国志·吴主传》第 684 页。

③ 《三国志·吴主传》裴注引《江表传》第 684 页。

④ 同上。

⑤ 《三国志·吴主传》第 684 页。

然托名汉相，挟天子以征四方，动以朝廷为辞，今日拒之，事更不顺。且将军大势可以拒操者，长江也。今操得荆州，奄有其地，刘表治水军，艨艟斗舰，乃以千数，操悉浮以沿江，兼有步兵，水陆俱下，此为长江之险，已与我共之矣。而势力众寡，又不可论。愚谓大计不如迎之。”①

此时，唯独鲁肃不说话。孙权起身去更衣，鲁肃追到廊下，孙权知道他的意思，拉着他的手说：“卿欲何言？”鲁肃说：大家的议策，是耽误将军大事，不能和他们商讨。向我鲁肃可以迎曹操，将军就不行了。我迎接他，不失一个州郡的官。将军迎曹操，能到哪里去？“愿早定大计，莫用众人之议也。”孙权叹息说：“此诸人持议，甚失孤望；今卿廓开大计，正与孤同，此天赐卿我也。”② 当时周瑜在鄱阳，鲁肃让孙权尽快召回周瑜。周瑜回来后，对孙权说：“操虽托名汉相，其实汉贼也。将军以神武雄才，兼仗父兄之烈，割据江东，地方数千里，兵精足用，英雄乐业，尚当横行天下，为汉家除残去秽。况操自送死，而可迎之邪？请为将军筹之：今使北上已安，操无内忧，能旷日持久，来争疆场，又能与我校胜负于船楫，可（乎）〔也〕；今北土既未平安，加马超、韩遂尚在关西，为操后患。且舍鞍马，仗舟楫，与吴越争衡，本非中国所长，又今盛寒，马无藁草，驱中国士众远涉江湖之间，不习水土，必生疾病。此数四者，用兵之患也，而操皆冒行之。将军擒操，宜在今日。瑜请得精兵三万人，进住夏口，保为将军破之。”③

① 《三国志·周瑜传》第769页。
② 《三国志·鲁肃传》第775页。
③ 《三国志·周瑜传》第770页。

孙权听了周瑜的分析，更增强了与曹抗衡，以决雌雄的信心。于是，孙权在柴桑行营，对群臣说："老贼欲废汉自立久矣，徒忌二袁、吕布、刘表与孤耳。今数雄已灭，惟孤尚存，孤与老贼，势不两立。君言当击，甚与孤合，此天以君授孤也。"① 说到这里，孙权拔刀斫前奏案曰："诸将吏敢复有言当迎操者，与此案同！"乃罢会。②

就在柴桑行营罢会的夜晚，周瑜又见孙权说："诸人徒见操书，言水步八十万，而各恐慑，不复料其虚实，便开此议，甚无谓也。今以实校之，彼所将中国人，不过十五六万，且军已久疲；所得（刘）表众，亦极七八万耳，尚怀狐疑。夫以疲病之卒，御狐疑之众，众数虽多，甚未足畏。得精兵五万，自足制之，愿将军勿虑。"孙权抚其背说："公谨，卿言至此，甚合孤心。子布（张昭）、文表（秦松）诸人，各顾妻子，挟持私虑，深失所望，独卿与子敬与孤同耳，此天以卿二人赞孤也。五万兵难卒合，已选三万人，船粮战具俱办，卿与子敬，程（普）公便在前发，孤当续发人众，多载资粮，为卿后援。卿能办之者诚快，邂逅不如意，便还就孤，孤当与孟德决之。"③

于是，孙权与刘备正式结盟。孙权"遣周瑜、程普、鲁肃等水军三万，随亮诣先主，并力拒曹公。"④ "瑜、普为左右督，各领万人，与备俱进。"⑤ 鲁肃担任赞军校尉，与移驻樊口的刘备会合，迎战曹操的东进大军。

---

① 《三国志·周瑜传》第770页。
② 《三国志·周瑜传》裴注引《江表传》第770页。
③ 同上。
④ 《三国志·诸葛亮传》第567页。
⑤ 《三国志·吴主传》第684页。

这里需要说明的是："建计拒曹公，实始鲁肃。"[①] 当时周瑜在鄱阳，二人私下已沟通暗合，鲁肃才说服孙权招回周瑜，共同促成此事。然而，张昭曾"驳周瑜、鲁肃等议为非也。"[②] 张昭也曾劝孙权迎曹操，"上藩汉室，下保民物；鼎峙之计，本非其志也。"[③] 孰料，孙权不听张昭之劝谏，在周瑜、鲁肃的力谏之下，孙权决意联合刘备，全力抗曹。

需要指出的是，曹操号称八十万水军是虚声恐吓，实际上"北方都定之后，操率三十万众来向荆州。"[④] 除去各地留守驻防的兵力，也只能有一半，正如周瑜所说："今以实校之，彼所将中国人，不过十五、六万"，"所得（刘）表众，亦报七、八万耳。"[⑤] 曹操会猎于吴，实际兵力不过二十余万。他号称八十万，意在表明大规模进军的决心。

◆ 火烧赤壁　曹操败退

曹操九月兵掩荆州，得刘琮水师，欲顺江东下，与孙权会猎于吴，实际想一举荡平东吴。出师前，曹操不听贾诩和程昱的谏言，导致孙"权果多与备兵，以御太祖。"[⑥]

建安十三年（208）九月，曹操亲率大军奔赴前线。十月，孙刘联军与曹操大军对峙于赤壁。联军方面周瑜率东吴三万兵众，刘、关、张率二千人助阵，孙权在柴桑屯兵十万之众，刘备有二万军马驻扎夏

---

① 《三国志·周瑜传》裴松之语第 771 页。
② 《三国志·张昭传》裴注引《江表传》第 747 页。
③ 同上，裴松之语。
④ 《三国志·诸葛恪传》第 866 页。
⑤ 《三国志·周瑜传》裴注引《江表传》第 770 页。
⑥ 《三国志·程昱传》第 276 页。

口，联军留有充足的后援。曹操率主力赶到，与赤壁相对的乌林建立了大本营。至于，刘备“将二千人与羽、飞俱，未肯系瑜，盖为进退之计也”的说法，[①] 笔者以为不足为信。正如孙盛所言：“刘备雄才，处必亡之地，告急于吴，而获奔助，无缘复顾望江渚而怀后计。”[②] 当然，读者自可辨析。

当时曹操“军众已有疾病，初一交战，公军败退，引次江北。”[③] 这是两军相遇时的一场遭遇战。曹操以荆州水师打头阵，正如周瑜对孙权说的，是“疲病之卒”“狐疑之众”，自然不敌东吴训练有素的水师，故此遭遇而败。曹军只好“引次江北”，这话暗含了曹操已夺得长江南岸的赤壁天堑，又拱手让给了联军，才会有“引次江北”之记，才会有“操军船舰首尾相接”的作战训练。这次曹军遭遇战失败后，两军隔岸相持。

黄盖诈降　曹操误判　也就在这相持阶段，周瑜部将黄盖说：“今寇众我寡，难以持久。然观操军船舰首尾相接，可烧而走也。”[④] 周瑜欣然同意。这就是后来通常所说：火攻。于是黄盖先致书曹操：“盖受孙氏厚恩，常为将帅，见遇不薄。然顾天下事有大势，用江东六郡山越之人，以当中国百万之众，众寡不敌，海内所共见也。东方将吏，无有愚智，皆知其不可。惟周瑜、鲁肃偏怀浅戆，意未解耳。今日归命，是其实计。瑜所督领，自易摧破。交锋之日，盖为前部，当因事变化，效命在近。”[⑤] 然后，黄盖先在几十只战舰上，装满柴

---

① 《三国志·周瑜传》裴注引《江表传》第547页。
② 同上。
③ 《三国志·周瑜传》第771页。
④ 同上。
⑤ 《三国志·周瑜传》裴注引《江表传》第771页。

草，灌上膏油，外面裹上帷幕，竖上旗帜，假意投降。曹操得到黄盖的书信阅后，怀疑黄盖诈降，秘密召见信使。曹操劈头就问："但恐汝诈耳。"信使不露破绽，便慨然允诺："盖若信实，当授爵赏，超于前后也。"① 就这样，曹操相信了黄盖的"归降"。非常之人，也因不征询谋士的意见，犯下判断的非常之误。

到交战的这一天，孙权遣周瑜、程普等率水军三万，与刘备并力，同曹操大军战于赤壁。"时东南风急。"② 黄盖按计行事，先调动十艘艨艟斗舰，各舰满载燥荻枯柴，里面灌注鱼油，再用赤幔覆盖，上面插有旌旗龙幡。这十艘艨艟斗舰后面，各系一只快艇。黄盖为先锋，率领舰队，行进在最前面，一齐驶向北岸的曹营大军，船舰过了江心，黄盖站在最前的战舰上，孙吴士兵齐声高喊："黄盖来降！黄盖来降！"③ 曹操军营里的官兵纷纷出来观看。当黄盖率领的舰船距北岸曹军乌林约二里之余，十艘船舰同时发火，"火烈风猛，往船如箭，飞埃绝烂，烧尽北船，延及岸边营柴。"④ 北岸的曹军，面对突如其来的变故——黄盖诈降，采用火攻，加上东南风急，曹军一时不知所措，尚未反应过来，"顷之，烟火张天，人马烧溺死者甚众。"⑤ 遂大破曹军，焚其舟船。刘备与孙吴水陆并进，"时又疾疫"，曹军死伤惨重。周瑜等率轻骑精锐寻继其后，雷鼓大进，曹军大坏，曹操败退。

这时，刘备对周瑜说："（曹）仁守江陵城，城中粮多，足为疾害。使张益德将千人随卿，卿分二千人追我，相为从夏水入截仁后，仁闻

---

① 《三国志·周瑜传》裴注引《江表传》第 771 页。
② 同上。
③ 同上。
④ 同上。
⑤ 《三国志·周瑜传》第 771 页。

吾入必走。”周瑜同意了。[①]

曹操的船舰被联军所烧，在众将的保护下弃船舰登岸，取华容道奔向江陵，道路泥泞难走，道不通，风又大，战马不时陷入泥中，铺垫树枝杂草后，骑马方得通过。饥饿疲惫的曹军仓皇逃命，也有陷入泥泽中，死者甚众，惨不忍睹。等到曹军出华容道，曹操庆幸而大喜，诸将问他，曹操说：“刘备，我同辈。因得计稍晚；假若早放火，我和众无一幸免。”[②] 当时刘备“寻亦放火而无所及”，[③] 看来刘备在华容道上设有埋伏，但由于地点不对，想烧毁华容道上的蒿草树木不及时，这才使曹操弃船而走华容道出。曹操率军走后，才有曹操“船舰为备所烧。”曹操从华容道北走，刘备、周瑜追至南郡。曹操留乐进守襄阳，曹仁、徐晃守江陵。

孙、刘联军乘势发动猛攻，曹军全线溃退，联军追踪攻杀，直到江陵城下。自荆州平，曹操令从弟曹仁兼行征南将军，留军驻屯江陵，以抵御吴将周瑜。赤壁败后，周瑜率军万众前来攻打江陵，前锋数千人兵临城下，曹仁登城观望，于是选募三百多人，派部曲将牛金迎吴军挑战。周瑜兵多，牛金兵少，被周瑜兵包围。当时长史陈矫也在城上观望，眼看曹仁部将牛金全军覆没，左右皆失色。曹仁意气奋怒冲天，令左右取马来，陈矫等人拉住曹仁说：“贼众盛，不可当也。假使弃数百人何苦，而将军以身赴之！”[④] 曹仁不应，遂披甲上马，亲率直属的数十名壮士骑马出城，距吴军百余步，迫近水沟，却跨沟往

---

① 《三国志·周瑜传》裴引《吴录》第771页。
② 《三国志·武帝纪》裴注引《山阳公载纪》第19页。
③ 同上。
④ 《三国志·曹仁传》第178页。

前直冲，冲入吴军包围圈，牛金等人解围。其他属众乃未尽出，曹仁复冲入，救出牛金的兵卒，同时杀伤吴军数人，吴军乃退。陈矫等人见曹仁还，乃叹曰："将军真天人也!"① 徐晃与曹仁共击周瑜于江陵。

江陵攻防历时一年有余，但因江陵孤悬南方，粮少兵寡，曹操决定放弃。曹仁和徐晃奉命撤出江陵，退到襄阳和樊城，加强荆州北部的防御。之后，襄阳以南的荆州郡县，落入孙刘联军之手中。

烧船自退　曹没失措　后来曹操想起赤壁败退，由于过巴丘遇疾疫，又把船烧毁，叹息说："郭奉孝在，不使孤至此。"② 再后来，曹操与孙权书也说道："赤壁之役，值有疾病，孤烧船自退，横使周瑜虚获此名。"③ 周瑜也不是"虚获此名"，赤壁之战是周瑜指挥的，他与吕蒙、程普等，"西破曹公于乌林，围曹仁于南郡。"乌林就在赤壁山旁边，南郡是荆州重镇。

曹操"烧船自退"，是在当时黄盖诈降，十几艘舰船放火直闯曹军的突变战局下，曹操若不烧船，就不能"自退"，不烧船，船就成了联军横冲直撞的大道，曹军岂能"自退"，只有在曹操命令烧船，就有效地阻挡了孙吴大军的进攻，"自退"才有可能顺利退却，否则就成了周瑜说的"将军擒操，宜在今日。"④ 曹操说的"孤烧船自退"，是曹操在战局失利的危急关头，所采取的唯一正确的自救自退的方略，这样上千艘艨艟斗船也不至于留给东吴。

---

① 《三国志·曹仁传》第178页。
② 《三国志·郭嘉传》第280页。
③ 《三国志·周瑜传》裴注引《江表传》第773页。
④ 同上第770页。

但《三国志·先主传》则说：“（孙）权遣周瑜、程普等水军数万，与先主并力，与曹公战于赤壁，大破之，焚其舟船。”这明显是说刘备与联军焚烧曹军战船。这记载表面看是矛盾，实则真实记也。当时曹操有上千艘舰船，而且是用铁索首尾相连。刘备不可能一下冲到北岸去焚曹军舟船，他由江北而面南，或由东向西，曹操在北岸，看黄盖诈降，便自焚舟船，这样形成一道火墙，孙、刘联军才不可能与曹军正面直接冲突，才可能从华容道从容退至江陵。这就是曹操说的“孤烧船自退。”

曹操面对黄盖诈降，采用火攻没有惊慌失措，而是同黄盖一块放火焚船形成一道屏障，使联军不能长驱直入，自救自退，以保有生力量。这才是一个非常之人面对失败的非常之策。

◆ 吴围合肥　蒋济智退

当刘备、周瑜等率兵追曹操到南郡，“曹公遂北还”,[①] 留曹仁、徐晃守江陵，乐进守襄阳。“（孙）权自率众围合肥”。合肥地处淮南前哨扬州巢湖之畔，战略地位非常重要，既是北上淮北和徐州的桥头堡，又是南下江东的前沿。孙权攻取它，可作为北上的大本营，曹操守住它，进可以下江东。

早在官渡之战前夕，曹操就任命刘馥为扬刺史，委重任，以保东南防务。“（刘）馥既受命，单马造合肥空城，建立州治。”[②] 当时合肥是座空城，刘馥受命之后，单骑前往，并在合肥建立起扬州的州治所在地。扬州八郡，江北三郡九江、庐江、广陵属于孙权管辖。刘馥历

① 《三国志·吴主传》第684页。
② 《三国志·刘馥传》第297页。

经十年经营，招抚了雷绪等地方势力，“皆安集之，贡献相继。数年中恩化大行，百姓乐其政，流民越江山而归者以万数。于是聚诸生，立学校，广屯田，兴治芍陂及（茹）〔茄〕陂、七门、吴塘诸堨以溉稻田，官民有畜。又高为城垒，多积木石，编作草苫千万枚，益贮鱼膏千斛为战守备。”①

建安十三年（208）十二月，孙权以张纮为长史，亲率军从征合肥，然而，“合肥城久不拔”，② 就在这个关键时刻，刘馥突然病故。幸好治中蒋济主动接替刘馥指挥抵御，凭借坚固高峻的城墙，和滚木、巨石，与孙权大军抗衡，“（孙）权攻城逾月不得下。”③ 孙权将率领轻骑兵突击曹军，后在张纮的劝谏下，孙权放弃了。当合肥城久围不能攻取的情形下，张纮献计孙权说：“古之围城，开其一面，以疑众心。今围之甚密，攻之又急，诚惧并命戮力。死战之寇，固难卒拔，乃救未至，可小宽之，以观其变。”④ 但议者不同。适逢救援的骑兵赶到，多次围攻城下，驰骋挑战，都被蒋济指挥若定。

曹操“自荆州还，遣张喜将骑赴合肥。”⑤ 张喜独自带领一千骑兵，并授权他征调汝南兵前往解围，谁料，张喜“颇复疾疫”，⑥ 突然病倒，不能如期到达合肥。在这种情况下，张济急中生智，伪造张喜来信，说“步骑四万已到雩娄”，⑦ 将与守军夹击孙权，并煞有介事地让主簿出城迎接援军，且故意让孙吴军截获信使。就这样，孙权看

① 《三国志·刘馥传》第 297 页。
② 《三国志·张纮传》裴注引《吴书》第 761 页。
③ 《三国志·吴主传》第 684 页。
④ 《三国志·张纮传》裴注引《吴书》第 761 页。
⑤ 《三国志·吴主传》第 684 页。
⑥ 《三国志·蒋济传》第 289 页。
⑦ 同上。

信后怕两面夹击，便放火烧掉攻城用的云梯等器械，孙权只好撤军退回，合肥城化险为夷。同时，张昭率吴军进攻当涂不利，也撤军退回江东。

赤壁战后，刘备表荐刘琦为荆州刺史，又南征四郡，即武陵、长沙、桂阳、零陵。四郡太守原系刘表治下，也就自然而然地归顺了刘琦。不久，刘琦病故，荆州众属官公推刘备以左将军领荆州牧。[1]

① 《三国志·先主传》第 548 页。

第十一章

建安十四年（209）

◆ 下《存恤令》　扬州换帅

是年，二月，曹操前往谯县督造战船，训练水军，准备取道合肥南下江东，攻取孙权管辖的扬州江东南四郡。七月，曹操率领水击大军，从涡河经淮河进入肥水，在合肥设立大本营。曹操赤壁战败，孙权、刘备势力有所增强，此次南下向孙权炫耀实力，也是对这支新建的水军进行一次长途训练，以加强东南防务。在合肥曹操对扬州的主要官吏进行了调整。

三月，曹操前往谯县，下发《存恤从军吏士家室令》，令说："自顷以来，军数征行，或遇疫气，吏士死亡不归，家室怨旷，百姓流离，而仁者岂乐之哉？不得已也。其令死者家无基业不能自存者，县官勿绝廪，长吏存恤抚循，以称吾意。"[①] 这个令是对赤壁之战阵亡吏士家属的抚恤，尤其对那些没家业的家属，由政府供给米粮，不能"绝廪"。这是稳定军心，增强军队战斗力，所采取的必要措施，以消除

① 《三国志·武帝纪》第20页。

亡者“家室怨旷，百姓流离”的必要措施。

然后，曹操到合肥，对扬州的主帅进行了调整。上年（即建安十三年十二月），孙权率军围合把，刘馥突然病卒，在这种情况下，治中蒋济主动接替刘馥指挥守军抵御孙权，孙权最后退兵返回。按说，应该由蒋济主持扬州防务，曹操却将他丞相府主簿温恢调任扬州刺史。温恢，字曼基，太原郡祁县人。其父曾任涿郡太守，父死之后，十五岁的温恢一天之内散尽家财，后被举孝廉，历任廪丘长，鄢陵令，广州令（今直隶枣强县东三十里），彭城相、鲁国相，“所在见称。”后入曹操丞相府为主薄。此次调任扬州刺史，曹操对温恢说：“我很想把你留在身边，只因扬州事大。《书》云：‘股肱良哉，庶事康哉！’蒋济可任别驾。”[①] 这蒋济，本楚国平阿县人，担任过九江郡的计吏。蒋济在保卫合肥城，刘馥病亡的危情下，敢于担当，善用智谋，很得曹操的赏识，已由扬州别驾调任丹阳太守。如今又改调为扬州别驾，以配合温恢做助手。曹操下令说：“季子为臣，吴宜有君。今君还州，吾无忧矣。”[②] 季子，即季札，春秋时期吴王寿梦第四子，曾使“蛮夷之邦”吴国奉行君臣之礼。因此，称贤良大夫。曹操引用此典意在褒奖和赞美蒋济的人品。在此之前，曹操因不听蒋济的建言，想从江汉、淮水间迁徙十多万百姓，但由于百姓依恋故土，结果都逃到孙吴那边去了。后来蒋济到邺城，曹操亲自迎见，笑着说：“本想让他们逃避战乱，却反被赶走了。”[③] 这实在是曹操对不听蒋济谏言，所造成的失误的一种高明的反省和道歉。曹操勇于知错和反省，也就是蒋济被任

① 《三国志·温恢传》第 307 页。
② 《三国志·蒋济传》第 289 页。
③ 同上。

命为丹阳太守之因。这次曹操又将他改调扬州别驾，显然是经过深思熟虑，为了加强东南防务，认为蒋济调任扬州别驾最合适。

曹操要“开幕屯田于淮南。”[①] 任命仓慈为绥集都尉，主管淮南屯田事宜，以保障合肥驻军的粮食充足。同时，“置扬州郡县长吏，开芍陂屯田。”[②] 芍陂，位于寿春南约八十里，淠水经过白芍亭东与附近溪水汇合，积水成湖，故名芍陂。相传芍陂灌溉系统，最初为春秋时期楚国孙叔敖所建。到刘馥为扬州刺史“多治芍陂及（茹）〔茄〕陂、七门、吴塘诸堨以溉稻田。”[③] 曹操此次亲自主持整治了芍陂的灌溉系统，扩大了灌溉面积，使这一带成为有名的产粮区。

◆ 擒斩陈梅　臧霸夜追

十二月，曹操率水陆大军还谯，庐江人陈兰、梅成“以氐六县叛”，曹操令张辽率领张郃、牛盖等讨陈兰，于禁、臧霸讨梅成。梅成假降于禁，当于禁班师回京的时候，梅成就率领部下投奔陈兰；然后，辗转逃到灊山（今安徽潜山）。灊山县境内有著名的天柱山，其山险峻，山道非常窄狭、险阻，连绵二十余里，仅能容单人步行，陈兰、梅成据险守固，张辽准备进兵攻打，诸将皆劝他说：“兵少道险，难用深入。”张辽说：“此所谓一与一，勇者得前耳。”遂进军到天柱山下，率军强攻，“斩兰、成，尽虏其众。”曹操论功行赏的时候，谠叹他们：“登天山、履峻险，以取兰、成，荡寇功也。”给增其封邑，

① 《三国志·仓慈传》第327页。
② 《三国志·武帝纪》第20页。
③ 《三国志·刘馥传》第297页。

张辽予以假节，以示重用。[①]

张辽讨伐陈兰，为了使孙权不能派兵救陈兰，就在陈、梅辗转逃往天柱山时，曹操又派遣臧霸到皖城，讨伐孙吴大将韩当。韩当派兵迎战臧霸，两军大战于逢龙；后来，韩当又遣兵在夹石（原安徽桐城县北）向臧霸挑战，臧霸大败韩当，臧霸还军屯驻舒县（今安徽庐江县西）。这时，孙权派数万名军兵，乘船屯驻在舒县口，想分兵救陈兰，后得知臧军屯驻舒县，孙吴军“遁还”“霸夜追之”，等到第二天天亮，臧霸的军队赶在了孙吴军队前面一百多里。这时，臧霸的军队前后夹击，孙吴军队“窘急，不得上船，赴者甚众。”因此，孙权不得前去救陈兰、梅成，此时，张辽已顺利擒斩陈兰、梅成。[②] 孙权只好退还。

擒斩陈兰之后，曹操命张辽、乐进、李典等将率七千人屯驻合肥，以御孙权。

◆ 曹遣蒋干　欲间周瑜

周瑜和吕蒙等围江陵一年多后，曹军死伤甚众，不得已曹仁和徐晃委城而走。这时，孙权就以周瑜为南郡太守，屯据江陵；程普领江夏太守，吕范领彭泽太守，吕蒙领寻阳令。刘备上表孙权行车骑将军，领徐州牧。适逢刘琦卒亡，“群下推先主（刘备）为荆州牧。”[③] 孙权承认刘备领荆州牧。当时刘备大本营在油口，改名公安。曹操虽率水陆大军到合肥，经赤壁兵败，转为谨慎。其间曹操听说周瑜年少有美才，

① 《三国志 · 张辽传》第 330 页。
② 《三国志 · 臧霸传》第 340 页。
③ 《三国志 · 先主传》第 548 页。

可以游说让他动心归顺，于是，密遣九江蒋干前往南郡拜见周瑜，趁机游说离间。

蒋干，字子翼。“有仪容，以才辩见称，独步江、淮之间”，莫有人能与他论辩。他受曹操密遣到南郡，于是布衣葛巾，自托私行拜见周瑜。周瑜闻听后，亲自出迎。见面之后周瑜即刻对蒋干说：“子翼良苦，远涉江湖为曹公作说客耶？”蒋干不愧独步江淮的辩才，对周瑜说：“吾与足下州里，中间别隔，遥闻芳烈，故来叙阔，并观雅规，而云说客，无乃逆诈呼？”周瑜就宴请了蒋干。宴请结束后，周瑜对他说：“适吾有密事，且出就馆，事了，别自相请。”蒋干只好在外住馆舍，三天后，周瑜请蒋干观视行营里的“仓库军资器仗”，结束后，又宴请，宴请中“示之侍者服饰珍玩之物”后，周瑜对蒋干说：

> 大丈夫处世，遇知己之主，外托君臣之义，内结骨肉之恩，言行计从，祸福共之，假使苏（秦）、张（仪）更生，郦叟（郦食其）复出，犹抚其背而折其辞，岂足下幼生所能移乎？

蒋干但笑，终无所言，只好离去。他回去对曹操说：“瑜雅量高致，非言辞所间。”[①] 曹操欲离间周瑜和孙权的想法破灭。

建安十五年（210）

◆ 曹操下令　“唯才是举”

这年春，曹操下《求贤令》说：“自古受命及中兴之君，曷尝不

① 以上所引见《三国志·周瑜传》裴注引《江表传》第772页。

得贤人君子与之共治天下者乎！及其得贤也，曾不出闾巷，岂幸相遇哉？上之人不求之耳。今天下尚未定，此特求贤之急时也。‘孟公绰为赵、魏老则优，不可以为滕、薛大夫’。若必廉士而后可用，则齐桓其何以霸世！今天下得无有被褐怀玉而钓于渭滨者乎？又得无盗嫂受金而未遇无知者乎？二三子其佐我明扬仄陋，唯才是举，吾得而用之。”①

这是曹操一生中亲手撰写的一百五十四道令（据《曹操集》统计）中有名的《求贤令》，首提“唯才是举”。“孟公绰为赵、魏老则优，不可以为滕薛大夫。”语出《论语·宪问》，而事见《左传·襄公二十五年》：滕、薛是春秋时靠近鲁国的两个小国，孟公绰是位安分守己，有德而才短的人，担任赵、魏的家臣头目是有能力的，但让他去担任滕、薛这样小国的政务大夫，就不能胜任，显得才能欠缺。这里曹操引之，意在说明选用人才，不应求全责备，只要人尽其才就好。“齐桓其何以霸世。”事见《史记·管晏列传》，说管仲为布衣时曾欺骗过鲍叔牙，在与好友鲍叔牙合伙经商，分利时多自取，有不廉的名声。但鲍叔牙从不提起。后来鲍叔牙侍奉齐公子小白，管仲侍奉公子纠，到了小白即位为齐桓公，公子纠死了，管仲被囚禁，但鲍叔牙就推荐管仲。后来管仲被任用，掌管齐国政务，齐桓公因而称霸。“被褐怀玉而钓于渭滨者乎?”其中“被褐怀玉”语出《老子·七十章》是说圣人披着粗布短衣，而怀揣宝玉，相传姜子牙在未得到周文王重用时，就是这样一位未被人充分认识他的价值，人才往往在民间，没人举荐。也就造成通常说的怀才不遇。“盗嫂受金。”事见《史记·陈丞相世

① 《三国志·武帝纪》第20页。

家》，当年魏无知曾把陈平推荐给刘邦。刘邦就重用了陈平，然而手下大将周勃等告发陈平，说他在家时与嫂子有染，归汉以后又有纳贿受金的传闻，叫刘邦认真考虑。后刘邦召见魏无知，魏无知回答说：我推荐的是人才，你问责的是品德，现在楚汉相争正是用人之际，盗嫂受金，有何妨碍！于是刘邦也不再说什么，重用陈平，为西汉建立立下奇功。“明扬仄陋。”则语出《尚书·尧典》意说我身边左右的人要发现和举荐出身贫贱的有才的人。

这道仅有一百六十二个字的《求贤令》，完全围绕“唯才是举”而用典，环环紧扣，最后落脚在“唯才是举，吾得而用之!”点睛一笔，曹操胸襟、胆识和才华跃然闪出。

曹操《求贤令》的发出，非偶然心血来潮，当时丞相府东曹掾毛玠、崔琰同时掌管选用和举荐人才。他俩所选用的“皆清正之士。”[①]对那些虽有盛名而行为浮滥的人，才再大，始终不被选用。务必“以俭率人，由是天下之士莫不廉节自励，虽贵宠之臣，舆服不敢过度。”[②] 当曹操知道后，感叹说：“用人如此，使天下人自治，吾复何为哉!”[③] 曹操觉得这样选人、用人，天下人人自治，我还有什么事要做呢？暗含曹操很不称心满意。

也就在这种选人用人的标准下，建安十四年，辟为丞相掾属的和洽对曹操说：在位者举用人才，不可以只用一种节俭来考核，俭素是用来修身的，用来格物的，所失或多。现在朝中议论，凡官吏穿新衣，乘坐好车马的，都说是不清廉；长吏们过营，凡穿破旧衣裘的，不修

① 《三国志·毛玠传》第244页。
② 同上。
③ 同上。

边服的，就是廉洁。致使许多士大夫故意穿污垢的破旧衣服，把好的车舆官服藏起来；朝廷大臣，自带水壶泡饭到署衙，这样下去不行呀！“古之大教，务在通人情而已。”[①] 曹操善之而通达心扉。

正是在这种情况下，曹操发出了《求贤令》，提出“唯才是举”。用孟公绰之例，意在言人的才能有大小，不求全责备；管仲虽有不廉之名声，确能治国理政；陈平虽有“盗嫂受金”之赚，但他是个人才，为刘邦立下奇功；姜子牙穿粗布短衣，怀揣宝玉，辅佐周文王有了天下。所以《求贤令》里所列举的历史典故，针对当时毛玠、崔琰选用举荐人才以单一“节俭清廉”为标准的人才观，是一次突破。当时那种虚伪的德行已形成风气，所谓“节俭清廉”，把好衣服藏起来，朝阁大臣自带水壶泡饭，回去再山珍海味。所谓“孝廉”并非皆是真正既孝且廉，完全是做假作秀的虚伪。《后汉书·刘赵淳于江刘周赵列传》可看出为猎取功名，各类奇奇怪怪的旷古奇闻，令人慨叹“举孝廉”已严重掺假，社会道德已滑向虚伪的深渊。后世人不能单凭《求贤令》的文字内容，不置当时的选人用人的背景和当时虚伪的道德风气去评说，若果这样，就如瞎子摸象，隔靴抓痒，无不白说瞎论了。[②]

◆ 江湖未平　不可让位

十二月，曹操下《让县自明本志令》，自明守义为国，无代汉之意；只因江湖未平，不可让位。现全文录出：

---

① 《三国志·和洽传》第411页。

② 注：《资治通鉴》第六十六卷，将《三国志·和洽传》这段话，一是放建安十五年，二是言和洽说与曹操，本文故从之。和洽所言，《资治通鉴》为“天下之人，材德各殊”，这两句与《三国志》有异。

孤始举孝廉，年少，自以本非岩穴知名之士，恐为海内人之所见凡愚，欲为一郡守，好作政教，以建立名誉，使世士明知之；故在济南，始除残去秽，平心选举，违迕诸常侍。以为强豪所忿，恐致家祸，故以病还。去官之后，年纪尚少，顾视同岁中，年有五十，未名为老，内自图之，从此却去二十年，待天下清，乃与同岁中始举者等耳。故以四时归乡里，于谯东五十里筑精舍，欲秋夏读书，冬春射猎，求底下之地，欲以泥水自蔽，绝宾客往来之望，然不能得如意。后征为都尉，迁典军校尉，意遂更欲为国家讨贼立功，欲望封侯作征西将军，然后题墓道言“汉故征西将军曹侯之墓”，此其志也。而遭值董卓之难，兴举义兵。是时合兵能多得耳，然常自损，不欲多之；所以然者，兵多意盛，与强敌争，倘更为祸始。故汴水之战数千，后还到扬州更募，亦复不过三千人，此其本志有限也。后领兖州，破降黄巾三十万众。又袁术僭号于九江，下皆称臣，名门曰建号门，衣被皆为天子之制，两妇预争为皇后。志计已定，人有劝术使遂即帝位，露布天下，答言：“曹公尚在，未可也”。后孤讨禽其四将，获其人众，遂使术穷亡解沮，发病而死。及至袁绍据河北，兵势强盛，孤自度势，实不敌之。但计投死为国，以义灭身，足垂于后。幸而破绍，枭其二子。又刘表自以为宗室，包藏奸心，乍前乍却，以观世事，据有当州。孤复定之，遂平天下。身为宰相，人臣之贵已极，意望已过矣。今孤言此，若为自大，欲人言尽，故无讳耳。设使国家无有之事，不知当几人称帝，几人称王。或者人见孤强盛，又性不信天命之事，恐私心相评，言有不逊之志，妄相忖度，每用耿耿。齐桓、晋文所以垂称至今日者，以其兵势广大，犹能奉事周室也。《论语》云：“三分天下有其二，以服事殷，周之德可谓至德矣”，夫能以大事小也。昔乐毅走赵，赵王欲与之图燕，乐颜伏而垂泣，对曰：“臣事昭王，犹事大王；臣若获戾，放在他国，没世然后已，不忍谋赵之徒隶，况燕后嗣乎?”胡亥之杀蒙恬也，恬曰：“自吾先人及至子孙，积信于秦三世矣；今臣将兵三十余万，其势足以背叛，然自知必死而守义者，不敢辱先人之教以忘先王也。”孤每读此二人书，未尝不怆然流涕也。孤祖父以至孤身，皆当亲重之任，可谓见信者矣，以及子桓兄弟，过于三世矣。孤非徒对诸君说此也，常以语妻妾，皆令深知此意。孤谓之言：“顾我万年之后，汝曹皆当出嫁，欲令传道我心，使他人皆知之。”孤此言皆肝鬲之要也。所以勤勤恳恳叙心腹者，见周公有《金縢》之书以自明，恐人不信之故。然欲孤便尔委捐所典兵众以还执事，归就武平侯国，实不可也。何者？诚恐己离兵为人所祸也。既为子孙计，又己败则国家倾危，是以不得慕虚名而处实祸，此所不得为也。前朝恩封三子为侯，固辞不受，今更欲受之，非欲复以为荣，欲以为外援，为万安计。孤闻介推之避晋封，申胥之逃楚赏，未尝不舍书而叹，有以自省也。奉国威灵，仗钺征伐，推弱以克强，处小而禽大，意之所图，动无违事，心之所虑，何向不济？遂荡平天下，不辱主命。可谓天助汉室，非人力也。然封兼四县，食户三万，何德堪之！江湖未静，不可让位；至于邑土，可得而辞。今上还阳夏、柘、苦三县户二万，但食武平万户，且以分损谤议，少减孤之责也。[①]

① 《三国志·武帝纪》裴注引《魏武故事》第20页。

曹操的这篇“自白书”，是他自二十岁出道，见过天地众生，如今控制了皇帝，更要见自己掏心窝向天下“勤勤恳恳叙心腹。”为什么在这个时候曹操要将心腹之言公之天下呢？建安十三年（208），曹操五十四岁，六月，位即丞相，权势煊赫。以孔融为代表的对他扩建邺城，提出“古王畿之制，千里寰内，不以封建诸侯。”[①] 曹操“惮之”，忧虑孔融鲠其大业，怕自己篡汉；其外，孙权也说曹操“欲废汉自立久矣！”[②] 周瑜喊出了“操虽托名汉相，其实汉贼也。”[③] 就是说，人人均以为他将取代汉献帝，自为天子。事实上曹操想称帝也易如反掌。在这谣言四起的当口，加上赤壁兵败，正好借机以明心腹之言。不过，像曹操这类政治人物的心腹话，其可信性不必深究，但此文确实有其独到之处，他没有自吹其天赋秉能文治武功，他从二十岁举孝廉为郎说起，最大志向是做一个郡太守，后为济南相，“始除残去秽，平心选举，违忤诸常侍，以为豪强所忿。”故称病辞官，归隐家乡郊外精舍，读书习武，与世相隔。但因边疆乱起，召为将军，这时只想立功封侯。董卓乱朝，募兵举义，讨伐董卓等等，这些话毫无夸大，距实不远。他的坦白坦诚也是很少见的。在这个战乱割据的年代，袁术称帝，袁绍欲立新君，进而自己想称帝等等，不正是曹操所说的“设使国家无有孤，不知当几人称帝，几人称王。”在这种纷乱割据的情势下，不能放弃兵权，归就武平侯国，“诚恐己离兵为人所祸”，“是以不得（不）慕虚名而处实祸。”曹操坦白说明历史上经年掌握大权的人，不能贸然退出权力，放弃兵权，为凝定人心，曹操坚定

---

① 《后汉书·孔融列传》第 1535－1536 页。

② 《三国志·周瑜传》第 770 页。

③ 《三国志·周瑜传》第 769－770 页。

地说出：江湖未平，不可让位。实际上表现出的是：曹操是一个坚定的让国家统一的信仰者和不断实践的践行者。

曹操这篇“自白书”，从他个人经历说起，最后落脚到家族儿孙，亦是传统文化的熏染，动化成“家族观念”下的“既为子孙计，又已败则国家倾危”的国家大观，这是曹操最真实的家国情怀的信仰。有这个信仰，其心胸不是狭窄了、闭塞了，而是心胸开放了，宽大了。这正是支撑曹操一直不顾征战的创伤和头风病，坚持走下去，为子孙计，为国家计，他就感到生活、生存的全部意义。因为，他不如此，袁术称帝，袁绍称帝，王芬谋杀灵帝之阴谋等等，会造成社会更大的动乱，他的子孙和黎民百姓会遭受更大的苦难。曹操敢于承认自己的私心，为子孙计，一个家族子孙后代，枝叶扶疏，当应对家族温柔敦厚，是人性之然然。面对献帝、群臣，赤壁虽败，国家倾危，他敢于担当于倾危关头，是曹操忠诚恻怛，人道之然然。他敢于掷地有声地说出不退位，不让兵权，心里装的不仅仅是子孙后代，更是国家安危。只有家族观念之下才会有家国情怀。荀彧、田畴等为避乱，动员家族迁居深山阔野之地生存，其家族观念很浓厚地存在，但他们又都投身到为国家统一尽心尽力。倘若曹操“自白书”没有家族观念下的为子孙计，那就虚伪了，也就白说了，更没有人相信其“自白书”，反成自黑书。此时，曹操届年 54 岁，又有头风病，长年征战，创伤多处，用坚决的口吻说出：江湖未平，不可让位。给群臣吃了定心丸。

但曹操自称《明志令》是效周公《金滕》之作，周公是誓诸鬼神，曹操是宣示天下，周公是“三分天下有其二”仍臣服殷天子，被后人称颂。我曹操要效法周公，却暗含周公为儿子姬发（周武王）创造统一天下的条件，也就成了曹操只做“周文王”而不学王莽篡汉，为千夫所指。

更重要的是，这是曹操在赤壁大败之后的“自白”，是想得到当时更多人对他的理解，对他的支持保持不变，所以他不想做一个失意的英雄。袁绍因官渡之败，一年后便“忧死”。我曹操是“志在千里”，是“壮心不已”的暮年烈士，伏枥老骥，不会“归就武平侯国。”“让县”，就是让食邑，换三子封侯，不交权，继续“奉国威灵，仗钺征伐。”做一个周文王，让国家统一。这就是曹操的“自明志”，这就是一位非常之人的非常“明志令”。

◆ 刘借荆州　曹闻失态

荆州，在东汉为全国十三州之一，辖南阳、南郡、江夏、零陵、桂阳、武陵、长沙七郡，后又分置襄阳郡和章陵郡，共九郡，其辖境相当于今天的湖北、湖南两省及河南、贵州、广东、广西的各一小部，具有十分重要的战略地位。曹操赤壁之败，造成三家瓜分荆州；曹操占据南阳郡和江夏郡北部，以襄阳为重镇，扼制长江之局势，可直通益州。刘琦病故，其帐下群臣“推先主（刘备）为荆州牧。”[①] 拥有刘琦属下的武陵、长沙、零陵、桂阳四郡，也得到孙权的承认。

这样一来，刘备终于有了立足之地，拥有荆州四郡，实力壮大，人望日盛，又在长江上游，孙权心里感到很不舒服，还有些“稍畏之，进妹固好。”[②] 为巩固联盟，孙权决定把妹妹嫁给刘备，从联盟走向联姻，永结为好。刘备虽拥有四郡之地，因周瑜为南郡太守，造成将刘备屏隔在一个狭窄的江南空间，难以发展壮大，仿佛是依附孙权

① 《三国志·先主传》第548页。
② 同上。

而生存，这是刘备所不能接受的。恰在这时，孙权要嫁妹妹于刘备。刘备就趁联姻的机会要到东吴去面见孙权，不仅要娶孙权的妹妹，还想打南郡的主意。

建安十五年（210）12 月，刘备不顾诸葛亮的反对，到东吴建业（今南京市）与孙权会面。周瑜立即上书孙权，建议把刘备扣留下来，为刘备“盛为筑宫室，多其美女玩好，以娱其耳目。”① 不日，周瑜疾困，又上书孙权说“刘备寄寓，有似养虎”，② 恐为东吴之后患，不如趁此机会，吞并刘备拥有的四郡之地。周瑜的建策遭到鲁肃的反对。恰在这时，周瑜病逝，孙权命鲁肃代周瑜屯驻江陵。于是，鲁肃劝孙权将南郡借给刘备，他说：刘备“初临荆州，恩信未洽，宜以借（刘）备，使抚安之。多操之敌，而自为树党。”③ 鲁肃这里提出“借荆州”给刘备，不失原则，又显灵活。既然是“借”，就有必“还”。荆州的主权还是掌握在东吴手里。当时东吴控制的荆州，只是江北的南郡和江夏（部分）两郡，借给刘备南郡，而江夏依然在东吴掌握之中。借给刘备南郡，就是把刘备推到前面与曹军对峙，给东吴当屏障。孙权感为鲁肃言之有理，因为，曹操虽赤壁兵败，依然威力实重，况疆场未靖，必争锋不断，“借荆州”南郡给刘备，对东吴实为有利，便借南郡给刘备。这就是常说的刘备借荆州，实为借荆州南郡。

当曹操“闻权以土地业备，方作书，落笔于地。”④ 显然，孙权借荆州给刘备，是曹操最忌的一着棋。当他闻讯孙权落下这一着棋，使

---

① 《三国志·周瑜传》第 772 页。
② 《三国志·鲁肃传》裴注引《江表表》第 776 页。
③ 《三国志·鲁肃传》裴注引《汉晋春秋》第 776 页。
④ 《三国志·鲁肃传》第 776 页。

得曹操大失常态，身不由己的“落笔于地。”因为：荆州居于四通的战略要地，曹操、孙权、刘备在赤壁战前各有各的打算。刘备要“跨有荆、益”；[①] 孙权要西规巴蜀，凭长江天险与曹操抗衡；曹操则要南下，进逼孙权，实现统一。孰料，赤壁之战，曹操败北，使刘备拥有江南四郡，孙权再借南郡给刘备，曹操要南下荡平东吴就难上加难了。用周瑜的话说：“刘备以枭雄之姿，而有关羽、张飞熊虎之将。”[②] 曹操要南下统一就成了巨大的阻力，加上长江天险，曹操能不失神失态吗？这是非常之人的战略眼光看透了孙权借荆州给刘备的非常之反应。

◆ 士燮脱曹　归附孙权

这年岁中，孙权突然将鄱阳太守步骘改任交州刺史、立武中郎将，“领武射吏千人，便道南行。”后又“追拜使持节、征南中郎将。”[③] 交州刺史部辖七郡、五十六县。交州始治羸陵县，汉武帝元封五年移治苍梧郡广信县。建安十五年治番禺县。[④] 而这时苍梧太守吴巨系刘表生前所任命，当孙权派步骘任交州刺史，掌一州的军政大权，吴巨“阴怀异心，外附内违。”[⑤] 步骘就用谦恭的态度和方法引诱他，因为吴巨拒绝与步骘见面，但在步骘的引诱下，请求与他相见，也就在这次见面中趁机杀了吴巨，向民众宣示，步骘因此威名大振。在这种情势下，“士燮兄弟，相率供命。”[⑥] 士燮兄弟四人，当时士燮为交趾太

---

① 《三国志·诸葛亮传》第 565 页。
② 《三国志·周瑜传》第 772 页。
③ 《三国志·步骘传》第 756 页。
④ 《后汉书·郡国五·注引五范《交广春秋》第 2411 页。
⑤ 《三国志·步骘传》第 756 页。
⑥ 《三国志·步骘传》第 756 页。

守，士壹为合浦太守，士䵋为九真太守，士武为南海太守。交州七郡，士燮兄弟四人占四郡太守，震动交州，所以，当士燮四兄弟相率供命步骘脱离曹操，孙权便拥有南土（即岭南），“自此始也。”[1]

士燮，字威彦，苍梧广信人。但祖上本系山东鲁国汶阳人，在王莽乱政时，举家迁交州避乱，六世之后，到他父亲，也就是汉桓帝时，担任日南太守。他父亲从小将士燮送到京师洛阳游学，后举为茂才，从巫县县令升任交趾太守。士燮为人气量宽大，为人谦虚，能礼贤下士，因此当时的读书人前往依附避难的有好几百人。陈国袁徽给当时尚书令荀彧信中说：

> 交趾士府君既学问优博，又达于从政，处大乱之中，保全一郡，二十余年疆场无事，民不失业，羁旅之徒，皆蒙其庆，虽窦融保河西，曷以加之？官事小阕，辄玩习书法……[2]

加上士燮四兄弟，各据一郡为太守，“雄长一州，偏在万里，威尊无上。出入鸣钟磬，备具威仪，笳箫鼓吹，车骑满道，胡人夹毂焚烧香者常有数十，妻妾乘辎軿，子弟从兵骑，当时贵重，震服百蛮。”[3] 士燮家族在交州，天高皇帝远，威尊无以复加。当交州刺史朱符死了以后，朝廷派遣张津任交州刺史，不料张津被部将区景杀死，这时荆州牧刘表派遣寒陵赖恭代替张津。当时，苍梧太守史璜也死了，刘表又派吴巨代理，和赖恭一起赴任。曹操控制的汉朝廷，听说张津死了，下诏给士燮说：

---

① 同第756页。

② 《三国志・士燮传》第731页。

③ 同上。

交州绝域，南带江海，上恩不宣，下义壅隔，知逆贼刘表又派赖恭窥看南土，今以燮为绥南中郎将，董督七郡，领交趾太守如故。[1]

刘表背着朝廷，派吴巨和赖恭掌管交州，谁知汉朝闻知却命士燮为绥南中郎将，董督七郡，兼领交趾太守。那料吴巨和赖恭不合，举兵驱逐赖恭逃回零陵。

到建安十三年（208）七月，曹操南征荆州，派专使到交州，命令交阯太守士燮逮捕袁忠、桓邵两家老小“尽族之”。这袁忠、桓邵是曹操任兖州牧，恐遭报复，两家避难交州。事情是这样的，在曹操未入仕之前，曾触犯法律、沛国国相袁忠“欲以法治太祖（曹操）”，后不知何故罢。沛国名士桓邵也看不起曹操，而且“亦轻之”。曹操对此二人怀恨在心。这才有建安十三年，曹操派专使到交州，命令太守士燮尽族袁忠、桓邵两家。桓邵闻讯亲自前往江陵自首，跪谢于庭中，曹操说：“跪可解邪！”遂杀之。[2] 也正在这时，孙权也窥视南土交州，便派步骘赴任，用计杀了吴巨，面对步骘的威声，士燮四兄弟为了家族生存，无奈脱离曹操归附孙权，送儿子到京口为人质，于是，孙权的势力范围扩张到五岭以南。

---

① 《三国志·士燮传》第 732 页。
② 以上引《三国志·武帝纪》裴注引《曹瞒传》第 35 页。

第十二章

建安十六年（211）

◆ 曹操出兵　逼反马超

是年正月，汉献帝下诏任命曹丕为五官中郎将，置官属，为副丞相。曹丕本是曹操次子，因建安二年（197）正月，曹操与张绣战于宛城，先降后反，曹操坐骑绝影，为流矢所中，长子曹昂将马与父脱险，曹昂遇害。[①] 故曹丕为世子。五官中郎将主管五官郎，属光禄勋。至此，曹氏父子彻底控制了汉献帝和丞相府，此后又封五子为侯。这为曹操尊立自己为“魏公”埋下伏线。

也是这年正月，太原郡太守商曜在大陵县举兵反叛。曹操借机想平定关西。首先，派遣夏侯渊和徐晃征讨商曜，“围大陵，拔之，斩贼帅商曜。”[②]［注：《于禁传》为“建安十五年”，此处以《武帝纪》为准］此战在夏侯渊的督战之下，攻下二十余屯，并“屠其城”。[③] 攻拔太原之后，驻屯太原，准备南下。

---

① 《三国志·武帝纪》裴注引《世语》第 10 页。
② 《三国志·于禁传》第 335 页。
③ 《三国志·夏侯渊传》第 176 页。

然而，此时的曹操虽已控制中原，但对于关中和西凉的割据势力终不放心，尤其对马腾父子尤为戒备，若西凉马超不除，曹操认为：终是一大后患。其实，周瑜在建安十三年也曾看出说："马超、韩遂尚在关西为曹操后患。"[①]

赤壁之战后，孙权、刘备的势力增强，曹操对他们暂时采取守势，把目光和兵力转向关陇、汉中。尤其是韩遂、马腾二人结为异姓兄弟，划地据守。初平三年（191），韩遂和马腾奉董卓之命，率部众到长安，抵御以袁绍为首的关东联军。董卓死后，李傕以汉献帝名义下诏，韩遂为镇西将军，返回金城（在今甘肃兰州西北）；马腾为征西将军，驻屯郿县（今陕西眉县东北）。到兴平元年（194），马腾攻袭长安，被李傕等人击败，退回凉州。建安初年，韩遂与马腾为抢夺地盘而自相攻杀。当时，曹操刚移驾汉献帝都许下，为了稳定关西局势，任命钟繇为司隶校尉，"持节督关中诸军"，[②] 会同凉州牧韦端，劝说调解韩、马之间的矛盾。不久，曹操调马腾驻槐里（今陕西兴平）升为前将军，封为槐里侯。曹操此举是借马腾的军力"北备胡寇，东备白骑，待士进贤，矜救民命。"[③] 这样做，一为防御关中北面的匈奴，二为镇压白波谷黄巾军，三显示曹操的胸怀和气度。孰料，马腾无心归附曹操。正在这时，袁尚同时遣使与马腾、韩遂等连和，马腾阴许之，暗中与郭援、高干勾结，准备驱逐钟繇，割据关中。钟繇发觉后，不声不响，一是任命马腾长子马超为司隶州督军从事，二是"移书遂、

① 《资治通鉴》第612页。
② 《三国志·钟繇传》第253页。
③ 《三国志·马超传》裴注引《典略》第585－586页。

腾为陈祸福。”[①] 与此同时，曹操以张既前往劝说马腾，张“既为言利害，腾等从之。”[②] “张既说马腾会击援，腾遣子超将精兵逆之。”[③] 于是，马腾遣子马超跟随钟繇出战，打败了勾结匈奴，作乱于平阳的袁绍残余势力——高干、马援。马超“为飞矢所中，乃以囊囊其足而战，破斩（马）援首。”[④]

这时，曹操上表举荐马超为徐州刺史，后拜谏议大夫。以隔离马氏父子，削弱马家军。然而马腾识破曹操用意，不让马超赴任。到建安十三年（208），曹操任丞相后，准备南征，但对关中和西凉的马腾父子仍不放心，他决定让马超赴京任职，作为人质，以掣肘马腾。马超识破曹操妙计，怒不从命。就在这时，马“腾与韩遂不和，求还京畿。于是征为卫尉，以超为偏将军，封都亭侯，领腾部曲。”[⑤] 但《资治通鉴》说：曹操将征荆州，派张既说服马腾与其三子进京做官，马腾为卫尉，马超为谏议大夫，次子马休为奉东都尉，三子马铁为骑都尉。谁料，马腾“已许之更犹豫”，张既恐有变，于是张既略用小计，放言说马氏父子四人进京供职，令沿郡县优礼接待，凡二千石官员亲往郊迎。马腾不得已，前往许都。行前坚持留马超继领马腾部众，曹操只得拜马超为偏将军，驻屯西凉。[⑥] 马超“兼资文武，雄烈过人，一世人杰。”[⑦] 却不能为已所用，当然成为曹操心腹大患。

三月，曹操遣钟繇讨伐汉中张鲁，暗中却命大将夏侯渊和徐晃出

---

① 《三国志·马超传》第 585 页。
② 《三国志·张既传》第 302 页。
③ 《三国志·钟繇传》第 254 页。
④ 《三国志·马超传》裴注引《典论》第 586 页。
⑤ 《三国志·马超传》第 585 页。
⑥ 《三国志·张既传》第 303 页。
⑦ 《三国志·关羽传》第 583 页。

兵河东，与钟繇会师关中。仓曹属高柔向曹操谏言说：“大兵西出，韩遂、马超疑为袭已，必相扇动。宜先招集三辅。三辅苟平，汉中可传檄而定也。”① 曹操不从高柔谏言。当马超悉知曹操即将大兵开赴关中，马超便陈兵潼关，企图阻止夏侯渊和徐晃进军。这时“关中诸将疑繇欲自袭，马超遂与韩遂、杨秋、李堪、成宜等叛。”② 这就是历史上的“马超反西凉”。“百姓闻马超叛，避兵入山者千余家，饥乏，渐相劫略。”③ 马超和韩遂等人谋反，曹操讨伐就有了借口。于是曹操下令，将马腾全家和韩遂之子押入监牢。同时，任命曹仁为代理安西将军，率部开赴潼关；任命贾逵为弘农郡太守，保护东西粮道，以保军食辎重。

这时，“马超与关中侯选、程银、李堪、马玩、张横、梁兴、成宜、马玩、杨秋、韩遂等凡十部，俱反，其众十万，同据河、潼，建列营陈。”④ 各率部众集结于潼关，马超对韩遂说：“前钟司隶任超使取将军，关东人不可复信也。今超弃父，以将军为父，将军亦当弃子，以超为子。”⑤ 从小跟随韩遂的阎行，也是他的女婿，谏言不想让他和马超联合反叛，韩遂说：“今诸将不谋而同，似有天数。”于是到华阴，⑥ 众将推举年长的韩遂为首领。

曹仁抵达关外，曹操告诫诸将说：“关西兵精悍，坚壁勿与战。”⑦ 夏侯渊、徐晃等诸将对潼关只围不攻，对马超、韩遂等叛军保持军事

① 《三国志·高柔传》第 429 页。
② 《三国志·武帝纪》第 21 页。
③ 《三国志·胡昭传》裴注引《高士传》第 235 页。
④ 《三国志·马超传》裴注《典略》第 586 页。
⑤ 《三国志·张既传》裴注《魏略》第 305 页。
⑥ 《三国志·张既传》裴引《魏略》第 305 页。
⑦ 《三国志·武帝纪》第 21 页。

压力。到秋七月，曹操留下曹丕镇守邺城，令程昱参谋军事，任命徐宣为左护军，国渊为长史，辅佐曹丕，自己亲临前线潼关，讨伐马超。这时，议者多言：“关西兵强，习长矛，非精造前锋，则不可以当也。”[①] 曹操胸有成竹地对诸将说：“战在我，非在贼也。贼虽习长矛，将使不得以刺，诸君但观之耳。”[②]

八月，曹操前往潼关。

◆ 渭南之战　大破马超

曹操到了潼关之后，把军队集结在一起，吸引住马超、韩遂，这样一来，两军夹潼关而阵。潼关南有武关，北有蒲坂津所在的蒲津关，构成两翼，可以扼守洛阳至长安之间的东西通道。就在曹军围而不攻，叛军守而不出，双方数十万大军隔潼关对峙，曹操到潼关之后，“恐不得渡”，[③] 于是，曹操遣令徐晃返回老家河东汾阴县（今山西万荣县），“以抚河东，赐牛酒，令上先人墓。”[④] 实际上是密令徐晃暗中侦察了解马超、韩遂在河西的防务。当徐晃一切掌握清楚之后，曹操召问徐晃。徐晃说：“公盛兵于此，而叛军并没有在蒲坂守防，知其无谋。今曹公只要给一支精兵渡过蒲阪津，先在那里置军布阵，中途截击，叛军可擒也。”[⑤] 曹操一听很高兴，就暗中派徐晃、朱灵领步骑四千北去，从蒲阪津渡过黄河，在河西筑起营寨，占据了有利地势，向南推进至渭水之北，巧妙地绕过潼关天险进入关中。

---

① 《三国志·武帝纪》裴注《魏书》第 22 页。
② 同上。
③ 同下
④ 《三国志·徐晃传》第 335 页。
⑤ 同上。

也就在这时，马超觉得曹操很有可能绕过潼关天险，从河东郡进入关中，马超对韩遂说："宜于渭北拒之，不过二十日，河东谷尽，彼必走矣。"韩遂说："可听凭曹军渡过，让他淹没于河中，岂不快耶！"① 因韩遂是众推首领，又年长，只好听从韩遂的，马超的计谋不得实施。当马超得知有数千曹军从蒲坂津到达河西，急忙命令梁兴率部堵截，却来晚了一步。徐晃、朱灵率军渡过蒲坂津，正在挖堑树栅之时，梁兴乘夜率五千兵众袭击，却被徐晃击退。后来曹操知道马超有预见之明，无不感慨地说："马儿不死，吾无葬地也。"② 于是，曹操传令全军拔营，北渡黄河。大军先渡，唯独曹操和许诸及一百多名虎士留在南岸断后。这时，马超率领一万多名步骑兵直奔曹操杀来，箭如雨点。曹操令典军校尉丁斐放出军中的牛马诱敌，乘马超军乱抢牛马。本应尽快渡河，然而，曹操此时"犹坐胡床不起。张郃等见事急，共引公入船。河水急，比渡，流四五里，超等骑追射之，矢下如雨。"③ 在这关键时刻，许诸告诉曹操说，马超军愈来愈多，现在大军已经过河，应当赶快离去，"乃扶太祖上船"。此刻马超军愈战愈猛，曹军都争着上船，"船重欲没褚斩攀船者，左手举马鞍蔽太祖。船工为流矢所中死，褚右手并泝船，仅乃得渡。"④ 当时，曹操大军先渡过黄河的，"不知公所在，皆惶惧，至见，乃悲喜，或流涕。"曹操见此情此景，大笑说："今日几为小贼所困乎！"⑤ 以解此氛围，从而振作士气。

---

① 《三国志·马超传》裴注引《山阳公载记》第586页。
② 同上。
③ 《三国志·武帝纪》裴注引《曹瞒传》第22页。
④ 《三国志·许褚传》第343页。
⑤ 《三国志·武帝纪》裴注引《曹瞒传》第22页。

曹操大军到了河西，下令全军，沿着黄河，以连车树栅的方式向南构筑甬道。甬道形成，曹军迅速向南行进，到达渭水北岸。这时，马超军退至渭水流入黄河之处的渭口，全力防堵曹军南渡。曹操“乃多设疑兵，潜以舟载兵入渭，为浮桥，夜，分兵结营于渭南。”[①] 就是说，曹操派出若干小部队，佯装在若干地点同时偷渡渭水，马超分兵拦截时，曹军主力乘夜很快架起浮桥，从华阴县正面强渡渭水，在南岸扎营。但河边沙土松散，大营很难建立。这时谋士娄圭对曹操谏策说：“今天寒，可起沙为城，以水灌之，可一夜而成。”曹操听从了娄圭的谏策，令士兵“乃多作缣囊以运水，夜渡兵作城，比明，城立，由是公军尽得渡渭。”[②] 马超得知曹军渡过渭水，连夜攻营。曹操设伏兵迎击，马超惨败。曹操感慨地说：“子伯（娄圭）之计，孤不及也。”[③] 娄圭之计，使曹操一举破马超。曹操承认自己不及娄圭，这是集军政杀伐于一身的曹操能取胜，能用人才之谋的非常之处。

马超经过数次挑战，不能取胜，就遣使求和，要求割让黄河以西地区，遭到曹操的严词拒绝。因为，曹操是一个坚定让国家统一的信仰者。到了九月，曹军全部渡过渭水。马超等人再次挑战，曹军坚壁不出，马超、韩遂便又请求割地，送儿子作人质。谋士贾诩“以为可伪许之。（曹操）又问诩计策，诩曰；‘离之而已’。”[④] 于是，曹操运用贾诩的计谋，佯作允许，寻找时机分化离间马超和韩遂。

当韩遂受诸将之托，请求与曹操和谈。曹操利用他与韩遂父亲的

---

① 《三国志·武帝纪》第 22 页。
② 《三国志·武帝纪》裴注引《曹瞒传》第 22 页。
③ 《三国志·崔琰传》裴注引《魏略》第 243 页。
④ 《三国志·贾诩传》第 214 页。

旧情，他俩又是同年孝廉，又是年岁相近的朋友，于是二人交马相谈，曹操有意岔开韩遂的话题，绝口不提军事，而只畅谈与其在京都的旧交往事。二人拊掌欢笑，状甚欣悦。谈罢之后，马超问韩遂："曹操说了些什么?"韩遂说："没有谈何事!"① 马超和诸将怀疑二人有密约。恰在这时，曹操又送去涂改了的信，使马超等人怀疑韩遂，遂产生不和。其后，曹操与韩遂、马超单独会谈，其他人都不能跟随，曹操只带了许褚。马超仗着自己有力，想暗中偷袭曹操，因为听说许褚非常勇猛，怀疑曹操身边随从就是许褚，于是问曹操说："公有虎侯安在?"② 曹操用手指许褚，许褚瞋目瞪着他。此刻，马超自"负其多力，阴欲突前捉曹公，曹公左右将许褚瞋目眄之，(马) 超乃不敢动。"③

韩遂再次约请曹操阵前谈判。韩遂身旁是马超等诸将所率的各路兵马，曹操背后则是许褚率领的五千铁骑护士，阵前竖立许多木马作障碍。阵前，韩、马众将士生平首次见到曹操"悉于马上拜，秦、胡观者，前后重沓。"曹操见此景，笑着对他们说："尔欲观曹公邪? 亦犹人也，非有四目两口，但多智耳!"④ 马超军见曹操"列铁骑五千为十重阵，精光耀日，贼益震惧。"⑤

至此，曹操乃与马超约日会战，曹操先用轻兵挑马超兵，战了很久，难分难解。曹操突然"纵虎骑夹击，大破之，斩成宜，李堪等。

---

① 《三国志·武帝纪》第 22 页。
② 《三国志·许褚传》第 343 页。
③ 《三国志·马超传》第586 页
④ 《三国志·武帝纪》裴注引《魏书》第 23 页。
⑤ 同上。

遂、超等走凉州，杨秋奔安定，关中平。”[1] 其他将领有的被杀，有的投降。韩遂、马超败走凉州。

关中平定后，曹操曾向将士解释他的用兵谋略说：“马超贼守潼关，我若入河东，马超必定引兵守各渡口，那样西河就不能渡过了。我故意大兵向潼关，马超悉众南守潼关，河西守备就空虚，所以徐晃、朱灵能取得西河。然后我引兵北渡黄河，马超与我不能争西河，只因徐晃、朱灵二将之兵在西河。连车树栅作甬道向南，这样既作成不可胜，且以示弱之势；渡渭水，作坚垒，而不出战，因使马超军骄矜自大所以马超不作营垒而求割地。我顺他们之心意，许他割地讲和，使他们自安而不有防备。因此，我能畜养将士之力，一旦出击，就是疾雷不及掩耳。用兵的变化，没有一成不变之道。”[2] 诸将又说，交战之初，马超兵每到一部，公就有喜色。这是什么原因！曹操说：

> 关中长远，若贼各依险阻，征之，不一二年不可定也。今皆来集，其众虽多，莫相归服，军无适主，一举可灭，为功差易，吾是以喜。[3]

冬十月，曹操自长安北征杨秋，围安定。杨秋不战而降，受优待，留安定，官复原职。

十二月，曹操返回邺城。行前，留夏侯渊屯长安，任命张郃为京兆尹。

---

① 《三国志·武帝纪》第 22 页。
② 同上。
③ 同上。

◆ 刘璋恐曹　请迎刘备

这年三月，曹操命钟繇伐汉中张鲁，又暗中派遣夏侯渊等出兵河东与钟繇会师，为的是平定关中和西凉。然而，“益州牧刘璋遥闻曹公将遣钟繇等向汉中张鲁，内怀恐惧。”① 刘璋恐惧的是曹操得汉中而攻取蜀地。因为，建安十三年，曹操南下，兵不血刃拿下荆州，谓天下已定。就在这时，刘璋派别驾从事张松前去拜见曹操，曹操不礼遇张松。当曹操赤壁败还，张松回到益州，在刘璋面前“疵毁曹公，劝璋自绝。”② 刘璋是一个“愚弱而守善言”的人，③ 一时没了主意，不知怎么办好，张松乘机推荐刘备说：“刘豫州，使君之宗室而曹公之深仇也，善用兵，若使之讨鲁，鲁必破。鲁破，则益州强，曹公虽来，无能为也。”④ 还说：“刘豫州，使君之肺腑，可交通。”⑤

刘璋听张松这么一说，尤其说刘备是他的宗室，就欣然答应，并“遣法正将四千人迎先主，前后赂遗以巨亿计。”⑥ 然而，张松、法正，“虽君臣之义不正。”⑦ 当法正见到刘备后，就向刘备陈述了可取益州而代刘璋的策略。刘备先前见张松，后得法正。“皆厚以恩意接纳，尽其殷勤之欢。因问蜀中阔狭、兵器府库人马众寡，及诸要害道里远近，松等具言之，又画地图山川处所，由是尽知益州虚实也。”⑧ 于

---

① 《三国志 · 先主传》第 548 页。
② 《三国志 · 刘二牧传》第 540 页。
③ 《三国志 · 刘二牧传》裴注引“张璠曰”第 542 页。
④ 《三国志 · 先主传》第 549 页。
⑤ 《三国志 · 刘璋传》第 540 页。
⑥ 《三国志 · 先主传》第 549 页。
⑦ 《三国志 · 刘璋传》裴注引“张璠曰”第 542 页。
⑧ 《三国志 · 先主传》裴注引《吴书》第 549 页。

是，刘备留诸葛亮、关羽等据守荆州，他亲率步卒数万入益州。兵行到涪州（今四川涪陵县），刘璋亲自迎接刘备于涪州。二人相见，极为欢洽。此刻，张松令法正劝告刘备，又让刘备的谋臣庞统也进说，都主张在相会之地，突袭刘璋。刘备说："此大事，不可仓卒。"[①] 后，刘璋给刘备增添了兵力，又令他督饬白水军，刘备合并军队有三万多人，车甲器械资货甚盛，令其进击张鲁。

然而，刘备率军北行至葭萌，并未击张鲁，而是在此地树德立威，争取民心。孰料，张松的哥哥广汉太守张肃，知道张松的阴谋，怕连累自己，向刘璋告发了弟弟张松的阴谋。于是，刘璋逮捕并斩杀了张松。至此，刘璋与刘备形成矛盾，刘备向益州进军。直到建安十九年（214），刘备攻破雒城，进围成都数十日，刘璋无可奈何出城投降。刘备从此咸鱼翻身，拥有益州，有了自己的地盘。

建安十六年（211），曹操命钟繇伐汉中张鲁，孰料，益州牧刘璋自作多惧，令张松、法正迎请刘备，反被刘备取而代之，成就了刘备，这也是曹操始料未及的。

建安十七年（212）

◆ 曹欲国公　荀彧忧薨

这年正月，曹操从安定回到邺城。汉献帝诏命曹操"赞拜不名，入朝不趋，剑履上殿，如萧何故事。"[②] 赞拜，是指古代臣子朝见皇帝，司仪在旁唱名子和导引。汉献帝命曹操上朝时司仪只称曹丞相，

① 《三国志·先主传》第549页。
② 《三国志·武帝纪》第23页。

不称其名，表示汉献帝讳称曹操之名，显示其特权和尊贵。曹操上朝不再快步小跑，准许他带剑穿鞋上殿，如萧何之事。当年，刘邦把列侯封赏完，等到奏请排位时，群臣都说，平阳侯曹参身受七十多处创伤，攻城掠地，功劳最大，“宜第一”，[①] 但刘邦想把萧何排在第一位。这时关内侯鄂君认为群臣所议皆误，说萧何足兵足粮，保全关中以待陛下，此万世不朽之功！“萧何第一，曹参次之。”刘邦说：好。“于是乃令萧何，赐带剑履上殿，入朝不趋。”[②] 曹操从此就同萧何一样。

到了这年冬十月，已封千秋亭侯、转拜司空军祭酒的董昭，感到自己“受恩非凡”，对曹操说：“自古以来，人臣匡世，未有今日之功；有今日之功，未有久处人臣之势者也。今明公耻有惭德，乐保名节。然处大臣之势，使人以大事疑己，诚不可不重虑也。”[③] 曹操没有反对，董昭就与列侯诸将商议，曹操宜晋爵国公，九锡备物，以彰殊勋。然董昭又“密以咨彧”，当董昭同荀彧私下秘密商议时，荀彧以为曹操“本兴义兵以匡朝宁国，秉忠贞之诚，守退让之实；君子爱人以德，不宜如此。”[④] 荀彧的态度非常明确，不同意董昭的提议。

董昭将荀彧之意告于曹操，曹操“由是心不能平。”[⑤] 也就在这时，曹操准备出兵征讨孙权，于是上表请荀彧到谯地犒劳军队，任他为侍中光禄大夫、持节，做曹操的参军。

以往曹操出征，荀彧都是留守京师，这次特要他出京劳师，他觉得十分意外，感到失去了对自己的信任，便怀着不安的心情出京。当

① 《史记·萧相国世家》第 549 页。
② 同上。
③ 此处按《资治通鉴》第 619 页。
④ 《三国志·荀彧传》第 205 页。
⑤ 同上。

曹操率军前往濡须水口，这是孙权建安十七年下令所筑，用以拒曹操。濡须水源出今安徽巢县西巢湖，经无为县东南流入长江。这次曹操率军往濡须，却以荀彧有疾留寿春（今安徽寿县），不久，荀彧“以忧薨。”[①] 荀彧因感到失去曹操的信任忧郁而死。

但是，《魏氏春秋》说：“太祖馈彧食，发之乃空器也，于是饮药而卒。”[②] 荀彧因病留寿春，曹操派人给荀彧馈送食物表示慰问，荀彧打开食具，里面什么也没有，是一个空食器。这似乎有一种暗示，你没有必要再食人间烟火了，荀彧似乎明白了一切，于是饮药而自亡。

无论荀彧是“以忧薨”，还是“饮药而卒”，荀彧的死都与董昭准备上表曹操宜晋爵国公的分歧有关。荀彧不同意曹操晋爵国公，以“忠贞”“退让”“爱人以德”来捍卫汉室，乃书生气也。这是曹操与荀彧的政治分歧，尽管他俩是儿女亲家，但在这个问题上，曹操没有丝毫的让步，荀彧的死是必然的。

至于建安五年，曹操因董承的“衣带诏”被诛，伏皇后将此事书于父亲伏完，伏完得书后，拿给荀彧看，看后久隐而不言。然后，伏完又将书信让妻弟樊普看，樊普又将这书信呈给曹操，曹操阴为备用。荀彧后来怕这件事被发觉，就亲自到邺城，劝太祖以女配汉献帝说事，这件事远比荀彧阻止曹操晋爵国公要严重得多，如果真有此事，曹操可能早就动了杀心，伏皇后、伏完和荀彧谁都免不了。裴松之虽录，却认为是“玷累贤哲”“厚诬君子”，[③] 所以读史人皆不相信和加以引

① 《三国志·荀彧传》第 205 页。

② 《三国志·荀彧传》裴注引《魏氏春秋》第 205 页。

③ 《三国志·荀彧传》裴注引《献帝春秋》第 206 页。

用。司马宣王常说：“逮百数十年间，贤才未有及荀令君也。”[①]

荀彧从二十九岁投奔曹操，到五十岁离世，跟随曹操二十余年，展现出了超人的智慧，每每在最关键危急的关头，向曹操提出建策，使曹操转危为安，赢得胜利，总括起来，有七大奇策，使曹操化险为夷，以见荀彧的远见卓识。

第一次，兴平元年（194）陶谦死后，曹操准备再次兴兵夺取徐州，后平吕布。当时吕布、张邈、陈宫等人尚占据兖州大多城邑，对曹操来说犹如芒刺在背，荀彧认为若不“深根固本”，打败吕布，收复兖州，一旦“布乘虚寇暴，民心益危。”那时连兖州仅有的三座城池，也很难保全。加之，前两次征徐州，杀戮过多，“坑杀男女数万口于泗水，水为不流。”[②] 曹操接受了荀彧的建策，“大收麦，复与布战，分兵平诸县，布败走。”[③] 兖州又回到曹操手中，从此有了稳固的地盘。

第二次，建安元年（196），汉献帝东还洛阳后，荀彧力谏曹操迎汉献帝都许，挟天子以令诸侯——掌控汉献帝具有决定性的优势和力量，汉代已有四百年的传统历史，谁想撼动，岂非易事，对广大士族、学士具有空前的凝聚力，可以形成共克时艰的巨大力量。从此，曹操居高临下，“奉辞伐罪”，讨伐割据者，名正言顺。

第三次，曹操虽控制了汉献帝，但北有袁绍，南有袁术，西有张绣，关中有了马腾、韩遂，都虎视眈眈，曹操处境随时都有危险。尤其袁绍不服，修书恐吓曹操，于是想与袁绍决一死战。荀彧劝曹操，应先

---

① 《三国志 · 荀彧传》裴注引《彧别传》第 206 页。
② 《三国志 · 荀彧传》裴注引《阿瞒传》第 201 页。
③ 《三国志 · 荀彧传》第 200 页。

灭张绣、吕布，后与袁绍争锋，采取先弱后强，远交近攻，各个击破，曹操豁然开朗。建安三年，曹操按照荀彧的建策，西破张绣，东擒吕布，把徐州、兖州、豫州连成一片，形成与袁绍南北对峙的力量。

第四次，建安五年（200）袁曹官渡之战，两军相持半年之久，处于僵持状态。由于曹军乏粮，曹操丧失信心，打算退军。荀彧修书与曹操，用楚汉相争，对峙成皋。谁先退谁的士气瓦解，还料定袁绍军中会发生内斗，必须坚持，等待时机出奇策。果然不出荀彧所料，不久，袁绍谋士许攸投奔曹操，曹操奇袭乌巢；张郃临阵倒戈，袁绍大败，曹操赢得官渡大捷，从此雄起。

第五次，官渡之战取胜后，曹操欲南下袭刘表。荀彧对曹操说，应乘胜追击袁绍残余势力，防止卷土重来，前功尽弃。于是曹操改变策略，屯兵黄河，趁袁绍病亡，袁氏兄弟不和互斗之机，扫荡了河北，统一了北方。

第六次，建安九年（204），曹操攻打邺城，领冀州牧，听从趋炎附势之徒的说辞，欲恢复古代九州制，扩大冀州地域。荀彧谏言，待天下安定，再议古制，以免引起诸将的夺地疑心，曹操因此搁止。

第七次，建安十三年（208）曹操决定大举南下，问计荀彧。荀彧说，大造声势，从宛叶进兵；实际上用奇兵从空虚处迅速进军，迫降荆州。曹操从其计，果然，兵不血刃拿下荆州。

从这里可窥见荀彧二十二年来，对曹操是顷尽心智，兢兢业业，为曹操统一北方立下卓功殊勲，正如曹操所说：“天下之定，彧之功也。”然而，曹操欲晋爵国公，荀彧表示了不同意见，想将曹操拉回到匡朝宁国的正统汉室轨道上来。在这个问题上，曹操没有丝毫的让步，不管你是心腹爪牙，还是儿女亲家，都要搬掉这块绊脚石。建安十七年荀彧死了，不论哪种死，都说明荀彧死得很突然，内情隐秘，难怪会产生《献帝春秋》所记载的那些不靠谱的民间传闻。

荀彧的悲剧，是想在乱世中维护旧有的正统而导致的。用现代人的话说：曹操认为荀彧已没有忠诚，或可能成为自己的绊脚石，才不得不出此下策，导致荀彧忧死。

建安十七年（212）

◆ 河间暴动　围而未诛

建安十六年十二月，河间发生田银、苏伯等河间暴动，波及冀、幽二州。当时曹操征马超未平，五官中郎将、副丞相曹丕留守邺城，曹丕想亲自率兵讨伐，功曹常林说："北方吏民，安乐厌乱，服化已久，守善者多；（田）银、（苏）伯犬羊相聚，智小谋大，不能为害。方今大军在远，外有强敌，将军为天下之镇，轻动远举，虽克不武。"[①]于是遣将军贾信讨伐，一面派人报告曹操。曹操担心后方失陷，即派曹仁兼行骁骑将军，督领七军征讨。

很快，有千余人请求投降，很多人认为应当采用旧法，即"围而后降者不赦。"[②] 就是将请求投降的千余人全部诛杀。程昱说：

诛降者，谓在扰攘之时，天下云起，故围而降者不赦，以示威天下，开其利路，使不至于围也。今天下略定，具在邦域之中，此必降之贼，杀之无所威惧，非前日诛降之意。臣认为弗成诛也；

① 《三国志·常林传》第413页。
② 《三国志·于禁传》第332页。

纵诛之，宜先启闻。[1]

程昱指出了当初“围而后降者不赦”，是天下扰攘云起，一为示威天下，二为开其利路，而现在是“天下略定，且在邦域之中”，应该制止杀降。但是参与决策者都说：军事有专，无须请示。程昱不再说话。这时，曹丕看出程昱有言但又不想说，起身入内，特引见程昱说：“君有所不尽邪！”程昱说：

凡专命者，谓在临时之急，呼吸之间者耳。今此贼制在贯信之手，无朝夕之变，故老臣不愿将军行之也。[2]

曹丕说：“你考虑的很好。”立即报告曹操。到建安十七年正月（212），曹操返回邺城，果然同意不诛。曹操闻之甚悦，对程昱说：“君非徒明于军计，又善处人父子之间。”[3] 程昱的反对，加上“天下略定”，曹操的“围而后降者不赦”之令才由此收敛，或停止。

斩获之数　据实上报　在对待河间叛乱余党，当时邺城丞相府居府长史、总理府中事务的国渊认为：不是首恶，请求不要行刑。曹操也同意了，有千余人活了下来。同时，国渊发现在以往击破贼寇的公文里，都以一报十，这次国渊呈上首级时，却照实际数目，曹操问他原因，国渊说：“夫征讨外寇，多其斩获之数者，欲以大武功，且示民听也。河间在封域之内，银等叛逆。虽克捷有功，渊窃耻之。”[4] 国渊对以往斩获数的浮夸，是为了夸大武功，感到羞耻。对平定河间叛

① 《三国志·程昱传》裴注引《魏书》第276页。

② 同上。

③ 以上见《三国志·程昱传》裴注引《魏书》第276页。

④ 《三国志·国渊传》第219页。

乱，国渊认为虽有功，但必须采取按首级数如实上报归档。曹操听了之后，不仅大悦，而且迁国渊为魏郡太守。

国渊，字子尼，乐安郡盖县人（今山东寿光县西）。曾拜郑玄为师，后和邴原、管宁等人避乱到辽东。“渊笃学好古，在辽东，常讲学于山岩，士人多推慕之，由此知名。”[①] 回故乡后，曹操就召请他为司空掾属，他“每于公朝论议，常直言正色，退无私焉。”[②] 后曹操要广设屯田，派国渊管这件事。他在土地丈量、百姓安置、人口计算、制度的废除、增设，官吏的考核等等都有条不紊，具实不虚，顺利推进，“五年仓廪丰实，百姓竞劝乐业。”[③] 曹操远征关中，命国渊为居府长史、总理府中事务。曹操的知人善任，使他率军远征，终无后顾之忧。这正是曹操能接纳不同意见的非常之处。

曹诛马腾　擒斩梁兴　这年正月，由于河间田银、苏伯暴动，曹操要返回邺城。在离开长安时，凉州参军杨阜对曹操说：“（马）超有信、布之勇，甚得羌、胡心，西州畏之。若大军还，不严为之备，陇上诸郡非国家之有也。”[④] 曹操认为杨阜说得很对。因班师仓促，如何防备尚未周密布防，就以夏侯渊兼任护军将军，统领朱灵、路招等人屯守长安，攻破了南面刘雄，其部属全归降。这时，河间暴动也业已平定。

曹操还军，正如杨阜所料，马超果然率领“诸戎渠帅以击陇上郡县，陇上郡县皆应之，惟冀城奉州郡以固守。”[⑤] 马超的行为激怒了曹

① 《三国志·国渊传》裴注引《魏书》第220页。
② 《三国志·国渊传》第219页。
③ 《三国志·国渊传》第219页。
④ 《三国志·杨阜传》第439页。
⑤ 同上。

操。五月，曹操诛马超父亲马腾，夷三族。

七月，梁兴与马超分手，潜回老家关中鄜县，策动坞堡五千余家武装反叛，寇略各地，各县不能抵御，都很恐惧，无奈之下各县府都迁到郡里。议论的人认为应当迁到险要的地方去，左冯翊郑浑说："梁兴等人破败散乱，流窜在高山险阻间，虽然有跟随他们的人，大都是胁从。今当广开降路，宣扬恩信，让他们知道，守险自卫，这是示弱呀。"[①] 于是，郑浑聚合吏民，修治城郭，为防守抵御作准备。便派遣民众逐贼，明确赏罚，和他们明誓约好，他们所获得的财物，十以七赏，百姓大悦，皆愿捕贼，多得妇女、财物。和梁兴反叛者失去妻子，都回来求降。这时，郑浑责令捉到别的妇女，然后还其妻子，于是辗转互相抢夺，反叛的朋党纷纷离散。又派遣有恩信的官民，分布山谷告谕，出来投降的人相继不断，于是各县长又迁回原治地安居。梁兴党徒畏惧，将余众聚集在鄜县城下。曹操派夏侯渊帮助郡县攻伐，擒杀梁兴和余党。攻取碓山乌堡，救出二县长吏民众，前后招降四千余家，"山贼皆平，民安产业。"[②]

建安十八年（213）

◆ 一声喟叹　千古留声

这年正月，曹操亲率四十万步骑大军出征孙权，进军濡须口。攻破孙权江西营，俘获了孙权都督公孙阳。[③] 孙权旋即率兵七万御之，

---

① 《三国志·郑浑传》第 325 页。
② 《三国志·郑浑传》第 325 页。
③ 《资治通鉴》第 620 页。

利用水军优势与曹操在濡须口周旋。一天，曹操出兵攻占水中沙州，孙权以水军围攻，俘获曹军三千余人，溺死者亦数千人。

于是，孙权数次挑战，曹操坚守不出。孙权就自己乘坐轻便战船从濡须口进入曹军水寨附近眺望，曹军诸将都以为是来挑战，请求出击迎战。曹操说："此乃孙权欲目睹我军部伍而已。"[①] 敕令军中皆严加戒备，振作精神，弓弩不得妄发。孙权巡行五六里之后，见曹军没有动静，便吹号擂鼓，从容而返。

此刻，曹操羡慕孙权的水军训练有素，装备精良，其"舟船器仗军伍整肃"，[②] 想到刘表之子刘琮虽拥有庞大的水军却拱手归附，情不止禁地喟叹道："生子当如孙仲谋，刘景升儿子若豚犬耳！"[③]

就这样曹操与孙权在濡须口周旋了月余，当孙权再次乘大船观望曹军水寨，曹操令"弓弩乱发，箭着其船，船偏重将覆，权因回船，复以一面受箭，箭均船平，乃还。"[④] 孙权仿佛玩了一次游戏。

两军相峙月余，雨季来到，江水将涨，孙权致笺牍曹操："春水方生，公宜速去。"另附一笺说："足下不死，孤不得安。"曹操阅罢对诸将说："孙权不欺孤。"便撤军罢战。[⑤]

◆ 曹进魏公　始建魏国

这年四月，曹操到邺城。当初（即建安十四年三月），曹操因赤壁之败怕还军之后，滨江郡县被孙权掠夺，想将老百姓内迁，便问杨

---

① 《三国志·吴主传》裴注引《吴历》第 684 页。
② 同上。
③ 同上。
④ 《三国志·吴主传》裴注引《魏略》第 684 页。
⑤ 同上裴注引《吴历》第 684 页。

州别驾蒋济说："昔孤与袁本初对官渡，徙燕、白马民，民不得走，贼亦不敢钞。今欲徙淮南民，何如？"① 蒋济回答说："是时兵弱贼强，不徙必失之。自破袁绍，北拔柳城，南向江、汉，荆州交臂，威震天下，民无他志。然百姓怀土，实不乐徙，惧必不安。"② 曹操没听从别驾蒋济的建言，要迁江、淮民于内地。消息传出，民众互传，感到害怕不安，长江、淮水间的庐江、九江、蕲春、广陵，十余万户皆东渡，逃到吴国，江西遂即空虚。合淝之南，唯有皖城尚好。后来，蒋济奉使到邺城，曹操迎见他，大笑说："本但欲使避贼，乃更驱尽之！"③ 实际上，这是曹操用另一种方式的反省和向蒋济的道歉。

当曹操四月回到邺城，汉献帝诏书天下，并十四州，复为九州。恢复了古代的九州制。建安九年（204）曹操领冀州牧后，有人建议他恢复古代九州的制度，曹操当时准备接受，借改制以扩大冀州和魏郡的辖地，增加实力，但却被荀彧说服，等天下都安定了，再恢复也不晚。直到此时，曹操才恢复古代的九州制。

五月，汉献帝诏命御史大夫郗虑持符节，携诏书到邺城，发布对曹操的策命晋爵以冀州十郡封曹操为魏公，以丞相领冀州牧如故。后又加九锡：即天子所赐予的九种礼物，以示特殊待遇，计有：大辂、戎辂各一，玄牡二驷；衮冕之服，赤舄副焉；轩县之乐，六佾之舞；朱户以居；纳陛以登；虎贲之士三百人；𫓧、钺各一；彤弓一，彤矢百，玈矢千；秬鬯，珪、瓒副焉。

曹操对汉献帝的策命晋爵，又加九锡，"前后三让。"说："夫受

① 《三国志·蒋济传》第 289 页。

② 同上。

③ 同上。

九锡，广开土宇，周公其人也。汉之异姓八王者，与高祖俱起布衣，创定王业，其功至大，吾何可比之?”① 汉献帝不准，曹操辞让。于是，荀攸、钟繇、毛玠、夏侯渊、曹洪、曹仁等文臣武将联名劝进。而曹操“但受魏郡。”② 荀攸等人又说：“明公久违上指，不即大礼。今既虔奉诏命，副顺众望，又欲辞多当少，让九受一，是犹汉朝之赏不行，而攸等之请求未许也。”③ 曹操难违上恩下情，敬听圣命。然后，曹操上书汉献帝谢恩，说：

臣蒙先帝厚恩，致位郎署，受性疲怠，意望毕足，非敢希望高位，庶几显达。会董卓作乱，义当死难，故敢奋身出命，摧锋率众，遂值千载之运，奉役目下。当二袁炎沸侵侮之际，陛下与臣寒心同忧，顾瞻京师，进受猛敌，常恐君臣俱陷虎口，诚不自意能全首领。赖祖宗灵祐，丑类夷灭，得使微臣窃名其间。陛下加恩，授以上相，封爵宠禄，丰大弘厚，生平之愿，实不望也。口与心计，幸且待罪，保持列侯，遗付子孙，自托圣世，永无忧责。不意陛下乃发盛意，开国备锡，以贶愚臣，地比齐、鲁，礼同藩王，非臣无功所宜膺据。归情上闻，不蒙听许，严诏切至，诚使臣心俯仰逼迫。伏自惟省，列在大臣，命制王室，身非己有，岂敢自私，遂其愚意，亦将黜退，令就初服。今奉疆土，备数藩翰，非敢远期，虑有后世；至于父子相誓终身，灰躯尽命，报塞厚恩。天威在颜，悚惧受诏。④

---

① 《三国志·武帝纪》裴注引《魏书》第25页。
② 同上第26页。
③ 同上第26页。
④ 《三国志·武帝纪》裴注引《魏略》第26页。

曹操受诏后，六月，许都与魏国初建设官分联。这时，曹操与汉献帝的政治联姻也紧锣密鼓地进行，“天子聘公（曹操）三女为贵人，少者待年于国。”① 就是说，汉献帝一次聘娶曹操的三个女儿——长女曹宽，次女曹节、小女曹华，并封为仅次于皇后的贵人。曹宪和曹节先行入宫，曹华尚未及笄，暂留魏国。随后，汉献帝任命太常大司农安阳亭侯王邑为特使，“使持节”，副使一人，随员五人皆以议郎行大夫事，车载璧、帛、玄纁、绢五万匹由许都到邺城纳聘。于明年二月正式迎娶。②

七月，曹操在邺城建立魏国社稷宗庙，凡五庙，仅比天子少二庙，为诸侯最高等级。九月，因汉献帝赐九锡中有金虎符第一至第五，曹操在邺城铜雀台南，新建一金虎台，同时，凿渠引漳水入白沟以通河运。十月，曹操分魏郡为东、西两部，任命常林、陈矫为都尉。

十一月，曹操始设魏国尚书、侍中、六卿。“以荀攸为尚书令，凉茂为仆射，毛玠、崔琰、常林、徐奕、何夔为尚书，王粲、杜袭、卫觊、和洽为侍中。”③ 六卿有：大理钟繇、大司农王修、郎中令兼御史大夫袁涣、少府谢涣和万潜、御史中丞陈群。后增三卿，与天子属下九卿一致。

接下来，曹操欲恢复肉刑，让王郎及诸议者议之，唯钟繇与陈群议同，王朗及诸议者皆以为不可行。曹操只得以战事倥偬急迫，乃停止搁置。

王朗还劝止了曹操对沛国名士刘阳之子欲复仇除掉之事。建安

① 《三国志·武帝纪》第26页。
② 《三国志·武帝纪》裴注引《献帝起居》第26－27页。
③ 同上第27页。

初，刘阳任莒县长，感到汉室渐衰，看出曹操“有雄才，恐为汉累。”便派人暗杀曹操，但事未成。曹操知道此事，怀恨在心，要找刘阳算账。谁料，刘阳三十而亡。到曹操显贵之时，大概也应在称丞相之后，曹操就“求其（指刘阳）嗣子甚急”，一心要除掉刘阳的儿子。刘阳的儿子“惶窘，走伏无所。阳亲旧虽多，莫敢藏者。”王朗从少年时就与刘阳交为好友，念其旧交，冒着生死之险，将刘阳的儿子藏匿在自己家中。王朗是建安三年（198），曹操征诏跟随，到魏国初建，王朗以军祭酒领魏太守，迁少府、奉常、大理等要职，深得曹操信任。于是，王朗“数次开解”，曹操才“久乃赦之。”[①] 刘阳之子才得以保全性命。曹操放弃对刘阳子嗣的复仇，也是他不念旧恶，心胸开解的非常一见。

◆ 冀城之战　马超南奔

早在建安十六年（211），马超在渭水南岸被曹操打败，逃往戎族胡地，曹操一路追至安定。此时，河间田银、苏伯聚众反叛，虽被讨平，但对如何防备马超没有周密安排，就“军还仓卒。”[②] 曹操从安定还军之后，正如凉州从事杨阜所料，马超果然率领各地胡人头目攻打陇上各县，“陇上郡县皆应之。”[③] 当马超率众奔走上邽，上邽郡县任养等举众迎接，而此时以凉州别驾领上邽令阎温出面阻止任养，无效。阎温就驾车返回凉州。马超乘势包围了凉州属县冀城，冀城非常危急。别驾杨阜亲率冀城大小官吏，和他亲族子弟都去守城，又让他堂弟杨

---

① 《三国志·王朗传》裴注引《朗家传》第 264 页。
② 《三国志·杨阜传》第 439 页。
③ 《三国志·马超传》第 586 页。

岳在城上作偃月营，与马超交战，援军始终没有消息。

这时，刺史韦康和郡太守派遣阎温秘密潜出城，向镇守长安的夏侯渊告急求援。马超的兵把冀城重重包围，阎温只好乘夜色，从水中潜出城。次日，马超兵见其水迹，派人在显亲县边界拦截了阎温，押回去见马超，马超替他松绑后，对他说："今成败可见，足下为孤城请救而执于人手，义何所施？若从吾言，反谓城中'东方无救'，此转祸为福之计也。不然，今为戮矣。"① 阎温假装许诺，马超和他乘车来到城下。阎温就向城里大声说："大军不过三日至，勉之！"② 城里人听了这话喜极而泣，大呼万岁。马超怒数他说："难道不要命了？"阎温不理他。当时，马超久久不能攻下冀城，因此就温和地诱怀阎温，希望他改变主意。马超又对阎温说："你在城里的朋友，有没有要跟随我的！"阎温依然不理。无奈马超又怒斥阎温，阎温说："夫事君有死无贰，而你想让长者出不义之言，吾岂苟生者乎？"于是，马超杀了阎温。③

冀城之战，从建安十八年正月开始，持续到八月，刺史韦康和郡太守坚守冀城的信心渐渐丧失。恰在这个时候，夏侯渊得知冀城被围，于是率军救援。夏侯渊军在"去冀二百余里，超来逆战，军不利。"④ 孰料马超早有防备，在距冀城二百里设有伏兵迎战夏侯渊，曹军不利。夏侯渊又闻千氐造反，就率军返回。

在援军无望，又不能让城中百姓遭屠戮，刺史韦康和陇西太守提

---

① 《三国志·阎温传》第 347 页。

② 同上。

③ 同上。

④ 《三国志·夏侯传》第 176 页。

议开城降迎马超，然而别驾杨阜流着泪相劝，不能迎降，以死坚守，他说："阜等率父兄子弟以义相励，有死无二；田单之守，不固于此也。弃垂成之功，陷不义之名，阜以死守之。"① 韦康和太守不听，开城迎降马超。马超入城后，立即将韦康和太守斩首，拘捕了杨岳，吞并了其部众，自称征西将军兼州牧。马超杀害凉州刺史，"州人凄然，莫不感愤。"②

杨阜虽然没有被马超杀害，但他心中暗暗立下向马超报仇的心愿，只是没有机会。不久，杨阜的妻子亡故，以办理丧事为由，向马超请假离开冀城，前去办理丧事。杨阜想到表兄姜叙屯军在历城（今甘肃西和县北），幼年时杨阜曾在姜叙家度过，因此投奔到历城，去见姜叙和姜母。见面之后，杨阜述说冀城抵抗马超，以及马超杀韦康和郡太守，悲痛哭泣不能止。姜叙说："如此悲伤，又是何苦？"杨阜说："守城不能尽责，又不能随长官为国死，亦有何面目活在天地间呢？马超背父叛国，虐杀州将，使一州士大夫皆蒙其耻！你拥兵而无讨贼之心，马超强而无义，仇怨很多，打败他很容易！"③ 听完杨阜的痛说，姜叙举室感悲，姜叙母亲说："咄！伯奕（即姜叙）、韦（康）君遇难，岂一州之耻，亦汝之负，岂独义山（杨阜字）哉？汝无顾我，事淹生变。人谁不死？死国，忠义之大者。但当速发，我自为汝当之，不以余年累汝也。"④ 姜母说完之后，便要姜叙和杨阜商量除掉马超。

---

① 《三国志·杨阜传》第 439 页。
② 《三国志·杨阜传》裴注引皇甫谧《列女传》第 442 页。
③ 《三国志·杨阜传》第 440 页。
④ 《三国志·杨阜传》裴注引皇甫谧《列女传》第 442 页。

经商议，分人使语，联合了同乡姜隐，赵昂、尹奉、姚琼、孔信，还有武都人李俊、王灵等人，约定一起讨伐马超，杨阜又派堂弟杨谟回到冀城将计划告诉杨岳，同时联系好安定的梁宽、安南的赵衢和庞恭等人，约誓既明，共同举事，讨伐马超。

九月，杨阜和姜叙在西城（按卢弼《集解》为西城）发兵，马超闻听杨阜、姜叙起兵，便亲自领兵前往攻打。这时，赵衢、梁宽赶到冀城从狱中放出杨岳，关闭了冀城城门，然后攻进马超家中，杀了马超家人。此时，马超则攻进历城，抓住姜叙的母亲，姜母痛骂他说："汝背父之逆子，杀君之桀贼，天地岂久容汝，而不早死，敢以面目视人乎！"① 马超大怒，杀了姜母。杨阜和同族兄弟大战马超，杨阜身受五处创伤，同族兄弟七个战死。冀城之战，一直持续到建安十九年正月，最终将马超打败，陇上他无处可去，马超和庞德只好南奔到汉中投了张鲁。

冀城失而复得。曹操上表杨阜封关内侯，姜叙等十一人为列侯。杨阜上书辞让，曹操回复说："君与群贤共建大功，西土之人以为美谈。子贡辞赏，仲尼谓之止善。君其剖心以顺国命。姜叙之母，劝叙早发，明智乃尔，虽杨敞之妻盖不过此。贤哉，贤哉！良史记录，必不坠于地矣。"②

这里曹操用两个典故："子贡辞赏"，见《说苑》。子贡从诸侯国赎回身为奴隶的鲁国人，拒绝接受官府的赏钱。孔子不以为然，批评子贡阻止别人做善事好事。杨敞之妻——即司马迁的独生女儿，胆识过人，曾以大智大勇代替懦弱怕事的丈夫表态，坚决支持大将

① 《三国志·杨阜传》第440页。

② 同上第440页。

军霍光废黜昌邑王，另立国君的行动，义在赞扬姜母鼓励儿子起兵讨伐马超，为国殉难，贤哉，贤哉！历史会好好记载她，更不会埋没她。

在马超祸乱陇右之时，氐王千万响应马超反叛，屯兵兴国（今秦安略阳），曹操派夏侯渊率兵前去讨伐。

第十三章

建安十九年（214）

◆ 攻屠兴国　陇右入曹

马超战败，逃奔汉中。张鲁任命马超为都讲祭酒，本想招他为女婿以固其心，这时有人对张鲁说，马超“不爱其亲，焉能爱人?”[①] 张鲁听后作罢。

建安十九年正月，马超向张鲁借兵，想进攻冀城汉阳郡，正中张鲁下怀，利用马超在凉州以南牵制曹操，换取汉中安全。于是，张鲁命令大将杨昂所部归马超节制，供给马超粮草等军需物质。姜叙闻知后，立即向长安夏侯渊求援。但将领们共同想等曹操的符节命令才能采取行动。这时，夏侯渊说道：“太祖在邺，往返四千里，等到太祖军令之后行事，姜叙就必败，非救急也。”[②] 于是，夏侯渊命令张郃率五千人马先行，从陈仓狭道进入汉阳郡，他亲率主力随后。马超进入汉阳，得到数千羌氐新兵，在渭水上游与夏侯渊大战。杨昂部众溃退，马超只好再次逃回汉中。马超回汉中后觉得“（张）鲁不足与计事，内

① 《三国志·马超传》裴注引《山阳公载记》第586页。
② 《三国志·夏侯渊》第176页。

怀於邑，闻先主（刘备）围刘璋于成都，密书请降。”① 刘备接到马超密书，即派李恢去汉中交好马超。然后，马超“从武都逃入氐中，转奔往蜀。”② 马超从此投靠了刘备。

马超南逃汉中，张郃进军收取了马超军队遗留的辎重器械。夏侯渊军一到，诸县皆已归降。这时，夏侯渊发现韩遂屯兵显亲县，夏侯渊想率兵袭击他，韩遂闻知而逃走。夏侯渊追到显亲县收取了韩遂的军粮，闻知韩遂逃到略阳城（今秦安县西北），又追到略阳城，距韩遂只有二十多里，一些大将想进兵攻打，也有将领建议攻打兴国氐族。但夏侯渊认为韩遂兵精将锐，兴国城坚固，仓促之间无法攻取拔掉，不如击渭水支流长离水一带的诸羌族。长离的羌人大多在韩遂军中，如果袭击长离一带的羌族，一定会去救助他的家族，这样一来，造成韩遂势单力孤，如果韩遂要救长离，就可和韩遂在原野作战，就可俘获韩遂。夏侯渊率领轻步骑前驱长离，烧毁了羌族的各羌屯，斩获其众。韩遂军中长离羌人，人心大乱，都各还部族。韩遂果然率兵去救长离，和夏侯渊军对阵。夏侯渊诸将一看韩遂部下众多，感到厌惧，“欲结营作堑乃与战。”夏侯渊说：“我转斗千里，今复作营堑，则士众罢弊，不可久。贼虽众，易与耳。”③ 于是，击鼓出兵，一举大破韩遂的军队，然后又进兵围攻兴国，氐王千万逃离，其部众投降，“渊与诸将攻兴国，屠之。”④ 攻屠兴国之后，夏侯渊又乘胜击溃了在高平、屠各各地的氐羌武装，缴获了大批粮谷牛马。

---

① 《三国志·马超传》第586页。

② 同上裴注引第586页。

③ 《三国志·夏侯渊传》第176页。

④ 《三国志·武帝纪》第27页。

韩遂逃走湟中，最后逃入西平郡西都县（今青海西宁市），部众散去，唯有成公英独从。后被女婿阎行、部将典演、蒋石等人攻杀，时年七十有余。死前哀叹“丈夫困厄，祸起婚姻乎!”[①] 阎行、成英归服曹操封列侯。

十月，曹操派夏侯渊督率各将领讨伐宋建，在前往的路上，攻克了临洮、狄道等县。宋建是枹罕人，枹罕地处黄河上游，三十年前，宋建乘凉州大乱，自称“河首平汉王”，在此割据，称霸一方。改元，设置丞相等官吏，长达三十年之久。夏侯渊率军围枹罕月余，一举进破枹罕，擒斩宋建及其百官。接着，夏侯渊派张郃等将占据金城，渡河进入西平、小湟中、河西诸羌全部归降，平定了陇右一带。

平定陇右之后，曹操下令说：“宋建造为乱逆三十余年，渊一举灭之，虎步关右，所向无前。仲尼有言：‘吾与尔不如也’。”[②] 曹操用孔子的话赞美夏侯渊，充分肯定了他机动灵活的智慧用兵。

尽管凉州平定，但这里氐羌部落叛降无常，这一带情况复杂，曹操采取了三项治理措施：

裁并郡县：安东、永阳二郡人烟稀少，安东变郡为县；永阳郡复为上邽县，因永阳郡本为汉阳郡所分上邽县而设，今取消，恢复上邽县。

移民河东：曹操当时想徙民充河北，“陇西、天水、南安民相恐动，扰扰不安。”[③] 曹操采纳了张既的建议，“假三郡人为将吏者休课，

---

① 《三国志·张既传》裴注引《略典》第 305 页。
② 《三国志·夏侯渊》第 176 页。
③ 《三国志·张既传》第 303 页。

使治屋宅，作水碓。”① 对三郡人中为将吏者，凡愿移民河北，一律免除课税赋役，让他们修筑屋宅、水碓。这样一来，“民心遂安。”② 令张既到武都，“徙氐五万馀落出居扶风、天水界。”③

慎选官吏：在安定郡太守毋丘兴赴任时，曹操告诫他说：“羌、胡欲与中国通，自当遣人来，慎勿遣人往。善人难得，必将教羌、胡妄有所请求，因欲以自利；不从便为失异俗意，从之则无益事。”④ 毋丘兴到任并未领会曹操所说话的含义，他到任之后，任命了品行不端的范陵为校尉。范陵一到羌中，果然唆使羌人请求朝廷任命他为属国都尉，以取得分县而治的军政实权，企图拥兵自重。曹操得报，断然回绝，说：“此类事，老夫早有预料，老夫并非圣人，只因我阅历事多而已。”⑤

从建安十六年，已历四年，曹操完全平定了关西（关西，即关中。陇西位于函谷关以西，合称“关西”，亦称“关右”）。

◆ 始耕籍田　曹操嫁女

这年正月，曹操始耕籍田。古代天子，诸侯行籍礼的田，也作“耕田”。天子籍田千亩，诸侯百亩，以奉宗庙粢（zi）盛，即盛于祭器内供祭祀的谷物。春耕前，由天子、诸侯执耒耜在籍田上三推或一拨，表示劝农。曹操在这年春耕前“始耕籍田”，象征魏国建立。

二月，癸亥日，汉献帝正式迎娶曹操长女曹宪、次女曹节。汉献

---

① 《三国志·张既传》第 303 页。
② 同上。
③ 同上。
④ 《三国志·武帝纪》第 27 页。
⑤ 同上。

帝任命代理太常的大司农安阳亭侯王邑和正宗刘艾为特使，皆持节，随员五人，携带束帛和四马驾辕的香车经赴魏国。命令给事黄门侍郎和掖庭丞一人，中常侍二人，“迎二贵人于魏公国。”二月甲子日，在曹操魏国宗庙授予曹宪、曹节二位贵人印绶。事毕，迎娶特使团来到魏公宫延秋门恭候，“迎贵人升车。”曹操送亲使团有：魏国郎中令袁涣、少府谢涣和万潜、博士若干人，御府乘黄厩令，丞相府掾属。迎亲使团王邑一行导前，送亲使团袁涣一行殿后，中间是二贵人的香车、婢女和侍从。癸酉日，二贵人行至洧仓（今河南新郑境内），汉献帝所遣侍中、宫女和虎贲武士布列沿线驿站往迎。乙亥日，二贵人入宫，御史大夫郗虑奉诏主持盛大的宫廷婚宴，中二千石的将大夫、议郎会集于大殿；魏国二卿及侍中、中郎二人，与汉公卿并升殿宴。[①] 至此，完成了曹操与汉献帝的联姻。

三月，汉献帝命左中郎将杨宣、亭侯裴茂持节，赴邺城宣诏：“使魏公位在诸侯王上，改授金玺、赤绂、远游冠。”[②] 曹操在朝会时，位列诸侯王之上，按照汉朝制度，只有皇太子和诸王才配享用金玺、赤绂和远游冠。远游冠形同皇帝的通天冠，只是前无“山述”。汉献帝的此次诏命，已表明曹操离魏王晋封指日可待。这也看出汉献帝对国丈大人曹操的回报。

但是，曹操二女对此婚姻并非称心如意，其母也心疼她们，令曹植赋诗以安慰。后曹植尊母意写《叙愁赋》。其序曰：家女二弟，汉皇帝聘以为贵人。家母见二弟愁思，故令予作赋。

---

① 《三国志·武帝纪》裴注引《献帝起居注》第27页。

② 《三国志·武帝纪》第27页。

嗟妾身之微薄，信未达乎义方。遭母氏之圣善，奉恩化之弥长。迨盛年而始立，修女职于衣裳。承师保之明训，诵《列女》之篇章。观图像之遗形，窃庶几乎英皇。委微躯于帝室，充未列于椒房。荷印绂之令服，非陋才之所望。对床帐而太息，慕二亲以增伤。扬罗袖而掩涕，起出户而彷徨。顾堂宇之旧处，悲一别之异乡。

后曹操得悉二女愁苦，下《内诫令》："今贵人位为贵人，金印蓝绂，女人爵位之极。"①

曹操说女人爵位已到顶点，应知足不悔。曹操为追求权力，先嫁二女于汉献帝。汉献帝九岁被董卓所立，现在正当年华三十三、四岁，他没有处理国政大事的任何权力，无所事事，迎娶曹操二女，得新欢以解无聊，而曹操此时得到汉献帝的任何赏赐都无可厚非，这也是曹操迈向王的前奏。

◆ 曹失皖城　密函留计

此前，曹操曾派朱光为庐江太守屯田皖城，当时他就大规模开植稻田，因灌溉方便，土地肥沃，气候适宜，粮食连年丰收。曾渡江到吴地的民众看到后，都思乡归根，就陆陆续续返回故地。吕蒙看到这一现象，感到是一种威胁，说："皖田肥美，若一收孰，彼众必增，如是数岁，操态见矣，宜早除之。"② 吕蒙眼光敏锐，看到问题的要害，皖城田地肥美，收成一次，皖城的人就增加一次，这样几年下去，

① 见《曹操集》第 52 页。
② 《三国志·吕蒙传》第 779 页。

曹操的侵略态度就明显了，觉得应该早早除掉这一隐患。于是，吕蒙“具陈其状”，① 上书孙权。孙权对此感到不安，于建安十九年五月，亲率重兵攻袭皖城，行前孙权召见诸将领，问其对策。“诸将皆劝作土山，添攻具。”吕蒙趋进曰：“治攻具及土山，必历日乃成；城备既修，外救必至，不可图也。且乘雨水以入，若留经日，水必向尽，还道艰难，蒙窃危之。今观此城，不能甚固，以三军锐气，四面并攻，不移时可拔，及水以归，全胜之道也。”② 孙权听从了吕蒙的建策，否定了诸将作土山，添攻具的战策；同时，推荐甘宁为升城督，担任督攻，吕蒙的精锐之师作接应。清晨进攻，吕蒙亲手擂鼓，“士卒皆腾踊自升，食时破之。”③ 就这样，到中午吃饭时，皖城落入孙权之手，郡太守朱光、参军董和及数万军民被俘。

张辽闻讯，领兵前往救援，兵行夹石，得知皖城已破。张辽担心孙权会乘势进围合肥，便退兵回防。

这年六月前后，曹操欲征东吴，天不作美。“大霖雨，三军多不愿行。”曹操担心有人劝阻出征，下令戒严说：“今孤戒严，未知所之，有谏者死。”④ 时任魏国丞相府主簿贾逵对同僚三主簿说：“今实不可出，而教如此，不可不谏也。”⑤ 于是，四人署名联合进谏。曹操大怒，逮捕贾逵等四人，追究主谋，贾逵挺身而出：“我造意（即我是主谋）。”言毕，遂主动走进监狱，对狱吏说：“促械我。尊者且疑我在近职，求缓于卿，今将遣人来察我。”贾逵让狱吏给自己加上刑具。

① 《三国志·吕蒙传》第 779 页。
② 《三国志·吕蒙传》裴注引《吴书》第 779 页。
③ 《三国志·吕蒙传》第 779 页。
④ 《三国志·贾逵传》裴注引《魏略》第 308 页。
⑤ 同上。

曹操果然遣家中人到狱中看望贾逵，带上刑具受刑。不久，曹操教曰："（贾）逵无恶意，原复其职。"① 曹操知错能改，知人达明，能不威乎？能不非常乎？

七月，曹操率领十万水步大军屯驻合肥，派将遣兵反攻皖城。曹军与吴军激战至十月，不分胜负。恰在此时，曹操收到夏侯渊、张郃平定陇右的捷报，同时又传来刘备攻入成都，占据益州的消息。此刻，曹操忧心刘备将北上削平张鲁，夺取汉中，北出秦岭。经过权衡，曹操放弃与孙权的皖城攻防消耗战，决定留师固守合肥，亲率主力征讨汉中张鲁。

曹操回师前，留张辽与乐进、李典三员宿将领七千精兵驻守合肥，以备孙权。此三将为曹操三大名将，早在建安十一年，曹操上表汉献帝，赞三人功勋，封张辽为荡寇将军，于禁、乐进分别为虎威、折冲将军。然而三员宿将为争夺军功互有成见，曹操令薛悌出任护军。自古以来，异姓文臣武将结党拉派，曹操深谙其弊。行前，曹操又语与三员大将，说"扬州刺史晓达军事，动静与共咨议。"② 然后，曹操又单独叮嘱护军薛悌，并付与密函，封套上有曹操亲笔书写的"贼至乃发"四字。③ 这里的"贼"指孙权军。一切妥当之后，曹操回师，三员宿将静等孙权兵至。

◆ 荀攸病故　曹操流涕

建安十九年（214）七月，荀攸随曹操出征孙权，不幸途中病故，

---

① 《三国志·贾逵传》裴注引《魏略》第308页。
② 《三国志·温恢传》第307页。
③ 《三国志·张辽传》第330页。

享年五十八岁。曹操流着眼泪说："孤与荀公达周旋二十余年，无毫毛可非者。"还说："荀公达真贤人也，所谓'温良恭俭让以得之'。孔子称'晏平仲善与人交，久而敬之'，公达即其人也。"[①] 这是曹操对荀攸的盖棺定论，给了极高的评价。

曹操在说这些话的时候是"言则流涕。"[②] 哭声潜藏的不仅是悲哀，更是潜藏着精神的力量，其感染力是超乎想象的，使曹操身边的人都会为他尽死忠。

曹操在荀攸生前，当曹丕立为太子后，曹操对曹丕说："荀公达，人之师表也，汝当尽礼敬之。"[③] 是说荀攸可以做每个人的师表，你曹丕应该用最尊敬的礼来尊敬他。后来，有一次荀攸病了，曹丕去探问病情，独自在床前行跪拜礼，足见他受尊敬的程度。

荀攸，字公达，荀彧侄儿。建安元年（196），曹操迎汉献帝都许下，由荀彧推荐，曹操即修书与荀攸说："方今天下大乱，智士劳心之时也，而顾观变蜀汉，不已久乎！"[④] 于是征荀攸为尚书，与语大悦。对荀攸、钟繇说："公达，非常人也，吾得与之计事，天下当何忧哉！"[⑤] 委为军师。从此，"军师荀攸，自初佐臣，无征不从，前后克敌，皆攸之谋也。"[⑥] 荀攸为曹操出了哪些计谋呢？按《三国志·荀攸传》载："公达前后凡画奇策十二，唯繇知之，繇撰集未就，会薨，故世不得尽闻也。"[⑦] 曹操取得冀州，荀攸姑姑的儿子辛韬问荀攸计谋

① 《三国志·荀攸传》裴注引《魏书》第211页。
② 《三国志·荀攸传》第210页。
③ 《三国志·荀攸传》第210页。
④ 《三国志·荀攸传》第209页。
⑤ 同上。
⑥ 同上第210页。
⑦ 同上第210页。

何出，荀攸看出曹操忌疑，大智若愚地对他说："佐治为袁谭乞降，王师自往平之，吾何知焉?"[①] 荀攸不肯说出他的谋划，暗暗把谋划的奇计推给了曹操。从此十二奇策鲜为人知。但从《三国志·荀攸传》可知以下奇策。

建安三年（198），曹操南征张绣，不听荀攸建言：若缓攻，刘表与张绣"势必离"；若急之，刘表必相救张绣，结果张绣、刘表合力对抗，曹操吃了败仗。后曹操对荀攸说："不用君言至是。"[②] 于是设奇兵复战，在安众大破张绣联军。

还是在建安三年（198），曹操征张绣、刘表后，荀攸建言曹操东进攻灭吕布。曹操亲征，吕布坚守，久攻不下。曹军乏粮，准备退军。荀攸与郭嘉共同进言，"进急攻之，布可拔也"。二人又献计引沂水、泗水灌城，城溃生擒吕布。此战为曹操与袁绍争锋扫除了障碍。

建安五年（200 年），袁曹官渡决战，荀攸连出奇策，解刘延白马之围，斩颜良、文丑；荐徐晃截击袁绍粮饷、烧其辎重；与贾诩共画奇袭乌巢，大破袁绍军，赢得官渡大捷。从此，袁绍失去了号召力，从优势转向劣势，而且奠定了曹操统一北方的基础。

建安八年（203），曹操采纳荀攸的建策，先北后南，即假意与袁谭和亲，挑动二袁兄弟反目加剧互斗，到建安九年（204）八月攻取了邺城，平定了冀州，领冀州牧。冀州不仅是最大的州，更重要的是具有战略意义的军事要地，战国时为魏国。《史记·秦本纪》说，孝公"十二年，作为咸阳，筑冀阙，秦徙都之。"《索隐》云："冀阙即魏阙也。"言"阙"为古代国君颁布教令，臣下待诏听命之处，象征

---

① 《三国志·荀攸传》裴注引《魏书》第 211 页。

② 同上《荀攸传》第 209 页。

君主的权威。而邺城始建于春秋时期的齐国。《管子·小匡》说齐桓公“筑五鹿、中牟、邺以卫诸夏之地。”到战国时，邺城在魏国版图。公元前195年，汉高祖刘邦置魏郡，以邺城为其治所。邺城四通八达，是北方经济的枢纽。曹操占据冀州，以邺城为其基地，平定并统一了北方，在此建立了魏国。

荀攸为人深沉周密而且有防患他人的智巧，自从他跟随曹操出征各地，和曹操“常谋谟帷幄，时人及子弟莫知其所言。”① 荀攸究竟为曹操谋划了哪些奇策，因钟繇过世没有撰成，荀攸为曹操谋划的十二奇策，也就无从考知。不过，曹操经常称赞荀攸说：“公达外愚内智，外怯内勇，外弱内强，不伐善，无施劳，智可及，愚不可及，虽颜子、宁武不能过也。”② 在这里将荀攸的不自夸耀，不表功劳超过了颜回，他的假愚装傻而真聪明超过了卫国大夫宁俞，这是对荀攸人格忠诚的极高评价。

还是用曹操的话来祭奠荀攸吧：“前后克敌，皆攸之谋也。”③

◆ 黜死伏后　诛杀皇子

这年十一月，曹操查清了衣带诏一案，因昔日伏寿皇后与父亲散骑校尉伏完书信，共谋诛杀曹操坐罪。于是，曹操派兵包围伏完的宅第，搜出伏皇后所写的书信，言曹操残逼杀董贵人之状，“令密图之”。④ 曹操大怒，逼迫汉献帝“废后，假为策。”⑤ 即伪造策书，命御

---

① 《三国志·荀攸传》第210页。
② 同上。
③ 《三国志·荀攸传》第210页。
④ 《后汉书·皇后纪第十下》第301页。
⑤ 同上。

史大夫郗虑入宫宣读：

> 皇后伏寿，出身卑微，入宫二十年。立为皇后，既无周文王之母太任，妻太姒之类的美好德品，又缺乏谨慎立身的修养，却阴怀忌恨，包藏祸心。不配承受天命，祭祀祖宗。今命御史大夫郗虑持节策诏，伏寿上交皇后印绶，离开中宫，迁居别馆。呜呼悲伤啊，伏寿咎由自取！没有治罪，还算幸运。[①]〔注：此非原文，为意译〕

曹操又派尚书华歆领兵入宫，逮捕伏寿。伏寿紧闭房门，躲进夹墙。华歆破墙而入，毁坏夹墙，拖出伏寿。献帝在外殿，正引郗虑就座。伏寿披发赤脚走到汉献帝身边，紧紧拉着献帝的双手，呜咽悲哀，诀别地说："不能再活一次吗？"汉献帝望着伏寿，以袖掩面，伤心地说："我亦不知命在何时！"然后，献帝转过头来，激愤地对郗虑说："郗公，天下竟有此种事吗？"遂将伏寿带走，"下暴室，以幽崩。"[②]

汉献帝伏皇后伏寿，琅琊郡东武县人。父亲伏完，性格"沈深有大度"，[③] 袭爵为不其侯，娶桓帝的女儿阳安公主为妻，任侍中，担任屯骑校尉。董承所受密诏，即伏皇后奉汉献帝之命缝入衣带内的诏书。曹操族诛董承等人，威迫交出董贵人的事，对伏皇后刺激很深。她料定曹操不会放过自己，于是将有关事情修书告诉父亲伏完，要求父亲联络反曹人员诛杀曹操。伏完怕事败露，重蹈董承的悲剧，不敢贸然行动，建安十四年忧惧而死。

---

① 《后汉书·皇后纪第十下》第301页。
② 同上。
③ 《后汉书·皇后纪第十下》第301页。

初平元年，伏寿随汉献帝西迁长安，当时她已选入宫，封为贵人。兴平二年，被立为皇后，伏完升迁为执金吾。不久，汉献帝东归洛阳，李傕、郭汜等人带兵追击，汉献帝只得连夜偷渡过黄河逃走，伏皇后和嫔妃徒步逃出。到达安邑后，衣服破敝，以枣栗为粮。建安元年，任命伏完为辅国将军，享三公仪礼。这时，朝政大权已掌握在曹操手里，伏完害怕身为皇帝国戚，地位尊显会引来不测之祸，就上交了将军印绶，后调任屯骑校尉，直到建安十四年忧惧而亡。

自建安元年八月，曹操率兵至洛阳，假节钺，录尚书事，兼任司隶校尉。尚书冯硕，议郎侯祈和侍中台崇联名上书，坚决反对。面对公开挑衅，曹操毫不手软，“杀侍中台崇、尚书冯硕等。”[①] 然后又拉拢一批人，封董承为辅国将军、伏完等十三人为列侯等。

当汉献帝在曹操的护卫下迁都许下，虽摆脱了生活上的穷困，却被曹操牢牢胁迫，宫廷侍卫，莫非曹氏党羽、故旧、亲戚，形成“挟天子以令诸侯”，皇帝刘协空守皇帝名号，在这个形式化的名号下，表面即是实质。

然后，曹操又将伏皇后所生二皇子用药酒鸩杀。伏寿兄弟及其宗族死者百余人，其母刘盈等十九人流放涿郡。[②]

“衣带诏”引发的血案，令人惊悚！

◆ 解裘覆柔　毋废偏短

这一年，合肥之战中，曹操军中鼓吹手宋金等人在合肥逃亡。鼓吹，是古代军中打击乐和管乐的合称，是在马上演奏的军乐队，用来

① 《后汉书 · 孝献帝纪》第 251 页。

② 见《后汉书 · 皇后纪》第 302 页。

以状军威。蔡邕《礼乐志》说："鼓吹，军歌乐也，谓之短箫铙歌。"曹操是个很懂音律的人，"登高必赋，及造新诗，被之管弦，皆城乐章。"① 鼓吹手宋金等人的逃走，对曹操震动很大。他知道，按照旧法，军队出征，军士逃亡，要拷问他的妻子。曹操担心的是旧法不能止息逃亡，就想加重刑法。宋金有母亲、妻子及二个弟弟都因宋金逃亡被送到官府，主事者上奏主张把他们全部杀掉。

当初，魏国初建，曹操置理曹掾属，以持典刑。尚书郎高柔，是一位"明于法理"的人，曹操命其"转拜丞相理曹掾"，主持法典刑狱。曹操下令说："夫治定之化，以礼为首，拨乱之政，以刑为先。"② 高柔接到主事者对宋金一家按旧法全部杀掉的上奏，阅后对曹操说："士卒从军中逃亡，诚然可恨。可我私下听闻有后悔的，我以为最好宽免他们妻子，一来可使敌方不信任他，二是诱发他们回归的心思。如按旧法判罪，从根本上绝了他们的希望，而又加重其刑罚，恐怕军中士卒，见一人逃亡，诛杀将及于已身，也将随着逃亡，不可再抓回来杀了。此重刑并不能阻止逃亡，反而增加逃亡的人。"③

曹操听了觉得很好。于是没有杀宋金的母亲、妻子、弟弟，从此很多人得以活命。曹操的忧患也消除了。后来，曹操下《选军中典狱令》说："刑法是百姓之命，而军中主法之人，或不是能主持法典之人，而任此种人主持三军死生之事，我很为恐惧担忧。今慎选明达法理之人，使主持法典刑狱。"④ 将本来外放到颍川为太守的高柔，又复

---

① 《三国志·武帝纪》裴注引《魏书》第34页。
② 《三国志·高柔传》第429页。
③ 同上。
④ 《三国志·武帝纪》第28页。

还为法曹掾。高柔执法兢兢业业，“既处法平允，又夙夜匪懈，至拥膝抱文书而寝。”一天夜里，曹操深夜微服出巡，观察诸史，看见高柔，拥抱文书而寝，很是哀痛他。曹操就慢慢地解脱了自己身上的裘皮，轻轻地覆盖在高柔的身上而悄悄离去。[①] 从此，高柔得到曹操的重用，成为曹魏的重要谋臣。

十二月，曹操率军至孟津，在接到汉献帝诏命曹操“置旄头、宫殿设钟虡（jù。古代悬挂钟磬的架子两旁的柱子）后，乙未（十九）曰，曹操下《敕有司取士毋废偏短令》，可见出曹操用人的辩证思想。令曰：

> 夫有行之士未必能进取，进取之士未必有行也。陈平岂笃行，苏秦岂守信邪？而陈平定汉业，苏秦济弱燕。由此言之，士有偏短，庸可废乎！有司明思此义，则士无遗滞，官无废业矣。[②]

这是曹操自建安十五年（210）发《求贤令》，提出“唯才是举”，时隔四年又发此令，可看作是进一步对“唯才是举”的阐述，说“取士毋废偏短”，“有德行之士未必能进取；进取之士未必有德行。”这正是曹操打破东汉末年对不仁不孝不廉之人，只要有治国用兵之术，他都要重用。这当然是骇人听闻的，这一“反道德”的求贤求才之法令，也正是后世曹操颇受争论的原因之一。

这一年，也就是建安十九年（214），曹操已年满花甲。位高权重人，花甲多生疑。也正是这一年，曹操设置校事一职，以监视群臣的动静，并委派赵达、卢洪等人充任校事。这时高柔担任法曹掾（掾为

---

① 《三国志·高柔传》裴注引《魏氏春秋》第 432 页。

② 《三国志·武帝纪》第 28 页。

正，属为副），他认为群臣各司其职，不必再设校事这类职务，并且赵达等人“数以憎爱擅作威福”，用这种人必坏事。曹操却自以为是，认为赵卢自有他们的长处，说：“我比你更了解赵达等人，过去叔孙通能利用群盗，难道我还驾驭不了赵达这班人吗？”① 后来，赵达、卢洪这班人果然利用手中的职权营私舞弊，胡作非为，事情败露，曹操后悔没有听从高柔的建言，下令处决了赵达等人，以谢高柔。

高柔，字文惠，陈留圉人。从三十岁投靠曹操，历魏文帝、明帝、齐王、高贵乡公、元帝，是一位六朝元老。他为官六十年，几乎与曹魏王朝相终始。他历任六王而不倒，为建立和巩固曹魏政权所起的作用不容忽视。

① 《三国志·高柔传》第429页。

第十四章

建安二十年（215）

◆ 曹节为后　封拜曹操

建安十九年十一月，伏皇后因“衣带诏”被曹操下暴室，以幽崩。到建安二十年正月，不到二个月，汉献帝立曹操第二女曹节为皇后。因此，诏令赏赐天下男子每人爵位一级，孝顺父母者，兄弟友爱者，辛勤耕耘庄稼者每人爵位二级。赏赐诸侯王、公卿以下谷物多少不等，以示普天同庆。[①]

九月，汉献帝授予曹操分封诸侯和任命郡守国相的权力。此前，封侯授相由曹操举荐，献帝批准，如今形式上的程序也完全取消，曹操拥有国家重要人事任免大权。汉献帝以曹操在外统辖管理国家大事，临事之赏，或宜速疾，“乃命公得承制封拜诸侯守相”，诏命说：“夫军之大事，在兹赏罚，劝善惩恶，宜不旋时，故《司马法》曰：‘赏不逾日’者，欲民速睹为善之利也。昔在中兴，邓禹入关，承制拜军祭酒李文为河东太守，来歙又承制拜高峻为通路将军，察其本传，

① 《后汉书·孝献帝纪第九》第256页。

皆非先请，明临事刻印也，斯则世祖神明，权达损益，盖所用速示威怀而著鸿勋也。其《春秋》之义，大夫出疆，有专命之事，苟所以利社稷安国家而已。况君秉任二伯，师尹九有，实征夷夏，军行藩甸之外，失得在于斯须之间，停赏俟诏以滞世务，固非朕之所图也。自今已后，临事所甄，当加宠号者，其便刻印章假授，咸使忠义得相奖励，勿有疑焉。”[①]

十月，曹操得到汉献帝的承制封拜的诏令，于是设置名号，侯至五大夫，即关中侯、关外侯、五大夫四等爵位，加上列侯、关内侯，凡六等，以奖赏建立军功者。至此，封侯的大权无须汉献帝御批，由曹操加宠号，刻印章以授，以之奖励。这位非常之人，终于拿到了非常之权。

◆ 曹征汉中　张鲁归降

三月，曹操调集十万人马，亲征汉中张鲁。曹操从邺城经长安，到达陈仓，出散关，取道武都郡治下辩（今甘肃省成县），想攻克阳平关（今陕西勉县西北），直抵南郑。

曹操不曾料到，沿途氐人封关设卡，令张郃和朱灵率五千兵马开道，[②] 击溃了拦路的氐族兵众，与氐王窦茂相拒于河池县（今甘肃徽县）。四月，曹操率主力来到河池，窦茂聚集万余氐族兵马，以险固守。五月，曹军攻破河池，“屠之。”[③] 七月，曹操兵临阳平关。

当曹军兵临阳平关，张鲁想举汉中归降曹操，但其弟张卫不甘心

---

① 《三国志·武帝纪》裴注引孔衍《汉魏春秋》第 29 页。
② 《三国志·张郃传》第 334 页。
③ 《三国志·武帝纪》第 28 页。

把苦心经营了近三十年的汉中拱手让给曹操，于是率众数万人“横山筑阳平城以拒，王师不得进。”[①] 阳平关，是汉中的西大门。张卫率众在“横山筑城十余里”,[②] 致使曹军久攻不能克。曹操率军出征前，看了董昭上呈的奏章，上面有凉州从事和武都人讲，“张鲁易攻，阳平城下南北山相远，不可守也。”[③] 曹操信以为真，当亲临阳平关，才知道事实与凉州从事和武都人所讲枘凿不合，截然相反。这时，曹军与张卫对峙三日，“攻阳平山上诸屯，山峻难登，既不时拔，士卒伤夷者多，军食且尽，操意沮，便欲拔军截山而还。”[④] 曹操面临如此境地，沮意满腹地说：“此妖妄之国耳，何能为有无？吾军少食，不如速还。”[⑤] 曹操只好遣大将夏侯惇，将军许诸截山而还，令主簿刘晔督后诸军，以次退军撤兵。张卫见曹军撤退，“其守备解散。”[⑥]

其实，早在曹操准备征关右之时，就让荀彧问卫觊，卫觊以为“若以兵入关中，当讨张鲁，鲁在深山，道径不通，彼必疑之；一相惊动，地险众强，殆难为虑!”[⑦] 荀彧将此情况呈送曹操。曹操出征张鲁只记得凉州人事所讲，而忘记了卫觊所说。

也就在这个时刻，主簿刘晔发现前面撤退的军队没有撤回来，由于夜色迷茫，山林茂密，撤退的军队误入张卫军营，瞬间张卫军营慌乱四散，认为这是个可以克敌制胜的好战机，同时，可以避免“粮道

① 《三国志·张鲁传》裴注引《世语》第 173 页。
② 《三国志愿·武帝纪》第 28 页。
③ 《三国志·张鲁传》裴注引《魏名臣奏》第 172 页。
④ 《资治通鉴》第 627 页。
⑤ 《三国志·刘晔传》第 285 页。
⑥ 《三国志·武帝纪》第 28 页。
⑦ 《三国志·卫觊传》裴注引《魏书》第 385 页。

不继，虽出，军犹不能全”的不利。[①] 于是，刘晔驰马到曹操面前建言：“不如致攻。”他料定，大军一撤退，张卫关防必然松懈，正可利用这个机会攻进。夏侯惇也赶到曹操面前说：“官兵已据得贼要屯，贼已散走。”[②] 曹操遂由撤军转为进攻，令“多出弩以射其营”，[③] 曹操又暗中派遣部将解憀、高祚等，冒险夜袭。[④] 正在这时，山中数千只野麋受到惊扰，四处乱窜，冲入张卫大营，引起人喊马嘶。解憀不明详情，误为张卫率众反抗，使鸣鼓角与主力联络，夏侯惇、许诸奉命驱进大军，张卫不抵，率众投降。[⑤]

张鲁闻知阳平关已被曹操攻陷，将要屈膝下拜，以额触地向曹操投降，张鲁功曹巴西人阎圃对他说：“今以迫往，功必轻；不如依杜濩赴朴胡相距，然后委质，功必多。”[⑥] 阎圃说的不无道理，现在去投降，没有什么功，不如到巴中依靠杜濩前往朴胡处抗拒曹操，然后奉上人质归降，会受到重视。张鲁觉得很好，准备奔南山（即今巴山）入巴中，这时张鲁左右亲近的随员想放火烧掉“宝货仓库”，然后再走。张鲁说：“本欲归命国家，而意未达。今走之，避锐锋，非有恶意。宝货仓库，国家有之。”[⑦] 于是命令将其封藏之后，张鲁率随员奔南山入巴中。

张鲁祖孙三代为天师道教主。当初，益州牧刘焉利用张鲁将兵从苏固手中夺取汉中，后杀死刘焉的别部司马张修，遂据汉中，创立

---

① 《三国志 · 刘晔传》第 286 页。
② 《三国志 · 张鲁传》裴注引《魏名臣奏》第 172 页。
③ 同《刘晔传》第 286 页。
④ 《三国志 · 武帝纪》第 28 页。
⑤ 《三国志 · 张鲁传》裴注引《世语》第 173 页。
⑥ 《三国志 · 张鲁传》第 172 页。
⑦ 同上。

“五斗米教”（凡入教的每人交五斗米，故名），实行政教合一的统治。张鲁自号“师君”。初入道者，皆名“鬼卒”，因此也称“鬼道”。入道之后，凡接纳鬼道而且深信不疑了，号称“祭酒”。各自统领从众，部众多的称“治头大祭酒”。入教之后，接受“诚信不欺诈”的教育，生病的人在祭酒面前自首错过，大体上和黄巾军相似。所有的祭酒皆造“义舍”房屋，备有义米义肉，供过往行人依各自饭量吃饱；若吃的过量过多，信奉鬼道的人因贪吃贪心而生病。万一犯法作奸，可免三次，然后才执行刑罚。同时，春夏禁止宰杀牲畜，又禁酒。张鲁统治汉中，重新设立了一套行政管理机构，“不置长吏，皆以祭酒为治，民夷便乐之。雄据巴、汉垂三十年。”汉末，朝廷无力征讨张鲁，就任他为镇民中郎将，领汉宁太守。汉中当地老百姓挖地时得一玉印，呈献给张鲁，他的属下都想尊奉号称“汉宁王。”功曹阎圃谏言说：“汉川之民，户出十万，财富土沃，四面险固；上匡天子，则为桓（齐桓公）、文（晋文公），次及窦融（王莽时代的波水将军，后依附刘秀官至大司马，与刘秀并称）不失富贵。今承制署置，势足斩断，不烦于王。愿且不称，勿为祸先。”张鲁听从了阎圃的谏言，没敢称王，奉行保境自守。建安十六年，马超、韩遂反叛，曹操征关中，战于渭南，数万家关中民众由子午道投奔汉中，张鲁皆妥善安置。①

当曹操进入南郑，对张鲁封藏宝货仓库甚是嘉许，又得知张鲁本有心归降，就派使者前往抚慰。同时，曹操又派人至巴中拜会賨人七姓首领。九月，巴中七姓首领，即賨人罗、朴、昝、鄂、度、夕、龚，夷王朴胡、賨邑侯杜濩，以全巴夷、賨民归附曹操。曹操将巴郡划分

① 以上见《三国志·张鲁传》第171页。

为三小郡；巴东郡（治鱼腹县，今重庆市奉节县），巴西郡（治阆中，今四川省阆中市），巴郡（治江州县，今重庆市），任命賨人首领朴胡、杜获、任约各为太守，封列侯。

就在曹操派使者来见张鲁之前，刘备也派人先去迎张鲁，功曹劝张鲁说："不然，西结刘备以归之。"张鲁勃然大怒说："宁为曹公作奴，不为刘备上客！"[①] 十一月，张鲁率余众归降曹操。不久，诏命张鲁为镇南将军，封阆中侯，食邑一万户。张鲁的五个儿子和阎圃皆封为列侯。曹操又为儿子曹彭祖迎娶张鲁之女为妻。

汉中平定，曹操将汉宁郡复名汉中郡，将原辖区分为汉中、西城、上庸三郡。西城郡领安阳、西城二县，置太守；上庸郡领锡、上庸二县，置都尉，因上庸郡与刘备益州、荆州相邻，置都尉则是实行军事管制，以都尉为军政长官。其次，由附马督尉杜袭主持，徙汉中民八万余口到洛阳和邺城。[②] 其三，留夏侯渊屯兵汉中，拜杜袭为驸马都尉，留督汉中军事。最后，还干了一件针对马超的事。当初，马超投奔张鲁，觉得张鲁不足成大事，后投奔刘备，走时将其妻董氏和儿子秋留在汉中。曹操平汉中，得到了马超的妻儿，当张鲁归附曹操回到汉中，曹操将马超的妻子董氏赐予张鲁的功曹阎圃，让马超的儿子马秋随张鲁，孰料张鲁亲手将马超儿子马秋杀之。[③] 曹操对马超留在汉中的妻儿的残忍令人发指。

作为曹操智囊团的主簿刘晔，看到汉中平定，是举兵取蜀的大好战机，对曹操说："明公以步卒五千，将诛董卓，北破袁绍，南征刘

---

① 刘琳校注《华阳国志校注》第 119 页。
② 《三国志·杜袭传》第 418 页。
③ 《三国志·马超传》裴注引《典略》第 587 页。

表，九州百郡，十并其八，威震天下，势慑海外。今举汉中，蜀人望风，破胆失守，推此而前，蜀可传檄而定。刘备，人杰也，有度而迟，得蜀日浅，蜀人未恃也。今破汉中，蜀人震恐，其势自倾。以公之神明，因其倾而压之，无不克也。若小缓之，诸葛亮明于治而为相，关羽、张飞勇冠三军而为将，蜀民既定，据险守要，则不可犯矣。今不取，必为后忧。”[①] 刘晔把蜀中的形势分析很透，可惜曹操不从。七日后，蜀降者说：曹操破汉中，“蜀中一日数十惊，备虽斩之而不能安也。”曹操听后，问刘晔说，“今尚可击不?”刘晔说：“今已小定，未可击也。”[②] 就这样，曹操失去了取蜀灭刘备的绝好时机，使刘备站稳蜀中，为三国的形成奠定了基础。

曹捉神人　调任渤海　张鲁归降曹操，随同归降的关中叛将程银、侯选，刘鸣雄等人也都得到优待，官复原职。这神人不是别人，就是刘鸣雄。刘鸣雄祖籍蓝田县，他原本以射猎，采药为生。他常居覆车山下，每日天不亮或夜幕降临，出行在云雾之中而从来不曾迷失道路。在董卓被诛，校尉李傕、郭汜攻入长安，祸乱之时，刘鸣雄聚众数千人自保，后来被州郡招安。马超、韩遂等人反叛抗拒曹操，刘鸣雄拒绝参与，被马超击溃。

当曹操进兵关中，刘鸣雄前往投归。曹操执其手说：“孤方入关，梦得一神人，即卿邪!”曹操厚礼相待他，任将军之职，让他回去带领部分前来从军。谁料，刘鸣雄返回蓝田，被部众挟持，不愿归降曹操，“遂劫以反，诸亡命皆往依之，有众数千人，据武关道口。”夏侯

① 《三国志・刘晔传》第286页。
② 《三国志・刘晔传》裴注引《傅子》第286页。

渊旋即攻破武关，刘鸣雄南奔汉中。[①]

此次，曹操平定汉中，张鲁率众归降，曹操在众降中一眼认出刘鸣雄，一把抓住他的胡须说："老贼，真得汝矣!"刘鸣雄说出了回蓝田的详情，曹操恢复其官位，调任渤海郡。[②] 曹操用人不念其过，唯才而用。以显其非常之人的用人的非常之举。

三巴之战　张郃败退　曹操攻破阳平关，张鲁在功曹掾阎圃的建议下，逃奔巴中，暂时依附杜濩前往朴胡处以拒曹操。是年十一月，刘备与孙权"中分荆州"之后，赶回益州。刘备的偏将军黄权知道张鲁失守汉中，逃至巴中，他对刘备说："若失汉中，则三巴不振，此为割蜀之股臂也。"[③] 于是，刘备遣黄权为护军，率诸将去迎接张鲁。当黄权到达巴中，张鲁已回汉中，降归曹操，便攻占了三巴，擒斩了朴胡、杜濩。

曹操离开汉中，留夏侯渊、张郃拒守。张郃督导军队直下巴西，想把那里的民众迁徙到汉中，然后进军宕渠、蒙头、荡石，与张飞相持了五十多天，不分胜负。张飞便计出奇兵，他率领精兵万余人，"从他道邀郃交战。"[④] 当时张飞任巴西（即今四川阆中市）太守，深谙巴西地形。汉中通往阆中的应是剑阁道，张飞避开了剑阁道，从另外一条道，与张郃交战。孰料，这条山道狭窄，张郃率领曹军前后不能相互支援，这样一来，张郃军死伤惨重，张飞乘险击败张郃。

张郃只好"弃马缘山，独与麾下十余人从间道退，引军还南郑，

---

① 《三国志·张鲁传》裴注引《魏略》第173页。
② 同上。
③ 《三国志·黄权传》第640页。
④ 《三国志·张飞传》第584页。

巴土获安。”[①] 由于张郃的败退，刘备占据益州就彻底稳固下来。这是张郃一生中少有的惨败，但曹操并没有怪罪于他，反拜为荡寇将军。可窥见曹操的用人，不因一时一地之失，而否定之。

◆ 随曹出征　王粲赋诗

曹操征张鲁，丞相掾王粲随曹操出征。王粲，字仲宣，山阳高平人。后世将孔融、陈琳、王粲、徐干、阮瑀、应玚、刘桢七人，称“建安七子”。“七子”中，王粲文学成就最高，刘勰在《文心雕龙·才略》称他为“七子之冠冕”。他曾祖父、祖父曾是汉顺帝、汉灵帝朝担任司空。他父亲王谦曾担任过大将军何进的长史（相当大将军府秘书长）。王谦从骨子里瞧不起屠户出身的何进，何进本想从王谦两个儿子中挑选一个做女婿，被王谦拒绝，王谦也因此丢了官。由此看来，王粲是一个出身于官宦家的子弟。

王粲自幼好学，强闻博记，是一个有过目不忘的异才少年。一次，王粲和朋友出门见道旁立一石碑，读后而过，同行者问：你能背诵出碑文吗？王粲回答说：能。随背诵得一字不差。还有一次，王粲观别人下围棋、棋盘忽然被打翻，王粲便重新恢复棋局。有人不信，重布一棋局用手帕盖上让他重摆，结果与原棋一步不差。[②]

自董卓进京，祸乱朝廷，废少帝为弘农王，立灵帝少子陈留王为汉献帝，又自称相国，随后又逼迫汉献帝及文武百官迁至长安。十四岁的王粲也举家长安，在长安王粲见到了享誉朝野的大学者蔡邕。蔡邕当时官至左中郎将，才学闻名天下。自党锢以后，是名士英雄时代。

① 《三国志·张飞传》第584页。

② 参阅《三国志·王粲传》第376页。

汉末有两部书，即《名士录》《英雄记》，代表了汉末风气。由于蔡邕学问大如天，受到董卓器重，于是想结交他的官宦和读书人成群结队。当十五岁的王粲造访蔡邕，蔡邕闻听后，不顾穿好鞋，趿拉着鞋到大门口迎接王粲。王粲进至明堂，众人一看，蔡邕迎进的是个其貌丑陋，身材瘦弱的小矮孩，非常诧异。经蔡邕介绍，众人皆虚然起敬，还说："吾不如也。吾家书籍文章，尽当与之。"①

经蔡邕的嘉赞，王粲名声大震。接二连三的司徒府征召，朝廷的任命，但由于董卓被诛，李傕、郭汜祸害长安，王粲没有接受征召和任命，而是选择离开了长安，投奔荆州的刘表。到了荆州，刘表对这位"有异才"的饱学之士，既不念同乡之情，也不念世交之谊，没有给王粲一官半职，过得郁闷而不得志。

建安十三年七月，曹操率大军攻取荆州，八月刘表病亡，幼子刘琮继任荆州牧。曹军兵临荆州地界，刘琮集团内部以大将蒯越，从事中郎韩嵩，别驾刘先，东曹掾傅巽为首劝说刘琮投降归曹。王粲也劝刘琮归曹公，"曹公必重德将军。保已全宗，长享福祚，垂之后嗣，此万全之策也。"② 曹操兵不血刃拿下荆州，王粲被曹操任命为丞相府掾，并赐关内侯。后来，曹操在襄阳的汉江之滨大晏众将领及荆州刘琮的部众时，王粲情不自禁地举杯，发表了一番赞美曹操的祝酒词：

方今袁绍起河北，仗大众，志兼天下，然好贤而不能用，故奇士去之。刘表雍容荆楚，坐观时变，自以为西伯可规。士之避

① 参阅《三国志·王粲传》第376页。
② 《三国志·王粲传》裴注引《文士传》第376页。

乱荆州者，皆海内之俊杰也；表不知所任，故国危而无辅。明公定冀州之日，下车即缮其甲卒，收其豪杰而用之，以横行天下；及平江、汉，引其贤俊而置之列位，使海内回心，望风而愿治，文武并用，英雄毕力，此三王之举也。[①]

王粲从此正式进入曹魏集团。魏国既建，王粲又担任曹操的军谋祭酒和魏国侍中。他常与曹操游观出入，多得骖乘。参与了曹操的多次征战，亲眼目睹了社会现状和战场上的浴血厮杀，对下层士卒的疾苦有切身的体验，留下了不少诗文，尤以《七哀诗》《登楼赋》最有名，但《从军诗五首》（其一）是写作年代最为明确的一首诗。建安二十年，王粲随曹操征张鲁，十二月又随曹操撤军回邺城，于次年二月写下了这首诗，该诗真实地反映了曹操征张鲁的全过程。裴松之说："是行也，侍中王粲作五言诗以美其事。"[②] 诗如下：

从军有苦乐，但问所从谁。所从神且武，安得久劳师？
相公征关右，赫怒震天威。一举灭獯虏，再举服羌夷。
西收边地贼，忽若俯拾遗。陈赏越山岳，酒肉踰川坻。
军中多饫饶，人马皆溢肥。徒行兼乘还，空出有余资。
拓地三千里，往返速如飞。歌舞入邺城，所愿获无违。

这首诗洋溢着胜利的喜悦和自豪。歌颂了诗人心目中的明君贤相曹操，驰骋疆场，荡平割据，统一天下的辉煌业绩。抒发了诗人期盼国家统一，渴望建功立业的理想与抱负。诗的前四句，以从军出征有

① 《三国志·王粲传》第 376 页。
② 《三国志·武帝纪》第 29 页裴注②

苦有乐，但跟随英明神武的曹操出征，怎么会劳师久征！诗中充满了对曹操的钦佩赞美之情，接下来写曹操征关右、灭獯虏、降羌夷，收边地的胜利。诗人气势豪迈，用天威怒震形容曹操亲率王师的压倒一切的磅礴气概。诗中的“獯虏”原意指匈奴，这里代指韩遂西北混杂的凉州军。接下来诗写征张鲁，平汉中，以及张鲁府库的珍宝，用“人马皆溢肥”的一个“肥”字，使原本粮道不济，到平汉中有了物资保障。因为“军自武都山行千里，升降险阻，军人劳苦；公于是大飨，莫不忘其劳。”① 曹操得张鲁府库，以酒食款待军人。王粲诗句“人马皆溢肥”完全是真实再现。最后用横扫西北，拓土三千里，凯旋还师邺城，如愿以偿。

到建安二十一年，王粲从征关右，二十二年春，道病卒，时年四十一岁。

◆ 合肥之战　曹操神算

曹操在关陇之战结束不到半年，想一举剪灭汉中张鲁，于这年三月，调集十万人马，经长安、到陈仓、取道武都郡治下辩，七月兵临阳平关。当曹操占据汉中，刘备估计曹操将乘胜进兵益州，蜀中一日数十惊，主动与孙权和解，达成“中分荆州”，各自相安。孙权认为曹操大军已开往汉中，合肥空虚，率十万大军再次进围合肥。

八月，孙权兵临合肥城下。曹操离开合肥前，曾将密函交于护军薛悌，言孙权兵至再当着张辽、李典、乐进三将之面拆开。孙权兵临，薛悌当着三位将军拆开曹操的密函。内写道：“若孙权至者，张、李

---

① 《三国志·武帝纪》裴注引《魏书》第28页。

将军出战；乐将军守，护军勿得与战。”[①] 原来是曹操针对孙权兵至的具体应战之策，张辽和李典以骁勇善战著称，乐进具有临畏不乱的定力，薛悌志成持重。因此采用张辽、李典迎战，乐进、薛悌守城，可保全合肥。

合肥守城的曹军仅有七千兵众，而孙权率十万大军，兵力悬殊，据城固守尚嫌兵力薄弱，曹操为何还要让张、李主动出击，诸将皆疑。这时张辽理解了曹操这样安排的用意说：“曹公远征在外，等到救援至，孙权必然攻破我。因此，曹公谕令是教导我们，在孙权兵还没有会合齐备，我们先去迎敌痛击，挫折他们的锐气，可以安定军心，也才可以固守。成败之机，在此一战，诸君何疑？”[②] 张辽说完，“恐其不从”，因为“进、典、辽皆素不睦。”[③] 李典从国家利益出发，感慨地说：“此国家大事，顾君计何如耳？吾可以私憾而忘公义乎！”[④] 于是，张辽连夜组织敢死队八百人，宰牛以飨将士，整装待发，准备明旦一战。

翌日拂晓，张辽和李典披甲持戈，率领敢死队冲出城门，杀入孙权兵营，击杀数几十人，斩杀孙权二员大将，又直呼孙权的名字，直冲孙权军营中，冲到了孙权的旗下。此时，孙权大惊，其他兵众惊慌失措，不知所为，逃向高岗，以长戟自守。张辽大声向孙权挑战，孙权不敢出，望见张辽率兵将少，就派兵将张辽团团围定。那知张辽左劈右砍，向前急击，突破重围，率领部下数十人突围出去，其他的敢

---

① 《三国志 · 张辽传》第 330 页。
② 《三国志 · 张辽传》第 330 页。
③ 《三国志 · 李典传》第 338 页。
④ 同上。

死队员在重围里大叫："将军弃我乎！"于是张辽掉转回头冲到重围里，救出其他部下。孙权人马皆惶恐退却，没敢抵挡。这一战，从清晨战到中午，使孙权的军队丧失斗志。

张辽回到军营，命令将士重修守备，军心乃安，诸将都十分佩服张辽的胆识。孙权把合肥围困了十几天，攻城不下，加上军中瘟疫流行，于是率军还退。张辽又率领骑兵追击，当孙权在凌统、甘宁的护卫下，来到淝水渡口逍遥津的北边被张辽偷袭，几乎抓住孙权，凌统等人冒死保护孙权，孙权方鞭驰骏马，越桥而逃，孙权大败而归。

裴松之引孙盛对曹操的守合肥安排，从军事的战术给予了高度评价，他说："合肥之守，县弱无援，专任勇者则好战生患，专任怯者则惧心难保。且彼众我寡，必怀贪惰；以致命之兵，击贪惰之卒，其势必胜；胜而后守，守则必固。是以魏武推选方员，参以同异，为之密教，节宣其用；事至而应，若合符契，妙矣夫！"① 张辽是位"武力过人"的战将，② 李典是一位"好学问，贵儒雅，不与诸将争功"的儒将，③ 由这二位出战袭击孙权可谓是曹操的知人善搭配。所以《三国志》关于这一战在李典传中没有记作战过程和细节，而是在张辽传中突显了他的"武力过人。"这也可以看出李典的儒雅和不争功。曹操令这二位出击，正好形成互补，武力过人的战将容易好战，太儒雅的宿将容易产生惧心，二将搭配成搭档，真是妙哉。这样一来达到了"胜而后守，守则必固"的效果，也足看出曹操对兵法的运用达到了

---

① 《三国志·张辽传》裴注引孙盛曰第 331 页。
② 《三国志·张辽传》第 329 页。
③ 《三国志·李典传》第 338 页。

“妙矣夫”的神算境界，岂不非常之人耶？

◆ 吕并起义　斜谷哗变

建安十九年（214），曹操平定陇右，令张既到武都迁徙五万余氐族部落到扶风、天水一带居住，其中徙出韩遂、马超等降兵五千到关中，派平难将军殷署等督领，以扶风太守赵俨为关中护军。到建安二十年十二月，屯田客吕并“自称将军”招聚党徒占据陈仓，赵俨又率领殷署等讨伐吕并，乱贼立即被消灭。

曹操回到邺城，想到给夏侯渊留守汉中的兵力少了，于是令扶风太守兼护军赵俨派遣一千二百名士兵协助汉中的防务，由殷署经褒斜道负责监送他们前往。这些士卒感到猝然和家族亲人别离，都不乐意前往，而且“皆有忧色。”① 殷署监送这一千二百名士卒走后一天，扶风太守兼护军赵俨深感这些士卒会发生变故，于是亲自追到斜谷口，对这些士卒“人人慰劳，又深戒（殷）署。”② 赵俨慰劳士卒，又深切告诫殷署严加注意，然后才返回。返回途中，赵俨投宿在雍州刺史张既的官舍。

殷署领兵继续在褒斜道上行进，行走了约四十里，“兵果叛乱”，③ 殷署的生死不详，于是赵俨带领自己的骑兵一百五十名，皆与叛兵中有各种各样关系的士兵，有同乡、同事，还有姻亲，当这一百五十名步骑兵知道这个消息后，各个惊慌，“被甲持兵（器），不复自安。”④

---

① 《三国志·赵俨传》第420页。

② 同上。

③ 同上。

④ 同上。

此时，赵俨想到殷署的军中去，张既等认为：“现在本营已经扰乱，一身赴之无益，可等待确切的消息。”赵俨说：“虽疑本营与叛者同谋，应当听到出发的人叛变，才会发动。又有的人想去为善而无法自定，趁他们在犹豫中，及时安定他们。既然身为元帅，如不能安抚绥辑，自身遭祸难，那也是命啊！”① 赵俨还是不顾张既等人的劝告，依然出发了。行进了约三十里，赵俨停止前进，放马休息，招呼从行的人，喻以成败，真诚的安慰鼓励。从行的人皆慷慨地说：“死生当随护军，不敢存有二心。”赵俨到达诸军军营，经过甄别，结集反叛的有八百余人，于是将他们分散，只收捕了谋叛的首魁，其余一概不问。至于郡县所收捕送来的，都放他们回去，谁料叛变的人都纷纷回来投降。这时，赵俨又秘密向曹操报告说：“宜遣将到大营去，请旧兵仍然镇守关中。”曹操立即派遣将军刘柱率二千人马，等到达后再让上路，但是消息泄露，“诸营大骇，不可安喻。”赵俨说：“当差留新兵之温厚者千人，镇守关中，其余悉遣东。”让主管兵籍的人，纳各营兵士的名籍，有家累的人，马上分别开来。留下在关中的心意已定，与赵俨同心，其他那些也不敢动了。赵俨一天之内全部派他们出发，并且将留下来的一千人，错落分布在行者队伍中间。当曹操派遣的兵将一到随即出发，这样一来，连同招致的，一共有二万余人。②

曹操令兵助汉中的一千二百人，斜谷哗变，在赵俨的机智灵活的处置之下，这场哗变迅速得到平息。

---

① 《三国志·赵俨传》第420页。

② 以上所引均见《三国志·赵俨传》第420页。

◆ 曹杀路粹　另有隐情

建安二十年（215）三月，曹操征张鲁，秘书令路粹“从大军至汉中，坐违禁贱请驴伏法。太子素与路粹善，闻其死，为之叹惜。”[①]这是说，路粹以秘书令到汉中，因违禁低价买驴。按说买卖是双方论价，且要讨价还价，双方同意即可成交，怎么就违禁？既便违禁，又何至于处死？欲加之罪，何患无辞？曹操处死路粹实在是令人意想不到，就连太子曹丕也为之叹惜。路粹为曹操罗织罪名除却孔融，却又被曹操除却，这里面究竟有什么隐情？

路粹，字文蔚，陈留人，和曹操是同乡。“少学于蔡邕。”[②] 初平中，随蔡邕车驾到三辅。建安初，京兆严像因路粹才高提拔为尚书郎。严像又因他文武兼有，推荐出任扬州刺史。到后来，路粹担任曹操的军谋祭酒与陈琳、阮瑀同在典记室。当时，孔融以名高才盛称世，与陈琳等被称为“建安七子”。在“七子”中，唯孔融年长，才名俱高，然政治上反对曹操篡汉，曹操想除掉孔融，一是找不到借口，二是孔融社会名望甚高，为孔子二十代孙。

人的一生，不可能没有过失。“及孔融有过，太祖使粹为奏。”[③]当孔融有了过失，曹操抓住机会，让路粹秉承他所指孔融的罪行上奏。他大概说：孔“融昔在北海，见王室不宁，招合徒众，欲图不轨，言‘我大圣之后也，而灭于宋。有天下者何必卯金刀？’又云‘融为九列，不遵朝仪，秃巾微行，唐突宫掖，又与白衣祢衡言论放荡，衡与

① 《三国志愿·王粲传》裴注引《典略》第380页。

② 《三国志·路粹传》裴注引《典略》第379页。

③ 同上第380页。

融更相赞扬。衡谓曰：‘仲尼不死也。’融答曰：‘颜渊复生。’凡说融诸如此辈，辞语甚多。”[①] 曹操对路粹说：孔融在北海，就图谋不轨，看见王室不安宁，纠合众徒，说天下何必刘姓，刘字老写为“劉”上面卯，下为金，右旁为利刀，所以用卯金刀代指刘姓江山，然后又与祢衡言论放荡等等。

就这样，路粹在曹操的授意下，罗列了孔融大量莫须有的罪名，被曹操加以“败坏伦理”而杀害。孔融当时在社会上的名望很高，是一位名士，杀害这样一位文学“奇人”，是要担很大的社会舆论压力的。当年，曹操杀边让就付出了很大的代价。因此，曹操怕路粹日后将此情泄露出来，对自己不利，于是就寻找机会要除掉路粹。

曹操在汉中，借路粹“贱请驴”而处死，一是平息社会舆论，因孔融的名声实在太大，怕路粹日后将真实情况说出，对他不利；二是可杀人灭口，除却曹操心上之患。当太子曹丕闻知路粹处死，甚为叹惜！曹丕即位，将路粹儿子擢为长史。路粹魂儿有灵，九泉之下也可安息。

---

① 《三国志·王粲传》裴注引《典略》第380页。

第十五章

建安二十一年（216）

◆ 发《春祠令》　曹改籍田

二月，曹操平汉中张鲁，凯旋京师，册封功臣，回到邺城。“有司以太牢告至，策勋于庙。”[①] 曹操要祭告宗庙，凭借“剑履上殿”的锡命，发布《春祠令》：

议者以为祠庙上殿当解履。吾受锡命，带剑不解履上殿。今有事于庙而解履，是尊先公而替王命，敬父祖而简君主，故吾不敢解履上殿也。又临祭就洗，以手拟水而不盥（guàn）。夫盥以洁为敬，未闻拟（向）〔而〕不盥之礼，且“祭神如神在”，故吾亲受水而盥也。又降神礼讫，下阶就幕而立，须奏乐毕竟，似若不（愆）〔衎〕烈祖，迟祭（不）速讫也，故吾坐俟乐阕送神乃起也。受胙纳（神）〔袖〕，以授侍中，此为敬恭不终实也。古者亲执祭事，故吾亲纳于（神）〔袖〕，终抱而归也。仲尼曰“虽

① 《三国志·武帝纪》裴注引《魏书》第29页。

违众，吾从下。”诚哉斯言也。”①

曹操这道《春祠令》一反过去的效法，对不同的规定，作了相应改革和调整：首先，既然皇帝允许我“剑履上殿”，就不能再遵从“祭庙上殿必须脱鞋”的旧规，否则就成了“警父祖而简君主”，所以不敢解履。其二，曹操在临祭时，他要亲自到水盆边接水洗水，“以洁为敬”，而不是过去仅仅模仿洗手的样子而不接水洗手，只有亲自接水洗手，才表示对神的敬意，“祭神如神在。”其三，过去主祭人行完降神礼后，走下台阶，站着听祭祀的音乐，时间太长而不耐烦，似乎不爱祖先；今天，我曹操“坐俟乐阕送神乃起也。”他要端坐着，一直等到奏乐完送神曲才起来。其四，过去，主祭人在祭祀结束后，拿出祭肉交给侍中带走，如今，我曹操要抱着肉回去，终抱而归，以示曹操对神的恭敬有始有终。《春祠令》曹操引用《论语·子罕》中孔子的话结尾，说：“虽违众，吾从下。”其表明我曹操虽然与众人不同，也敢于与众不同，但我谒见国君依旧要先在堂下礼拜，再到堂上礼拜。旨在显示自己的身份、地位的特殊和权力的不可比拟。曹操祭告宗庙，可概括为：不脱鞋，真洗手，坐着听完乐，亲自抱肉回。祭神如神在，诚哉斯言也。曹操勇于改革的精神，是非常之人的非常所为。

三月初三，曹操效法历代帝王，春耕前亲自“籍田”，以奉祀宗庙，劝率民众重农务农，这只是起一个榜样而已，但具有号召力。

◆ 曹进魏王　乌丸来朝

五月，汉献帝下诏，晋封魏公曹操为魏王，代理御史大夫和宗正

① 《三国志·武帝纪》裴注引《魏书》第29页。

刘艾加衔“使持节”，携带诏书、传国玉玺，白茅包着黑土、金虎符第一至第五和竹使符第一至第十，专程前往邺城举行封王仪式。[1] 诏书曰：“君其正王位，以丞相领冀州牧如故。其上魏公玺绶符册。敬服朕命，简恤尔众，克绥庶绩，以扬我祖宗之休命。”[2] 这里金虎符即铜虎符，是调动军队的凭信，这是汉王朝发给郡守国相的，右半留京师，左半予郡守国相。竹使符，是在五寸长的竹简上镌刻篆书而成，用于“出入征验”，作为机要通信的凭证或使者身份的确认证件。曹操虽晋爵魏王，仍身兼冀州牧，得金虎符，实际上是铜虎符，这里本无实际意义。许都的军队完全由曹操控制，汉献帝调不动任何军队，授曹操金虎符只是个程式而已。

曹操依旧“上书三辞，诏三报不许。”[3] 汉献帝又亲自手写诏书曰：“大圣以功德为高美，以忠和为典训，故创业垂名，使百世可希，行道制义，使力行可效，是以勋烈无穷，休光茂著。稷、契载元首之聪明，周、邵因文、武之智用，虽经营庶官，仰叹俯思，其对岂有若君者哉？朕惟古人之功，美之如彼，思君忠勤之绩，茂之如此，是以每将镂符析瑞，陈礼命册，寤寐慨然，自忘守文不德焉。今君重违朕命，固辞恳切，非所以称朕心而训后世也。其抑志撙（zǔn）节，勿复固辞。”[4] 于是，曹操接受魏王的玺绶符册，并交还魏公的玺绶符册。自此，曹操以汉丞相兼冀州牧晋封为魏王。不久，汉献帝又诏命曹操诸千金小姐公主，赐以汤沐邑。汤沐邑，指以斋戒沐浴之地为名

① 《三国志·武帝纪》裴注引《献帝传》第30页。
② 同上。
③ 同上。
④ 《三国志·武帝纪》裴注引《献帝传》第30－31页。

的封地。

曹操晋封魏王后，代郡乌桓行单于普富卢，与其王侯来朝贺。早在建安十二年（207），曹操亲征三郡乌桓，大破蹋顿于柳城，迁幽、并州沿边诸郡乌桓一万余落于内地。孰料，曹操大军走后，留住的太守不能治理代郡。代郡乌桓王外，还有两个大人，都称单于。各自恃力骄恣，各行其是，独自决定郡中的事情，太守反而不能治理其地，到建安十八年前后，“代郡大乱”，[①] 曹操以裴潜为太守，准备调配精兵给他，以镇讨之。这裴潜，字文行，河东闻喜县人（今山西闻喜县西南）。曹操定荆州，任命裴潜参议丞相军事，派出历任三个县的县令长，然后调回京中担任仓曹属。裴潜“少不修细行”，[②] 因不注重生活上的小事，“由此为父所不礼。”[③] 但他“清省恪然”“为人才博，有雅容。”这时，裴潜对曹操说：“单于自知放横日久，内不自安。今多将兵往，必惧而拒境，少将则不见惮。宜以计谋图之，不可以兵威迫也。”[④] 于是，裴潜没带兵将就单车到了代郡。单于惊喜。裴潜到了代郡，用各种方法抚慰勉励，以静制动。这样一来，单于以下的人都去脱帽叩拜，无不詟（zhé）服。因此，在曹操晋封魏王，代郡乌丸行单于普富卢，率领其王侯前来朝贺。

秋七月，南单于呼厨泉入朝于魏，曹操留他在邺城。初平三年（192），三十八岁的曹操大破于夫罗单于于内黄（今河南内黄西北）。到公元195年于夫罗死，单于呼厨泉立为单于，助袁绍内战。建安七

① 《三国志·裴潜传》第421页。
② 《三国志·裴潜传》裴注引《魏略》第422页。
③ 同上。
④ 《三国志·裴潜传》第421页。

年（202），曹操遣钟繇，围攻匈奴单于庭于平阳，呼厨泉归降曹操。建安十一年（206）曹操吞灭了并州高干，以梁习为并州刺史，采取了一系列控制匈奴的措施。首先，吸收匈奴上层豪佑参与地方政府供职，使其脱离本兵。其二，征调匈奴壮者为“义从”“勇力”，分发到各地驻防或出征，弱者令为农，输纳课税；其三，迁其义从及勇力的家属凡万口于邺城为人质，施以教化；最后，兴兵讨其不服。①

到这一年的秋七月，呼厨泉单于入朝，曹操将他留在邺城，而使右贤王去卑回平阳监领匈奴部众。曹操又分匈奴为五部：左部一万余落居兹氏县（原山西汾阳县南）；右部六千余落居祁县（今山西祁县东南）；南部三千余落居蒲子县（今山西蒲县）；北部四千余落居新兴县（今山西忻县）；中部六千余落居大陵县（今山西文水东北）。每部立一匈奴贵族为大帅，另选汉人为司马以监督之。各部帅家属集中于晋阳，诸侯王以下部众都下降为编户齐民。② 这样一来，曹操牢牢地控制了匈奴的部落组织，加速了匈奴北狄与汉人们的融合。到魏末，匈奴部帅改称都尉，降低了职号。八月，曹操任命大理钟繇为魏国相国。

十月，曹操在邺城检阅兵马，他“亲执金鼓以令进退。”③ 后调集四十万水步大军，四下合肥。十一月，曹操到谯县特地视察了张辽等人与孙权浴血拼杀的战场，感慨良久。然后传令嘉奖：张辽升任征东将军，李典、乐进各增食邑五百户、一百户。曹操邺城检阅兵马后，遂征孙权。十月，亲率大军到谯。

① 参阅《三国志·梁习传》第301页。
② 参阅张大可：《三国史研究》第312页.1994.12.甘肃人民出版社版。
③ 《三国志·武帝纪》裴注引《魏书》第31页。

◆ 曹操谢罪　崔琰获罪

建安五年，官渡之战初，身为袁绍骑都尉的崔琰，他曾进谏袁绍说："天子在许，民望助顺，不如守境述职，以宁区宇。"① 袁绍不从。官渡之战，袁绍大败。两年后，袁绍忧死，二子交争，其中争相得到崔琰。崔琰只好称疾辞谢，由此获罪被囚禁，幸赖阴夔、陈琳营救得免。曹操击败袁氏，兼领冀州牧，崔琰被曹操辟为别驾从事。

不日，曹操对崔琰说："昨案户籍、可得三十万众，故为大州也。"崔琰听后对他说："今天下分崩，九州分裂，二袁兄弟亲寻干戈，冀州百姓暴骨荒野。未闻王师仁声先到，慰问百姓的苦难，拯救他们遭其涂炭，而校计甲兵，唯此为先，这难道是冀州百姓对明公的期望吗!"曹操立刻"改容谢之。"曹操一改得冀州的得意之容，还向崔琰谢罪。当时，"宾客皆伏失色。"② 曹操当着众宾客的面向崔琰谢罪，勇于承认自己的失言之误，这正是曹操胸怀的非常之处。此事也为日后崔琰获腹诽之罪，被曹操赐死埋下伏笔。

崔琰，字季珪，河清郡东武城人（今山东武城县西）。"少朴讷，好击剑，尚武事。"③ 到二十三岁，他被推荐为正卒，才奋而读《论语》《韩诗》。二十九岁，到郑玄处受学。他为人"清忠高亮，雅识经远，推方直道，正色于朝。"④ 当曹操率军征并州，留崔琰为曹丕的师傅。曹丕依然出去打猎，奔逐原野。崔琰觉得曹丕作为世子，放纵无

---

① 《三国志·崔琰传》第 238 页。
② 《三国志·崔琰传》第 238 – 239 页。
③ 同上。
④ 《三国志·崔琰传》裴注引《先贤行状》第 239 页。

度，游乐奢侈，就写信进谏，以《诗经·檀弓》的“殷鉴不远”的训词，暗示曹丕自省深察，又用袁绍二子宽放，盘游滋侈，没有好名声，贤人君子都远离，最后无立足之地，让他吸取教训。曹公亲御戎马，上下征战，作为世子应循大路，走正途，想想自己是储君，以身为宝。希望你“烧掉车盖，丢掉猎服，消除众人的怨责，不令老臣获罪于天。”[①] 后曹丕回信说：承蒙训示，现在已烧了车盖，丢掉了猎服。今若再有这种事，还请不吝教诲。

后曹操为丞相，崔琰任东西曹掾属征事。在崔琰授东曹时，曹操颁布告谕，让他协助东曹掾毛玠负责官员任免事宜，说：“君有伯夷之风，史鱼之直，贪夫慕名而清，壮士尚称而厉，斯可以率时者已。故授东曹，往践厥职。”[②]

这个告谕，其意称赞崔琰有伯夷的节操、史鱼的耿直。伯夷在《史记·伯夷列传》说：伯夷为殷朝孤竹君长子，父死而不嗣位，与其弟叔齐逃走，至周代殷，天下宗周，伯夷、叔齐隐于首阳山，义不食周粟，采薇而食之，饿死于首阳山。故孟子称“伯夷、圣之请者也。”史鱼乃卫国大夫，曾经尸谏卫灵公任用贤臣蘧伯玉。孔子赞美说：“直哉史鱼！邦有道如矢，邦无道如矢。君子哉蘧伯玉！”[③] 由于伯夷的节操、史鱼的耿直，贪心者仰慕其名声而变得清廉，有志者尊崇其德行而更加勤勉，堪为时人的表率。

崔琰秉性耿介，甚有威重，朝士瞻望，而曹操“亦敬惮焉。”[④] 这

---

① 《三国志·崔琰传》第239页。
② 同上。
③ 《论语·卫灵公篇》。
④ 《三国志·崔琰传》第239页。

就不可避地曹操与崔琰发生冲突。有这样两件事，导致了崔琰的人生悲剧。

建安十八年，魏国始建，曹操拟立太子，最初倾向于曹植。但曹丕年长，想废长立幼，恐遭麻烦，处在犹豫不决的烦恼中，于是，以“密函”的形式征求臣僚意见。崔琰时任尚书，不用密函，而用“露板”公开表态：“《春秋》之义，立子以长，加五官将仁孝聪明，宜承正统。琰以死守之。”① 崔琰明知曹操对曹植“有才而爱”，而且曹植还是崔琰兄长的女婿，却从国家大局出发而推荐曹丕。曹操一方面感到崔琰公正无私，为人正派，提升为中尉，但另一方面，曹操因崔琰不用密函，使用露板问答而心生厌。

建安二十一年，曹操晋封魏王。由崔琰简选为朝臣的杨训上表歌颂曹操的功德，当时有人讥笑杨训“希世浮为。”意指他想博取曹操的好感，得到重用提拔，实指崔琰荐举不当。崔琰取来表文原稿，细阅之后修书杨训说：“省表，事佳耳！时乎时乎，会当有变时。”② 崔琰书信的本意为斥讥笑者别有用心，时间将证明其正确。谁料“人得琰书，以裹帻笼，行都道中。时有与琰宿不平者，遥见琰名著帻笼，从而视之，遂白之。”③ 于是，有人说崔琰这封信是“傲世怨谤，意指不逊。”④ 曹操因此大怒，说：“谚言‘生女耳’，‘耳’非佳语。‘会当有变时’，意指不逊。”⑤ 由于曹操“性忌”，⑥ 这样一怒，言他意指

---

① 同上第 239 页。
② 同上第 239 页。
③ 《三国志 · 崔琰传》裴注引《魏略》第 240 页。
④ 《资治通鉴》第 629 页。
⑤ 《三国志 · 崔琰传》第 239 页。
⑥ 同上第 240 页。

不逊，以“腹诽心谤，乃收付狱，髡刑输徒。”[①] 就这样将崔琰逮捕，处以髡刑，罚做苦役。

“腹诽心谤”之罪，《史记·平准书》云：“自汤有腹谤之法，公卿大夫多谄谀取容矣！”然崔琰不会谄谀取容，必遭到曹操的猜忌，构以腹诽心谤之罪名。崔琰受髡刑，做苦役不久，又有人对曹操说：“琰为徒，虬须直视，心似不平。”[②] 曹操听罢大怒，下《赐死崔琰令》：“琰虽见刑，而通宾客，门若市人，对宾客虬须直视，若有所瞋。”[③] 这道《赐死崔琰令》说，崔琰虽然服刑，仍然通交宾客，牢门若市。在他见宾客时，抖动着胡须，直瞪着眼睛。意指同情者众多，是对迫害的抗议和愤怒。曹操欲杀崔琰令下达后，清公大吏往来探望，敕吏说：“三日期消息。”[④] 三天之后，“琰不悟，后数日，吏故白琰平安。”曹操愤然说：“崔琰必欲孤行刀锯乎！”于是，狱吏明白地告诉崔琰。崔琰谢过狱吏，大呼道：“我殊不宜，不知公意致此也！”[⑤] 崔琰言行固然不慎，曹操不该如此对待。崔琰遂自杀狱中。

那么，究竟是谁告发了崔琰呢？裴松之引《傅子》说：“崔琰、徐奕，一时清贤，皆以忠信显于魏朝；丁仪间之，徐奕失位而崔琰被诛。”[⑥] 主因不支持曹植为储君。丁仪又是曹植的死党。据此，造谣告发置崔琰于死地的是曹植的密友，右刺奸掾丁仪这个人。因此，陈寿惋惜地说：崔琰高格最优，而不免其身，惜哉！[⑦]

---

① 《三国志·崔琰传》裴注引《魏略》第 240 页。
② 《三国志·崔琰传》裴注引《魏略》第 240 页。
③ （同上）（注：《曹操集》将此名为《赐死崔琰令》。
④ 同上。
⑤ 《三国志·崔琰传》裴注引《魏略》第 240 页。
⑥ 《三国志·徐奕传》裴注引《魏书》第 245 页。
⑦ 《三国志·卷十三》第 252 页。

◆ 曹操疑谤　勉黜毛玠

曹操为司空、丞相时，毛玠就任东曹掾，和崔琰同时掌管选举人才。崔琰“清忠高亮”，毛玠“雅量公正，在官清恪。”① 他们二人所举用的人，“皆清正之士。”② 对那些虽有盛名，而行为浮滥的人，始终不被选用。他们二人还以节俭引导士人，以廉洁自勉。曹操感慨地说：“用人如此，使天下人自治，吾复何为哉!”③ 也隐含着曹操对他们这样选拔用人的不满意——你们二人把事做得如此好，天下人人自治，还有什么事要我办。言外之意，我曹操就没用了。这恰恰是曹操的嫉妒心。嫉妒心一经产生，只要遇到节巴，就难逃命。

当崔琰被赐死之后，毛玠内心“不悦”。④ 他二人毕竟供事多年，都是清廉之人，恪守正道。孰料，被曹植的密友，右刺奸掾丁仪告发毛玠说：“出门看见被黥面罪犯妻小没收为官婢之时，说‘天不下雨或许原因在此。’”这正好是划竹子遇到节。曹操听后大怒，⑤ 以谤毁之罪将毛玠逮捕下狱。当时丁仪兄弟得到曹操的宠幸，丁仪与拜尚仆射的何夔不合。尚书傅巽对何夔说：“仪不相好已甚，子友毛玠，玠等仪已害之矣。子宜少下之!”何夔终不屈志，后来丁仪以凶伪败。⑥

毛玠，字孝先，陈留郡平丘县人。“少为县吏，以清公称。”⑦ 是曹操集团早期成员之一，历任兖州治中从事，司空府功曹，司空府东

---

① 《三国志·毛玠传》裴注引《先贤行状》第 244 页。
② 《三国志·毛玠传》第 244 页。
③ 同上。
④ 同上。
⑤ 同上。
⑥ 《三国志·何夔传》裴注引《魏书》第 247 页。
⑦ 《三国志·毛玠传》第 243 页。

曹掾，丞相府东曹掾，魏国尚书仆射等。他长期掌管二千石官员的任免事宜，“其所举用，皆清正之士，虽于时有盛名而行不由本者，终莫得进。”① 曹丕担任五官中郎将时，亲自到毛玠府上要求关照其亲眷，被毛玠以所说之人不在按照次序升迁之列，“是以不敢奉命”而婉言拒之。后来，当曹操选立太子时，毛玠却支持曹丕，并密谏曹操说：“袁绍以嫡庶不分，覆宗灭国。废立大事，非所宜闻。”② 其后，曹操大会群僚，毛玠上厕所，曹操以目示意群僚，说：“此人乃国家之司直，老夫之周昌！”③ 曹操说的“司直”，是佐理丞相，检举不法之徒的官员。周昌，是西汉初年，担任御史大夫，在刘邦拟议废太子刘盈而欲立幼子赵王如意，周昌强颜抗争“以为期期不可”而闻名。

毛玠也是一位有远见卓识的臣僚，早在初平三年，曹操夺回兖州，准备重建兖豫根据地，召辟毛玠为治中从事，对曹操建议说：“今天下分崩，国主迁移，生民废业饥馑流亡，公家无经岁之储，百姓无安固之志，难以持久。今袁绍、刘表，虽士民众强，皆无经远之虑，未有树基建本者也。夫兵义者胜，守位以财，宜奉天子以令不臣，修耕植，畜军资，如此则霸王之业可成也。”④ 这是较早向曹操建议“奉天子以令不臣”，占据政治资源的巨大优势，再就是“修耕植、畜军资”建设支撑军队的经济支柱。二十多年来，毛玠兢兢业业，公正清恪，曹操对他也很敬重，柳城平定，带回虏获的器物，曹操挑选了白色屏

① 同上第 244 页。
② 同上。
③ 同上。
④ 同上第 243 页。

风和白色凭几赐给毛玠，并称赞毛玠说："君有古人之风，故赐君古人之服。"①《魏书》说：曹操"攻城拔邑，得靡丽之物，则悉以赐有功，勋劳宜赏，不吝千金，无功望施，分毫不与，四方献御，与群下共之。"②

崔琰被曹操赐死之后，由于丁仪无中生有的搬弄是非，告发毛玠内心"不悦"，惹怒曹操，逮捕下狱。

案由大理钟繇审问毛玠，先说了汉朝法律规定，犯人妻小没收为官奴要黥面，等等，最后问毛玠："所见黥面者有几人？你认识他们吗？又是如何认识的？都说了些什么？他们如何回答的，什么时候？什么地方？事已暴露，不准隐瞒，从实招来？"③ 毛玠说："萧望之被排挤，是石显所陷害而自缢；贾谊因周勃、灌婴进谗言而流放长沙；在杜邮（今陕西咸阳）白起被赐剑自刎；在东市晁错被诛死；在吴都（今江苏吴县）伍员被迫自杀；皆为人妒害而死。臣自幼读书，累勤取官，职掌机要人事。若请托私事，不论权势如何一概拒绝，含冤相告者无细不理。因此谗谄的小人如青蝇横生，到处毁谤我！"还说，告发者所言之事，既无时间又无人证，请求与告发者当堂对质。钟繇暗忖度：毛玠冤矣！

后尚书桓阶和侍中和洽为毛玠辩冤伸屈。当曹操朝会之时，因丁仪诬告毛玠毁谤他，"见近臣，怒甚。"和洽于是陈说毛玠"素行有本"，请求核查其事。罢朝之后，曹操下令，实际上回复和洽，说："今言事者白玠不但谤吾也，乃复为崔琰觖望。此损君臣恩义，妄为

① 同上第244页。
② 《三国志·武帝纪》裴注引《魏书》第34页。
③ 《三国志·毛玠传》第244页。

死友怨叹，殆不可忍也。昔萧、曹与高祖并起微贱，致功立勋。高祖每在屈笮，二相恭顺，臣道益彰，所以祚及后世也。和侍中比求实之，所以不听，欲重参之耳。”① 曹操这道令，说告发毛玠的人，毛玠不但毁谤我，还替崔琰抱屈不满。这是损害君臣的恩义，实在使人不能忍受。在这里，曹操关键提出了“臣道”，说做臣子的应像萧何、曹参那样“恭顺”。臣对君，不仅要“恭”，更重要的是“顺”，这就是曹操的“臣道”，只有这样才能造福子孙，谁的子孙，当然是曹操的子孙，而不是普通百姓的子孙。因此，曹操说他要拒绝和洽的请求，将从严惩处毛玠，不打算重新参议而已。

和洽回答说：如果告发者的话是真的，那么毛玠的罪过沉重，不可容活人间。我不敢曲意维护毛玠而乱了君臣大伦，因为毛玠在群臣中，特受拔擢，身居要职，多年来受君王爱宠，他为人刚直忠公，为众所惮，不应当有毁谤君王之事。然而人情难保，宜应审核，两方验证，以求实情。

曹操说：“所以不考，欲两全玠及言事者耳。”

和洽说：“玠有谤主之言，当肆之市朝；若玠无此，言事者加诬大臣以误主听；二者不加检核，臣窃不安。”

曹操又说：“方有军事，安可受人言便考之邪？狐射姑刺阳处父于朝，此为君之诫也。”这是说，国家正处在战争期间，岂能受人告发就加以核查？往昔，晋文公命令狐射姑指挥中军，赵盾为副将。阳处父抗命，擅自取代赵盾，被狐射姑以“侵官”斩首。曹操引典意在不准和洽坚持对二者加以核验。②

---

① 《三国志·和洽传》第411页。

② 以上皆引《三国志·和洽传》第411－412页。

由于和洽一再坚持，寸步不让，加上时任虎贲中郎将侍中桓阶向曹操说，毛玠个性刚正蹇直不立朋党，而被西曹掾丁仪所排挤，丁仪“屡言其短”，[①] 促使曹操只好改变态度。毛玠出狱，免官赋闲，病死家中。曹操赐棺器钱帛，并任命其子毛机为郎中，以这种方式对毛玠腹诽心谤案表示反省。

◆ 持旧不虔　娄圭被诛

建安十三年（208），曹操南下荆州，刘表子刘琮持符节迎曹操归降，诸将皆以为刘琮是诈降，曹操问娄圭，娄圭说：“天下扰攘，各贪王命以自重，今以节来，是必至诚。”[②] 曹操说：“大善。”进兵受降，娄圭由此受宠，增加俸禄，“家累千金。”曹操曾说：“娄子伯富乐于孤，但势不如孤耳！”[③] 曹操这话，暗含了对娄圭的不好的看法，心里有厌恶之意。

娄圭，字子伯，南阳郡人。他“少与太祖（曹操）有旧”[④]“少有猛志”，[⑤] 要立志做率兵打仗的将军，建功立业，曾说：“男儿居世，会当得数万兵千匹骑著后耳！”[⑥] 同辈人讥笑他狂放。后因他“藏亡命，被系当死。”[⑦] 不得已，娄圭越狱出逃。缉捕官兵闻知，穷追不舍，娄圭便急中生智，“变衣服如助捕者，吏不能觉，遂以得免。”[⑧]

---

① 《三国志·桓阶传》第 398 页。
② 《三国志·娄圭传》裴注引《魏略》第 243 页。
③ 同上。
④ 同上。
⑤ 《三国志·娄圭传》裴注引《吴书》第 243 页。
⑥ 同上。
⑦ 同上。
⑧ 《三国志·娄圭传》裴注引《吴书》第 243 页。

就这样伪装成追捕的兵卒，骗过了追捕的官兵，逃过一劫。适逢天下大乱，娄圭聚众成兵，先与刘表相依。后归顺曹操，为曹操所用，以将军身份参与“军国大计。”①

建安十六年（211），曹操逼反马超，马超等兵屯潼关。曹操命诸将：“关西兵精悍，坚壁勿与战。”② 到七月，曹操亲自率军西征。相持到九月，曹操准备渡渭水，曹军每渡渭水，就被马超骑兵冲破，营不得立，地又多沙，不可筑垒。这时娄圭建策对曹操说：“今天寒，可起沙为城，以水灌之，可一夜而成。”③ 于是，曹操命夜渡兵作城，等到天亮，城立，曹军尽得渡过渭水。曹操常常叹说道：“子伯（娄圭）之计，孤不及也。”④ 娄圭的这个建策，为曹操破马超起了关键作用。娄圭也因此而得到曹操格外的待遇。

曹操有时带领诸子出游，娄圭和习授跟车相随，这待遇显然不一般。习授见曹操与子同出同游，羡慕地说：“父子如此，何其快耶！”娄圭则说：“居世间，当自为之，而但观他人乎！”娄圭显然不以为然，人活在世上，岂能只看他人的热闹，隐含了对曹操的一丝不满情绪。哪知道，娄圭的一句感慨，竟让同行陪游的习授告密。⑤ 曹操“以恃旧不虔”⑥ 而处死。悲哉乎，悲也。

从前的旧友旧情，皆不抵今日的君臣关系。时过境迁，人与人的关系也早已变化，如何在恰当的人际关系中，说恰当的话，才不

---

① 同上。
② 《三国志·武帝纪》第21页。
③ 《三国志·武帝纪》裴注引《曹瞒传》第22页。
④ 《三国志·娄圭传》裴注引《吴书》第243页。
⑤ 同上裴注引《吴书》第243页。
⑥ 《三国志·崔琰传》第240页。

至于遭疑遭妒遭不幸。

建安二十二年（217）

◆ 四战巢湖　孙权请降

这年正月，曹操在居巢县设置大本营。二月，曹操出兵濡须，“号步骑四十万，临江饮马。”① 孙权率七万兵马到须坞（古巢湖出口，今安徽无为县东北），做了充分的部署，以抵御曹操四十万大军。先命吕蒙为督，把守以前所立的坞，“置强弩万张于其上，以拒曹公。”② 再命偏将军董袭督五楼船住濡须口。谁料“夜卒暴风，五楼船倾覆。”左右驶出小船，请他快逃。董袭怒曰：“受将军任，在此备贼，何等委去也，敢复言此者斩!”③ 于是，谁也不敢逃走，坚守在濡须口，又以甘宁领三千人为前部督。④ 孙权秘密命甘宁，“使夜入魏军，宁乃选手下健儿八百余人，径诣曹公营下，使拔鹿角，逾垒入营，斩得数十级。”⑤ 甘宁偷袭成功。

甘宁的偷袭，曹军惊骇不已。于是，曹操依仗优势兵力昼夜轮番猛攻，偏将军兼青州刺史臧霸假节，率兵作战，孙观“为流矢所中，伤左足，力战不顾。”⑥ 曹操在犒军的时候，动容地说：“将军被创深重，而猛气益奋，不当为国爱身乎？”⑦ 孙观也因此升振威将军，不久

---

① 《三国志·甘宁传》裴注引《江表传》第789页。
② 《三国志·吕蒙传》第780页。
③ 《三国志·董袭传》第787页。
④ 同上第789页。
⑤ 《三国志·甘宁传》裴注引《江表传》第789页。
⑥ 《三国志·臧霸传》裴注引《魏书》第341页。
⑦ 《三国志·臧霸传》裴注引《魏书》第341页。

伤重而故。

曹、孙两军在濡须坞战场，昼夜拼杀，尸如山积，血染江水。当时，大疫流行，曹植在《说疫气》里说："建安二十二年疠气流行，家家有僵尸之痛，室室有号泣之哀，或阖门而殪，或覆族而丧。"兖州刺史司马朗与夏侯惇、臧霸征巢湖，"（司马）朗躬巡视，致医药。"①司马朗指挥军医竭力救治，也没有控制疫情，后来他也因染疫病而卒。临终前对将士说："刺史蒙国厚恩，督司万里，微功未效，而遭此疫疠，既不能自救，辜负国恩。身没之后，其布衣幅巾，敛以时服，勿违吾志也。"②

因"大疫"流行，两军死伤惨重，首先孙权军力不能支，孙权同时担忧濡须坞旦夕被破，江东不保，便屈身忍辱，派都尉徐详前往曹操处请降。曹操也遇到同样问题，血战三月，未能临江饮马，加之大疫夺命无数，还有刘备业已攻取巴中，大有北攻汉中之势。于是，曹操见孙权请降，罢兵休战，就欣然接受。

曹操返回邺城时，留夏侯惇、曹仁、张辽等二十六支军队，驻守居巢及淮南各战略要地，由夏侯惇节制。

曹操于建安十四年、十八年、十九年、二十二年四下巢湖，进兵合肥，也未临江饮马。到后来马谡失街亭，诸葛亮上表刘禅的奏章说："曹操五攻昌霸不下，四越巢湖不成。"③为他一出祁山失利而开拓，"自贬三等。"④

---

① 《三国志·司马朗传》第300页。
② 同前裴注引《魏书》第300页。
③ 《三国志·诸葛亮传》裴注引《汉晋春秋》第572页。
④ 《诸葛亮传》第571页。

◆ 设天子旗　丕为太子

四月，汉献帝诏命魏王曹操，“设天子旌旗，出入称警跸。”① 这道诏命使曹操在他的仪仗里设置天子旌旗，允许曹操出入王宫要遵照天子的出巡的规定：断绝行人，警戒清道，出称警入称跸。五月，曹操在邺城修筑泮宫，即诸侯学宫。曹操恢复的是太学，将是魏国的最高学府，为其培养各级后补官吏。六月，曹操任命军师华歆为魏国御史大夫。

十月，汉献帝又诏命曹操“冕十有二旒，乘金根车，驾六马，设五时副车，以五官中郎将丕为魏太子。”② 冕是帽子，旒是古代天子、诸侯、大夫冠冕前后所挂的串珠。古制规定：天子十二旒，诸侯七旒，大夫五旒。命曹操所戴的冠冕同天子一个规格，前后挂十二串珠。金根车，是以金为装饰的皇帝专用车。殷商名桑根，秦改金根。驾六马，即古制，天子之车驾六马，太子及诸侯只能驾四马。设五时副车，即天子出巡从车五辆，按东、西、南、北、中五方，配以青、白、红、黑、黄五色，称五时副车。至此曹操这个魏王，完全按皇帝的古制规定享有一切。

曹操从建安元年（196）九月，迁汉献帝都许，以曹操为大将军，封武平侯（因袁绍不满，曹操自贬为司空，行车骑将军）；建安九年（204），曹操为冀州牧；建安十三年（208）为丞相，兼领冀州牧；建安十六年（211）曹操世子曹丕为五官中郎将，副丞相；建安十八年（213）以冀州十郡封曹操为魏公，加九锡；建安二十一年（216），曹操为魏

① 《三国志·武帝纪》第31页。
② 同上。

王；到建安二十二年，享有天子一切待遇。曹操用了二十二年的时间，从一位兖州牧，到建立了拥有一切权力的魏国，汉献帝实际就成了一个彻底的毫无掩饰的摆设品。不管怎么说，他始终坚持剿灭割据势力，以实现国家统一为志向。到建安二十二年，他已是六十三岁，在那个时代算是高龄，有头风病，身负多处创伤，他仍坚持出征，志在统一全国，践行只作"周文王"的承诺。

以五官中郎将曹丕为魏太子。这个诏命尽管是汉献帝发出的，实则是曹操确立的，这是无须置言的。但立曹丕为太子，由汉献帝发出诏命，暗示了曹丕迟早可继承天子之位。足见曹操心机城府深不可测。曹操在确立谁为太子的问题上，也曾是颇费了一番心机，历时也长，也曾听取了众多谋臣的谏言。

"时太子未定，而临菑侯曹植有宠。"[①] 曹植是曹操的第四子，字子建。自幼聪明好学，"年十岁余，诵读《诗》《论》及辞赋数十万言，善属文。"[②] 曹操曾经读了他的一篇文章，问他是请别人代笔的吧！曹植很委屈难受，马上跪下说：我能出口成章，下笔为文，愿当面一试，我何必请人捉刀代笔？恰好邺城铜雀台落成，曹操就带诸子登台，让各作一篇赋。曹植提笔立成，曹操甚异之。此后，曹植每每进见，曹操提难而问，应声面对。于是，曹植"特见宠爱。"[③] 建安十六年，曹植封平原侯。十九年，徙封临菑侯。为培养曹植成为理想的继承人，曹操驰骋征战经常让他随军，以使自己在百年之后，顺利接班。建安二十一年，曹操南下合肥征孙权，令曹植留守邺城，防务冀

---

① 《三国・桓阶传》第 398 页。

② 《三国志・陈思王植传》第 352 页。

③ 同上。

州根据地。临行前，曹操语重心长地对曹植说："吾昔为顿丘令，年二十三。思此时所行，无悔于今。今汝年亦二十三矣，可不勉与!"①曹操用自己青年时的勤奋激情，望曹植立志，成为有用的大才。

然而，曹植的性格中又呈现出鲜为人知的一面。当曹操闻知客居荆州的邯郸淳，博学有才，又善《苍》《雅》虫篆，许氏字指，召见而礼敬之。这时曹植已封临菑侯，闻听邯郸淳亦求之，曹操遣邯郸淳到曹植处。曹植甚喜，设宴欢迎文学侍从邯郸淳。于是，曹植取水自澡后，面傅脂粉，不戴帽子，袒胸赤裸，先跳胡舞和击剑，再学滑稽艺人朗诵千字的志怪小说，然后穿衣戴帽，重整仪容，与邯郸淳饮酒欢宴，谈论风生，宾客不无称赞颂奇。邯郸淳称赞曹植为"天人"。②当时曹操"有意于植，而淳屡称植材。"③ 曹操也很欣赏曹植，有意想立他为太子，邯郸淳也数次在曹操面前称赞曹植是栋梁之大材。但这涉及废长立幼，背违传统怕引起朝臣和家族纷争。因此，曹操长期忧虑不决，未确定嗣位与谁。

这样一来，围绕曹操嗣君位给谁，曹丕和曹植展开了激烈的争夺。曹植一方有丁仪、丁廙兄弟、杨修、邯郸淳等，曹丕一边则是吴质、陈群、司马懿、朱铄等人。曹氏兄弟为了将来能独步君临天下，表面上恪守"孝悌之义"，背后却是无情的争夺。

先说曹植这边，丁仪、丁廙兄弟因父亲丁冲与曹操交情浓厚，兄弟俩皆担任丞相府掾。当初，曹操欲招丁仪为爱女清河公主之婿，问曹丕。曹丕说："女人观貌，而正礼目不便，诚恐爱女未必悦也。以

① 《三国志·陈思王植传》第352页。
② 《三国志·阮禹传》裴注引《魏略》第379页。
③ 同上。

为不如伏波子楙。"[①] 曹丕这是说，女人欣赏美男子，正礼（即丁仪字），眼睛细小，视物不便，公主未必心悦。不如嫁与伏波将军之子夏侯楙。曹操听从了曹丕的建议。后来曹操接见丁仪，与之谈话，"嘉其才朗"，后悔说："丁掾，好士也，即使其两目盲，尚当与女，何况但眇？是吾儿误我。"[②] 于是，丁仪对曹丕心怀愤恨，当曹操"有意欲立植。"[③] 丁仪便与弟丁廙，美言曹植，为其延誉，设法排除拥护曹丕的谋臣，如陷害崔琰、毛玠等资深重臣。丁廙曾对曹操说："临菑侯天性仁孝，发于自然，而聪明智达，其殆庶几。至于博学渊识，文章绝伦。当今天下之贤才君子，不问少长，皆愿从其游而为之死，实天所以钟福于大魏，而永授无穷之祚也。"[④] 丁廙的这些话想劝动曹操，早立曹植为储君。曹操听后说："植，吾爱之，安能若卿言！吾欲立之为嗣，何如？"[⑤] 丁廙听曹操这么一说，更是用善言盛赞曹操，说："此国家之所以兴衰，天下之所以存亡，非愚劣琐贱者所敢与及。廙闻知臣莫若于君，知子莫若于父。至于君不论明暗，父不问贤愚，而能常知其臣子者何？盖由相知非一事一物，相尽非一旦一夕。况明公加之以圣哲，习之以人子。今发明达之命，叶永安之言，可谓上应天命，下合人心，得之于须臾，垂之于万世者也。廙不避斧钺之诛，敢不尽言！"[⑥] 曹操从内心里接纳了丁廙的谏言。

然而，曹植"任性而行，不自彫励，饮酒不节。"[⑦] 他宴迎邯郸淳

---

① 《三国志·成思王植传》裴注引《魏略》第 355 页。
② 同上。
③ 同上。
④ 同上。
⑤ 同上。
⑥ 《三国志·成思王植传》裴注引《魏略》第 355 页。
⑦ 《三国志·陈思王植》第 352 页。

便是任性而行。在《与吴质书》中说："愿举太山以为肉，倾东海以为酒，伐云梦之竹以为笛，斩泗滨之梓以为筝，食若填巨壑，饮若灌漏卮，其乐固难量，岂非大丈夫之乐哉?"曹植的任性而行，饮酒不节，不注重自我惕厉，到了毫不节制的地步。这时的曹操也已洞察到曹植随心所欲，放荡不羁的一面，加上"丁仪、丁廙、杨修等为之羽翼。"[①] 曹操"狐疑",[②] 心里已拿不定主意，便将立曹植为太子的事一放再放。

再说曹丕，他正好与曹植相反，"御之以术，骄情自饰，宫人左右，并为之说。"[③] 曹丕很富心机，矫情伪装，在宫廷内人缘很好，只要有机会都在曹操面前说好话，甚至夸赞他。当曹丕做了五官中郎将时，但曹植"才名方盛"，加上各自有各自的党羽，兄弟二人争夺太子之位，暗中争夺较量的很激烈。也就在这个时候，曹丕派人到贾诩那里去请教，如何巩固自己的地位，贾诩说："愿将军恢崇德度，躬素士之业，朝夕孜孜，不违子道，如此而已。"[④] 曹丕深得贾诩的启迪，注意言行，竭尽孝道，明德修养，深藏本心。这样一来，从宫里到朝廷形成了对曹丕的好感，形成有利的舆情。崔琰不顾曹植是自己兄弟的女婿，在曹操太子未立，颇宠爱曹植，但心中犹豫不决，就以密函征求意见，而崔琰用"露板"公开推荐曹丕，说他仁孝聪明，以《春秋》大义，立长子，还表示承正统，以死守之。毛玠也密谏曹操说，近者袁绍因嫡庶不分，立幼废长，导致覆宗灭国。立太子是件大

---

① 同上。
② 同上。
③ 同上。
④ 《三国志·贾诩传》第214页。

事，不能有嫡庶不分。后来曹操又问邢颙，邢颙说："以庶代宗，是历史上的大戒。请曹公慎重考虑。"[①] 还有曹操问贾诩，贾诩站立在那里嘿然不对，曹操屏除左右问："与卿言而不答，何也?"贾诩说："属适有所思，故不即对耳。"曹操又问："何思?"贾诩说："思袁本初、刘景升父子也。"曹操大笑。[②] 原来是贾诩巧妙的作了回答，曹操当然知道袁绍、刘表废长立幼所造成的宗族覆倾的悲剧。

还有一个关键人物，魏国初建，拜虎贲中郎将，侍中的桓阶"数陈文帝德优齿长，宜为储副，公规密谏，前后恳至。"[③] 他曾向曹操谏言说："今太子位冠群子，名昭海内，仁圣达节，天下莫不闻；而大王甫以植而问臣，臣诚惑之。"[④] 曹操知道桓阶"笃于守正"，[⑤] 越发尊重他。桓阶的谏言，彻底消除了曹操的忧虑，坚定了立曹丕为太子的决心。

一次，曹操出征，曹丕和临菑侯曹植站立路侧送行。曹植"称述功德，发言有章，左右属目，王亦悦焉。"曹丕怅然自失，恰在这时吴质耳语一计，"王当行，流涕可也。"于是，曹丕不出一语，泪流满面，拜伏于地。曹操及送行的官吏为之感动，于是皆以为曹植"辞多华，而诚心不及也。"[⑥] 吴质这个人，也非常关键。他"才学通博，为五官将及诸侯所礼爱。"[⑦] 为了达到立嗣，曹丕常在府第与吴质暗自谋划。有一次，吴质当时是朝歌县长，隐蔽在竹篓里，夜深人静用马车

---

① 《三国志·邢颙传》第248页。
② 《三国志·贾诩传》第214页。
③ 《三国志·桓阶传》第398页。
④ 《三国志·桓阶传》裴注引《魏书》第399页。
⑤ 同上。
⑥ 《三国志·吴质传》裴注引《世语》第384页。
⑦ 《三国志·吴质传》裴注引《魏略》第383页。

运出，杨修发现之后，私下秘密告诉曹操。曹操虽怀疑曹丕不轨，但没得到验证，放言要亲自抓获。这时，曹丕已恐乱而惧，便告诉吴质。吴质说："何必担忧？明天竹篓内装绢而入，用来迷惑杨修。杨修再去报告，验证不实，就该受罪了。"曹丕以吴质计而行，杨修果然去报告，曹操赶来察验，竹篓里只有绢绸而无人，转而怀疑杨修蓄意离间曹氏父子，给曹植立嗣布棋，[①] 也为处死杨修埋下祸患。

到建安二十二年（217），曹植的食邑，加上以前的增置一万户。曹操曾下令说："始者谓子建，儿子最可定大事。"[②] 曹操对四儿曹植非常看好，但这时的曹植因一件事而彻底失宠：一天，曹植驾车，风驰于宫廷走道，并私开司马门外出。曹操大怒。因为司马门驰道只能天子行走，闯司马门就等于以下犯上，有谋反之嫌。曹植私闯司马门，才使曹操"大怒，公车令坐死。"[③] 曹操这才下定决心，没有立曹植，而立了曹丕为太子。曹植私闯司马门驰道是压垮他的最后一根稻草。

当然，曹植身边的丁仪、丁廙、杨修等人，怎抵得了崔琰、毛玠、邢颙、贾诩、桓介、吴质等人，尤其是贾诩当面向曹操点明袁绍立庶废长，和刘表立庶废长的结局都是曹操亲眼所见，亲手所灭，他不能再重蹈覆辙。于是，在建安二十二年，曹植因私闯司马门而失宠，立曹丕为魏太子。曹植的悲剧，不在于他立太子没成功，而是他差一点成功。曹操能吸取袁绍、刘表的教训，听从大臣的谏言，做了一次非常正确的选择。

---

① 《三国志·吴质传》裴注引《世语》第 384 页。
② 《三国志·陈思王植》裴注引《魏略故事》第 352 页。
③ 同上。

◆ 下令举贤　勿拘品行

八月，曹操下《举贤勿拘品行令》。令曰：

> 昔伊挚、傅说出于贱人。管仲，桓公贼也，皆用之以兴。萧何、曹参，县吏也，韩信、陈平负污辱之名，有见笑之耻，卒能成就王业，声著千载。吴起贪将，杀妻自信，散金求官，母死不归，然在魏，秦人不敢东向，在楚则三晋不敢南谋。今天下得无有至德之人放在民间，及果勇不顾，临敌力战；若文俗之吏，高才异质，或堪为将守；负污辱之名，见笑之行，或不仁不孝而有治国用兵之术；其各举所知，勿有所遗。[①]

伊挚即伊尹。《史记·殷本纪》言："伊尹名阿衡。"尹，官名。伊挚是商汤时大臣。相传阿衡想求见汤却没有合适的途径，就去做了有莘氏部落女子的陪嫁男仆，背负鼎，以烹饪滋味而说汤，让实施王道。后受汤王赏识、举用。佐商灭夏，综理国事。汤王卒后，伊挚辅佐外丙、仲壬二君。仲壬死，太甲立，不遵汤法，不理国政，被伊尹放逐于桐宫。三年，太甲悔，乃迎归复位。伊尹至祆丁时死。[②] 一说："仲壬崩，伊尹放太甲于桐，乃自立。"[③]

傅说，商代人。武丁即位后，思复兴殷，而未得到辅佐的人才，他三年不言。一天，武丁夜里梦见得到一位圣贤的人，名叫说。他就

---

① 《三国志·武帝纪》裴注引《魏书》第31页；《举贤勿拘品行令》为《曹操集》所加令题第48页，故从之。

② 《史记·殷本纪》第66页。

③ 《古本竹书纪年辑校订補》第7页。

在群臣中看有没有像说的人，结果皆不是。于是派百官设法在民间去寻找，在傅险这个地方找到了说。这个时候，说作为一个犯法服役的人，在傅险筑墙。官员引来说见武丁，武丁说正是这个人，举拔为相，国大治。他没有姓，因在傅险这个地方找到他，叫傅说。[①]

伊尹和傅说都是出身卑微的贱人，但都很有才，是治国的大才。往往卑贱的人，也有很有才有本事。论人才不能以出身而谈，那就落入空谈，空谈误国。

管仲、桓公贼也。这里用孟子的话说："损害仁义的人叫贼。"曹操这里用"贼"，一是管仲和鲍叔牙做生意，管仲却因家贫有过盗钱，而鲍叔牙则不言；二是当年齐桓公和哥哥公子纠，都想回齐国继位新君，公子纠派管仲拦截齐桓公，（时称公子小白）回齐国，用箭射小白，孰料射中小白衣带铜钩没死。管仲以为死，公子纠回齐国迟迟不发兵，等到发兵，小白抢先回国登基，是为桓公。管仲被困。小白登基后，誓言要将管仲剁成肉酱。后在鲍叔牙的请求和说服下，不仅勉死，桓公以隆重的仪式接见管仲，任命他为大夫，主持国政。桓公在管仲的辅佐下开始称霸。齐桓公与管仲竟能冰释前嫌，不记恨管仲箭射桓公而不死，然后用他而得霸业。这便是"用之以兴。"

萧何、曹参，当时都是沛县的小吏，但萧何通晓法律，相当于县公安局长，曹参相当于监狱长。韩信为布衣，不仅受袴下之辱，还有寄食南昌亭长家，亭长妻因有数月，十分讨厌，便早早地把饭吃了，锅盖盖上。韩信来没饭吃，便怒而绝去；再就是漂母赠饭，但以言激韩信自食其力。后来，韩信投靠项羽不用，便投靠刘邦，在汉中设坛

① 《史记·殷本纪》第69页。

拜大将，为刘邦打下半壁江山，史称“国士无双。”陈平，自幼家贫，跟哥嫂生活，但他喜读书，哥哥任他游学求知，嫂嫂嫉恨陈平不顾家，不事生产。到了成婚之年，因家贫而无女嫁与他。后得一五嫁而丧夫之寡女，方成其家。先投魏王，魏王不用其计，加之人谗害、逃走。项羽派项悍拜陈平为都尉，谁料刘邦攻占了殷地，项羽要杀守地将军官吏，陈平怕被杀，逃到修武投奔刘邦。刘邦封他都尉。众将领一片哗然。刘邦不但不听，反而更加宠信陈平。在荥阳任命陈平为亚将，隶属韩信。这时周勃、灌婴说陈平：“虽是美男子，腹内无才。居家时盗其嫂，事魏不容，亡归楚；归楚不中，今亡归汉。反覆无常，望汉王察之。”后来，刘邦找来推荐陈平的魏无知问他，魏无知说：我推荐的是人才，你说的是品行。楚汉相争，只考虑他的计谋是否对你有利。至于与嫂子通私和接受钱财，又有什么值得怀疑。后刘邦给陈平四万斤黄金（即铜），陈平成功离间了项羽与钟离昧和亚父项伯的关系，刘邦才一路东进，最后灭了项羽。成就了刘邦的王业，著声千载，芳流青史。

吴起是卫国人，爱好用兵之道，曾经向孔子的学生曾参学习。后来吴起服事鲁国。这时齐国将进攻鲁国，鲁国国君打算起用吴起，但他娶的妻子是齐国人，因而鲁国怀疑他。吴起很想成名成将，就杀了妻子，以表明态度。鲁国终于用他做将帅，带兵攻齐，大败齐军。吴起杀妻求将的举动，使鲁国有很多人厌恶他，还说：吴起是个猜疑残忍的人。年轻时散尽家财求官不成，终于破落。乡里人讥笑他，吴起便杀了诋诽自己的三十多人，然后朝东走出卫国，跟母亲诀别时，咬着臂膀发誓说：“我吴起做不了卿相，就不回卫国。”吴起便跟随曾参服事于他。过了没多久，吴起的母亲死了，他始终没有回家。曾参因此轻视他，和吴起绝交。然而，吴起到了鲁国，身为将帅，却对士兵很好，同吃同住，行军不骑马乘车，亲自背粮而行。士兵中有个生了毒疮，吴起用嘴亲自吮吸脓汁，所以，打起仗来，士兵都很卖命。吴起在魏国的时候，秦国不敢东向侵犯；吴起在楚国时，三晋不敢南谋。后来楚国的贵族想谋害吴起，因楚悼王在不敢动手，后楚悼王死，宗室大乱而攻击吴起。吴起跑到楚悼王尸体边伏在那里。攻击吴起的那些人趋势射杀吴起，也射中了楚悼王的尸体！后太子登位，命尹令把射杀吴起同时射中楚悼王尸体的人全部处死。这就是曹操在令中所说的"贪将杀妻，散金求官，母死不归"的吴起，但真正率军御敌卫国，却是独一无二。故司马迁做《孙子吴起列传》而流世永传。①

曹操建安十五年发《求贤令》，首提"唯才是举"；建安十九年下《敕有司取士毋废偏短令》，言"有行之士未必能进取，进取之士未必能有行"，故用士勿废偏短；建安二十二年再下《举贤勿拘品行令》，重申唯才是举，勿拘操品，毋废偏短之意。在这三个令中，唯陈平这个人物三次出现，这是很有深意的。因为，在东汉的用人制度中，虽然有血统、军功、察举、征辟等等，但主要看"德行"和出身门第，将大批像陈平一样的人被拒之门外，刘邦和魏无知的对话，足以说明，在一定意义上一个人的才能和品行不能等同，正如曹操用《诗经・小雅・大东》中的"睆彼牵牛，不以服箱。"被讥讽为"牵牛不可以服箱"。是说牵牛虽称为"牛"，却不能拉车，只是空有其"牛"的名，名称虽好，却不能用。陈平虽有盗嫂之污名，却能离间钟离昧、亚父范增与项羽，用计擒了韩信，帮助刘邦成了大业，稳了江山，升任丞相。同样，伊挚、傅说出身卑贱，却有治国安邦的才能；吴起贪将杀

① 《史记・孙子吴起列传》第 1680－1683 页。

妻，散金求官，母死不归，其恶行令人不齿，但却能帅军御敌，确保一国之安。曹操这三个令，就一个意思：唯才是举。这是对东汉以来人才观的一次大突破，也是针对崔琰、毛玠等人遴选人才唯“品行”、唯“清廉”的改革举措。意在告诫遴选人才，不能因一废九，因一叶而不顾全貌。曹操的“唯才是举”，应是墨子的“有能则举之”的发扬。正因为如此，曹操麾下谋臣如云，尤其那些布衣出身的人，如程昱、郭嘉、刘放、梁习、张既、温恢、凉茂、国渊、邴原、管宁、张范、徐奕、何夔、刘桢、吴质、卫凯、卢毓、孙礼、王观、郭淮、徐邈等人，才华出众，品行堪称，为曹魏政权的建立功不可没。同样，曹操麾下战将如雨，尤其那些原为普通士兵，如：于禁、乐进、典韦等，有一些为招降纳叛所得，如张辽曾是吕布的属下，文聘曾是刘表的部将，徐晃曾为杨奉效力，韩浩曾为袁术作战，朱灵、张郃、高览都曾为袁绍攻城掠地，庞德曾为马超冲锋陷阵，等等，曹操以诚相待，有功同赏，成为曹操统一北方的重要将领。总之，曹操的“唯才是举”，就是要调动方方面面的人才“吾得而用之”，是对东汉末年虚伪的道德绑架人才的一次历史性突破。这是非常之人的非常人才观和用人之道。

◆ 下辩之战　历练曹休

建安二十二年，刘备派张飞、马超、吴兰诸将攻入武都，屯兵下辩。曹操遣曹洪率兵拒之。到第二年三月，曹操命都护将军曹洪平定下辩，又让骑都尉曹休，以议郎身份作参军。曹操对曹休说：“汝虽参军，其实帅也。”[①] 因为曹休年轻，曾说曹休是：“此吾家千

---

① 《三国志·曹休传》第181页。

里驹也。”[①] 曹操这样说，是为了锻炼曹休，曹操已是年逾六十三岁。曹洪知道后，也就把所有的军事交给曹休处理。但曹操对曹休还是有些放心不下，“使（辛）毗与曹休参之”，并且曹操下令说：“以前汉高祖贪财好色，靠着张良、陈平匡助他才能成功，如今左治（辛毗，字左治）和文烈（曹休，字文烈）你们二人的责任就像张（良）、陈（平）一样不轻哩！”[②] 曹操在这里，用陈平、张良辅佐刘邦，喻曹休、辛毗也要像张良、陈平一样辅佐好我的从弟曹洪。

曹操这样操作，既不失曹洪主帅的体面，又可以通过具体的战役锻炼年轻的曹休。当刘备遣张飞屯守固山，想以此阻断曹军的后援。曹军知道后，很多人怀疑曹休的能力，“众议狐疑。”这时，曹休说：“贼实断道者，当伏兵潜行。今乃先张声势，此其不能也。宜及其未集，促击兰，兰破则飞自走矣。”[③] 曹洪听从了曹休的判断，刘备是虚张声势，恐吓军心。于是率军进击吴兰。

在下辩，曹军攻破吴兰，擒斩部将任夔等。吴兰逃入阴平道，被氐人首领强瑞擒杀。强瑞将吴兰头颅送至曹洪。接着，曹洪击败张飞和马超，攻占下辩，迫降了氐人首领雷定等人。“三月，张飞、马超走汉中。”[④] 这是马超第二次败走汉中。

六十三岁的曹操，为了锻炼年轻一代的战争实践，煞费心机，既让曹洪作主帅，确让年轻的曹休以参军实帅，再安排辛毗作曹休的参军，这真是非常之人的非常之操作。

---

① 同上。
② 《三国志·辛毗传》第 436 页。
③ 《三国志·曹休传》第 181 页。
④ 《三国志·武帝纪》第 32 页。

第十六章

建安二十三年（218）

◆ 耿纪反曹　王必讨斩

这年正月，耿纪“以操将篡汉”，发动了一场谋兵诛曹的反曹政变。

耿纪是耿秉的曾孙。东汉扶风茂陵人。耿秉善兵法，“尤好将帅之略。”[①] 耿秉在历史上留下重彩一笔的是那：章和二年，与窦宪击破北匈奴，刻石勒铭燕山。耿氏家族，自耿况助刘秀中兴到建安末年，这个家族有“大将军二人，将军九人，卿十三人，尚公主二人，列侯十九人，中郎将、护羌都尉及刺史、二千石数十百人。”[②] 这是一个罕见的家族。耿纪“少有美名，辟公府，曹操甚敬异之，稍迁少府。”[③] 耿纪从征辟担任丞相府掾，升侍中、少府，曹操甚是器重他，然而耿纪家族世代受汉王朝恩泽庇荫，世为汉臣，对曹操在建安二十二年，立曹丕为魏国太子，认为曹魏代汉的序曲已拉开。耿纪祖上耿况，人

① 《后汉书·耿弇列传》第476页。

② 同上第481页。

③ 同上第477页。

在王莽朝任职，看透王莽便归刘秀，助刘秀平河北，后获封大将军。而耿纪这时“以操将篡汉，建安二十三年，与太医令吉夲（注作“平”）、丞相司直韦（况）晃（晔）谋起兵诛曹。”①

这时少府耿纪与司直韦晃、少府太医令吉本，京兆上计吏金祎等人暗中结为同党，密谋在许都发动反曹政变。当时京兆上计吏金祎，远祖金日磾曾经担任汉武帝的侍中，因生擒行刺汉武帝的内侍马何罗而升任车骑将军。金祎“自以世为汉臣……睹汉祚将移，谓可季兴。”遂与耿纪、韦晃、吉本、吉邈、吉穆结谋。金祎有远祖金日磾之风，“又与王必善，因以间之，若杀必，欲挟天子以攻魏，南授刘备。”②这些人结党政变，然而在制定反曹计划时，意见分歧，耿纪、韦晃主张积聚力量，等待时机。吉邈、金祎却主张及时举事，首先攻破王必军营，占领许都，让汉献帝降诏讨伐曹操，南联荆州关羽，进军邺城，除灭魏国。

时间到了建安二十三年（218）正月，在金祎的指挥下，由太医令吉本的两个儿子吉邈、吉穆率领家僮、杂役千余人，发动武装政变。由于金祎离间了王必长史的属下一些官兵，相互呼应配合，金祎等人乘夜攻入王必军营。军营内外火光四起，顿时陷入混乱。王必从梦中惊醒，慌忙奔出，肩中流矢。他不知道进攻军营的是何人，被帐下督搀扶着逃到老朋友金祎之家，敲门呼喊。金祎家人误认为敲门的是吉邈等人，隔着门说：“王长史被杀死了吧？你们的大事成功了！”王必一听不对，才知金祎乃是叛党，急忙逃往城南，向颍川典农中郎将严匡求援。

---

① 《后汉书·耿弇列传》第477页。
② 以上见《三国志·武帝纪》裴注引《三辅决录注》第31页。

当典农中郎将严匡接到王必的紧急求援，迅速集合屯田军民，与王必共同奔向许都城平叛。到天亮，叛乱者发现王必犹在，吉邈等人一哄“众散”，耿纪、金祎、韦晃等被生擒。曹操下令，将耿纪、韦晃、吉本、金祎四家三族及叛乱者数千人全部斩首处死。行刑前，耿纪大呼曹操的名字，说：“恨吾不自生意，竟为群儿所误耳！”吉邈等人违背了耿纪积蓄力量，等待时机的主张，除曹的大事被一群小子所误。韦晃行刑前，“顿首搏颊，以至于死。”①

十天之后，曹操听说王必重伤死去，“盛怒。召汉百官诣邺，令救火者左，不救火者右。”许都的汉官都集聚到邺城外的漳河边，命令救火者站在左边，不救火者站在右边。“众人以为救火者必无罪，皆附左。”汉官们大多不知内情，都选择站到左边。这时曹操说：“不救火者非助乱，救火乃实贼也。”然后将“救火者”的汉官“皆杀之。”②

曹操为何为了一个王必，竟处死如此之多的汉官呢？

这王必原是曹操初创时的旧吏，担任过主簿、长史，曾冒着危险到长安拜见汉献帝，将曹操一心忠诚汉王朝的忠心上表献帝，并送去晋见之礼，并由他长期保持沟通，是一位“忠能勤事，心如铁石，国之良吏也。”③ 然而，王必也因犯错误而被免职，但曹操慧眼识人，认为王必是一匹千里马，再次被起用为长史，负责许都安全。王必不辱使命，在平叛耿纪、金祎、吉邈之乱中尽忠献身，曹操为失去这样一位国之良吏倍感心痛，同时也为了借此事件，将许都心怀二志的人尽

① 以上两节参阅《三国志·武帝纪》裴注引《三辅决录注》《献帝春秋》第 31－32 页。
② 《三国志·武帝纪》裴注引《山阳公载记》第 32 页。
③ 《三国志·武帝纪》裴注引《魏武故事》第 31 页。

量除掉，于是在邺城漳河岸采用左右站队，以除心中之患。非常之人采用非常之方法以除后患。然，杀戮过盈，令人不齿。

◆ 代郡胡叛　曹令征伐

四月，代郡上谷乌桓无臣氏等反叛。代郡反叛，早被裴潜料定，时在建安十三年（208），曹操南征荆州，避乱于荆州的裴潜私下对好友王粲、司马芝说："荆州牧刘表不是霸王的材料，竟以周文王自比，他的败亡，没有几天了。"① 他便到了长沙。曹操平定了荆州，任命裴潜参议军事，后历任三个县的县令，调回京中任仓曹属（属为副职）。曹操问裴潜说："卿前与刘备俱在荆州，卿以备才略何如？"裴潜回答说：刘备"能乱人而不能为治也。若乘间守险，足以为一方主。"② 就在这时，代郡大乱，派裴潜做代郡太守，曹操授他精兵以征讨叛乱者。然而，裴潜说服曹操，未带一兵一卒，单车到代郡，很快得到治理，"百姓归心。"③ 三年后，曹操调回裴潜做丞相理曹掾，称赞他治理代郡有功。然而裴潜说他在代郡宽厚百姓，严于诸胡。现在的郡守，会认为我治理过严，而事事宽惠。诸胡骄纵放肆，过宽会松弛，松弛再整饬，便产生讼争。"以势料之，代必复叛。"④ 曹操听完裴潜之说，深悔过早地把裴潜调回。

不出裴潜所料，裴潜走后，过了不久，代郡三单于反叛的消息传来。这次曹操派遣自己的三子鄢陵侯曹彰为骁骑将军，前往代郡征讨。

---

① 《三国志·裴潜传》第 421 页。
② 同上。
③ 同上。
④ 同上。

临出发，曹操告诫曹彰说："居家为父子，受事为君臣，动以王法从事，尔其戒之！"[①] 曹彰的大哥曹丕已是太子，居东宫，即写信也告诫曹彰说："身为大将，奉公守法，不应像征南将军曹仁吗？"[②] 这话是说，当年曹仁为征南将军，屯驻江陵，以拒周瑜。周瑜率领几万人马前来攻打。当吴军来到城下，曹仁登城观望，从军中选三百多人，由部将牛金迎战，周瑜士多，牛金属少，被周瑜包了饺子，曹仁怒气冲天，不顾陈矫等人的劝阻，披甲跃马，亲率直属数十名壮士，越过水沟冲进包围，牛金等人得以解围，但其他属众仍被周瑜兵所围困。曹仁再次冲入包围，救出其余兵众，周瑜兵退，大家称赞曹仁"将军真天人也！"[③] 曹丕是说，三弟你是大将军，要像曹仁一样，成为大家称赞的神人一样，建功立业。

曹操三儿子曹彰，是个不爱读书、不仰慕圣贤之道，却喜爱骑汗马、击剑。曹操曾约束他说："这是匹夫之勇，何足贵也！"[④] 于是，令他诵读《诗经》《尚书》，然而曹彰对左右的人说："大丈夫应像卫青、霍去病，率十万铁骑纵横驰骋在沙场，驱戎狄，立功建名号才是，岂能作一博士？"[⑤] 曹操曾经问他的几个儿子，让他们各言其志，曹彰说自己想成一名大将。曹操问他如何做一名大将，曹彰掷地有声地答道："披坚执锐，临难不顾，为士卒先；赏必行，罚必信。"[⑥] 曹操听了，忍不住开怀大笑。为了三子曹彰出征代郡的稳妥，曹操以曾经生

---

① 《三国志·任城陈萧王传》第 350 页。
② 《三国志·曹仁传》第 179 页。
③ 同上。
④ 《三国志·任城威王彰》第 350 页。
⑤ 同上。
⑥ 同上。

活在北疆的田豫为相。[①]

曹彰临出征前聆听了父亲的训诫，便亲率先头部队千余骑兵，踏入涿郡地界，突然与叛变的数千乌桓骑兵遭遇。众寡悬殊，曹彰因兵马没有完全聚集，“用田豫计，固守要隙，虏乃退散。”[②] 这里“隙”是接近的意思。具体地说：田豫让曹彰利用地形，把车辆集合成圆阵，固守一要地。士兵在圆阵里把弓弩拉满射箭，又把空隙地布上疑兵，胡人攻不进来，只好散去。[③] 这时，曹彰随后追击，加肉搏战，奋力射杀胡骑，“应弦而倒者前后相属。”[④] 经过半天的激战，曹彰“铠中数箭，意气益厉，乘胜逐北”，[⑤] 一直追到桑乾县，虽属代郡，但距代郡尚有两百余里。长史诸将认为长途奔袭，人马疲顿，又受节制，不能追过代郡，且不可深入力战，如今违背命令又轻忽敌人是不对的。曹彰却自作主张，说：“率师而行，唯利所在，何必为节度所限？胡骑逃跑不远，追之必破。从令纵敌，非良将也。”[⑥] 于是滚鞍上马，下令全军：“迟疑不发的，一律斩！”[⑦] 在曹彰的军令下，经过一天一夜的紧追不舍，终于追上胡人，曹彰率众奋击，把叛乱的胡骑杀得落花流水，斩的斩，捉的捉，约有一千余人之多，大获全胜。于是曹彰“大赐将士，将士无不喜悦。”[⑧] 当时，鲜卑大人轲比能率领数万兵马观望双方强弱，见曹彰英武拼杀，所向无敌，皆被击破，便请求降服，

---

① 《三国志·田豫传》第453页。
② 《三国志·任城陈萧王传》第351页。
③ 《三国志·田豫传》第453页。
④ 《三国志·任城陈威王彰》第351页。
⑤ 同上。
⑥ 同上。
⑦ 同上。
⑧ 同上。

北方平定，“皆（田）豫策也。”[①]

当时，曹操正与刘备争夺汉中。刘备栖于山头，命养子刘封挑战，曹操骂道：“卖履舍儿（指刘备），长使假子拒汝公乎！待呼我黄须儿来，令击之。”曹操骂刘备是一个卖草鞋的家伙，竟然唆使养子假儿刘封抗拒王师，待老夫召来黄须儿与你对阵。这“黄须儿”即曹彰。于是曹操召曹彰。“彰晨夜进道，西到长安而太祖已还，从汉中而归。”[②] 曹彰从代郡赶往汉中助战，途经邺城，谒见太子曹丕，告诫三弟曹彰在父王面前，不自我夸耀，而要将战功归于诸将。曹彰赶到长安，曹操早已从汉中退到长安。曹彰见到父亲，遵曹丕所言，功归诸将。曹操听后大喜，捋着曹彰浅黄色的胡须，高兴地说：“我的黄须儿，是一个奇才！”[③]

之后，任命曹彰为代理越骑将军，留镇长安。

◆ 颁布《终令》　规划寿陵

六月，曹操颁布《终令》。这里需要说的是，曹操六月颁布的这个令，本没有令名，《曹操集》说：“宋志引题如此。”[④] 这令名是《宋志》而起，故用之。《终令》说：

> 古之葬者，必居瘠薄之地。其规西门豹祠西原上为寿陵，因高为基，不封不树。《周礼》冢人掌公墓之地，凡诸侯居左右以前，卿大夫居后，汉制亦谓之陪陵。其公卿大臣列将有功者，宜

① 《三国志·田豫传》第453页。
② 《三国志·任城陈萧王传》裴注引《魏略》第351页。
③ 《三国志·任城陈萧王传》第351页。
④ 《曹操集》第50页。

陪寿陵，其广为兆域，使足相容。[①]

曹操六月所颁布的这道令是说：古时之葬，必须选择在薄瘠之地，因为薄瘠之地不能稼穑，种植作物。今规划在西门豹祠的西原上，作为寿陵，因高为基，不封不树。我国古代传统的葬式是土葬，土葬必有坟墓。实际上“坟墓”二字，虽然连称，表面看是一码事，其实这两个字的本来意义是有区别的。《礼记·檀弓上》引用孔子的话说：“古也墓而不坟。”就是说，把死者安放在棺木中，再把棺木埋入土穴，埋棺木处叫墓，也叫茔，墓地范围以内叫兆域。在墓地埋棺的地方推土成丘，叫坟，也叫冢。简而言之。墓指平处，坟为土丘，故汉代学者扬雄说：“葬而无坟谓之墓。”[②] 所以，直到春秋时期，古人仍然实行的是“墓而不坟”，“不封不树。”就是不作高冢、不植树木。曹操这道令，是针对当时尤其东汉盛行的厚葬之风的一次改革，强调葬在贫瘠之地，不占耕地，不起高丘，不植树木。

接下说，《周礼》冢人掌公墓之地，及其在规划的寿陵墓葬的具体规定。《周礼》记载：冢人“掌公墓之地，辩其兆域而为之图，先王之葬居中，以昭穆为左右。凡诸侯居左右以前，卿大夫、士居后，各以其族。”又说：“掌凡邦墓之地域为之图，令国民族葬而掌其禁令，正其位，掌其度数。”[③] 也就是说，规划在西门豹祠西原上的寿陵，要按照《周礼》的规定：中间是历代国君的墓，国君依一昭一穆，左昭右穆的次序轮流排列，依次葬入。诸侯居左右以前，卿大夫

---

① 《三国志·武帝纪》第 32 页。

② 扬雄：《方言》十三，见《丛书集成初稿》。

③ 《周礼》见许嘉璐《文白对照十三经》陕人教出版社，1995 年。转引：徐卫民《汉文化略论》。

居后，这就是汉代墓葬制度，也叫作陪陵。凡公卿大臣列将有功者，适合陪葬在寿陵。

曹操这道《终令》，和建安十三年禁厚葬令，都是对东汉殡葬制度的一次重要改革，同时在规划寿陵时，体现了封建宗法的等级制在丧葬中的体现。在东汉盛行厚葬的风气下，曹操能废除厚葬，这确是非常之人做的非常之事。

◆ 侯音反叛　屠宛斩侯

建安二十三年（218），对曹操来说，反叛他的声浪不断。正月，汉太医令吉本，与少府耿纪、司直韦晃等反叛，攻许都，烧丞相府长史王必营，很快被王必和典农中郎将严匡讨平，擒斩了吉本等人。刚到入夏的四月，又传来代郡、上谷乌丸无臣氐等反叛，曹操派三子鄢陵侯曹彰讨平。

不料，进入冬十月，南阳宛城守将侯音反叛。

当时，南阳吏民"苦繇役"，已到了无法生存的地步，侯音又暗中同关羽联手，于是侯音"执太守东里衮，与吏民共反，与关羽连和。"[①] 侯音在宛城反叛，关羽为其后盾。宛城守将侯音逮住南阳太守东里衮逼反以后，东里衮与功曹应余"迸窜得出。"[②] 当东里衮和应余逃亡之后，侯音遣骑兵追之，"飞矢交流，（应）余以身蔽（东里）衮，被七创而死，（侯）音执衮以归。"[③] 曹功应余为庇护太守东里衮，身中七箭而亡，侯音将东里衮带回。这时，曹功应余宗族的应子卿前来侯

① 《三国志·武帝纪》裴注引《曹瞒传》第32－33页。

② 《资治通鉴》第632页。

③ 同上。

音处说服他说："足下顺民心，举大事，远近莫不望风；然执郡将，逆而无益，何不遣之？吾与子共戮力，比曹公来，关羽兵亦至矣。"[①]应子卿的话很有说服力，为什么不遣东里衮去联络关羽？于是，侯音放了东里衮。东里衮并未与关羽去联络，而是和应子卿互为内外，应子卿"遂与太守收余民围（侯）音。"[②] 太守东里衮和应子卿里应外合收余民围宛城直到第二年正月。

当时，曹仁率军讨关羽，屯樊城。因夏侯渊定军山战亡，曹操出斜谷赶往汉中，于是命曹仁前往宛城讨侯音。直到次年（即建安二十四年）正月，曹仁破宛城，侯音藏匿，只得"屠宛，斩音。"[③] 这个词序应注意：屠宛城，是为擒侯音斩首。若"斩侯音屠宛"其性质变矣。南阳平定，曹仁复屯兵樊城。随着侯音擒斩，关羽"遂有北向争天下之志"[④] 破灭。

◆ 疫疠流行 赡给灾民

《三国志·武帝纪》裴松之注引《魏书》载曹操令曰：

> 去冬天降疫疠，民有凋伤，军兴于外，垦田损少，吾甚忧之。其令吏民男女：女年七十已上无夫子，若年十二已下无父母兄弟，及目无所见，手不能作，足不能行，而无妻子父兄产业者，廪食终身。幼者至十二止，贫穷不能自赡者，随口给贷。老耄须待养

---

① 《三国志·武帝纪》裴注引《曹瞒传》第37页。
② 同上。
③ 《三国志·武侯纪》第32页。
④ 《三国志·王肃传》第270页。

者，年九十已上，复不事，家一人。[1]

这个令，《曹操集》名："赡给灾民令。"令文说得很清楚，去冬，即建安二十二年，入冬以来，疫病暴发，民众损伤，对外用兵，当时夏侯渊等镇守汉中，曹洪派往下辩抵御张飞、马超、吴兰，斩其将任夔等；今年四月又派曹彰前往代郡平叛，因而垦田减少，曹操深感忧虑。这里一个"甚忧"表达出曹操对当时疫病笼罩下的吏民之关心。于是下令，女的年七十已上，无丈夫、无子女；年龄十二岁以下无父母兄弟，以及目不能所见，手不能作，足不能行的残障人，又无妻子父兄产业的人，政府终身供给粮食。年幼的到十二岁终止，但贫穷不能自己供给的，随口借贷。年龄到八十岁的须要待养的，和年龄九十已上的，又没有事奉家里仅一人的，都应由政府供给。东汉养老之风普遍存在，据《续汉志·礼仪志》记载："仲秋之月，县道皆案户比民。年始七十者，授之以王杖，餔之糜粥。八十九十，礼有加赐。王杖长〔九〕尺，端以鸠鸟为饰。"[2] 由此可知，东汉养老礼行于每年秋八月，县级政府授年约七十的老人以鸠杖，并餔之以糜粥；若老人年岁更大，则礼越重。曹操继承了东汉的养老之风。

从这个令中，可看出曹操在疫病流行，民吏凋伤，垦田损少的境况下，首先想到的是老弱病残妇幼，丧失劳力，不能自给的由政府终身供给粮食或随口借货。曹操对吏民和老弱病残妇幼的关心和仁心，是执政者所必须要考虑和做的。此时，曹操已是六十三岁，在当时算是高龄老人，对吏民百姓和老弱病残妇幼者已有切身体会，这是非常

① 《三国志·武帝纪》裴注引《魏书》第 32 页。
② 转引《四川汉代画像砖与汉代社会》，文物出版社，1983 年版，第 95 页。

之人的怜贫恤老的非常之善举。

◆ 关羽“支党”　孙狼反曹

建安二十三年，陆浑县长张固奉命调遣壮丁，补丁给汉中。因曹操平张鲁后，将汉中郡一分为三，汉中地盘缩小，人口减少；在张既的劝谏下，“拔汉中民数万以实长安及三辅。”[①] 曹操大军从汉中还邺城，拜杜袭为附马都尉，留下来督理汉中的军政事务，由于杜袭在汉中“绥怀开导，百姓自乐出徙洛、邺者，八万余口。”[②] 就是说，当时从汉中自愿迁徙到洛阳、邺城的有八万人。这样一来，造成镇守汉中的夏侯渊丁夫紧缺，请求给汉中派丁夫，这才命陆浑县县长张固调遣丁夫给汉中。

陆浑县属弘农郡，治所在今河南嵩县东北陆浑北二十余里。因此，“百姓恶惮远役，并怀扰扰。”[③] 从陆浑县到汉中千里迢迢，百姓对这遥远的劳役又厌又怕，心中不安。恰在这时，有一个叫孙狼的老百姓，趁此杀了县上的主簿，借以兴兵，“作为叛乱”，将陆浑县邑搞得残破不堪。这时，县令张固率领十几个吏卒，到胡昭居住处住下，招集流亡的百姓，安定全县。孙狼等人于是往南投奔关羽，“羽授印给兵，还为寇贼。”[④] 孙狼投奔关羽之后，关羽就给孙狼军印和兵，又回来劫掠，成为贼寇。

到建安二十四年，孙狼在梁、郏、陆浑一带的盗匪十分猖狂，并

---

① 《三国志·张既传》第 303 页。
② 《三国志·杜袭传》第 418 页。
③ 《三国志·胡昭传》第 235 页。
④ 同上。

受关羽的“遥受”，成为关羽的“支党”，一时“威振华夏。”[①] 甚至曹操认为关羽的势力威胁许都，“议徙许都以避其锐”,[②] 但司马懿、蒋济“以为关羽得志，孙权必不愿。”[③] 可遣人劝孙权追蹑关羽的背后，同时答应把江南割让给孙权，曹仁据守的樊城之危就会解除。曹操接受了这个建议，才没有迁都。[④] 曹操总是在关键时刻不妄自尊大，能听取建言，做出正确的抉择，这确是一个非常之人所具备的非常智慧。智慧是一个人读书与实践到一定程度，就像一口不断涌出淡水的泉，它总是清新的。

建安二十四（219）

◆ 曹立王后　卞氏懿德

建安二十四（219）秋七月，曹操“以夫人卞氏为王后。”[⑤] 光和元年（178）10 月，曹操因堂妹夫宋奇之事受株连，免官回谯县，纳卞氏。到中平四年（187）冬，曹操辞官回故里，卞氏生曹丕。次年，曹操被征为西园典军校尉，卞氏随同至洛阳。到建安初，曹操废丁夫人，卞氏为继室。

卞氏“性约俭，不尚华丽，无文绣珠玉，器皆黑漆。”[⑥] 一次，曹操得到数具名珰（耳坠），让卞氏自己先选一副，卞氏没有选取最好的，

---

① 《三国志·关羽传》第 583 页。
② 同上。
③ 同上。
④ 同上。
⑤ 《三国志·武帝纪》第 32 页。
⑥ 《三国志·后妃传》裴注引《魏书》第 102 页。

而是取了一副中等的。曹操问其故，卞氏说：“取其上者为贪，取其下者为伪，故取其中者。”① 卞氏的不贪不伪，取其中，值得称懿赞良。

曹操每次率军征伐，卞氏有时随军，途中每见年高白首的老人，总要停车招呼问候，赐予绢帛，对之涕泣说：“恨父母不及我时也。”她对外亲却显得悭吝，常说：“居处当务节俭，不当望赏赐，念自佚也。……吾事武帝四五十年，行俭日久，不能自变为奢，有犯科禁者，吾且能加罪一等耳，莫望钱米恩贷也。”卞氏左右“菜食粟饭，无鱼肉。其俭如此。”② 卫觊说曹操在位时，“后宫食不过一肉，衣不用绵绣，茵蓐不缘饰，器物无丹漆，用能平定天下，遗福子孙。此皆陛下之所亲览也。”③ 因此，卞皇后宴请诸家外亲，依然是“设下厨，无异膳。”④

当然，曹操也曾下《内诫令》⑤ 对他及夫人、儿女们的生活起居，穿着都有较详细的规定（因有的“舛脱不可句”）大体如：

孤不好鲜饰严具。所用杂新皮韦笥，以黄韦缘中。遇乱无韦笥，乃作方竹严具，以帛衣粗布作里，此孤之平常所用也。

吾衣被皆十岁也，岁岁解浣补纳之耳。

今贵人位为贵人，金印蓝绂，女人爵位之极。

吏民多制文绣之服，履丝不得过绛紫金黄丝织履。

孤有逆气病，常储水卧头。以铜器盛，臭恶。前以银作小方

---

① 《三国志·后妃传》裴注引《魏书》第 102 页。
② 同上。
③ 《三国志·卫凯传》第 386 页。
④ 《三国志·后妃传》裴注引《魏书》第 102 页。
⑤ 《曹操集》第 51 – 52 页。

器，人不解，谓孤喜银物，令以木作。

昔天下初定，吾便禁家内不得香熏。后诸女配国家为其香，因此得烧香。吾不好烧香，恨不遂所禁，今复禁不得烧香，其以香藏衣著身亦不得。

房室不洁，听得烧枫胶及蕙草。[①]

这是非常之人所下的非常之《内诫令》。这是一个权力顶峰之人对夫人、子女个人生活的严格规定。

曹操对自己和夫人、儿女在生活起居上都是严要求，对他自己也不例外。曹操他衣被皆十年才可换，岁岁浣洗补纳，因“天下凶荒，资财乏匮，拟古皮弁，裁缣帛以为帢。”[②] 用缣帛“将头部包起来，那就是巾和帢了。”[③] 曹操因天下战乱不息，生产荒芜，财物奇缺，就裁缣帛把头包起，“时或冠帢帽以见宾客。”[④] 曹操对自己生活上的严要求和节俭，他“雅性节俭，不好华丽，后宫衣不锦绣，侍御履不二采，帷帐屏风，坏则补纳，茵蓐取温，无有缘饰。”[⑤] 这无疑影响了卞氏。当曹丕立为太子，王宫众女官祝贺卞氏，说：“将军（指曹丕为五官中郎将）拜太子。天下莫不欢喜，后当倾府藏赏赐。”卞氏说：“王自以丕年大，故用为嗣，我但当以免无教导之过为幸耳，亦何为当重赐遗乎！”用今天的话说：魏王以曹丕为长子，所以立为太子。我只庆幸“无教导之过”而已，为什还要赏赐呢？后曹操闻知，高兴地说：

---

① 《曹操集·内诫令》部分第51－52页。
② 《三国志·武帝纪》裴注引《傅子》第34页。
③ 孙机：《汉代物质文化资料图说》第236页。
④ 《三国志·武帝纪》裴注引《曹瞒传》第34页。
⑤ 同上裴注引《魏书》第34页。

卞氏“怒不变容，喜不失节，故是最为难。”① 卞氏立王后，曹操就准备率军出褒斜道第二次到汉中。

◆ 定军山战　夏侯渊亡

自曹操平张鲁，取汉中，留夏侯渊镇守。当初，曹操对夏侯渊屡获战功，曾告诫他说：“为将当有怯弱时，不可但恃勇也。将当以勇为本，行之以智计；但知任勇，一匹夫敌耳。”② 曹操点出了夏侯渊的致命弱点，只知道任气使勇，只能和一个匹夫相当。作为一方镇守之将，应以勇猛为根本，但行动必辅之以智计，不可只持勇。

这年二月，刘备亲自率主力前往汉中，从阳平关以南渡过沔水，沿定军山麓向前，然后以定军山势建立大本营，兵屯阳平。定军山是南郑西面的屏障，夏侯渊防守南线于走马谷，张“郃屯广石。备以精卒万余，分为十部，夜急攻郃。郃率亲兵搏战，备不能克。”③ 此次刘备与曹操争夺汉中，是有备而来，军师法正，采用声东击西的策略，将万余精兵分为十队，首先对据守广石的张郃发起猛攻，但刘备却不能攻克张郃据守的广石。夏侯渊闻知“郃军不利。渊分所将兵半助郃。”④ 就在这时，夏侯渊分兵援助张郃。“其后（刘）备于走马谷烧都围，渊救火，从他道与备相遇，交战，短兵接刃。”⑤ 夏侯渊分兵之后，刘备“夜烧围鹿角。”⑥ 鹿角：是夏侯渊修筑的营防防御工事——

---

① 以上见《三国志·后妃传》第101页。
② 《三国志·夏侯渊传》第177页。
③ 《三国志·张郃传》第334页。
④ 《三国志·夏侯渊传》第177页。
⑤ 《三国志·张郃传》第334页。
⑥ 同《夏侯渊传》第177页。

用带枝树木削尖埋植地下以阻止入侵者前进。当刘备火烧夏侯渊军营的鹿角围，第二天，天亮时分，夏侯渊离营十五里，督促四百名兵士修补。这时，刘备的军师法正，看出了夏侯渊的破绽，即夏侯渊兵少，且没有作战准备，对刘备说："可击矣。"① 刘备毫不忧虑，立即"命黄忠乘高鼓噪攻之。"② 黄忠得令之后，"推锋必进，劝率士卒，金鼓振天，欢声动谷。"③ 黄忠率部从山谷隐蔽处，突然向夏侯渊袭来，金鼓振天，杀声动谷，夏侯渊猝不及防，短兵相接，夏侯渊遂战死。夏侯渊阵亡，南线曹军溃败，赵颙死于乱军。此时，张郃独力难支，收集溃散之兵，张郃"还阳平。"④

刘备惮郃　张郃受命　夏侯渊被刘备帐下黄忠突袭斩杀后，曹军一时群龙无首，面临全军灭顶之灾，军心慌慌，局面十分混乱。"当是时，新失元帅，恐为备所乘，三军皆失色。"⑤ 这时夏侯渊的司马郭淮向三军宣布："张将军，国家名将，刘备所惮；今日事急，非张将军不能安也。"⑥ 于是，大家以张郃为主帅。张郃临危受命，毫不推辞地挑起了主帅的重担，曹军的军心军情迅速安定下来。

张郃"识变数，善处营陈，料战势地形，无不如计，自诸葛亮皆惮之。"⑦ 这是一位刘备、诸葛亮皆惮之的"以巧变为称"的将军。⑧早年，应讨黄巾军在韩馥麾下做军司马，韩馥失败，归附袁绍，打败

---

① 《三国志·法正传》第 595 页。
② 同上。
③ 《三国志·黄忠传》第 587 页。
④ 《三国志·张郃传》第 334 页。
⑤ 《三国志·张郃传》第 334 页。
⑥ 同上。
⑦ 《三国志·张郃传》第 334 页。
⑧ 《三国志·张郃传·陈寿评》第 337 页。

公孙赞，升为宁国中郎将。官渡之战，袁绍和军师郭图不听张郃之计，被曹操打败淳于琼，袁绍军队溃散而逃。郭图老羞成怒，诋毁张郃，怕袁绍听信谗言而治罪，便归附曹操。曹操得到张郃甚喜大欢，于是任命他为偏将军，封都亭侯。此后，跟随曹操攻下邺城，讨袁谭，攻雍奴，打柳城，被升为平狄将军。随后又征东莱，讨管承，又与张辽讨陈兰、梅成皆破之。又从曹操破马超、韩遂于渭南。围安定、降杨秋，然后，又与夏侯渊讨梁兴及武都氐。接着又破马超、平宋建。曹操征讨张鲁，先命张郃率五千步卒开路。张鲁降服，曹操班师回京，留张郃、夏侯渊镇守汉中，抵御刘备。当时，夏侯渊与刘备军交战，郭淮“有疾不出。”① 当夏侯渊遇害，郭淮抱病，推举张郃为主帅，节制曹军，诸营众心安定。当时，曹操在长安、报闻之后，派人把主帅的符信交给张郃，曹操才亲自率军开赴汉中。

替父雪恨　奋剑战亡　定军山之战，夏侯渊阵亡，他的第五子夏侯荣随父在汉中。当夏侯荣得知父亲阵亡，夏侯渊的左右卫士，要将年仅十三岁的夏侯荣带走，但他不肯，而是奋剑而战。《世语》说：“汉中之败，荣年十三，左右提之走，不肯，曰：‘君亲在难，焉所逃死！’乃奋剑而亡，遂没阵。”② 夏侯荣掷地有声，年仅十三岁要为父雪仇，执意不跟左右卫士走，举剑而战身亡。少年豪气，不惧战死，虽可圈可赞，却是无视战争的残忍，令人惋惜。定军山之战，不能只记住夏侯渊的亡灵，还要记住年仅十三岁夏侯荣的豪气。

张飞之妻　请葬夏侯　夏侯渊战死定军山，张飞妻“请而葬之。”《三国志·夏侯渊传》引裴松之注《魏略》曰：

---

① 《三国志·郭淮传》第457页。
② 《三国志·夏侯渊传》裴注引《世语》第178页。

建安五年，时霸从妹年十三四，在本郡，出行樵采，为张飞所得。飞知其良家女，遂以为妻，产息女，为刘禅皇后。故渊之初亡，飞妻请而葬之。及霸入蜀，禅与相见，释之曰："卿父自遇害于行间耳，非我先人之手刃也。"指其儿子以示之曰："此夏侯氏之甥也。"厚加爵宠。

裴松之的这个引注可知，张飞的妻子是夏侯霸的"从妹"，即堂妹。夏侯霸是夏侯渊的次子，所以张飞的妻子也就是夏侯渊的堂侄女。张飞自然是夏侯渊的堂侄女婿。沔县定军山之战，张飞和马超在建安二十三年三月，因曹洪击败，退走汉中。这时，刘备正准备夺取汉中，张飞和马超是留在汉中，还是回到益州成都，史书没记载。因此，张飞之妻的"请而葬之"也就模糊不清，只是这样请求张飞？请求之后，没有下文，或者仅仅是表示对叔父夏侯渊之死的悲伤或者是体现孝道？都没有记载。

张飞的妻子叫什么名字，没有记载，只知道是夏侯渊的从妹，是沛国人。建安五年（200），当时只有十三四岁，一天外出打柴"为张飞所得。"这句话耐人寻味，是被张飞抢走的，还是哄骗走的，不清楚。后来张飞知道他是良家女子，遂以为妻，后生一女子，为刘禅皇后。这样一来，张飞同夏侯氏家族，曹操、刘备构成了一个极为复杂的裙带关系。《三国志·武帝纪》裴松之引注《续汉书》说：

吴人作《曹瞒传》及郭颂《世语》并云：嵩，夏侯氏之子，夏侯惇之叔父。太祖于惇为从父兄弟。

曹操之父曹嵩，是东汉末期大宦官曹腾的养子，但他的本家却是夏侯氏。从血缘关系看，曹操是夏侯氏的后代，他手下著名的大将夏侯惇是他的堂弟。但夏侯惇之子夏侯楙娶了曹操之女清河公主为妻，封列侯，“历位侍中、尚书、安西、镇东将军，假节。”① 夏侯楙在魏文帝即位后，以安西将军、持节，继承其叔父夏侯渊都督关中。到大和二年，明帝西征，有人说夏侯楙在督关中时“多畜伎妾，公主由此与楙不和。”② 明帝便招回任尚书。这之后，他群弟不遵守礼法，夏侯楙多次责备，兄弟们惧怕治罪，就“共构楙以诽谤、令主奏之，有诏收楙。”③ 明帝想杀夏侯楙，因此问长水校尉京兆段默。段默认为，这样必造成清河公主与夏侯楙不和，恐出于中伤诬陷，恐怕不实。况且他父亲夏侯惇与先帝（曹操）有功天下，应三思。明帝认同了段默的意思。最后也证实是其群弟所构。

到了魏正始十年（249），司马懿发动政变，诛灭曹爽集团，独揽曹魏大权。当时任右将军，征蜀护军的夏侯霸怕株连，便投奔蜀国，在阴平道上迷了路，粮食尽绝，杀马充饥，步行又碰伤了脚，狼狈不堪。蜀汉方面闻报，急令派人迎接。夏侯霸到了成都，刘禅亲自接见，特地向他解释说：“卿父自遇害于行间耳，非我先人之手刃也。”同时指着自己的儿子说：“此夏侯氏之甥也。”因为刘禅娶的是张飞的女儿做皇后，张飞妻是夏侯霸的堂妹，也就成了刘禅后主的妹夫。从此，刘禅对夏侯霸“厚加爵宠。”④ 解开张飞与夏侯渊及曹操、后主张禅这层亲缘关系，可以更准确地理解《三国志》里的一些问题。

---

① 《三国志·夏侯惇传》第174页。
② 《三国志·夏侯惇传》裴注引《魏略》第175页。
③ 同上。
④ 《三国志·夏侯渊传》注引《魏略》第177页。

远水为阵　刘备不渡　夏侯渊在定军山被黄忠刀劈之后，曹军一时群龙无首，军心不安，在这危急关头，司马郭淮不顾有疾，面对曹军推荐张郃为主帅，节制全军。张郃也没推辞，临危主阵，安定了曹军。第二天，刘备想乘曹军主帅夏侯渊战死之危，渡过汉江发动大规模进攻。曹军方面，因刚刚战败，曹操亲率的援军未到，诸将“欲依水为阵拒之。”① 这时，郭淮说：“此示弱而不足挫敌，非算也。不如远水为阵，引而致之。半济而后击，备可破也。”② 郭淮远水为阵，就是远离汉江北岸摆好阵势，等到刘备军渡江一半，然后发起进攻，这样就可以打败刘备。于是，都同意郭淮的建策，远离汉江北岸，摆好阵势，严阵以待刘备大军的到来。

谁知，刘备率军到汉江边，一看曹军远离汉江，心中生疑，“备疑而渡”，怕中了曹军的计谋，于是退回大营。郭淮同张郃和曹军“遂坚守，示无还心。”③ 曹军不仅安定下来，坚守不退，等待曹操亲率的援军到来，好化解定军山之战以后曹军的危机。

◆ 曹临汉中　“鸡肋”退军

时隔四年之久，即建安二十四年（219），曹操第二次到汉中。此前一年，刘备采纳了法正的谏策，出兵夺取汉中，即建安二十三年（218），刘备率军屯驻阳平关，与夏侯渊、张郃对峙近一年。次年，刘备进军汉中，在沔县定军山黄忠刀劈夏侯渊，曹军失去主帅，在郭淮等的推荐下，由张郃临危主持节制曹军，虽安定了军心，稳住了曹

① 《三国志·郭淮传》第 457 页。
② 同上。
③ 同上。

军，但曹操依然担心汉中恐被刘备夺去，于是率军前往汉中。

贾逵探道　以观褒斜　曹操第一次到汉中，是建安二十年（215）平张鲁，自陈仓道出散关至河池（今甘肃徽县）到达阳平关破张鲁军，平汉中。这次曹操率军到汉中，他要经褒斜道直达汉中。《三国志·武帝纪》言：“三月，王自长安出斜谷，军遮要以临汉中。”这里“出斜谷”，即指褒斜道。褒斜道北口是宝鸡眉县斜峪关，南口是汉中褒谷口，全长约500里，于是，曹操“遣逵至斜谷观形势。”[①] 当时，贾逵是曹操的主簿，就领兵由斜谷察看褒斜道的道况。在察看过程中，遇到这样一件事：水衡官押解了“囚人数十车”，[②] 面对这一情况，贾逵怕影响曹操大军的顺利通过，果断地采取留“重者一人，皆放其余。”[③] 曹操认为贾逵处理得很好，升任他为谏议大夫，跟夏侯尚一起掌管军事大计。

同时，贾逵在褒斜道察看，对一些险要的地方，派兵把守，这才有曹操出斜谷“军遮要以临汉中”[④] 的记载。

巧设空营　赵云却曹　曹操自长安由褒斜道出发率军来汉中。刘备从长计策说：“曹公虽来，无能为也，我必有汉川矣。”[⑤] 刘备的从长计策是：敛众拒险，终不交锋。曹操大军“运米北山下，黄忠引兵欲取之。”[⑥] 赵云的兵也随黄忠去取米。当时曹操在北山下囤有数千万袋大米，赵云估计黄忠应该回来了，依然不还。赵云帅“数十骑经行

---

① 《三国志·贾逵传》第308页。
② 同上。
③ 同上。
④ 《三国志·武帝纪》第32页。
⑤ 《三国志·先主传》第551页。
⑥ 《资治通鉴》卷六十八第632页。

出围（即营），迎视忠等。”[①] 正当赵云领数十骑兵出营，巡视黄忠到北山取曹操运来的大米，恰好遇到曹操“扬兵大出，云为公前锋所击，方战，其大众至，势逼，遂前突其阵，且斗且却。公军散，已复合，云陷敌，还趣围。将张著被创，云复驰马还营迎著。”[②] 这是一场遭遇战，赵云率领的数十骑兵，被曹操的前锋所击，赵云只得迎战，曹操兵众将多，其势逼人，赵云只能采取且斗且退。曹军虽被冲散，又很快复围，赵云身陷敌围，冲散敌围，赵云回到营中，闻知属将张著受伤未还，赵云又驰马救张著还营。曹操大军追到赵云的营前，这时“沔阳长张翼在云围内，翼欲闭门据守，而云入营，更大开门，偃旗息鼓。”[③] 赵云救回他的属下张著，看守营房的沔阳长张翼，正关闭营房拒守，赵云入营后，不仅没有让关闭，反而把营门大开，偃旗息鼓，静静悄悄，曹军疑营中有埋伏，不敢进攻，急忙退走。当曹军退兵后，赵云营中霎时“擂鼓震天，惟以戎弩于后射公军，公军惊骇，自相蹂践，随汉水中死者甚多。”[④] 赵云设了一个“空城计”，退却了曹军。

次日，刘备来到赵云营围，察看昨日作战的地方，无限感慨地说：“子龙一身都是胆也！”[⑤]

曹骂刘备　卖履舍儿　曹操兵临汉中，刘备采取“敛众拒险，终不交锋。”[⑥] 曹操也没有办法。一次，刘备栖居山头，看见曹操便派刘封下山挑战。曹操一看是刘备在荆州时收的养子刘封，就对山上的刘

---

① 《三国志·赵云传》裴注引《云别传》第589页。
② 同上。
③ 同上。
④ 同上。
⑤ 同上。
⑥ 《三国志·先主传》第551页。

备大骂，说："卖履舍儿，长使假子拒汝公乎！待呼我黄须来，令击之。"① 卖履舍儿，是说刘备少年时丧父，"与母贩履织席为业"，② 刘备和母亲以卖鞋织席为谋生之业。假子，即指刘备养子刘封。黄须即指曹操的次子曹彰，也称黄须儿。

刘备让养子刘封下山挑战曹操，惹怒了曹操。这刘封原是罗侯寇氏的儿子，长沙刘氏的外甥。当初刘备到荆州，因为没有子嗣，就收刘封为养子。到刘备从葭萌关（今四川昭化）还攻刘璋，刘封时年二十岁，"有武艺，力气过人。"③ 建安二十四年，因刘备敛众拒险，始终不于曹操交战，数月攻不下刘备据守之地，"亡者日多。夏，曹公果引军还，先主遂有汉中。"④ 于是，刘备在今勉县称"汉中王"之后，命孟达从姊归北攻房陵，攻下房陵后，房陵太守蒯祺被孟达部属杀害。这时又令孟达攻上庸，派刘封"自汉中乘沔水下统达军，与达军会上庸。"⑤ 刘备这样做，是怕孟达难以独立完成进攻上庸，更怕孟达反叛而归降曹操。当刘封和孟达会师上庸，上庸太守申耽率众投降。就在这时，关羽围攻樊城、襄阳，"连呼封、达，令发兵自助。"⑥ 谁知刘封、孟达以上庸刚刚归附，不能有所动摇，"不承羽命。"⑦ 后来关羽败亡，刘备怀恨在心。加上刘封和孟达不和，刘封又抢走了孟达部队的鼓吹。这样一来，孟达害怕鼓吹失遗惧罪，又怨恨刘封，就上表刘备，率部投奔魏国。孟达得到文帝曹丕赏识、任命为散骑常侍、

① 《三国志·任城陈萧王传》裴注引《魏略》第351页。
② 《三国志·先主传》第542页。
③ 《三国志·刘封传》第611页。
④ 《三国志·先主传》第551页。
⑤ 《三国志·刘封传》第611页。
⑥ 同上。
⑦ 同上。

建武将军、封平阳亭侯。合并房陵、上庸、西城三郡为新城郡，由孟达任太守。

到魏文帝时命令夏侯尚、徐晃与孟达进攻刘封。刘封败还成都，刘备斥责刘封侵凌孟达，又不肯出兵救关羽。在这个节骨眼上，诸葛亮让刘备除掉刘封。《三国志·刘封传》载：

> 诸葛亮虑封刚猛，易世之后终难制御，劝先主因此除之。于是赐封死，使自裁。封叹曰："恨不用孟子度之言!"先主为之流涕。①

就这样，诸葛亮劝刘备处死其养子刘封。这里用一个"劝"字，可读出刘备、诸葛亮各自复杂的心情。刘封死前说他悔不该不听孟达之言。当时，孟达与夏侯尚、徐晃攻刘封前，孟达曾给刘封修书一封，劝他学微子去殷，智果别族，以免不测，刘封不听，直到诸葛亮劝刘备除却刘封才明白，但为时已晚。

"鸡肋"退军　杨修破"令"　曹操率军从长安沿褒斜道赶到汉中，刘备采取据险坚守，不与曹操正面发生争战，这令曹操无可奈何。曹操大军兵临汉中，其供给保障成一大问题，不宜久拖，到这年的五月，曹操"引军还长安。"② 在曹操欲退军汉中，引还长安，"出令曰'鸡肋。'"③ 当时曹操令出之后，其官属随员不知是什么意思，只有随军的主簿杨修就自己整理行装，其他随员官属惊奇地问杨修，说杨修已经知道令的意思，杨修说："夫鸡肋，弃之如可惜，食之无所得，

---

① 《三国志·刘封传》第612页。

② 《三国志·武帝纪》第32页。

③ 《三国志·武帝纪》裴注引《九州春秋》第33页。

以比汉中，知王欲还也。”①

杨修是一位“颇有才策”② 之人，他从曹操令出“鸡肋”，便知道曹操要退军而还。杨修对“鸡肋”的阐释也很到位，言鸡肋弃之可惜，食无所得，这是比喻汉中。因为曹在建安二十年平张鲁，将当时的汉中一分为三，还移民八万到邺城和洛阳，所以比为鸡肋，从而知道曹操要退出汉中，引军而还，到陈仓，留张郃屯守。

至此，刘备遂据汉中。七月，刘备在沔县称“汉中王”。

曹操横刀　杜袭巧谏　曹操到达长安，准备返回邺城。这时，发生一件令曹操非常恼怒的事：将军许攸拥有私人武装，不归附曹操不说，而且有侮慢之言。曹操大怒，欲讨伐他。群臣多谏，说应招抚许攸，共讨强敌。曹操“横刀于膝，作色不听。”

这时留府长史杜袭入帐劝谏，曹操说：“吾计已定，卿勿复言。”杜袭说：“殿下计谋是对的，我将协助完成；若计谋是错的，虽定宜改之。殿下对我，令不要多言，为何如此不明智！”

曹操说：“许攸慢吾，怎可以置而不讨伐？”

杜袭说：“殿下谓许攸何如人邪？”

曹操：“凡人也。”

杜袭说：“唯有贤人才了解贤人，圣人才了解圣人，凡庸之人怎能了解非常之人的行业呢？目前是豺狼挡路，狐狸为先，若讨伐许攸，别人将会指责殿下避强攻弱，进不为勇，退为不仁。臣闻听千钧之弩不为鼷鼠发机，万石之钟不以草茎撞击起音。区区许攸，何劳殿下神武？”

---

① 《三国志·武帝纪》裴注引《九州春秋》第 33 页。

② 《三国志·陈思王植传》第 352 页。

曹操顿时醒悟，说：“好!”派人安抚许攸，许攸归服了曹操，避免了一场流血冲突。曹操能接受属下劝谏，放弃他已定讨伐计划，是他的非常之处。[①]

鲁昔叛曹　梁习巧诛　曹操拔汉中诸军到长安，留骑督太原乌丸王鲁昔，令他驻屯池阳。而鲁昔有爱妻住在晋阳。鲁昔非常思念爱妻，恐一时不得归来，就以他的五百部骑“叛还并州”，留其余骑兵置留山谷间，鲁昔自己“单骑独入晋阳，盗取其妻。”鲁昔带着妻子出了晋阳城，州郡才发现，吏民又畏惧他善射，不敢追。

并州刺史梁习就令从事张景，募得鲜卑善骑射的派他们追逐鲁昔。鲁昔因马负重二人，跑不动，行动迟缓，未来得及与置山谷中的五百骑兵汇合，就被鲜卑人射死。鲁昔一死，其部骑归顺，平息了叛乱。

开始曹操悉闻鲁昔叛乱，担心会乱了北边；当曹操闻知鲁昔已死，平息了叛乱，“大喜”，并以梁习前后策略有功，封为关内侯。[②] 需要说明的是：曹操拔汉中诸军到长安，应是建安二十四年，并非裴松之引《魏略》所说：“至二十二年，太祖拔汉中诸军还到长安。”为误。

曹失王平　蜀汉梁柱　曹操此次亲临汉中，刘备采取“因险拒守”，[③]“终不交锋，积月不拔，亡者日多。”[④] 到了夏天，曹操只好引军退还长安。然而，跟随他一同来汉中的代理校尉王平，却“降先主（刘备）。”[⑤] 王平是巴西（今四川阆中市）宕渠人。建安二十年

① 以上见《三国志·杜袭传》第418页。
② 《三国志·梁习传》裴注引《魏略》第301页。
③ 《三国志·武帝纪》第32页。
④ 《三国志·先主传》第551页。
⑤ 《三国志·王平传》第643页。

（215），曹操平汉中，最后同张鲁及賨邑侯杜濩、巴地七姓夷王朴胡等归降曹操，并到洛阳，得到封赏。当曹操引军还长安，王平选择了归降刘备，拜为牙门将、裨将军。

当时，王平是代理校尉，未引起曹操的足够重视。自王平投奔刘备，尤其在刘备卒后，王平的才华逐渐显露。蜀汉建兴五年（228），王平随丞相诸葛亮出驻汉中。次年，命马谡为先锋，王平为参军领兵出祁山。因马谡不听王平规谏，舍水上山扎营，导致街亭大败，幸有王平收拾败局，返回汉中，加官晋爵，拜为参军，统领五部兵兼营屯之事，进位讨寇将军，封亭侯。此后，“（建兴）九年，亮围祁山，（王）平别守南围。魏大将军司马宣王攻亮，张郃攻平，平坚守不动，郃不能克。十二年，亮卒于武功，军退还，魏延作乱，一战而败，平之功也。迁后典军、安汉将军，副车骑将军吴壹住汉中，又领汉中太守。十五年，进封安汉侯，代（吴）壹督汉中。延熙元年（238），大将军蒋琬住沔阳（今勉县），平更为前护军，署琬府事。六年，琬还涪，拜平前监军、镇北大将，统汉中。”[①] 延熙七年（245），王平据兴势（今洋县境内），退却曹魏大将军曹爽十万大军对汉中的进攻，确保了蜀汉政权。

曹操尽管慧眼识人，但也有识人失眼之时。这时非常之人的非常之失。

◆ 最后之战　争夺襄樊

这是曹操一生中亲自指挥的最后一场战争：争夺襄阳和樊城。

---

① 《三国志·王平传》第643－644页。

曹操从汉中返回长安不久，又投入到与刘备前将军关羽争夺襄阳和樊城的大战之中。时，刘备称“汉中王”后，拜关羽为前将军，假节钺。于是，关羽决定率荆州之军北取襄阳、樊城，为日后兵出南阳北进中原逐鹿创造条件。

七月，关羽从水路两军同时进攻襄阳和樊城。这时，曹仁已平定侯音宛城叛乱，回师樊城，严阵以待，防备关羽。曹操得知关羽水路两边进攻襄、樊，一是升任曹仁为征南将军；二是紧急调遣七支大军增援曹仁，援军由左将军于禁节制；三是命令徐晃部进驻宛城，保障供给，同时责令相邻州郡运送粮草，保证足食。

水淹七军　擒降于禁　秋八月，“大霖雨，汉水溢，平地水数丈。”① 于禁所率七军驻扎在樊城北面，洪水袭来，许多官兵尚未逃出，葬身于洪水波涛，于禁“七军皆没。”② 然而，于禁和诸将及幸存兵卒登上山冈躲避洪水。关羽下令围困于禁，于禁没有可回避的地方，关羽“乘大船就攻禁等”，③ “会汉水暴起，羽以舟兵尽生虏禁等步骑三万送江陵，惟城未拔。”④ 于禁困守孤岛，只好放弃抵抗，三万步骑投降，但樊城没有攻下。此时，于禁和诸将面对暴涨的洪水，无法回避，关“羽乘大船就攻（于）禁等，禁遂降，惟庞德不屈节而死。”⑤

关羽围樊城、襄阳，水淹于禁七军，加上梁、郏、陆浑一带盗匪，有的受关羽遥控指挥，成为关羽的支党，离许都较近，曹操想迁都。这时司马宣王和丞相府主簿西曹蒋济进说曹操：“于禁等为水所没，

---

① 《三国志·于禁传》第 333 页。
② 同上。
③ 同上。
④ 《三国志·吴主传》第 685 页。
⑤ 《三国志·于禁传》第 333 页。

非战攻之失，于国家大计未足有损。刘备、孙权，外亲内疏，关羽得志，权必不愿也。可遣人劝蹑（偷袭）其后，许割江南以封权，则樊围自解。”曹操从其言，未迁许都。[①]

后于禁归顺吴国。到曹丕即位，孙权称臣，就把于禁送回魏国。文帝召见于禁，须发皆白，“形容憔悴，泣涕顿首。”[②] 曹丕安慰于禁，以为樊城之败，实是洪水暴至，不是战争失利，便赦免了于禁，拜为安远将军。文帝曹丕想派于禁出使吴国，先命他北上到邺城拜谒曹操的陵寝，谁知，曹丕事先派人在陵寝的堂屋上画出“关羽战克，庞德愤怒，于禁降服之状”的图画。于禁一看，不禁羞愧万分，发病而亡。曹丕的心机不谓不深险也。

不跪关羽　庞德殉国　庞德与曹仁平叛了宛城侯音、卫开之后，“遂南屯樊”城，讨伐关羽。在八月霖雨洪水到来之前，就与关羽交战。因庞德的哥哥庞柔在汉中刘备手下，“德从兄名柔，时在蜀。”[③] 樊城将士对庞德颇为怀疑。庞德闻知后，对樊城将士说：“我受国恩，义在效死。我欲身自击羽。今年我不杀羽，羽当杀我。”[④] 于是，庞德亲自和关羽交战，射中关羽的额头。在洪水袭来之前，曹仁派庞德在樊城北面十里处的地方扎营，当霖雨旬日之久，汉江瀑涨，平地积水五六丈，庞德和其他将领与士兵退守河堤，披甲持弓，矢不虚发。这一仗，从早晨战至午后，多次击退关羽的围攻，庞德军队的箭已用完。双方短兵相接。当时，将军董衡及部将董超等提议投降，全被庞德杀

---

① 《三国志·蒋济传》第 289 页。
② 《三国志·于禁传》第 333 页。
③ 《三国志·庞德传》裴注引《魏略》第 345 页。
④ 《三国志·庞德传》第 344 页。

了。庞德说："吾闻良将不怯死以苟免，烈士不毁节以求生。今日，我死日也。"[1] 于是庞德率军作战益猛，气势愈盛；但是水势突然暴涨，部将都纷纷投降。这时，庞德身边仅剩下一员部将，二名五伯，即管五人的最低军官，引满弓箭，搭乘小船，准备回到曹仁的营区，不幸汉江水势太猛，小船被浪打翻，失掉弓箭，庞德"独抱船覆水中，为羽所得。"[2] 庞德落水之后，被关羽擒住。到了营帐见到关羽，庞德只站不跪。关羽对庞德说道："卿兄在汉中，我欲以卿为将，不早降何为?"庞德大骂关羽说："竖子，何谓降也！魏王带甲百万，威振天下。汝刘备庸才耳，岂能敌邪！我宁为国家鬼，不为贼将也。"[3] 于是被关羽杀害。

曹操闻知庞德被关羽杀害，"而悲之，为之流涕，封其二子为列侯。"[4] 曹操哀叹良久之后，说："吾知禁三十年，何意临危处难，反不及庞德邪!"[5]

沉马誓军　为保樊城　大霖雨，汉江水暴涨，导致水淹于禁七军，于禁投降关羽，庞德虽力战，终因洪水滔天，船履人擒。曹仁困守樊城，汉江洪水仅差数尺漫过城墙。洪水波涛，不断冲击，城墙也不断崩塌，城内一片江洋，众皆失色。这时，有人建议："今日之危，非力所支。可及羽围未合，乘轻船夜走，虽失城，尚可全身。"[6] 关羽尽管收了于禁，杀了庞德，却还没有完全包围樊城。在关羽围襄阳之时，

---

① 《三国志·庞德传》第 344 页。
② 同上。
③ 同上。
④ 同上第 345 页。
⑤ 《三国志·于禁传》第 333 页。
⑥ 《三国志·满宠传》第 450 页。

曹操就令汝南太守满宠援助曹仁，屯驻樊城与曹仁共同抵御关羽。

当满宠听到有人建议：趁夜乘船，弃城而走，说：“山水速疾，冀其不久。闻羽遣别将已在郏下，自许以南，百姓扰扰，羽所以不敢遂进者，恐吾军掎其后耳。今若遁去，洪河以南，非复国家有也；君宜待之。”① 满宠坚决反对弃城而去，洪水来得快也退得快。还听说关羽遣将攻到河南郏县、民众扰攘。关羽之所以不敢大胆北进，怕我们断其后路。我们应该坚守待援。曹仁认为满宠意见很好，我们共同坚守樊城。于是：“满宠乃沉白马，与军人明誓。”② 坚守孤城，共御关羽。

这时，关羽率军亲围樊城，还遣将围攻据守襄阳的吕常。关羽在樊城北面的军事据点阳陵陂、偃城、围头、四冢等地布防，企图阻挡从北方来的曹军援兵。同时，派人策反南阳郡县将吏。在这关键时刻、荆州刺史胡修、南乡郡太守傅方背叛曹操，投降关羽。许都以南的“梁、郏、陆浑群盗或遥受羽印号，为之支党。”③ 加上，在邺城的拥汉反曹派魏讽等人加紧策划阴谋政变。这便形成了，所谓的关“羽威震华夏”的形势。

曹操又遣徐晃支援曹仁讨伐关羽。徐晃所领的全是新兵，没有作战经验，很难和关羽的正面军队交锋，于是就驻屯在阳陵陂。当曹操回到京师，派遣徐商、吕建两位将军到徐晃军中，并下令说：“须兵马集至，乃俱前。”④ 徐晃便驻屯阳陵陂，等待兵马集齐，再进兵。

---

① 同上 450－451 页。
② 同上。
③ 《三国志・关羽传》第 583 页。
④ 《三国志・于禁传》第 336 页。

孙曹联合　志气百倍　正当关羽围曹仁于襄阳，十逢大霖雨、汉水暴涨，关羽趁势以水师俘虏了于禁的三万步骑兵，于禁投降，但樊城未攻下。孙权本想得到荆州，清除刘备的势力，无奈关羽驻守，且“内惮羽。”[①] 加之，先前孙权遣使向关羽提亲，愿结为儿女亲家。不料，关羽“不许婚”，还辱骂孙权，对使者说：“狢（hao）子敢尔，如使樊城拔，吾不能灭汝邪!”[②] 孙权“大怒”，“笺与曹公，乞以讨羽自效。”[③]

曹操回到洛阳，孙权派使者带来孙权的上书，以讨伐关羽为条件，自愿效力于魏王。于是，曹操召集群臣，出示孙权来信，说：“遣兵西上，欲掩取羽江陵、公安累重。羽失二城，必自奔走，樊军之围，不救自解。乞密不漏，令羽有备。”[④] 孙权来信说要派兵西进，袭取江陵、公安两个重镇，迫使关羽回兵，樊城之危不救自解。同时要求保密，不让关羽有戒备。然而，在是否要保密的问题上出现分歧，众臣皆言应保密，唯独董昭主张泄露，他说：

军事以权变为上，期望取得胜利。宜应答应孙权保密，而暗中泄露出去。关羽得知孙权西上，若回去自保，襄阳、樊城之围则速解，便获其利。更可使孙刘两贼互相牵制僵持，我们静坐等待着他们自败。密而不露，让孙权得志，并非上策。而且，被围困中的将吏不知有救，恐粮食耗尽顿生畏惧，若出现意外则为患不小。透露出去比较好。而且，关羽为人强梁，自持二城守固，

① 《三国志·吴主传》第685页。
② 《三国志·关羽传》裴引《典略》第583页。
③ 《三国志·吴主传》第685页。
④ 《三国志·董昭传》第283页。

必定不会速退撤走。[1]

曹操说："好！"就以董昭之计而行。曹操与孙权由此而结盟，得以从合肥抽调张辽增援襄樊前线，到了十月，曹操准备取道洛阳南下，率军亲征。曹操寻问属下群臣。群臣都说应该疾行，若不速出，会被打败。唯独虎贲中郎将侍中桓阶问过曹操樊城守将曹仁能否正确料度事势，以及和徐晃、曹仁都会顷全军力量抵御关羽之后，说："如今，曹仁、吕常二位将军身处重围之中，死守而不动摇，乃大王居外，遥为声势之势。处于万死之地，必有死争之心。内怀死争之心，外有必救之军，大王控制六军，显示军力绰绰有余，何必忧虑于失败而欲亲自前往呢？"[2] 曹操认同了桓阶的谏言，于是，曹操帅军驻跸郏县摩陂。就在其他援军未到，徐晃和诸将发生了一次矛盾。"诸将呵责晃促救！"[3] 当时关羽把曹仁所据守的樊城围得很坚实，徐晃的军队"不足解围。"[4] 和徐晃同时前往的赵俨以议郎参谋曹仁军事同行，他对诸将说明了情况，同时与曹仁隔绝，"不得同力"施为，于是派遣谍报人员潜通曹仁，以鼓舞樊城将士，等待援军，坚守十日，援军即可到达，赵俨说明之后"诸将皆喜，便作地道。"[5] 矛盾化解。于是，下令徐晃把孙权的信射进围城里面和关羽的军营，围城里面知道后"志气百倍。"[6] 果不其然，关羽得信后犹豫不决：樊城旦夕不破，若撤围将功亏一篑；这时关羽向上庸的守将刘封、孟达多次呼救，两人正闹矛

---

① 《三国志·董昭传》第 283 页。
② 《三国志·桓阶传》第 398 页。
③ 《三国志·赵俨传》第 420 页。
④ 同上。
⑤ 同上。
⑥ 《三国志·赵俨传》第 420 页。

盾，“不承羽命”，[①] 坐视不听关羽之令，不派兵救援。南郡太守糜芳在江陵，将军傅士仁屯兵公安，二人“素皆嫌羽（自）轻己”，[②] 糜芳、傅士仁都和关羽都有矛盾，这次关羽出兵围攻樊城，二人负责供给军资，“不悉相救。”[③] 因此，关羽说：“还当治之。”[④] 糜芳、傅士仁都感到惶恐不安。此时的关羽得到徐晃营中射来孙权给曹操的信，犹豫不决是必然的。但又不愿失取夺取樊城的战机，于是下令加紧进攻樊城，想尽快攻克，再尽快回师江陵。

曹操前后派了殷署、朱盖十二个营的军队给徐晃，这时关羽的一部兵马屯驻偃城，徐晃一到，首先假装挖壕沟，表示要截击敌人的后援。这样一来，两军的营寨几乎相连，徐晃又向前移动，离关羽营区三丈左右。于是便放火烧了屯区而逃走，徐晃顺利地得到偃城。

曹操遣殷署、朱盖等十二营兵马赶来，兖州刺史裴潜和豫州刺史吕贡运来大批粮草。关羽的军事重点在围头、四冢驻屯，但四冢是关羽苦心经营建立的重要军事据点，四周壕沟江水深深，密布十层鹿角。于是，徐晃“扬声当攻围头，而密攻四冢。”[⑤] 这是关羽没有料到的。当四冢正被徐晃攻破时，关羽率“步骑五千出战”，[⑥] 这时，徐晃突然宣令：“得关云长头，赏金千斤。”关羽惊怖，对徐晃说：“大兄，是何言邪！”尽管关羽与徐晃“宿相爱，遥共语。”徐晃回答说：“此国

---

① 《三国志·刘封传》第611页。
② 《三国志·关羽传》第583页。
③ 同上。
④ 同上。
⑤ 《三国志·徐晃传》第336页。
⑥ 同上。

之事耳。”[①] 关羽被徐晃击退，且“长驱径入敌围”,[②] 关羽部众“投沔水死”[③] 者无数，胡修和傅方死于阵中。关羽败退，曹军奋力攻破围头屯和四冢屯等地，扫清了通往樊城的道路。也就在这时，洪水已经消退，曹仁率军杀出，与徐晃等诸将军兵汇合。曹军乐进与文聘“讨关羽于寻口”，然后“又攻羽辎重于汉津，烧其船于荆城。”[④] 孙权趁机袭取了关羽的军需品，关羽得知消息，立刻启程南返。这时，曹仁约集诸将商议，皆说：“今因羽危惧，必可追擒也。”议郎参曹仁军事的赵俨说：“现在关羽单身散走，应留下来。如果我们深入追击，孙权就改变对关羽的顾虑，成为我们的威胁。魏王定此事有深虑和长远打算。”[⑤] 曹操得知关羽已去，怕诸将追击，很快下令曹仁不要追击，正如赵俨所料。

败走麦城　关羽之死　与此同时，孙权配合曹军解救樊城危机，命令左护军虎威将军吕蒙先行，吕蒙到寻阳，“尽伏其精兵𦪇䑵中，使白衣摇橹，作商贾人服，昼夜兼行，至羽所置江边屯候，尽收缚之，是故羽不闻知。”[⑥] 吕蒙从寻阳出发，进行了一番精心伪装，在船中暗藏精兵，摇橹人身穿白衣，化装成商人，昼夜兼行，袭破沿江关羽所建的据点。到达南郡后，糜芳投降吕蒙，献出江陵、公安，吕蒙据江陵“抚其老弱，释于禁之囚。”[⑦] 孙权趁势入据南郡，然后，派遣将军陆逊继续西进，获姊归、枝江、夷道，攻占了宜都郡夷陵县，以阻挡

---

① 《三国志·关羽传》裴注引《蜀记》第584页。
② 《三国志·徐晃传》第336页。
③ 同上。
④ 《三国志·文聘传》第341页。
⑤ 《三国志·赵俨传》第421页。
⑥ 《三国志·吕蒙传》第780页。
⑦ 《三国志·吴主传》第685页。

东下的刘备援军。孙权据江陵，“尽虏羽士众妻子，羽军遂散。”[①] 关羽这时“自知孤穷，乃走麦城，西至漳乡，众皆委羽而降。”[②] 这时，孙权用计引诱关羽，关羽伪降，“立幡旗为象人于城上，因遁走，兵皆解散，尚十余骑。”[③] 但孙权早有预料，故使朱然、潘璋断其径路，到临沮，住夹石。潘“璋部下司马马忠擒羽，并羽子平、都督赵累等。”[④] 然而，《蜀记》说：“权遣将击羽，获羽及子平。权欲活羽以敌刘、曹，左右曰：‘狼子不可养，后必为害。曹公不即除之，自取大患，乃议徙都。今岂可生！’乃斩之。”[⑤] 这个记载较真实地反映了当时孙权部下擒获关羽父子后，孙权的真实想法，即不杀关羽父子，为己所用，以抵御刘备和曹操。但孙权左右群臣则不同意，列举了建安五年，曹操突征刘备俘获关羽不杀，关羽斩颜良后，义放关羽归回刘备。到建安二十四年，关羽势力增大，又以“梁、郏、陆浑群盗或遥受羽印号，为之支党，羽威震华夏。曹公议徙许都以避其锐。”[⑥] 说服孙权后乃“斩羽及子平于临沮。”[⑦] 然后，孙“权送羽首于曹公。”[⑧]

孙曹联盟，解曹操樊城之危，孙权如愿遂据荆州。

十二月，孙权擒杀关羽，将其首级献于曹操，而以诸侯之礼礼葬关羽尸骸。曹操识破孙权心机，不想引起刘备的复仇之心，就同样以

---

① 《三国志·关羽传》第583页。
② 《三国志·吕蒙传》第781页。
③ 《三国志·吴主传》第685页。
④ 《三国志·潘璋传》第792页。
⑤ 《三国志·关羽传》裴注引《蜀记》第584页。
⑥ 《三国志·关羽传》第583页。
⑦ 同上。
⑧ 《三国志·关羽传》裴注引《吴历》第584页。

诸侯之礼礼葬关羽首级于洛阳西郊。然后，曹操上表孙权为骠骑将军兼任荆州牧，封南昌侯，承认孙权对江南的统治。孙权又上表答谢，遣梁寓为特使，赴许都贡献，同时释放原庐江太守朱光，参军董和，上书曹操称臣。

关羽从空前的“威震华夏”跌落到失败的深渊，不单单是他个人的悲剧，也葬送了诸葛亮兴复汉室的隆中计划。

摩陂犒军　称说天命　曹操坐阵指挥的襄樊保卫战，孙曹联盟，大获全胜。曹操目睹了徐晃率精兵长驱直入关羽的重重包围，奋力作战，攻破关羽的围困，获得全胜。曹操在诏令里说：“吾用兵三十余年，及所闻古之善用兵者，未有长驱径入敌围者也。且樊、襄阳之在围，过于莒、即墨，将军之功，逾孙武、穰苴。”① 这也是今天所使用的“长驱直入”成语的来历。徐晃破关羽，曹仁得以解围。

当徐晃帅军来到曹操驻跸的摩陂，曹操亲自到七里之外的地方迎接他，置酒宴犒军。曹操举酒慰劳徐晃说：“全樊、襄阳，将军之功也。”② 当时，诸军集会，曹操逐营检阅，官兵纷纷离开营阵观看，只有徐晃所帅之军“军营整齐，将士驻陈不动。”③ 曹操巡视后，为之赞叹：“徐将军可谓有周亚夫之风矣。”④ 周亚夫为西汉开国元勋周勃之子，曾驻屯细柳营（今陕西咸阳西南）《史记·绛侯周勃世家》载：“河内守亚夫为将军，军细柳：……军士吏被甲，锐兵刃，彀弓弩，持满。”⑤ 军纪严明，营阵威武，受到汉文帝刘桓巡察的夸奖。曹操以

① 《三国志·徐晃传》第336页。
② 同上。
③ 同上。
④ 同上。
⑤ 《史记·绛侯周勃世家》第1612页。

此褒奖徐晃治军有方。后张辽率军至摩陂，曹操“乘辇出劳之，还屯陈郡。”①

十二月，孙权上书魏王曹操称臣，“称说天命。”② 意在劝说曹操遵从天命，代汉而立。曹操召集群臣，传阅孙权的上书之文，说：“是儿欲踞吾着炉火上邪！”③ 曹操对群臣说：孙权这小子，想把我放在炉火上烤！因为，汉主火德，故“炉火”喻比汉朝，代汉而立就是引火烧身。曹操早在建安十五年说过：“又性不信天命之事”，但只因“江湖未静，不能让位。”④ 当然，曹操让群臣传阅孙权的上书，意在试探群臣的态度。孰料，众文武大臣纷纷劝进，文官以侍中陈群和尚书桓阶为首，武将以伏波将军夏侯惇为首，认为不必谦让，畏知天命，代汉称帝。

陈群和和桓阶奏道：自汉安帝以来，政由公署豪强，国家屡屡危绝，至于今天，唯有名号，尺土一民，皆非汉有，汉家气运早就已尽，并非适合于今天。因此，在汉桓帝、汉灵帝之时，诸多懂得图谶者都说：“汉行气尽，黄家当立。”殿下（曹操）正应期运，十分天下而有其九，仍服事汉室，群生注望，遐迩犯怨叹，所以孙权也远在江南俯首称臣，此天人之应，异气齐声。愚臣以为尧禅位于舜，舜禅位于禹，都不以谦辞；夏桀无道，商汤讨伐；纣王暴虐，授首武王。殿下应畏知天命，无所与让也。⑤

夏侯惇对曹操说：天下人都知道汉朝气数已尽，新朝正代之而起。

---

① 《三国志·张辽传》第330页。

② 《三国志·武帝纪》裴注引《魏略》第33页。

③ 同上。

④ 《三国志·武帝纪》裴注引《魏武故事》第21页。

⑤ 《三国志·武帝纪》裴注引《魏略》第33页。

自古以来，能为民除害，众望所归者，即可为民之主。今殿下征战三十余年，功德著于黎庶，为天下所依归，上应天命，下顺民心，何比犹疑不决！[①]

听了群臣所奏，曹操说："'施于有政，是亦为政。'若天命在吾，吾为周文王矣。"[②] 这是曹操的心声，他引用《论语·为政》的话，说当年有人问孔子："你为什么不去做官从政？"孔子说："《尚书》上说：'孝就是孝敬父母，又同兄弟讲友爱，把这个道理应用到政治上去。'也就是参与政事，为什么只有做官才算从政呢？"意在说，我握有"挟天子以令不臣"的实权，何比在乎皇帝的虚名？况且"三分天下有其二"的周文王尚臣服于殷天子，被后人永远称颂。我要效法姬昌，即周文王，为儿子姬发创造统一天下的条件，让我的儿子曹丕去完成改朝换代的使命。

曹操此时已年逾花甲，古代算是高寿，加之他头风痹症常不能安心，他只做"周文王"，不称帝，不改朝换代，这是曹操"不得慕虚名而处实祸"[③] 的非常之人的非常之老谋深算。

◆ 魏讽谋反　曹未滥杀

建安二十一年五月，魏公曹操晋爵为魏王。八月，钟繇被任命为魏相国。钟繇担任这一要职是因他矢忠于曹操，为魏国的建立立了大功，另一因素是他与魏太子曹丕关系密切，为文字之友，常有书信往来，钟繇曾送美玉给曹丕。当钟繇就任相国，就辟沛人魏讽为西曹掾。

---

① 《三国志·武帝纪》裴注引《魏氏春秋》第33页。
② 同上。
③ 《曹操集》第40页。

魏讽“有惑众才，倾动邺都。”[①] 又因“魏讽有重名，自卿相以下皆倾心交之。”[②] 这样一来，自魏讽辟为相国西曹掾，广交朋友，卿相以下皆倾心相交，并以此为掩护，联络对曹操擅政心怀不满的官员。到建安二十四年九月，魏讽趁曹操汉中失利，关羽降服于禁，斩庞德，又遥授梁、郏、陆浑孙狼群盗印号，作为支党，形成关羽“威震华夏”之势，暗中“潜结徒党，与长乐宫卫尉陈祎谋袭邺。”[③] 当时曹丕留守邺城，魏讽准备一举借关羽之声威颠覆魏国。孰料，临近举事之期，陈祎“惧，告之太子。”[④] 陈祎自首，供出同党。

曹丕立即率兵，逮捕了魏讽等人。同党多为魏都官员，涉及面广，尤其魏讽是相国钟繇所辟，曹丕不敢擅专，将详情呈报驻跸长安的魏王曹操，请示定夺。

曹操迅速回到邺城，对魏讽谋反集团进行了区别对待，将魏讽、以及张绣子张泉“坐与魏讽谋反诛，国除。”[⑤] 刘廙兄弟刘祎等被诛，而王粲二子在曹丕平叛中已被诛，曹操知道后说：“孤若在，不使仲宣无后。”[⑥] 曹操对有关责任者或胁从者一律从轻发落。钟繇对魏讽的谋反，难辞其咎。魏讽是他征辟的，自己又是相国，不仅对人失察，对此事也失察，用人不当不说，还有失察之罪，然而仅免去相国一职；主管邺城巡察、缉捕，防奸的中尉杨俊后被降为平原太守。[⑦] 魏讽谋反，同坐的有文钦，“及下狱，掠笞数百，当死。”而文钦因父文稷建

---

① 《三国志·武帝纪》裴注引《世语》第33页。
② 《三国志·刘晔传》裴注引《傅子》第286页。
③ 同《武帝纪》裴引第33页。
④ 同上。
⑤ 《三国志·张绣传》第171页。
⑥ 《三国志·王粲传》裴注引《文章志》第377页。
⑦ 《三国志·杨俊传》第416页。

安中为骑兵将领，有勇力，数有功，曹操便赦之。[①] 文钦也以才武见称，但到高贵乡公曹髦执政期间，又与毋丘俭反，毋丘俭被安风津都尉部民张属射杀。文钦逃亡入孙吴，任命为都护、赐仗节，担任镇北将军，幽州牧（此为遥领），封为谯侯。这“文钦本是明公（曹操）腹心，但为人所误耳。”[②] 曹操也有看错人，用错人的时候。魏讽之反，曹操主簿刘晔当初见他便说，魏讽必反。[③] 然，当时谁信呢？

曹操对黄门侍郎刘廙没有因其胞弟刘伟交好魏讽而连坐，足见其曹操晚年之仁心。当刘廙发现胞弟交好魏讽，曾劝诫胞弟说：“夫交友之美，在于得贤，不可不详。而世之交者，不审择人，务合党众，违先圣人交友之义，此非厚已辅仁之谓也。吾观魏讽，不修德行，而专以鸠合为务，华而不实，此直搅世沽名者也。卿其慎之，勿复与通。”[④] 刘伟不听，与魏讽打得火热，案发之后列入叛党处死。

按连坐法，刘廙应受株连处死，陈群对曹操诉说此事，曹操说：“（刘）廙，名臣也，吾亦欲赦之。”[⑤] 其后，曹操又说：“叔向不坐弟虎，古之制也。”[⑥] 这里曹操用《左传·襄公二十四年》，“叔向不坐弟虎”的典故，认为刘廙无故，特别宽容，不再过问，还迁为丞相仓曹属的官员。刘廙感激涕零，上书谢恩：“臣罪应倾宗，祸应覆族。遭乾坤之灵，值时来之运，扬汤止沸，使不焦烂；起烟于寒灰之上，生华于已枯之木。物不答施于天地，子不谢生于父母，可以死效，难用

① 《三国志·毋丘俭传》裴注引《魏书》第 478 页。
② 同前裴注引《魏氏春秋》第 476 页。
③ 《三国志·刘晔传》裴注引《傅子》第 286 页。
④ 《三国志·刘廙传》裴注引《刘廙别传》第 389 页。
⑤ 《三国志·陈群传》第 401 页。
⑥ 《三国志·刘廙传》第 388 – 389 页。

笔陈。”[①] 这正是曹操所要的效果：愿为主子以效死命。刘廙的谢恩之奏，也代表了所有得到宽容官员的心声。

魏讽谋反平息后，中尉杨俊降迁为平原太守，曹操感叹道：“讽所以敢生乱心，以吾爪牙之臣无遏奸防谋者故也。安得如诸葛丰者使代俊乎！”[②] 由于杨俊迁降后，曹操觉得手下没有人能防止奸谋，杨俊走了之后，如何才能得到像诸葛丰“刺举无所避”[③] 的人来防奸、巡察呢？桓阶推荐了徐奕，于是曹操任命徐奕为中尉代替了杨俊。

当年蔡邕有近万卷书，曾载数车送与王粲。王粲亡后，因魏讽谋反勾结王粲二子，王粲两个儿子将万卷书送与魏讽，到魏讽被诛，蔡“邕所与书悉入业。”[④]

◆ 杨修谦博　交构赐死

建安二十四年（219）秋，曹操杀杨修。

杨修，字德祖，弘农郡华阴县人，太尉杨彪之子。祖辈杨震、杨秉、杨赐到杨彪，四世三公。杨修出生权贵书香世家，“谦恭才博。”[⑤] 建安中，举孝廉，任郎中兼丞相曹操相府仓曹属主簿，在军国多事之秋主管粮草供应。然而，杨修“总知外内，事皆称意。自魏太子已下，并争与交好。”[⑥] 太子曹丕也很钦佩杨修的才，二人私交很好，杨修“以所得王髦剑奉太子，太子常服之。”[⑦] 临菑侯曹植更是以杨修之

---

① 《三国志・刘廙传》第 389 页。
② 《三国志・徐奕传》第 245 页。
③ 《汉书・卷七十七・诸葛丰传第四十七》第 2425 页。
④ 《三国志・钟会传》裴注引《博物记》第 495 页。
⑤ 《三国志・陈思王植》裴注引《典略》第 352 页。
⑥ 《三国志・陈思王植》裴注引《典略》第 352 页。
⑦ 同上第 354 页。

才宠爱他，多次修书与杨修，说："数日不见，思子为劳，想同之也。"[①] 两人相往，从密甚数。

在曹操当初未定太子之时，曾说："子建，儿子最可定大事。"[②] 曹植表现出"骄纵"，杨修就有意疏远他，因为曹丕的太子位已定，但"曹植故连缀修不止，修亦不敢自绝。"[③] 不得已，杨修揣测曹操的心思，为曹植留下答教十余条。当曹操询问，曹植则依次将答词抄好呈上，曹操感到很奇怪，便暗中派员调查，原为杨修预先安排。曹操大为惊异；杨修怎知我心中秘密，匪夷所思之后，大为不安，恐在百年之后，太子岂能敌他，杨修又是袁术的外甥，遂成为心中大患。

到建安二十四年五月，曹操到汉中，刘备据险死守，不正面交战，曹操不得已撤出汉中，撤军前一夜，将吏请求口令，曹操随口说出：鸡肋。杨修听了，让大家整装待发，解释道："夫鸡肋，弃之如可惜，食之无所得，以比汉中，知王欲还也。"[④] 翌日，果然曹操下令回军长安。又因魏讽反叛，十月，杨修随曹操率军到达洛阳，与曹植一起酗酒闹事，"人有白修与临淄侯曹植饮醉共载，从司马门出，谤讪鄢陵侯章。太祖闻之大怒，故遂收杀之，时年四十五矣。"[⑤] 《典略》说："二十四年秋，公以修前后漏泄言教、交关诸侯，乃收杀之。"[⑥]

《世语》说："太祖遣太子及植各出邺城一门，密敕门不得出，以观其所为。太子至门，不得出而还。修先戒植：'若门不出侯，侯受

---

① 同上第352页。
② 《三国志·陈思王植》裴注引《魏武故事》第352页。
③ 同上裴注引《典略》第354页。
④ 《三国志·武帝纪》裴注引《九州春秋》第33页。
⑤ 《后汉书·杨震列传》注引《续汉书》第1208页。
⑥ 《三国志·陈思王植》裴注引《典略》第354页。

王命，可斩首者。’植从之。故修遂以交构赐死。”①

这三种罪名：谤讪鄢陵侯曹彰；漏泄言教，交关诸将；交构罪，即挑拨离间，指杨修挑拨曹氏父子和曹氏兄弟争斗所犯之罪。其实这三种罪名，任其一种，曹操皆可杀杨修。欲加之罪，何患无辞？所以，杨修临死前，对敌友说：“我固自以死之晚也。”② 这是说，因为临淄侯曹植，我非死不可，这是早晚的事情。

其实，这是原因之一，更深层次的是杨修的父亲杨彪与曹操之间的矛盾由来已久。

建安元年，担任尚书令的杨彪，随汉献帝东行建都许下。当时，献帝刚迁都，大会公卿，时为兖州刺史的曹操上殿，看到杨彪脸色不高兴，害怕在这被谋害，没等到设宴，曹操“托痴如厕，因出还营。”③ 不久，杨彪因病辞官，回家赋闲。到建安二年，袁术称帝于淮南，袁绍又割据河北，杨彪的夫人是二袁之姊。袁、杨两家是当时的豪门旺族，又是当今的名士，曹操怕他们强强联手，颠覆许都政权，便命令许县县令满宠以“谋反罪”，诬陷杨彪图谋废献帝另立新君，逮捕了杨彪。尚书令荀彧、少府孔融等叮嘱满宠说：“但当受辞，勿加考掠。”④ 但满宠毫不理会，依令拷打审问杨彪。几天后，满宠去见曹操，向他报告说：“拷讯杨彪无辞语。当杀者宜先彰其罪，杨彪有名海内，若罪不明，必大失民望，我私下替你惋惜。”⑤ 于是，杨彪即日被赦出狱。到建安四年，杨彪又被任命为太常。六年后，建安十年

① 同上。

② 同上裴注引《典略》第354页。

③ 《后汉书·杨震列传》第1207页。

④ 《三国志·满宠传》第450页。

⑤ 《三国志·满宠传》第450页。

被免。到建安十一年，凡因皇帝的恩惠被封为侯的人都被强行“夺封”，即夺去封号、封地。此时杨彪看到汉朝行将灭亡，“遂称脚挛不复行，积十年。”① 杨彪虽称自己脚有痉挛不再行走，已有十年，但他的儿子杨修能洞悉曹操腹心，“漏泄言教”，曹操“既虑终始之变，以杨修颇有才策，而又袁氏之甥也，于是以罪诛修。”② 曹操对杨修的担心和后怕，主要在于他离世之后，怕曹植和杨修搅和在一起，对曹丕太子地位的颠覆；怕“终始之变”，出现袁绍逝后，袁氏二子反目，葬送了袁家宗业，所以，曹操最终以“交构罪”赐杨修死。后来，曹操修书太尉杨彪，却这样：

操白：与足下同海内大义，足下不遗，以贤子见辅。比中国虽靖，方外未夷，今军征事大，百姓骚扰。吾制钟鼓之音，主簿宜守。而足下贤子，恃豪父之势，每不与吾同怀。即欲直绳，顾颇恨恨。谓其能改，遂转宽舒。复即宥贷，将延足下尊门大累，便令刑之。念卿父息之情，同此悼楚，亦未必非幸也。③

有意味的是，曹操在给杨彪的信中，将杨修以“交构罪”赐死，变成“每不与吾同怀”的违犯军令罪，这一变动，使杨彪有口难言，无法张口，甚至含有教子无方。曹操在信中，还写明送去以示安慰的礼物，计有：锦缎裘衣二领，以白银镶嵌的八角桃竹杖一根，青色毛毡床褥三条，绢五百匹，钱六十万，七香车一辆，青牸牛二头，日行八百里的骅骝马一匹，以红绒、黄金装饰的鞍辔十副，铃眊一个，男

① 《后汉书·杨震列传》第1027页。
② 《三国志·陈思王植》第352页。
③ 《曹操集》第61－62页。

仆二名，专送杨夫人的错彩罗绮裘一件，靴子一双，女仆二名。最后还说："所奉虽薄，以表吾意。足下便当慨然承纳，不致往返。"[①]

处死杨修后，曹操也是颇费了一番心思，修书与送慰安之礼同行外，又授意卞王后致函杨夫人，即袁绍之姊，再次送与杨夫人礼物。曹操的书信与礼物，曲折地表达了深致歉意的心境，你儿杨修违犯军法，是不得已而处死。以曹操现有的权力，他完全可以不给杨彪谦辞致书说明，也没必要送去如此丰厚的礼物和六十万钱。还授意夫人与夫人间的修书说明曹操"性急，辄行军法。"曹操的这些举动，至少可以看出人性没有泯灭，老之将至，面对杨彪夫妇老年失子之悲痛，曹操也不愿意他百年之后，子孙们被杨修搅得互相内讧残杀，出现袁绍二子的悲剧下场，他要"为子孙计"，[②] 杀杨修便是不得已而如此了。

曹操杀杨修，欲加之罪，何患无辞？不过，杨修太聪明，也正应了俗语：聪明反被聪明误。因为，聪明不是智慧，智慧是人生漩涡的渡船，而聪明往往是智慧所抛弃的，只适合未成年人。

建安二十五年（220）

◆ 留下遗令　未得遵古

曹操摩陂犒军后，便启驾返回，与这年正月来到洛阳，因身体不适，就驻跸洛阳。一日夜间，曹操半夜醒来，觉得身体小有不佳，至天明，饮粥出汗，后又服下当归汤，随后持毫留下遗令，曰：

---

① 《曹操集》第 61 – 62 页。

② 《曹操集》第 42 页。

吾夜半觉小不佳；至明日饮粥汗出，服当归汤。吾在军中持法是也，至于小忿怒，大过失，不当效也。天下尚未安定，未得遵古也。吾有头病，自先著帻，吾死之后，持大服如存时，勿遗。百官当临殿中者，十五举音，葬毕便除服；其将兵屯戍者，皆不得离屯部；有司各率乃职。敛以时服，葬于邺之西冈上，与西门豹祠相近，无藏金玉珠宝。吾婢妾与伎人皆勤苦，使著铜雀台，善待之。于台堂上安六尺床，施繐帐，朝晡上脯糒之属，月旦十五日，自朝至午，辄向帐中作伎乐。汝等时时登铜雀台，望吾西陵墓田。馀香可分与诸夫人，不命祭。诸舍中无所为，可学作组履卖也。吾历官所得绶，皆著藏中。吾馀衣裘，可别为一藏。不能者兄弟可共分之。①

其实，曹操早在建安二十三年六月，就留下《终令》，首先提出，葬不占良田耕地，以“瘠薄之地”而葬；其次葬后，不封不树，即不垒坟，不植树，不留痕迹；其三对寿陵的排列顺序给以规划。曹操的《遗令》是在《终令》的基础上进一步留下遗嘱。

曹操的遗令，先说明写遗令的头天晚上，身体出现了“小不佳”，实际上他的头风痛病属于“血阻性脑中风”，已到了隆冬腊月，“饮粥出汗”的危险边缘，不得不服用活血化瘀的“当归汤”。他预感天命不多，留下遗令。试用白话文说出：

我在军中执法行事，至于小小发怒，引起大的过失，不当效法。天下还没有安定，不能遵守古代丧葬制度。我有头风病，很

① 《曹操集》第 56－57 页。

早就戴上了头巾。我死后，穿的礼服就像活着时穿的一样，别遗忘了。文武百官应当来殿中哭吊的，只哭十五声。安葬后，就脱掉丧服；那些驻防各地的将士，都不要离开屯驻地；官吏们都要各守其职。入殓时穿当时的衣服，埋葬在邺城西面的山冈上，跟西门豹的祠堂靠近，不陪葬金玉宝石。我的婢妾和歌舞艺人都很勤苦，把她们安置在铜雀台，很好的善待她们。在铜雀台的正堂上安放一个六尺长的床，挂上灵幔。早晚供上肉干、干饭之类的祭物，每月初一、十五两天，从早到午向着灵帐歌舞。你们时时登上铜雀台，看望我的西陵墓田。我遗下的熏香可分给诸位夫人，不要用来祭祀。各房的人没事做，可以学着编织带子和作鞋子卖。我一生历次做官所得的绶带，都放在库里。我遗留下来的衣物、裘皮，可放到另一库里，不行的话，你们兄弟共同分掉。

曹操的《遗令》也未遵古：

小怒大失　不当效法　曹操首先将自己执军以来，反省自悟，留给曹丕，即小怒大失。当年曹操在兖州，“陈留边让言议颇侵太祖，太祖杀边让，族其家。”①陈宫因兖州名士边让言侵曹操，引起曹操愤怒，借故杀害边让，这时陈留太守张邈对曹操任兖州牧，位居自己之上心中不悦。张邈与陈宫二人串通，利用曹操东征，内部空虚，举兵反曹，迎吕布来兖州领州牧。一时间，“郡县皆应”，仅鄄城、范县、东阿三地在曹操手中。曹操回军，同吕布战于濮阳，险些被吕布骑兵抓住。他骑马冲出，手被烧伤。两军相持一百多天后，各自退兵。曹操一时处境艰难，造成大失。这就是因边让言侵曹操，引起愤怒，杀

① 《三国志·武帝纪》裴注引《曹瞒传》第35页。

边让，诛其家，几乎造成痛失兖州的大过失。遗令：今后不得效法。也正是俗语：小不忍，则乱大谋。

提倡俭葬　葬毕除服　东汉以来，盛行厚葬之风。王符说："今京师贵戚，郡县豪家，生不极养，死乃崇丧。或至金缕玉匣，檽梓楩楠，多埋珍宝偶人车马，造起大冢，广种松柏，庐舍祠堂，务崇华侈。"[①] 然而，曹操提倡俭葬，反对厚葬，《遗令》说，入殓时穿当时的衣服，不陪葬金玉宝石，这是对东汉严格的厚葬制度进行公开的改革。以国家安危为重，将帅屯戍者，皆不得离开驻守地，各司其职，在朝的百官来殿中哭吊，而且只准哭十五声。葬在邺城西面的山冈上，跟西门豹的祠堂靠近，葬毕除服。根据东汉丧葬制度，像曹操这样地位的人，在逝后两周年，进行大祥之祭，迁主神堂，到逝后第二十五个月，进行禫祭，"禫后除服。"[②] 曹操在《遗令》里专门留下"葬毕除服"，改变了东汉以来的丧葬等级制度。其实曹操平时也非常节俭，他曾说："吾衣被皆十岁也，岁岁解浣补纳之耳。"[③] 曹操提倡俭葬与他平常生活节俭也有一定关系。曹操提倡俭葬的一个直接原因是：董卓曾"焚烧洛阳宫室，悉发掘陵墓，取宝物。"[④] 董卓盗墓，略取金宝，以资军用，曹操不实行俭葬，他的墓必遭后人盗掘。曹操提倡俭葬，也有为他自己墓不被盗掘之见。当时在曹魏大臣中，遗嘱俭葬的有司马朗，裴潜等。

婢妾勤苦　善待她们　曹操在书《遗令》之时，是良心的发现，

---

① 《后汉书·王符列传》第1104页。
② 徐卫民：《汉文化论略》第96页。
③ 《曹操集·内诫令》第52页。
④ 《三国志·董卓传》第113页。

还是人性的复归，说：我的婢妾和歌舞艺人都很勤苦。这是难得的自省，也是人性的复活。曹操戎马一生，但他“好音乐，倡优在侧，常以日达夕。”[①] 鸟之将死，其鸣也哀。何况曹操“御军三十余年，手不舍书，昼则讲武策，夜则思经传。”加上他好音乐，懂音律，在大限即将到来之时，良心的发现是必然的，也正是他人性的复归。不仅觉得婢妾和歌舞艺人勤苦，遗嘱善待她们。遗嘱要在铜雀台的正堂上安放一个六尺长的床，挂上灵幔，早晚供上肉干、干饭之类的祭物，每月初一、十五两天，让歌舞艺人从早上到午时向着灵帐歌舞，让其他人登上铜雀台眺望他的西陵墓田。曹操用“墓田”一词，表明他的墓地，即不封不树，不设祠堂。因为“坟”为墓的封土，故称“墓田”。曹操不厚葬，也影响曹植“遗令薄葬。”[②]

分香卖履　满含家常　曹操《遗令》里最有意味的是将他余香分给诸位夫人，又怕她们闲着无事，将他历任官职所得的绶带也分给她，学着编织丝带和做鞋卖。这是曹操临终前的趣思美想。可能他自己还偷着笑了。《曹瞒传》说曹操“为人佻易无威重”，[③] 实则是说他诙谐有趣，非轻佻。曹操分香卖履，是让大人们闻香睹绶而思其情缘。所以，清人蒲松龄写诗说：“缱绻思私悲永诀，由于伉俪最情深。从今日首同归去，痴绝分香卖履心。”家常话，是真情的流露，人性的活现。

所余衣裘　兄弟共分　曹操共有二十五个儿子。七人早夭，活到十三岁以上的十八人。在曹操眼里，诸子皆是可堪造就的璞玉浑金，

① 《三国志·武帝纪》裴注引《曹瞒传》第 34 页。
② 《三国志·陈思王植》第 364 页。
③ 《三国志·武帝纪》裴注第 34 页。

很重视教育培养。遴选师傅，使诸子读书习武，年纪稍长就随军征战，任一副职，参与军事实践。建安二十年七月，曹操准备选三个儿子分别督领淮南、汉中和关中三地，曾说："儿虽小时见爱，而长大能善，必用之。吾非有二言也，不但不私臣吏，儿子亦不欲有所私。"① 表明曹操对部属从不偏私，对诸子也从不偏爱，言行一致，绝无二说。后因淮南和汉中局势发生变化，只派曹彰代理越骑将军，领兵镇守关中。

建安十六年，对曹彰、曹植、曹据、曹林四子直接封县侯。同年，曹宇、曹玹二人封乡侯，曹干封亭侯，时曹干仅一岁，建安二十一年，封曹衮为平乡侯。建安二十二年，封曹茂为万岁亭侯。曹操在《终令》说，遗留下来的衣物、裘皮，一是放到另一个库里，二是你们弟兄共同分掉，意思不做陪葬，可留作父子之情，即睹物思父。

人之将死，人性见善。曹操的《终令》是非常之人留下的非常之遗嘱。

◆ 曹操病逝　魏演叛乱

建安二十五年正月庚子日，即农历正月二十三日，曹操病逝于洛阳。当时太子曹丕在邺城，鄢陵侯曹彰在长安未到，"士民颇苦劳役，又有疾疠，于是军中骚动。群僚恐天下有变，欲不发丧。"② 这时谏议大夫贾逵，与夏侯尚共掌军计，贾逵建议"为不可秘，乃发哀，令内外皆入临，临讫，各安叙不得动。"③ 在贾逵的建议下，令内外文臣武将入内致哀众哭，然后发丧。

---

① 《曹操集·诸儿令》第 47 页。
② 《三国志·贾逵传》裴注引《魏略》第 309 页。
③ 同上。

当时曹操到洛阳，就病重，急诏鄢陵侯曹彰，还未到洛阳，曹操病逝。到后见曹植也在，就对曹植说："先王召我者，欲立汝也。"曹植说："不可。不见袁氏兄弟乎！"[①] 于是曹彰问贾逵："先王玺授所在？"贾逵严肃正声地说："太子在邺，国有储副。先王玺授，非君侯所宜问也。"[②] 然而，曹彰依然一路"凶问至邺。"[③]

曹操灵柩回到邺城后，曹丕号哭不已。群臣入殿中行哀悼礼。这时有人建议太子曹丕说：应更换那些守城的将领，改用曹操老家谯和沛地的人。魏郡太守徐宣厉声说："今远近一统，人人怀忠尽节，何必改用谯和沛地的人，而伤了宿卫人的心。"[④] 曹丕听说后，认为徐宣才是社稷重臣，这才禁止更换守城宿卫的将领和人员。

也就在这个时候，曹操在初平三年（192）在济北降服黄巾军，得戎卒三十万，收其精锐后，建立起的"青州兵"，悉知曹操病逝，擅自击鼓相互引诱而去，众人认为赶紧禁止青州兵这样做，不从者进行讨伐。贾逵说："不可。方大丧在殡，嗣王未立，宜因而抚之。"[⑤] 于是采用贾逵的方法进行抚慰，发布檄文，告诉"所在给其禀食"，[⑥] 这才遏制住了青州兵。

面对太子曹丕"哭号不已"，他的侍从官司马孚谏曰："君王晏驾，天下恃殿下为命。当上为宗庙，下为万国，奈何效匹夫孝也！"[⑦] 曹丕良久乃止，说："卿言是也。"然而群臣相互聚集哭号，殿内无复

---

① 《三国志·任城威王彰》裴注引《魏略》第351页。
② 《三国志·贾逵传》第308页。
③ 《资治通鉴》第639页。
④ 《三国志·徐宣传》第406号
⑤ 《资治通鉴》第639页，《三国志·贾逵传》裴注引《魏略》第309页。
⑥ 同上第309页。
⑦ 《资治通鉴》第639页。

行列。许诸“号泣呕血。”[1] 司马孚厉声于朝，说：“今君王违世，天下震动，当早拜嗣君，以镇万国，而但哭邪!”[2] 于是群臣哭号乃止，令禁卫周全防备，治丧事。这时，群臣拘守常规，认为太子继王位，应得到汉献帝的诏命。尚书陈矫说：“魏王仙逝于外，天下人心惶惶。太子应割哀继位，以安定远近人心之望。且又爱子在身边，若彼此生变，则社稷就危险了。”[3] 陈矫当即具官备礼，一日之间诸事处理完妥。次日清晨，以卞王后的命令，策令太子曹丕即王位，广行大赦之令。

到二月丁卯，即农历二月二十一日，出殡礼葬于西郊三十里处的高陵。因高陵在邺城西郊，亦称“西陵”。下葬，由新继位魏王曹丕主持，曹丕和曹植在陵前各自诵读了撰写的祭文。

曹彰之死　史有记载　《三国志·任城威王彰》说得很清楚，“（黄初）四年，朝京都，疾薨于邸。”[4] 然而，裴松之引《魏氏春秋》曰：“初，彰问玺授，将有异志，故来朝不即见。彰忿怒暴薨。”[5] 这里“初”指曹操病逝洛阳，曹彰一来，尽管曹彰不见曹丕，不至于忿怒暴亡。实际上，曹操病亡洛阳，曹丕作为太子一直在邺城。曹彰问的是贾逵，贾逵回答之后，便“遂奉梓宫还邺”。[6] 所以，裴注引《魏氏春秋》之说不足以信。当然，《世说新语》还说，是曹丕下毒害死曹彰，更不足为信。因为，曹丕继王位后，给曹彰因受命北伐有功，

---

① 《三国志·许褚传》第 343 页。
② 《资治通鉴》第 639 页。
③ 《三国志·陈矫传》第 405 页。
④ 《三国志·任城威王彰》第 351 页。
⑤ 同第 351 页。
⑥ 《三国志·贾逵传》第 308 页。

“增邑五千，并前万户。”[①] 黄初二年，晋爵为公。三年，立为任城王，四年病逝官邸。

曹操病逝　曹徽不哀　曹徽在父王曹操逝后，“不哀，反游猎驰骋。”[②] 当时曹徽为历城侯，高堂隆是曹操派遣的文学官。曹操病逝，曹徽不仅不哀，还带着随从欢乐地去驰骋打猎，高隆堂用道理谏正了他。

麹演反叛　苏则平定　曹操病逝，西平麹演反叛，自称护羌校尉。金城太守苏则“勒兵讨之。演恐，乞降。”[③] 苏则是扶风武功人，年少时就“以学行闻，举孝廉茂才。”[④] 当时公府征召，他不去。起家为酒泉太守，转安定、武都太守，凡所任内“有威名”。建安二十年（215）三月，曹操征张鲁，经过苏则所任的武都，见到苏则，很高兴。便命苏则为军队的前导。平定张鲁后，苏则又平定了下辩（今甘肃成县）一带各氐羌部族，使河西走道畅通，因此迁为金城太守。当时，金城地区，“吏民流散饥穷，户口损耗。”[⑤] 苏则采取安抚之策，对外招抚怀柔羌胡，“得其牛羊，以养贫老。与民分粮而食，旬月之间，流民皆归，得数千家。”[⑥] 苏则又亲自教民耕种，当年大丰收，回归的人一天比一天多。后来，李越在陇西造反，苏则率羌胡围攻李越，李越请服。

曹操驾崩，麹演自称护羌都尉反叛，苏则毫不忧虑，率军讨伐，

---

① 同第351页。
② 《三国志·高堂隆传》第444页。
③ 《三国志·苏则传》第314页。
④ 同上。
⑤ 《三国志·苏则传》第314页。
⑥ 同上。

麴演恐惧，很快请降。但麴演是假降，暗地里勾结张掖张进、酒泉郡黄华自称太守响应麴演，又加上武威郡的三种胡族为寇掠夺，断绝道路。武威太守毌丘兴向苏则告急求救。在苏则的运筹下，驻守金城的将军郝昭等人发兵救援武威，降服了三胡族，又和毌丘兴进击张掖张进。麴演闻知，率三千人迎接苏则，“而实欲为变。”① 于是苏则引诱麴演与之相见，就果断斩了麴演，用麴演的首级安抚了他的军队，麴演的党徒皆作鸟兽散。然后，苏则就和各路军围攻张掖，克城池，杀张进，军队全部投降。麴演、张进被杀，黄华恐惧，献出囚禁的人求降，河西就此平定。

后来，曹丕称帝令问雍州刺史张既说：“试守金城太守苏则，既有绥民平夷之功，闻又出军西定湟中，为河西作声势，吾甚嘉之。则之功效，为可加爵邑未邪？封爵重事，故以问卿。密白意，且勿宣露也。”② 张既回答说：“昔日金城郡韩遂屠剥，户不满五百，自从苏则到任，前后招怀，归回者三千余户。”后文帝曹丕，加封苏则为护羌校尉，赐关内侯。曹丕即王位，始设凉州。

◆ 劝赞禅代　曹丕称帝

曹操灵柩运抵邺城，曹丕“号哭不已”，群臣也痛哭散乱，如许褚哭泣呕血，面对这一情况，曹丕侍从官司马孚劝谏，曹丕才停止哭泣，并提出应尽快即王位，以镇万国，但群臣拘泥常规，认为继位，应得到汉献帝的诏命，而尚书陈群怕拖延“彼此生变，则社稷危矣。”

---

① 同上。
② 《三国志·苏则传》裴注引《魏名臣奏》第 314 页。

于是，“明旦，以王后令，策太子即位，大赦荡然。”[①] 当时，邺县有数万户在邺都，“多不法”，[②] 就以贾逵为邺县令，遂以安定。

这时，汉献帝“寻遣御史大夫华歆奉策诏，授太子丞相印、绶、魏王玺、绶，领冀州牧。”[③] 同时尊曹操卞王后为王太后。这样一来，曹丕名正言顺地全盘继承了曹操的王位和权力。月余后，迁贾逵为魏郡太守。同时，任命和升迁了魏国的一批重要文臣武将：迁侍中卫觊为尚书，迁王郎为御史大夫，封安陵亭侯，拜华歆为相国，封安乐乡侯，钟繇复为大理，赐杜畿关内侯，征为尚书，张辽转为前将军，“王赐辽帛千匹，谷万斛。”[④] 后进都乡侯；以徐晃为右将军，进封逯乡侯；迁藏霸东将军，进武军乡侯，同时，“诛丁仪、丁廙并其男口。”[⑤] 剪灭了曹植的同党，拜陈群为昌武亭侯，迁为尚书；赐杜袭关内侯，为侍中；迁满宠为杨武将军，赐郭淮关内侯，转为镇西长史……等等。

当卫觊从侍中，徙为尚书，曹丕又让到许都为侍郎，回到汉献帝身边。“文帝即王位，徙为尚书。顷之，还汉朝为侍郎，劝赞禅代之义。”[⑥] 其实，让卫觊回许都之前，禅代之事已由左中郎将李伏上表曹丕，说他当年在汉中遇到羁旅汉中的李庶、姜合，这姜合“长于内学，关右知名。”他对我说：“定天下者，魏公子桓，神之所命，当合符谶，以应天人之位。”[⑦] 然后李伏又说：“殿下即位初年，祯祥众瑞，

---

① 《三国志·陈娇传》第405页。
② 《三国志·贾逵传》第309页。
③ 《资治通鉴》第639页。
④ 《三国志·张辽传》裴注引《魏书》第331页。
⑤ 《三国志·陈思王植》第355页。
⑥ 《三国志·卫觊传》第385页。
⑦ 以上引《三国志·文帝纪》裴注引《献帝传》载禅代众事曰第39页。

日月而至，有命自天，昭然著见。……况臣名行秽贱，入朝日浅，言为罪尤，自抑而已。今洪泽被四录，灵恩格天地，海内翕习，殊方归服，兆应并集，以扬休命，始终允臧。臣不胜喜舞，谨具表通。”曹丕听了后，下令说：

以示外，薄德之人，何能致此，未敢当也；斯诚先王至德通于神明，固非人力也。[①]

这样一来，侍中刘廙、刘晔、尚书令桓阶、尚书陈矫、陈群、给黄门侍郎王毖、董遇等进言，说李伏所上之事，参图纬之说，以效神明之应，没有不这样的。东汉谶纬盛行，接着太史丞许芝上命符，搬出谶纬符瑞科律，说：“魏当代汉。……汉当以许亡，魏当以许昌。……臣职在史官，考符察征，图谶效见，际会之期，谨以上闻。”于是，以侍中辛毗等群臣奏曰：

……由是言之，天命久矣，非殿下所得拒之也。神明之意，候望禋享，兆民颙颙，咸注嘉愿，惟殿下览图籍之明文，急天下之公义，辄宣令外内，布告州郡，使知符命著明而殿下谦虚之意。

曹丕让将命符之事“宣令内外，布告州郡。”这便充分暴露了曹丕利用东汉盛行的谶讳，明目张胆的迫宫。督军御史中丞司马懿、侍御史郑浑、羊秘、鲍勋、武周等说：读了李伏上符命事……天地之灵，历数之运，去就之符，惟德所在。“今汉室衰，自安、和、冲、质以来，国统屡绝，桓、灵荒淫，禄去公室，此乃天命去就，非一朝一夕，

① 同上。

其所由来久矣。殿下（指曹丕）践阼，至德广被，格于上下，天人感应，符瑞并臻，考之旧史，未有若今日之盛。……今八方颙颙，大小注望，皇天乃眷，神人同谋，十分而九以委质，义过周文，所谓过恭也。”然后，曹丕又下令说了一些“吾德非周武而义惭夷、齐”之类的话。①

同时，回到许都汉献帝身边的卫觊，劝汉献帝禅让帝位，外面舆论如此，耳边又是劝赞禅让，一种无可奈何，花落去的心境，认为曹丕是众望所归，于是召集群臣卿士，汉献帝向群臣卿士下诏，表示了禅位于魏王，诏曰：“朕在位三十有二载，遭天下荡覆，幸赖祖宗之灵，危而复存。然仰瞻天文，俯察民心，炎精之数既终，行运在乎曹氏。是以前王既树神武之绩，今王又光曜明德以应其期，是历数昭明，信可知矣。夫大道之行，天下为公，选贤与能，故唐尧不私于厥子，而名播于无穷。朕羡而慕焉，今其追踵尧典，禅位于魏王。”② 然后，汉献帝及宗室，敬告祖庙。到十月，乙卯，汉献帝派兼御史大夫张音为使节，献上国玺让位。册文说：

> 啊，魏王：从前尧帝禅位虞舜，舜也禅位夏禹，天命不常，唯归有德君子。汉道陵夷衰微，世局失序，我即位以来，大乱兹昏，群凶叛逆，宇内倾覆。依靠武王曹操的神武，拯救四方之难，安相华夏，保我大汉宗庙，岂是我一人受益，万邦也蒙受他的恩赐。现今，你敬承前人的事业，弘扬美德，恢弘文武事功，来光耀你令尊的光明。上天降下祥瑞，人神告示征象，大放亮采，师

① 以上见《文帝纪》裴注引《献帝传·禅代众事》第39－43页。
② 《三国志·文帝纪》裴注引袁宏《汉纪》第39页。

长与我，都说：你的法度合于虞舜，因循我汉大典，虔诚地逊位于你。吁嚱，天命在你身上，应持节中庸之道，天禄永终；你要敬顺大礼，享赐万国谨慎接受天命。①

但魏王曹丕“三上书辞让。”② 曹丕在接到己卯日诏文后，上书汉献帝说：“皇帝陛下，奉被今月已卯玺书，伏听册命，五内惊震，精爽散越，不知所处。……”派相国毛宗拜章陈情，并上交玺绶。这时有给事中博士苏林、董巴等劝谏曹丕即位。壬戍，汉献帝又派张音奉玺书，诏册，于是尚书桓阶等又劝谏即位，曹丕依然辞让。到庚午，又册诏魏。尚书令桓玠等向曹丕奏说：“……陛下应天受禅，当速即坛场，柴燎上帝，诚不宜久停神器，拒亿兆之愿。”同时，桓阶等令太史择日，即十月二十九日，可登坛受命，请诏三公群卿，具条礼仪别奏。曹丕同意，说“可。”③

这中间发生一件事，曹丕接受了汉献帝的禅位，派使者前去向皇后曹节索取皇后玺绶，曹节皇后大怒，不给玺绶。就这样要了几次，曹皇后才召唤使者入内，亲自斥责他，愤怒地把玉玺扔到栏板下，还涕泣横流地说：“天不祚尔！”④ 曹节一边痛哭流涕，一边诅咒曹丕，说老天不会保佑你。

辛未日，魏王曹丕登坛受禅，受禅坛设在距许都七十里的繁阳亭。当天，公卿、列侯、诸将、匈奴单于、四夷朝者数万人陪位，魏国相

① 《三国志·文帝纪》第39页。
② 《资治通鉴》第641页。
③ 《三国志·文帝纪》裴注引《献帝传·禅代众事》第49页。
④ 《后汉书·皇后纪》第302

国华歆主持受禅礼仪。[①] 同时，燃巨燎祭祀天地；五岳、四渎即四大名川。曹丕宣读登基诏书，接下来发布诏令，改延康元年为黄初元年，“议改正朔，易服色，殊徽号，同律度量，承土行，大赦天下。”[②] 曹丕受禅登基后，更改天文历法，改变衣服颜色，绘制特殊徽号，使用同律度量衡，承奉五行“土德”，赦免天下罪犯。

十一月，刘协逊位，曹丕称帝后，尊奉刘协“为山阳公，邑一万户，位在诸侯王上，奏事不称臣，受诏不拜，以天子车服郊祀天地、宗庙、祖、腊皆如汉制，都山阳之浊鹿城。四皇子封王者，皆降为列侯。”[③]

十二月，曹丕迁都洛阳。第二年正月，郊祀天地明堂，改许都为许昌。

黄初二年（221），刘备称帝于益州成都，国号“汉”，为其区别西汉、东汉，史家称“蜀汉”。黄初三年（222），孙权称帝于扬州建业，国号“吴”，史称“东吴”。至此，东汉翻篇，三国正式拉开大幕。

---

① 《三国志·华歆传》裴注引《魏书》第 261 页。
② 《三国志·文帝纪》裴注引《献帝传》第 50 页。
③ 《后汉书·孝献帝纪》第 257 页。